JN409520

대한민국의 기원

대한민국의 기원

해방 전후 한반도 국제정세와
민족 지도자 4인의 정치적 궤적

이정식 지음

일조각

현대사연구에 도움을 주신
연강재단과
박용곤 전 이사장님께
심심한 감사의 말씀을 드립니다.

머리말

이 책은 필자가 지난 30여 년간 출판했던 논문들 중에서 대한민국 정부가 수립되는 과정에 관련 있는 글들을 모은 것이다. 제1부에서는 조선왕국이 소멸되기까지의 국제정세와 해방 후에 국토가 분단되고 분단이 고정되는 과정에서의 국제관계를 다루었고, 제2부에서는 해방 후에 남한 정국을 이끌었던 4명의 지도자들을 중심으로 해방전후사를 살펴보았다.

우리에게는 대한민국 건국사를 논하면서 한반도 주변의 국제정세를 먼저 기술하는 것이 당연할지 모르지만 다른 나라들의 역사연구를 보면 그렇지 않은 경우가 많다. 즉 정변을 가져온 국내에서의 경제, 사회, 정치의 변동을 주로 분석하고 국제환경에는 아예 관심을 보이지 않거나, 그렇다고 하더라도 이차적인 문제로 다루는 경우가 많다. 그러나 한반도의 지정학적 조건과 조선왕조사의 특이성은 논술의 순서를 바꾸게 만들었다. 내적인 조건보다 외적인 움직임이 독립과정에 더 큰 영향을 미쳤기 때문이다.

구한말의 상소문들을 보면 임진왜란 후에 우리는 조상들에게 제사조차 제대로 드리지 못하고 있다는 구절이 자주 나타나는데, 조선민족은 19세기 말엽까지도 300년 전에 있었던 임진왜란의 후유증에서 벗어나지 못하고 있었다. 7년간 백성의 80퍼센트인 6백만 명이 희생되었다고 하니, 쑥밭이 된 나라의 경제를 회복시키기가 힘들었을 것이다. 설상가상으로 대명사대주의對明事大主義에 빠져 있던 인조仁祖와 그의 지지세력은 승승장구하던 여진족을 자극하여 정묘호란(1627)과 병자호란(1637)을 자초自招하여 30만 대군의 침공을 두 번이나 받고 50만 여인들을 납치당했다고 하니, 나라가 바로 설 수가 없었다. 이처럼 조선왕조에는 내적인 움직임보다 외적인 조건이 더 크게 작용했던 것이다. 이러한 상황이 생기게 된 데에는 물론 임진왜란을 일으킨 도요토미 히데요시豊臣秀吉의 책임이 있지만 더욱 중요했던 것은 조선왕조의 정권을 장악한 인물들의 부실不實이었다. 대하소설 『임진왜란』을 쓴 김성한金聲翰 옹은 "무능한 통치자는 역사의 범죄자"라고 했는데, 지금 정치에 관여하고 있는 모든 사람들이 되새겨보아야 하는 귀한 교훈이라고 하겠다.

외적인 환경은 20세기에 들어서서도 여전히 한국의 정치와 경제에 강한 영향을 끼쳤는데 그러한 현상은 역사학계에도 나타났다. 특히 현대사는 냉전의 영향을 강하게 받았는데, 민주주의 시대에 들어서면서 사학계는 우에서 좌로 추pendulum가 움직여 갔다. 이때 많은 학자들이 해방 전후 한반도에서 일어난 모든 일들, 특히 분단과 분단의 고정화에 관한 일들을 미국의 탓으로 돌려 버렸고, 소련은 미국의 결정에 따랐을 뿐이었다는 억측을 하게 되었으며, 그 억측을 사실로 받아들이게 되었다. 당시에는 미국정부의 문헌과 기타 자료가 너무나 많고 광범위한 데 비해 소련의 문헌은 참고할 수가 없었다. 불행히도 38선 이북이 3년간 스탈린정권의 지배를 받아야 했고 스탈린은 병적인 밀폐주의자라고 할 수 있을 정도로 모든 자료들을 '밀폐'해 버렸기 때문이다. 다행히 소련의 붕괴 후 관련된 문헌들이 공개되기 시작하여 역사 바로잡기가 시작되었지만 아직도 갈 길은 멀다. 극히 적은 분량의 소련문헌들밖에 공개되지 않았기 때문이다.

역사를 곡해하도록 한 또 한 가지 이유는 현대사를 연구하는 학계가 남한전문가와 북한전문가로 갈라져 있다는 사실이다. '학계의 분단'이라고 표현할 수 있을지 모르겠다. 국내에서 북한연구가 성행하게 된 것은 극히 최근의 일인데, 이른바 '북한연구'는 한국 현대사에서 특수 분야로 취급되어 왔기 때문에 현대사를 연구하는 남한 학자들은 소련군정하에서 일어났던 일들에 대해서 관심을 기울이지 않았다. 따라서 북한에서 일어났던 일들이 전국적인 정치에 미친 영향을 포착할 수가 없었다.

필자는 은사인 로버트 스칼라피노 교수와 함께 「조선공산주의 운동의 기원」이라는 논문을 준비하기 시작한 1957년부터 50년간 북한연구에 종사했기 때문에 소련의 한반도정책에 관심을 가져 왔는데, 소련의 붕괴 후에 소련자료에 접근하게 된 것을 천만다행이라고 생각한다. 한국 현대사를 보다 더 객관적으로 고찰할 수 있게 되었기 때문이다. 특히 1993년에 발견된 스탈린의 1945년 9월 20일의 지령은 남북분단의 고정화 과정에 대한 의문을 풀어 주었고, 이승만이 주도했던 5·10선거의 성격도 새로운 각도에서 볼 수 있게 해주었다. 그리고 북한 점령 기간에 중추적인 역할을 했던 슈티코프, 레베데프 등의 비망록이 발굴됨에 따라 당시의 남북관계와 좌우의 갈등도 다시 해석할 수 있게 되었다. 당시 소련군정은 북한을 통치했을 뿐만 아니라 남쪽의 조선공산당의 정책도 관장하고 있었다. 소련군정과 조선공산당의 예속관계는 남한 우익의 행동에도 직접적인 영향을 주었는데, 조선공산당과 소련군정이 이른바 '좌우합작' 운동이나 '남북협상회의'에 깊숙이 개입했기 때문이다.

이 책에 실린 논문들을 쓰는 과정에서, 그리고 이 책을 준비하는 과정에서 필자는 여러 단체들과 인사들에게 신세를 졌다. 지금 생각해 보면 자신의 능력에 비해서 포부가 너무나 거창했기 때문에 작업을 부지하세월不知何歲月로 끌어온 데 대해서 자괴감을 느끼기는 하지만, 해방전후사에 대해서 오랫동안 품고 있던 질문들에 대한 대답을 몇 가지라도 내리게 된 것이 기쁘기도 하다.

필자가 해방전후사 연구에 착수하게 된 것은 1966년으로 미국 사회과학

연구협회Social Science Research Council의 '아시아연구기관교류위원회Committee on Exchanges with Asian Institutions'가 고려대학교 아세아문제연구소에 파송해 주었을 때였다. 페어뱅크John K. Fairbank, 라이샤워Edwin Reischauer, 와그너Edward Wagner 교수 들이 위원이었는데 이들이 필자의 현대사연구에 박차를 가해준 셈이다. 그 후 1969년에 포드 재단Ford Foundation의 연구비를 받고 또 1년간 아세아문제연구소에 와 있으면서 김준엽金俊燁 소장님과 고려대학교의 신세를 많이 졌다. 이 당시에 졌던 빚은 *Communism in Korea*를 발간함으로써 일부 갚았다고 할 수 있지만, 남한의 해방후사에 대한 연구를 계속하였고, 연강재단蓮崗財團의 연구지원은 보다 더 심층적인 연구를 할 수 있는 기회를 만들어 주었다.

그리고 여기에 모은 논문들을 쓸 수 있는 계기를 만들어 주신 여러 기관과 인사들에게 감사의 말씀을 드리고 싶다. 여기에 실린 논문들은 처음 발표되었을 때와는 전연 다른 논문들이라고 할 수 있을 정도로 증보되고 수정되었지만 애초에 그들의 각별한 요청이 없었더라면 지금 형태의 논문이 작성되지 않았을 것이다. 여기에 처음 발표된 책자나 학지學誌의 이름을 밝힘으로써 감사의 표시를 대신한다.

1. 「1910년대의 국제정세」, 국사편찬위원회 편, 『한민족독립운동사』 제3권, 1988.
2. 「열강의 임시정부에 대한 태도, 1937~1945」, 국사편찬위원회 편, 『한민족독립운동사』 제7권, 1990.
3. 「해방 3년, 분단의 고착화 과정」, 『新東亞』 1985년 12월호.
4. 「해방 직후 미국의 대한정책 : 반공보루설과 '한국화Koreanization' 정책」, 『韓國史學論叢』(李基白先生 古稀기념 논문집), 일조각, 1994.
5. 「냉전의 전개과정과 한반도 분단의 고착화 : 스탈린의 한반도 정책, 1945」, 유영익 편, 『수정주의와 한국현대사』(연세대학교 현대한국학연구소 학술총

서 1), 연세대학교 출판부, 1998.

6. "Personality of Four Korean Leaders," 『韓國과 亞細亞』(金俊燁博士 華甲 기념 논문집), 고려대학교출판부, 1984(「해방기 한국의 정치지도자 4인에 관한 연구」, 『계간 사상』 1992년 가을호).
7. 「여운형 : 흉악한 정쟁의 마당에 쓰러진 '호걸'」, 『한국사 시민강좌』 제31집, 일조각, 2002.
8. 「해방 전후의 이승만과 미국」, 유영익 편, 『이승만 연구』(연세대학교 현대한국학연구소 학술총서 2), 연세대학교 출판부, 2000.
9. 「여운형 · 김규식의 좌우합작」, 『現代史를 어떻게 볼 것인가 (1)』, 동아일보사, 1988.
10. "Negotiations Among Private Groups: The Case of the 1948 North-South Consultative Conference," *International Conference on the Problems of Korean Unification*, Seoul : the Asiatic Research Center, Korea University, 1971(「1948年의 南北協商」, 『新東亞』 1980년 3월호 ; 양호민 등 편, 『民族統一論의 展開』, 형성사, 1982, 전재).
11. 「이승만의 단독정부론의 등장과 전개」, 유영익 편, 『이승만 대통령 재평가』(연세대학교 현대한국학연구소 학술총서 10), 연세대학교 출판부, 2006.

위의 목록에서 보다시피 여기에 모은 글들 중에는 유영익柳永益 교수의 요구를 받아 작성한 논문들이 여럿 있다. 그뿐만 아니라 유 교수는 필자의 논문들을 모아서 책을 만들 것을 극구 권고해 주셨다. 필자를 격려해 주신 유 교수에게 감사의 말씀을 드린다.

이 책이 논문 집성이다 보니 중복된 부분을 발견하게 될 것이다. 책으로 편집하면서 되도록 중복을 피하기 위해 노력했지만, 독립된 논문으로서의 완성도를 위해서는 다른 논문에서 서술한 내용을 살려 두어야 하는 경우도 있었다. 독자들의 양해를 바란다.

이 책을 기획하는 작업은 필자가 경희대학교 NGO대학원의 객원교수로 있을 때 시작되었는데 광릉光陵에 있는 같은 대학교의 평화복지대학원 캠퍼스에서 마감을 보게 되었다. 너무나 아름답고 조용한 곳에서 집필에 전념할 수 있는 기회를 주신 조영식 학원장님, 김병묵 총장님, 조인원 전 NGO대학원장, 그리고 박상식 평화복지대학원장님과 직원 여러분에게 감사의 말씀을 드린다.

이 책을 편집하는 과정에서 필자를 도와준 김은순金銀順 후학에게 각별한 사의를 표하고 싶다. 김은순은 필자가 경희대학교 NGO대학원에서 가르치게 되면서 발견한 탁월한 능재能才인데 그의 재능도 재능이려니와 필자를 놀라게 할 정도로 정열적이고 치밀한 노력가이다. 그의 도움이 없었다면 이 책은 계획 단계에서 좌절되었을 것이다. 특히 이 책의 제9장과 제10장, 즉 좌우합작과 남북협상에 대한 글들은 그동안 소련자료들이 발굴되고 관련 논문들도 많이 발표되었기 때문에 여러모로 수정, 보완할 부분이 많았다. 필자는 김은순에게 공저자로서 이 두 글에 새로이 접근하도록 부탁했는데, 그가 참으로 훌륭한 글을 만들어 주었다. 감사의 뜻을 표하고 그의 앞날에 행운이 깃들기를 바라마지 않는다.

출판 사업이 쉽지 않은 상황에서도 이 책의 출판을 맡아 주신 일조각의 김시연 사장과 직원 여러분들에게 감사의 말씀을 드린다. 필자는 별세하신 고 한만년 선생의 총애를 받기도 했고, 또 일조각에서 출판한 많은 학술도서들을 이용하면서 일조각에서 책이 출판되기를 원하고 있었는데 이번에 숙원을 이룩하게 되었다.

광릉에서
2006년 5월
이정식

차례

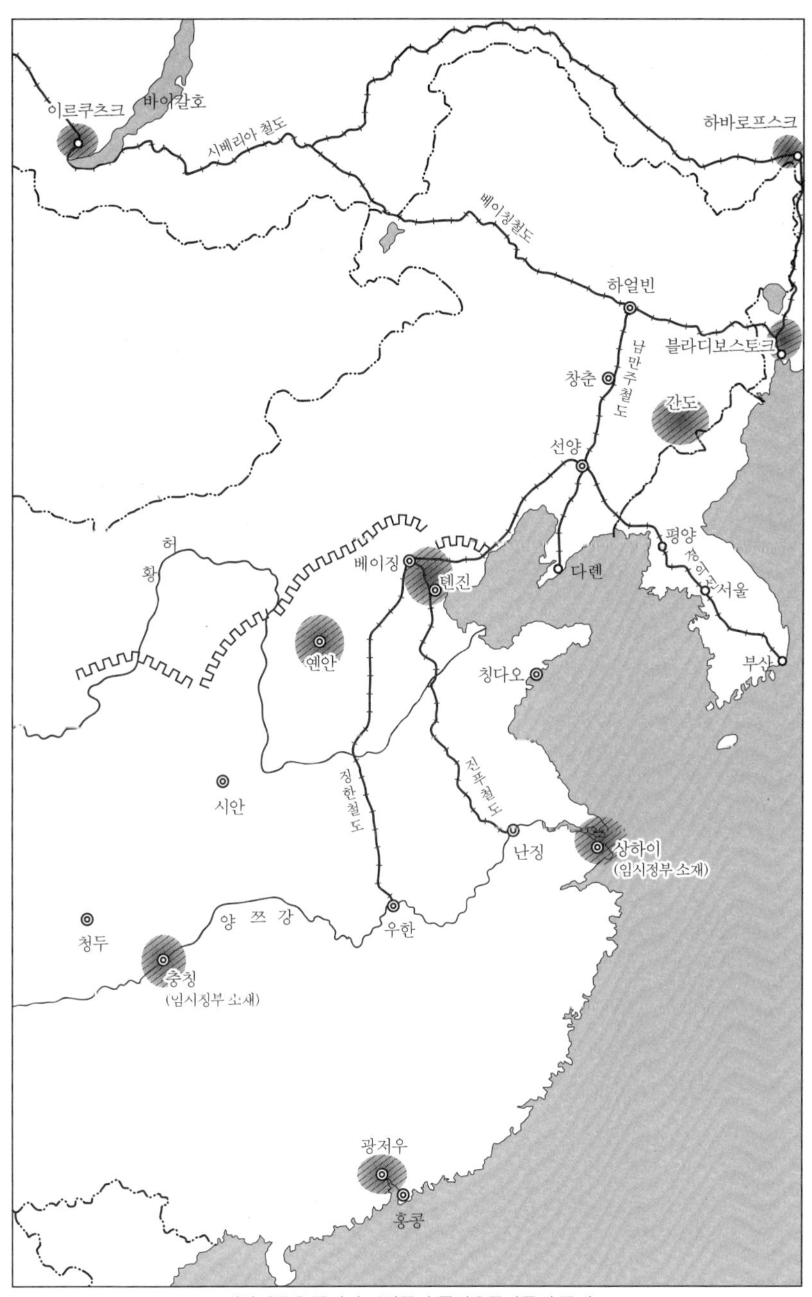

대한민국을 둘러싼 열강들과 독립운동가들의 무대

빗금으로 표시한 지역이 한국 독립운동가들이 활약한 지역이다.

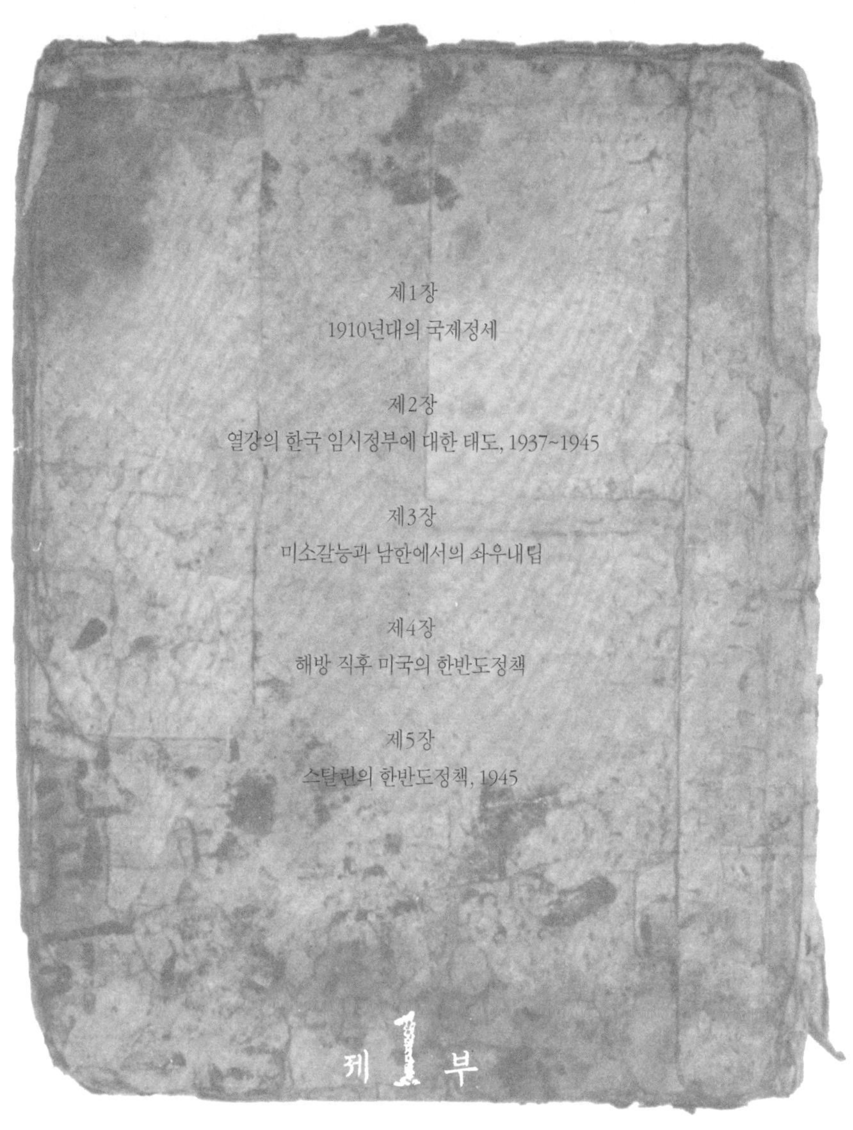

제 1 부

한반도 주변의 국제정세

이홍장(왼쪽)은 일본과 러시아가 조선을 차지하지 못하도록 서구 각국과 조선의 관계를 주선해 주었다. 그러나 그가 조선에 파송한 위안스카이(오른쪽)의 횡포는 일본에 조선 진출의 빌미를 제공했고, 청일전쟁에서 청이 패배함으로써 조선은 국제사회의 회오리바람 속에 던져졌다.

시어도어 루스벨트(왼쪽)는 10만 대군을 만주에 파견하여 중국침해의 의도를 노골적으로 드러낸 러시아를 저지하는 데 중점을 두어 러시아와 대항한 일본을 두둔했다. 그러나 러시아를 물리친 일본이 만주를 독점하려 하자 일본을 경계하기 시작했고, 그의 후임자인 태프트(오른쪽)와 윌슨은 일본에 대항하는 태도를 취했다. 조선의 명운은 그들의 관심 밖에 있었다.

윌슨 미국 대통령은 약소민족의 해방을 주장하고 국제연맹을 통한 세계평화를 목표로 세웠지만 자기들의 주장을 거절할 경우 국제연맹에서 탈퇴하겠다는 일본에게 굴복했다. 그리하여 일본은 산둥반도 점령을 관철하게 되었고, 이는 중국에서의 배일운동을 대폭 강화했다.

중국 내 좌우 독립운동진영의 합작을 이룬 제34차 대한민국임시의정원 기념사진(1942. 10. 25). 중일전쟁 후 중국의 영향 아래에 있는 독립운동을 독자적으로 진행할 힘을 기르고 운동진영 내의 내분을 종식하기 위해 한국독립당, 조선민주혁명당 등 각 정당단체 및 무소속 인사들을 총망라하여 명실공히 전민족적인 의정원이 구성되었다. 그러나 대한민국 임시정부는 끝내 열강들로부터 승인받지 못한 채 해방을 맞이했다.

1945년 2월에 열린 얄타회담에서 처칠, 루스벨트, 스탈린(왼쪽부터). 이 회담에서 3국은 독일의 분할점령 · 비무장화 · 전쟁범죄자의 처리 등을 확인하고, 폴란드에서의 신정부 수립을 소련이 지지하는 폴란드 인민해방위원회와 영국 · 미국이 지지하는 런던 망명정부의 교섭에 맡기기로 하였다. 또한 소련은 참전 대가로 중국에서의 권익을 보장받는 비밀교섭을 맺었다. 이로써 소련은 극동에서의 위치를 공고히 했다.

몰로토프 소련 외상(왼쪽)과 스탈린(오른쪽). 얄타회담 이후 폴란드 연립정부 구성을 위해 열린 3국 회의에서 몰로토프는 미국, 영국이 지명한 인물들에 대한 비토권을 행사하고 관련 인물들을 체포하는 등 강경한 태도를 견지하며 폴란드에 공산정권을 수립하도록 도왔다. 이 사건을 경험한 미국은 한반도 전역에 공산정권이 수립되는 것을 막기 위해 서둘러 38선 설정을 제안하게 된다.

1947년 12월 남조선과도입법의원 개원 1주년 기념촬영. 미국 '한국문제특별공동위원회'는 남한 단독정부 수립은 한국의 공산화를 의미하므로 경제원조를 대폭 늘리고 과도입법의원 의장 김규식(앞줄 가운데)과 민정장관 안재홍(앞줄 왼쪽에서 두 번째) 등 온건세력을 중심으로 남한의 자립기반을 만들어 소련의 한반도 독점을 막아야 한다고 제안했다. 그러나 트루먼 정부는 이를 받아들이지 않았다.

트루먼 대통령(왼쪽)과 마셜 장군(오른쪽). 트루먼 독트린과 마셜 플랜 발표로 유럽에서의 반공정권 지원이 강화되었다. 그러자 마셜 국무장관과 케넌 정책실장 등이 주축이 된 정부 실무자들은 한국에서 신속히 손을 떼야 한다고 주장했고, 미국은 한반도문제를 유엔에 회부했다. 이로써 남한 단독정부가 수립되었고, 미국 방위선에서 한국이 제외되었다.

1910년대의 국제정세

1910년대는 일본 제국주의의 힘이 가장 융성한 시기였던 만큼이나 독립운동이 활발한 시기였기 때문에 이 시기의 국제정세에 대한 이해는 이후의 독립운동, 나아가 해방 전후의 정세를 이해하는 데 기초가 된다. 미국과 러시아의 중국을 에워싼 각축 속에서 어부지리를 얻은 일본의 가속화된 팽창주의를 반대한 유일한 나라는 미국이었다. 과연 윌슨 미국대통령의 이상주의는 일본의 팽창주의를 막을 수 있었는가?

1. 머리말

대한제국大韓帝國이 1905년에 치욕적인 을사조약乙巳條約을 체결한 이후, 고종高宗을 비롯하여 온 백성이 국권 회복을 원하고 많은 노력을 했지만 빼앗긴 국권은 1948년이 되기까지 회복되지 않았다. 군사력으로든 외교력으로든 한국민족의 힘만으로 국권을 회복하기에는 일본 제국주의의 힘이 너무나 강했고, 한국민족의 힘은 이에 비해 너무 연약했다. 더구나 을사조약을 전후한 시기는 전 세계가 제국주의적 팽창의 열기에 휩싸인 시기였고, 그 이후에도 이러한 팽창의 여파는 지속되어 한국민족의 운명에 강력한 영향을 미치고 있었기 때문에 자력에 의한 국권 회복은 요원한 상황이었다.

물론 한국민족은 이에 굴하지 않고 치열한 독립운동을 전개해 나갔다. 이른바 '합방조약合邦條約'이 체결되고 일본이 한국을 총독의 무력통치하에 둔 후, 한국민족은 이에 저항하여 국내외에서 무력투쟁과 외교운동을 계속했다. 그러나 독립운동은 국제관계의 냉정한 현실 속에서 번번이 벽에 부딪혀야 했다. 독립운동가들의 외교운동은 초기에 볼셰비키, 그리고 1930년대 이후 중국정부의 원조를 받은 것 외에는 별다른 성과를 얻지 못했다. 서양 각국의 많은 인사들이 한국민족에게 동정을 표했고, 또 적극적으로 협조했지만 이들의 태도는 그들 정부의 정책에는 반영되지 않았다. 단지 일본이 나치독일과 동맹관계를 맺고 미국과 영국 등의 연합국을 상대로 전쟁을 일으켰을 때, 즉 일본이 그들의 적이 되었을 때에야 서양 각국은 비로소 한국민족의 염원에 귀를 기울이기 시작했다.

물론 한국민족의 독립운동에 대한 약간의 원조와 뒤늦은 관심조차도 철저하게 자국의 이익을 확보하기 위한 전략에서 나온 것이었다. 이를 두고 이기적인 행태라 하여 도덕적 비판을 할 수는 있겠으나 동서고금을 막론하고 국제관계는 항시 자국의 이익을 추구하는 것을 원칙으로 해왔다고 봐야 할 것이다.[1] 오늘날 유엔이나 국제비정부기구들NGOs의 국제평화 활동에도 불구하고 강대국의 전횡이 여전한 상황임을 감안할 때, 이러한 제약이 전혀 없었던 시기의 강대국의 행태는 가히 짐작하고도 남음이 있을 것이다.

이 글의 목적은 이처럼 독립운동 당시를 둘러싸고 냉엄하게 진행되었던 국제정세 중에서도 특히 1910년대의 국제정세를 고찰하는 데 있다. 1910년대는 일본 제국주의의 힘이 가장 융성한 시기였던 만큼이나 독립운동이 활발한 시기였기 때문에, 이 시기의 국제정세에 대한 이해는 이후의 독립운동과, 나아가 해방 전후의 정세를 이해하는 데 기초가 된다. 한국민족이 일본 제국주의를 상대로 하여 자력으로 이를 능가할 수 없는 상황에서는

1 실상 한국도 국가이익을 추구한다는 명분으로 1992년에 중국과 수교하면서 중화민국(타이완臺灣)과의 수교를 단절하였고, 이로 인해 타이완정부로부터 비도덕적이라는 맹렬한 비난을 받은 바 있다.

무력투쟁이나 외교투쟁은 국제정세의 영향을 강하게 받을 수밖에 없었다. 따라서 을사조약 이후 한국의 독립운동과 해방 전후의 한국의 역사에 중요한 영향을 미친 1910년대의 국제정세를 검토하는 것은 매우 중요한 과제가 아닐 수 없다. 이 글에서는 먼저 1910년 전후의 국제환경을 간략하게 고찰한 후 1910년대의 국제정세를 좀더 세밀히 고찰하기로 하겠다.

2. 1910년 전후의 국제환경

(1) 서양 열강의 제국주의적 팽창정책

1910년 전후의 국제환경은 여러 각도로 분석할 수 있으나, 당시의 상황을 나른 시기와 구분 짓는 몇 가지 뚜렷한 특징 또는 특이성을 통해 분석할 수 있다. 먼저, 당시의 국제사회는 유럽의 강대국과 미국, 그리고 일본 등 몇몇 열강列强을 중심으로 움직이고 있었다. 좀더 구체적으로 말하면, 당시의 국제사회는 유럽의 몇몇 강대국들이 주름잡고 있던 바탕에 미국이 참여하고, 제정帝政러시아를 격파한 일본이 그 후에 가담하여 치열한 각축을 벌이는 형국으로 진행되고 있었다. 제2차 세계대전 후에 많은 신생국들이 출현했는데 이들은 모두 당시에는 이들 열강의 식민지들이었으며, 국제사회의 일원으로 간주되지 않았다.

또 다른 특징을 든다면, 당시의 국제관계는 노골적인 '약육강식'의 원칙에 따라 움직이고 있었다는 것이다. 서양사람들은 다윈Charles R. Darwin과 스펜서Herbert Spencer가 말한 '적자생존' 또는 '생존경쟁에 있어서 가장 우수한 자의 승리'라는 표현을 썼는데, 두 표현이 의미하는 바는 같다. 서양사학자들은 1870년부터 1914년까지의 기간을 '제국주의 시대'라고 부르고 있는데, 당시처럼 '약육강식'의 원칙이 노골적으로 발로한 시기는 인류역사상 전무후무하였다. 아프리카 대륙의 경우를 보면 1875년에는 전

대륙의 10분의 1이 못 되는 지역만이 유럽의 식민지였는데, 20년 후인 1895년에는 10분의 9가 유럽의 소유로 변해 버렸다.[2]

유럽의 14개 국가 대표들은 1884년에 베를린Berlin에 모여서 '아프리카 문제'를 토의했는데, 다음 해에 체결된 베를린조약에서 그들은 "어떤 나라건 간에 아프리카에서 영토를 점령하면 다른 나라들에 통고해야 한다"고 합의했다. 즉, 유럽 각국은 아프리카에서의 식민지 획득을 전쟁 없이 추진하고, 아프리카에서의 경쟁이 유럽 내에서의 국제관계에 영향을 끼치지 않도록 하고자 했다. 이러한 조약은 식민지 획득의 경쟁심을 더욱 부추겼고, 따라서 위에서 본 것과 같은 격심하고 노골적인 제국주의 팽창이 이루어졌다.[3]

이들 서유럽 각국은 아프리카 대륙을 분할·점령하는 동시에 인도양에서 동남아시아로 진출하여 말레이, 수마트라, 자바, 보르네오, 안남安南 등을 차례차례 식민지로 만들어 나갔는데, 조선왕국이 이들처럼 유럽 각국의 식민지로 전락하지 않은 것은 한반도가 해양통로에서 멀리 떨어진 동북아시아 한구석에 놓여 있기 때문이었다. 비록 조선왕국이 제너럴 셔먼 호 사건, 병인양요丙寅洋擾(1866년) 등에서 미국 상선이나 프랑스 함대와 싸우기는 했으나, 한반도가 좀더 남쪽에 놓여 있었다면 영국·프랑스·네덜란드 등의 나라들은 공동함대를 구성하여 침입해 왔을 것임에 틀림없다.

조선왕국이 일본에 병합되기 전 중국과 일본, 그리고 러시아와 일본은 이러한 분위기 속에서 '약육강식'의 싸움을 벌였고, 그 후에도 같은 싸움을 계속했다. 이러한 치열한 싸움은 자기 나라를 방어하기 위한 자구책의 하나였다고 볼 수도 있으나, 약자를 침략하고 강탈하는 행위는 무자비하

2 David Thomson, *Europe since Napoleon*(New York: Penguin Books, 1957), p.464 ; Thomas Pakenham, *Scramble for Africa: The White Man's Conquest of the Dark Continent from 1876 to 1912*(New York: Random House, 1991).

3 Thomson, 위의 책, p.466.

게 행해졌다.

조선왕국은 유럽 제국주의 세력의 침략은 모면했지만 '약육강식'의 원칙하에 격심해지고 있던 제국주의적 팽창의 추세를 피할 수는 없었다. 유럽에서 시작된 제국주의의 물결로 급기야 조선왕국의 종주국宗主國 중국은 조선왕국에 제국주의를 모방하는 정책을 시행하였고 조선왕국을 교린국交隣國인 일본과 대립하도록 함으로써 조선왕국은 두 나라의 싸움의 틈바구니에서 시달려야 했다. 그리고 그 후 다시 일본과 러시아의 각축 대상이 되었다가 결국은 일본에 병탄倂呑되고 말았다.

(2) 중국의 제국주의화

아이러니하게도 서유럽식 제국주의의 흉악한 손길을 가장 먼저 한반도에 내뻗은 나라는 오랫동안 종주국으로 행세해 오던 청淸이었다. 청나라가 조선왕국에 대해 적극적인 정책을 펴게 된 직접적인 동기는 일본의 류큐국琉球國 병합이었다. 일본과 중국의 중간 지점에 놓여 있는 류큐국은 오래전부터 '중국은 우리의 아버지이고 일본은 우리의 어머니이다'라는 식으로 양쪽에 조공朝貢을 바치면서 독립을 유지하고 있었는데, 1879년에 일본이 이를 독단적으로 병합하여 '오키나와현沖繩縣'으로 개칭하고 일본의 영토로 만들어 버렸던 것이다. 이에 놀란 청조淸朝는 그 다음 해인 1880년에 조선문제를 예부禮部로부터 이홍장李鴻章에게 이관移管시켰는데, 예부는 종속관계를 취급하는 부서였고 이홍장은 당시 직예성총판直隸省總辦(지금의 허베이성河北省과 그 근처 지방의 성장省長 또는 두목에 해당하는 직책)으로 있으면서 중국의 대외관계를 관장하고 있었다.[4] 그런데 이홍

4 George Alexander Lensen, *Balance of Intrigue: International Rivalry in Korea and Manchuria, 1884~1899*(Talahassee : University Presses of Florida, 1982), vol. 1, pp.15~17. 직예성은 지금의 허베이성河北省이다.

장은 일본의 세력 확장뿐만 아니라 러시아의 중국영토 및 권익 침해에 대해서도 신경을 곤두세우고 있었는데, 이는 러시아가 중국 서쪽인 신장新疆지방에 출몰할 뿐만 아니라 두만강 건너 조선에 출입하며 조선왕국과 연결을 맺으려 했기 때문이다. 또한 영국과 미국은 러시아가 원산항元山港을 점령하려고 한다는 정보를 중국에 제공하고 있었다.[5] 청나라는 이미 영국에 아편전쟁阿片戰爭(1839~1842년)을 통하여 홍콩을 빼앗겼고, 속방屬邦이던 안남安南을 프랑스에 빼앗겼으며, 러시아에 서부지역의 일부와 만주滿洲(둥산성東三省 또는 둥베이東北지역) 북쪽과 동쪽의 영토를 빼앗기는 등 여러 가지 굴욕을 당하고 있던 터였다.[6]

이러한 상황에 처한 이홍장은 고래古來로 중국의 여러 왕조가 써오던 '이이제이以夷制夷' 전략, 즉 오랑캐의 힘을 이용하여 다른 오랑캐를 제어하는 전략을 택했는데, 이 전략은 다분히 성공했다고 볼 수 있다. 즉, 이홍장은 서양 각국으로 하여금 조선왕국과 관계를 맺도록 함으로써 일본과 러시아가 조선을 독차지하지 못하도록 만들었을 뿐만 아니라, 그 후 과거의 '종속관계'를 근대적인 '제국주의-식민지 관계'로 변화시킬 수 있었기 때문이다. 만일 이홍장이 조선왕국에 대한 야욕을 품지 않고 주일참찬관駐日參贊官 황쭌셴黃遵憲이 『조선책략朝鮮策略』(1880년)에서 지적했던 정책에 따르고, 중국 내의 개혁을 추진했더라면 청나라와 조선왕국의 붕괴를 상당 기간 지연시킬 수 있었을 것이다. 황쭌셴은, 조선은 "서양의 제도와 기술을 배움으로써 자강책自强策을 강구하는 한편, 청나라와의 우호관계를 계속하며〔親中國〕, 일본과의 관계를 증진시키며〔結日本〕, 동시에 미국과

5 Lensen, 위의 책, p.17.

6 Il-Keun Park, "China's Policy Toward Korea: 1880~1884," *Journal of Social Science and Humanities*(June 1981), pp.45~78에 이홍장의 한국정책에 대한 세밀한 분석이 나와 있다.

의 동맹관계를 이룩하라〔聯美邦〕"는 충고를 했던 것이다.[7] 어쨌든 이홍장의 노골적인 제국주의 정책과 그가 조선왕국의 감국監國, 즉 총독으로 파송했던 위안스카이袁世凱의 횡포는 일본의 반감을 샀을 뿐만 아니라 일본에 조선 진출의 빌미를 제공하였고, 결국 청일전쟁에서 청나라가 무참하게 패배함으로써 중국과 조선 간에 오랫동안 내려오던 종속관계는 끊어지게 되었으며, 조선왕국은 새로운 국제사회의 회오리바람 속에 던져졌다. 여기에서 덧붙여 말할 것은 이홍장, 위안스카이의 제국주의 정책으로 인하여 조선왕국은 12년이라는 귀중한 세월 동안 아무 진전 없이 정체상태에 남아 있어야 했다는 것이다. 이홍장과 위안스카이는 종속관계의 유지를 고집한 나머지 조선왕국이 독립국가로서 등장하는 것을 저지했고, 또 조선이 서양 국가들과 재정적 또는 경제적 관계를 맺는 것을 극도로 방해하여 조선의 발전의 길을 막아 버렸다.

(3) 러시아의 동점정책東漸政策

1910년대의 한반도 주변의 국제환경을 형성하는 데 중요한 역할을 한 또 하나의 나라는 러시아였다. 잘 알려진 바와 같이, 러시아는 1895년에 청나라가 일본에 패배한 후, 랴오둥반도遼東半島의 일본 점유에 반대하는 러시아 · 프랑스 · 독일의 삼국간섭三國干涉을 주도함으로써 만주를 에워

7 이 당시의 배경에 대해서는 김종국, 「조 · 청 상민수륙무역장정의 체결과 그 영향」, 국사편찬위원회 편, 『한국사』 제16권, pp.142~184 ; 이보형, 「구미제국에 대한 통상수호조약체결」, 국사편찬위원회 편, 같은 책, pp.185~239를 참조. 영문 문헌으로는 Young-Ick Lew, "The Shufeldt Treaty and Early Korean-American Interaction, 1882~1905," in Han, Sung-Joo (ed.), *After One Hundred Years: Continuity and Change in Korean-American Relations*(Seoul: Asiatic Research Center, 1982), pp.3~27 ; C. I. Eugene Kim and Han-Kyo Kim, *Korea and the Politics of Imperialism, 1876~1910*(Berkeley: University of California Press, 1968) ; Key-Hiuk Kim, *The Last Phase of the East Asian World Order* (Berkeley: University of California Press, 1980) 등을 참조.

싼 갈등의 주역으로 등장하였는데, 그 후에 노골화된 러시아의 야욕은 중국에서의 이권경쟁에 혈안이 되어 있던 여러 서양 나라들을 러시아의 적으로 만들어 버렸고, 따라서 그들은 러시아에 군사적으로 대항하려는 일본을 지지하게 되었다. 러시아에 반대하지 않은 나라는 러시아와 동맹관계를 맺고 있던 프랑스뿐이었다.

러시아가 일본으로 하여금 랴오둥반도를 청나라에 돌려주도록 한 일은 다른 열강들의 환심을 살 수 있는 일이었으나, 그 후에 러시아가 취한 정책은 서양 국가들과 일본을 분개시키고도 남을 만했다. 즉, 러시아는 일본이 청나라에서 빼앗았던 랴오둥반도를 3년 후인 1898년에 중국으로부터 조차租借받아 차지하였고, 군항軍港을 건설하여 뤼순旅順을 극동에서의 교두보로 만들고 있었다. 또 러시아는 만주의 북쪽을 횡단하는 동청철도東淸鐵道를 건설하여 바이칼호 남쪽의 이르쿠츠크와 블라디보스토크를 연결하여 만주를 식민지로 만들 기반을 닦기 시작하더니, 그 철도의 중심지인 하얼빈哈爾賓과 뤼순군항旅順軍港을 연결하는 철도, 즉 풍요한 만주 벌판의 중심부를 횡단하는 남만주철도南滿洲鐵道를 건설하고 그 철도 연변의 상당한 토지와 자원을 차지했다.

러시아가 서양 국가들의 적개심을 사게 된 것은 이것뿐만이 아니었다. 즉, 1900년에 중국 북방 일대에서 외국대사관과 외국인들을 침해한 의화단사건義和團事件이 일어나자 서양 각국은 각기 자기 나라 시민들을 보호한다는 명분하에 군대를 파견했는데, 러시아는 만주지방에 창궐하는 의화단과 마적馬賊으로부터 철도를 보호한다는 명분으로 10만 대군을 파견하여 만주 전역을 점령했다. 러시아는 치안이 복구되는 대로 군대를 철수하겠노라고 누차 성명을 발표했지만 실제로는 철수할 의도가 전혀 없었다. 왜냐하면 러시아가 군대를 철수하는 조건으로 내세운 것은 만주에서의 중국군대의 무장해제, 만주와 몽고지방에서의 이권利權 독점, 그리고 만주에서 베이징北京으로 통하는 철도의 건설을 허용할 것 등 중국에게 무리한 요구였기 때문이다. 일본, 영국 등의 강력한 항의를 받은 러시아는 1902년에 이르러 중국과 조인한 협정에서 18개월 후에 완전히 군대를 철수하겠노라고 했지만, 이 협정도 공문서空文書에 지나지 않았다. 러시아는 어떤 세력에 의해 강제로 축출되지 않는 한, 만주를 독점하기로 결심해 버린 것이다.[8]

러시아는 조선반도에 대한 야욕도 노골적으로 나타내고 있었다. 1900년 3월에는 함대를 제물포濟物浦(지금의 인천仁川)에 파송하여 마산포馬山浦에 군항건설을 허용할 것을 요구했다가 일본의 강력한 항의를 받기도 했다. 또한 니콜라스 황제가 직접 이권을 가지고 있었다고 알려진 '러시아 삼림산업조합森林產業組合'은 1901년에 한국정부와의 합의하에 압록강변에서 삼림재배를 시작했고, 1904년 1월에는 삼림재배소를 경호한다는 명분하에 군대를 파견하기도 했다. 러시아의 정책은 이처럼 노골적으로 팽창주의적이었는데, 오랫동안 재무상財務相으로 있으면서 그 나름대로 러시아의 극동정책에 신중을 기했던 비테Sergei Witte가 해임된 1903년 8월 이후에는 더욱 심해졌다.

러시아의 이러한 노골적인 정책은 결국 1904년의 러일전쟁을 초래했고, 러시아가 전쟁에서 패함에 따라 러시아의 동점정책東漸政策은 좌절을 겪게 되는데, 이 글의 주제인 1910년대의 한반도를 둘러싼 국제환경을 고찰하는 각도에서 볼 때, 러시아의 만주와 중국의 기타 지방에 대한 야욕은 한국의 독립에 치명적인 타격을 주고야 말았다. 왜냐하면 앞에서 지적한 대로, 러시아가 중국의 중요한 부분인 만주를 독점하려고 한 야심은 중국에서 이권을 다투던 여러 유럽 국가들을 러시아의 적으로 만들어 버렸고, 따라

8 Harold M. Vinacke, *A History of the Far East in Modern Times*(New York: Appleton-Century-Crofts, 1956), pp.170~174 참조.

서 그들은 러시아에 군사적으로 대항하려는 일본을 지지하게 되었기 때문이다.

(4) 영국과 러일 관계

러시아의 만주 독점정책에 대한 서양 열강의 위기의식은 1902년의 영국과 일본의 동맹관계 형성으로 가시화되었다. 당시의 국제사회에서 제일 막강한 해군력을 가지고 있던 영국이 동아시아에서의 러시아의 세력 확장에 대응하기 위해 일본과 동맹관계를 맺었다는 사실은 영국이 러시아를 얼마나 경계하고 있었는지를 보여 준다. 영국이 일본과 맺은 조약에 따르면, 동맹국이 제3국과 교전상태에 돌입할 경우 다른 동맹국은 중립을 지키게 되어 있는데, 만일 동맹국의 적국이 다른 나라와 동맹관계를 맺고 공격해 올 때에는 다른 동맹국도 참전한다고 되어 있다. 이를 풀이하면, 만일 프랑스가 러시아를 도와줄 경우 영국은 일본 편에서 싸우겠다는 것이다. 대영제국大英帝國이라면 해군력으로나 경제력으로나 당시에 가장 막강한 나라였는데, 이러한 나라가 국제사회에 등장한 지 아직 얼마 안 된 동양의 일본과 동맹관계를 맺게 될 때까지 심사숙고했을 것은 당연한 일이고, 그런 만큼 이 조약은 제국주의 국가로서의 일본의 입지를 국제사회가 인정하고 공고하게 만드는 결과로 이어졌다.

영국과 러시아는 벌써 오래전부터 대립관계에 놓여 있었다. 즉, 1853년부터 1856년까지 영국은 프랑스, 터키, 오스트리아 등과 연합하여 러시아를 상대로 이른바 크리미아전쟁을 치른 바 있고, 1884~1885년에는 아프가니스탄 문제를 가지고 전쟁 직전까지 간 적도 있으며(이때 영국은 블라디보스토크의 러시아 함대를 봉쇄하기 위해 거문도巨文島를 점령하기까지 했다), 또 페르시아(지금의 이란) 등을 놓고 분쟁을 계속하고 있었다.

영국은 러시아가 만주를 지배하는 것을 좋아하지 않았지만 표면상으로는 반대하지 않았다. 그 이유는, 영국이 1899년에 러시아와 체결한 협정에서[9] 만주에서의 러시아의 주도권을 인정하는 대가로 양쯔강揚子江 지역에서의 영국의 주도권을 인정받았기 때문이다. 그런데 문제는 러시아가 프랑스와 합작하여 베이징과 한커우漢口를 연결하는 철도를 건설할 이권을 얻어내게 된 것이었다. 물론 한커우는 양쯔강에 놓여 있는 대도시이다. 즉, 러시아는 1899년의 협정을 위반하고 중국의 중심지이자 영국의 '주도권 지역'인 양쯔강 지역으로 침투해 오려고 한 것이다.[10] 이러한 이유로 영국은 일본과 동맹관계를 맺고 러시아에 대항하기에 이르렀다.

(5) 미국의 태도

러시아의 만주 독점정책과 남하정책은 미국에도 큰 자극을 주었다. 시어도어 루스벨트Theodore Roosevelt는 아직 부통령으로 있을 때인 1900년 8월에 이미 "일본이 러시아를 견제하기 위하여 조선을 차지해야 한다"는 얘기를 한 적이 있는데,[11] 러시아의 야욕이 점점 더 노골적으로 드러나자 그의 러시아에 대한 감정도 더욱 격화되어 갔다. 그는 1901년에 대통령에 취임하여[12] 1903년에는 러시아의 만주정책을 비난하는 정식 성명을 발표했고, 러일전쟁이 일어난 지 한 달 후인 1904년 3월에는 "일본이 이 전쟁에서 이길 것이고 일본은 동양 전체를 '문명화'하는 큰 세력으로 등장할 것"이라고 말했으며,[13] 같은 해 7월에는 "일본은 문명세계의 일을 하고 있

9 스코트-무라비에프 협정Scott-Muraviev Convention.

10 Vinacke, 앞의 책, p.175.

11 Roosevelt to Speck von Sternberg, Aug 28, 1900, Elting E. Morison (ed.), *The letters of Theodore Roosevelt* II(Cambridge: Harvard University Press, 1954 ; Raymond A. Esthus, *Theodore Roosevelt and Japan*(Seattle: University of Washington Press, 1966), p.7에서 인용.

12 1909년까지 재임.

13 Esthus, 위의 책, p.41.

기 때문에 우리와 같은 일을 하고 있다"고 말했는데, 이는 일본이 러시아와 싸우는 것은 문명세계가 해야 할 일을 일본이 대신하고 있는 것이라는 뜻이었다.[14]

이처럼 러시아의 급격한 '동점정책'은 미국을 자극했고 이로 인해 루스벨트는 일본의 한국 점령을 일본이 러시아의 동점정책을 막아내는 데 대한 당연한 대가로 여기게 되었던 것이다. 이로써 이미 청나라를 패배시킨 일본이 러일전쟁에서 제정러시아마저 굴복시키자 이제 일본이 한국을 병탄하려고 하는 데 대한 반대세력은 더 이상 존재하지 않았다.

3. 제1차 세계대전 직전의 미일 관계

위에서 살펴본 것처럼 루스벨트는 일본이 동양의 맹주로 등장하는 데 대하여 상당히 호의적인 태도를 가지고 있었다. 그러나 미국이 중국대륙에서 추구하는 목적은 '문호개방Open Door'이라는 구호로 잘 알려진 시장개방 정책이었기 때문에, 만주에서 러시아를 물리친 일본이 만주를 독점하려고 하자 미일 간의 갈등은 불가피해졌다. 또 제1차 세계대전 기간을 통하여 일본이 중국 전체에 대한 야욕을 노골적으로 드러냄으로써 일본은 러일전쟁 때까지 구축해 놓았던 서양세계와의 우호관계를 상실했을 뿐만 아니라 그들의 의구심 내지는 적개심을 사기 시작했다. 동양에서의 1910년대의 국제정세가 1900년대와 다른 점은, 첫째는 유럽의 열강들이 일선에서 물러나고 일본이 막강한 세력으로 등장한 것이고, 둘째는 일본과 미국 간에 갈등이 일어난 것이다. 미국과 일본 간의 갈등은 특히 1910년대의 후반기에 들어서면서 첨예해졌다.

14 Esthus, 앞의 책, p.43 ; Morison, 앞의 책, IV, p.865.

(1) 만주에서의 미일 갈등

미국과 일본 간의 갈등은 러일전쟁이 끝난 직후인 1905년부터 시작되었는데, 1905년은 바로 일본이 남만주에서 이권을 독점하려고 한 시기이다. 미국의 철도왕으로 알려진 해리먼Edward H. Harriman은 오랫동안 만주철도에 관심을 두고 있었는데, 러일전쟁이 끝난 직후 일본정부에 접근하여 남만주철도를 공동투자사업으로 만들자고 제안하여 일본의 동의를 얻기에 이르렀다. 러일전쟁 직후에 자본문제에 시달린 가쓰라桂太郞 정부는 남만주철도를 해리먼이 관장하는 합자회사에 조차하기로 했는데, 해리먼의 구상은 세계를 연결하는 철도망을 구축하고, 남만주철도를 그 철도망의 일부분으로 만드는 것이었다.[15] 그런데 고무라小村壽太郞 외상外相이 포츠머스 강화회의에서 돌아오자마자 이 제안의 부당함을 주장하여 가쓰라 수상과 해리먼이 합의했던 잠정협약은 취소되어 버렸고, 곧 일본은 남만주철도를 중심으로 만주를 독점하는 방향으로 나가기로 했다.[16]

해리먼의 제안을 배척한 일본은 만주에서 러시아로부터 양도받은 이권에 관하여 청나라와 교섭을 시작했는데, 1905년 12월 22일에 체결된 베이징조약北京條約의 비밀조항에서 남만주에서 외국세력을 배척하고 이권을 독점하도록 청나라로부터 보장받았다. 즉, 중국은 남만주철도의 이익을 해치는 병행철도竝行鐵道를 건설하지 않는다는 밀약을 한 것이다.[17] 이처럼

---

15 해리먼은 시카고에 거점을 둔 '일리노이 중앙 철도회사Illinois Central Railroad'의 거누巨頭였는데 파산한 '유니온 퍼시픽 철도회사Union Pacific Railroad'를 인수하여 확장함으로써 모건J. P. Morgan과 더불어 미국 철도왕의 위치를 차지하고 있었다〔*The Railroad Builders: A Chronicle of the Welding of the States*, ch. 10(www.nubond.net/railroad)〕. 해리먼의 아들(W. 애버렐 해리먼W. Averell Harriman)은 제2차 세계대전 전후에 뉴욕 주지사로 있다가 소련대사로 시무했고 후에 트루먼 대통령의 고문을 지냈다.

16 Vinacke, 앞의 책, pp.194~195 ; 日本外務省, 「小村外交史」 下卷(東京 : 新聞月鑑社, 1953), pp.204~211.

17 日本外務省, 위의 책, pp.241~242, 250.

독점권을 획득한 일본이 그 후에 집요하게 파고드는 미국 자본을 배척했음은 물론이다. 1907년에는 해리먼의 사위이며 과거 서울에서 부영사副領事로 근무한 바 있는 펑텐奉天 주재 총영사 스트레이트Willard Straight가 다시 미국 자본의 만주 진출을 시도했으나 일본의 반대로 뜻을 이루지 못했고,[18] 1909년에는 미국 국무장관이 만주철도의 중립화를 이루기 위해 많은 노력을 했지만 역시 성과를 얻지 못했다.

후자의 경우는 당시의 국무장관이던 녹스Philander Knox가 주동한 제안이었는데, 철도의 중립화와 아울러 보다 적극적으로 중국의 문호개방을 추진하고자 하는 의도가 내포되어 있었다. 제안의 내용은, 만주의 철도가 창춘長春 북쪽은 러시아의 소유이고, 창춘 남쪽은 일본이 관장하고 있으므로 공동의 국제자본회사를 만들어 모든 철도를 종합관리하도록 함으로써 철도를 중립화하자는 것이었다. 그러나 일본은 앞에서 보았듯이 남만주에서 독점권을 소유하고 있었고, 러시아도 청나라와의 비밀조약을 통하여 창춘 북쪽에서 독점권을 얻어 놓고 있었으므로 녹스의 제안에 동의할 생각이 없었다. 또 일본과 러시아는 1907년과 1910년에 협정을 맺어서 만주에서 상호 간의 이익을 존중하기로 합의하고 있었고, 영국도 중국에서의 열강의 세력권을 존중하는 입장을 취했기 때문에 미국의 제안은 실현될 수 없었다.[19] 잘 알려진 바와 같이 러시아와 일본은 철도를 기반으로 삼아 각자의 세력권 내에서 실질적인 식민지를 구축하고 있었으므로, 철도의 중립화라는 제안은 식민정책의 포기를 의미하는 것이었다. 따라서 일본과 러시아가 미국의 그러한 제안에 적극 반대한 것은 당연한 일이었다.

미국의 노력이 이처럼 일본의 완강한 저항을 받게 되자 미국과 일본의 관계는 점점 소원해지지 않을 수 없었다. 미국 입장에서 볼 때 일본을 포

18 日本外務省, 앞의 책, pp.213~214.

19 Vinacke, 앞의 책, p.198.

함한 모든 열강들은 1899년에 미국이 선포한 '문호개방' 정책에 동의했으므로 중국의 독립과 자주권을 존중해야 할 터인데, 일본이 만주에서 이권을 독점하는 것은 '문호개방' 정책에 위배되는 것이었다. 그러나 일본은 자국의 정책이 '문호개방'주의에 위배되는 것이 아니라고 주장했다. 일본은 만주에서의 중국의 주권을 침해한 일이 없을 뿐만 아니라 일본의 정책은 미국이 1899년에 선포한 '문호개방' 선언의 내용에 저촉되지 않는다는 것이었다. 미국은 1899년의 선언을 넓게 해석하여 문호개방을 요구하고 나섰지만 일본은 자국의 정책이 왜 '문호개방' 선언에 어긋나느냐고 항의했다. 그뿐만 아니라 일본이 만주에서 취하고 있는 정책은 서양 국가들이 중국 각지에서 취하고 있는 정책과 별로 다르지 않은데 일본만을 공격하는 것은 부당하다는 태도를 취했다.[20] 이처럼 상충되는 이해관계는 절충될 수가 없었다.

미국 내에서의 정치사조의 변화와 정권수반의 교체도 일본과의 갈등을 심화시킨 요인이었다. 루스벨트의 재임 시에도 폭력에 의한 외교를 지양하고 평화적 국제사회의 구축을 향한 외교를 펴야 한다는 주장이 대두되고 있었는데, 1909년에 태프트William H. Taft가 루스벨트의 후임으로 취임했을 때에는 이러한 논조가 더욱 강하게 사회를 풍미하고 있었다. 태프트 정권은 이러한 사회의 풍조를 다분히 외교정책에 반영했으므로 일본의 제국주의 정책은 자연히 비판의 대상이 되지 않을 수 없었다.[21] 특히 이상주의자로 알려진 윌슨Woodrow Wilson이 1913년 대통령으로 취임한 후 일본에 대한 비판적인 논조는 더욱 강화되어 갔다.

20 Vinacke, 앞의 책, p.355.

21 Charles E. Neu, "From the Open Door Notes to the Washington Treaties: 1906~1913," in Burton F. Beers, Ernest R. May and James C. Thomson, Jr. (eds.), *American-East Asian Relations: A Survey*(Cambridge: Harvard University Press, 1972), p.160 참조.

(2) 태프트와 일본

태프트는 루스벨트 재임 시 육군장관陸軍長官으로 시무하는 동안 대통령 특사로 일본, 중국 등을 방문했고 일본이 조선왕국을 합병하는 데에도 찬동했으며, '가쓰라-태프트 협약'(1905년 7월)의 장본인이기도 했다.[22] 그러나 '도덕적 외교'를 주장했다는 점, 유럽보다 동양에 관심을 더 두었다는 점, 그리고 동양에서는 중국에 상당히 동정적이었다는 점에서 루스벨트와 성향을 달리했다. 태프트는 일본에 호감을 가지고 있었으면서도 이미 1907년 10월에 일본의 중국침략을 경계했고, 미국은 중국에서의 문호개방 원칙을 강력히 준수해야 한다고 말한 바 있다.[23] 1909년에 국무장관인 녹스가 추진하려고 한 만주철도중립안은 이러한 맥락에서 나온 것이었다.

미국이 이상주의적 방향으로 움직이고 있는 데 반해, 일본의 중국침략은 한층 더 노골화되었는데, 이러한 경향을 상징적으로 적나라하게 보여준 것이 1915년 1월에 중국정부에 요구한 '21개 요구조항'이다. 악명 높은 이 '21개 요구조항'에 대해 일본의 어떤 사학자는, "그 후의 중일 관계를 구할 수 없는 진탕 속에 빠뜨리고 미국의 대일불신감을 결정적으로 악화시킨 일본 외교사상 최대의 실책이라 해도 과언이 아니다"라고 지적했는데,[24] 그만큼 참으로 무모하고 흉악한 요구였다. 그런데 일본이 이처럼 노골적인 야욕을 표명한 데에는 제1차 세계대전이라는 배경이 자리 잡고 있었다.

---

22 Neu, 앞의 논문, p.167 ; 日本外務省, 앞의 책, pp.259~260.

23 Neu, 위의 논문, p.158.

24 小林達夫, 「海軍軍縮條約(1921~1936)」, 日本國際政治學會, 『太平洋戰爭への道』 제1권(東京 : 朝日新聞社, 1963), p.15.

4. 제1차 세계대전과 일본

(1) 전쟁의 발발과 일본의 야심

제1차 세계대전이 발발한 배경을 여기에서 길게 논할 필요는 없겠지만 1914년에 제1차 세계대전이 시작되기 오래전부터 유럽 각국은 전쟁준비에 전전긍긍했다. 독일은 오래전부터 오스트리아, 이탈리아와 삼국동맹三國同盟을 형성하고 있었고, 영국, 프랑스, 러시아는 삼국협상三國協商을 구축하여 삼국동맹에 대항하고 있었다. 20세기에 들어서면서부터 독일이 급격히 해군력을 확장하자 위협을 느낀 영국, 프랑스 등도 전쟁준비를 서두르게 된 것이었다. 왜냐하면 독일은 이미 유럽에서 으뜸가는 지상군地上軍을 가지고 있었고, 영국은 해군력에서 독일을 능가하고 있었는데 독일이 해군력 확장을 서두르는 것은 독일이 세계 제패를 노린다는 것으로밖에 해석되지 않았기 때문이다. 영국은 해군력 확장을 제한하는 협정을 맺을 것을 누차 제안했지만 독일은 마이동풍馬耳東風이었다.

유럽의 대립상태는 중대사가 아닐 수 없었다. 유럽의 강대국들이 모두 위기감에 휩싸여 있었기 때문에 양쪽의 동맹국들은 철석같이 결속되어 있었고, 양쪽의 강한 군사력이 똑같이 균형을 이루고 있었기 때문에 문제는 더욱 중대했다. 모든 강대국들이 두 체제 중 하나에 속해 있었기 때문에 양자 간의 타협을 가져올 수 있는 세력이 없었을 뿐만 아니라, 동맹국 간의 결속력이 강했기 때문에 어디에서 전쟁이 일어나든지 간에 유럽의 모든 강대국들은 일제히 전쟁상태에 돌입하게 되어 있었다.

이러한 때에 오스트리아 황태자가 세르비아에서 암살되자 오스트리아는 세르비아에 선전포고를 했고, 세르비아와 같은 슬라브족인 러시아가 개입하고, 오스트리아와 동맹국인 독일이 선전포고를 하는 등 유럽은 전운에 휩싸이게 되었다. 이들 유럽 강대국들은 세계 각처에 식민지를 가지고 있었으므로 유럽에서의 전쟁은 문자 그대로 세계대전으로 확장되어버렸다.

제1차 세계대전이 일어나기 전부터도 유럽에서의 긴장은 동아시아 지역에 즉각적인 영향을 미쳤다. 즉, 이른바 열강들은 유럽에서의 긴장으로 인해 동아시아 지역에 대한 관심이 소홀해질 수밖에 없었는데, 특히 세계대전이 발발한 후에는 아시아 문제에 대해 관심을 가질 겨를이 없어졌다. 따라서 동아시아에서는 일본이 모든 일을 좌지우지하게끔 되어 버렸다. 그러나 일본이 야욕을 노골적으로 드러내자 1917년까지 세계대전에 참가하지도 않았고, 또 국력이 왕성했던 미국은 이제 일본과 대립적인 입장을 취하게 되었다.

여기서 덧붙여 언급해야 할 점은, 세계대전은 전쟁준비기간과 전쟁기간 동안에만 유럽 국가들을 동아시아에서 제거한 것이 아니었다는 점이다. 세계대전으로 인해 유럽 국가들의 국제적 위치는 극도로 격하되었고 그들 중 어떤 국가는 다시 주요 강대국으로 등장하지 못했다. 전쟁은 무자비한 살육과 파괴를 가져왔고, 따라서 유럽은 황폐화되었으며 동아시아 지역에까지 무력행사를 할 수 있는 능력도 없어졌고, 외국에 투자할 잉여자본도 더 이상 없었다. 전쟁에 패배한 독일은 말할 것도 없거니와 전승국 쪽에 속한 러시아에서는 공산혁명이 일어났고, 프랑스와 영국은 폐허가 된 자기 나라를 복구하는 데 전력을 다해야 했다. 정치인들의 무모한 고집과 천박한 생각이 300년간 쌓아온 유럽의 문명을 거의 전멸시키다시피 한 것이다. 유럽이 자랑하던 과학과 기술은 상호 간의 살육을 더욱 능률화하고 거창하게 했을 뿐이었다. 사랑을 부르짖는 유럽의 종교도 정치의 도구가 되었을 뿐이고 국가들간의 갈등을 해소하는 데 도움을 주지 못했다.

일본은 이러한 '공백상태'를 최대한 이용했다. 일본의 원로 야마가타 아리토모山縣有朋가 세계대전의 발발을 '천재일우千載一遇의 호기好機', 즉 '천 년에 한 번 만나는 좋은 기회'라고 했고, 오쿠마 시게노부大隈重信 내각이 이를 '천우天佑', 즉 '하늘의 도움'이라고 한 것을 보면 일본이 이 기회를 얼마나 기뻐했는지를 알 수 있다.[25]

일본은 전쟁이 발발한 당시부터 전쟁이 끝난 후에 있을 강화회의에서 발언권을 획득할 것과 그때에 어떠한 '기정사실'을 내어 놓을 것인가에 대해 심사숙고하고 있었다.[26] 그 결과로 나타난 소위 '전후의 일본판도'는 참으로 엄청난 것이었다. 즉, 북쪽에서는 러시아 영토인 바이칼호 동쪽의 시베리아 지역에서부터 북만주에 이르기까지, 중국에서는 산둥山東지방에서부터 중국의 중부, 즉 화중華中지방에 이르기까지, 그리고 남쪽에서는 태평양의 남양군도南洋群島까지를 일본의 '판도' 내에 포함시키자는 것이었다.[27]

(2) 일본의 산둥지방 침략

우선 일본은 동맹국인 영국이 독일과 교전상태로 들어간 것을 구실로 독일에 대해 선전포고를 하고 적도 북쪽의 태평양에 흩어져 있는 독일 영토였던 섬들을 점령했다. 또한 일본은 칭다오靑島를 중심으로 한 산둥반도에 놓여 있는 독일 조차지租借地를 점령하는 작전을 시작하면서 칭다오 훨씬 북쪽의 중국영토에 상륙했을 뿐만 아니라 조차지의 인접지대에서 독일 상사商社들이 관련되어 있던 모든 철도, 광산, 공장 시설들까지도 점령함으로써 일본의 의도가 어디에 있는가를 여실히 과시했다.[28] 일본이 독일에 선전포고를 하고 작전을 시작한 것은 1914년 9월이었다.

일본의 군사작전이 끝난 후 중국정부는 중국이 세계대전에 대해 중립을

---

25 小林達夫, 앞의 논문, p.5.

26 小林幸男, 「對蘇政策の推移と滿・蒙問題」, 『太平洋戰爭への道』 제1권, p.164 ; 坂野潤治, 『近代日本の外交と政治』(東京 : 研文出版, 1985), pp.80~90.

27 小林幸男, 위의 논문, pp.171~172.

28 Vinacke, 앞의 책, p.364.

선포하였음을 환기시키고 독일 조차지 외의 산둥성에서는 군사지역 설치를 종식해야 할 것이라는 통고를 보냈는데(1915년 1월 7일), 일본은 이 통고는 적대적 행위라는 핑계를 내세우고 이른바 '21개 요구조항'을 1월 18일에 제출했다. 이 요구는 중국 외무부를 무시하고 위안스카이 대통령에게 직접 전달되었다. 일본은 세계 여론을 우려하여 21개 요구조항의 내용을 극비에 부칠 것을 당부했지만 그 내용이 조금씩 누설되어 나오자 일본은 세계 여론의 규탄을 받기 시작했다. 실로 일본의 요구는 엄청났다. 일본은 만주와 산둥성 그리고 타이완의 대안對岸에 놓여 있는 후지엔성福建省 및 내몽고內蒙古를 식민지화할 것을 요구했을 뿐만 아니라, 일본 고문관顧問官을 채용할 것을 요구함으로써 경제면뿐만 아니라 행정면에서까지 이 넓은 지역을 독차지하려고 했다. 산둥성과 후지엔성에서는 각 지방으로 뻗치는 철도를 일본의 수하에 둠으로써 실제적으로 중국 전체를 일본의 지배하에 두고자 했다.

그뿐만 아니라 중국은 정치, 금융, 군사 문제에 있어서도 일본 고문관을 채용하며, 중요지역에서의 경찰은 일본과 공동의 조직체를 구축하고, 탄약과 군수물자의 절반 이상을 일본에서 구입해야 하며, 또 군수품 공장도 일본과 공동으로 세워야 한다는 조건을 내세움으로써 중국으로 하여금 실제적으로 일본의 피보호국被保護國이 될 것을 강요했다.[29] 잰슨Jansen은 그의 저서에서 21개 조항의 내용은 당시의 기정사실을 문서화하는 격이었으므로 내용 자체보다도 일본 측의 강압적인 수단, 그리고 위안스카이의 능수능란한 국내 및 국제여론 조정이 21개 요구조항을 악명 높은 것으로 만들었다고 결론을 맺고 있다.[30] 설사 그렇게 보더라도 일본의 요구가 세상

29 Vinacke, 앞의 책, pp.366~368.

30 Marius B. Jansen, *Japan and China: from War to Peace, 1894~1972*(Chicago: Rand McNally, 1975), p.214.

사람들을 놀라게 한 것임에는 틀림없었다.

이 무도막심無道莫甚한 요구를 제출하면서 일본은 무력행위도 불사할 것을 누차 시사했는데, 중국이 지연작전을 쓰고 미국에 도움을 청하자 5월 7일에 최후통첩을 보내어 결국 5월 25일에 각종 조약이 체결되었다. 잰슨은 일본이 이 '요구'로 만주와 산둥에서 중요한 특권을 얻었으나 산둥에서 얻은 특권은 나중에 워싱턴 국제회의에서 취소해야 했는데, 일본의 득실을 종합해볼 때 얻은 것보다도 심리적인 대가를 지불한 것이 더 많았다고 결론짓고 있다. 이 21개 조항의 교섭결과로 여러 조약들이 체결된 1915년 5월 25일은 중국에서 '국치일國恥日'로 기념되었고, 이 사건으로 미국 등 외국의 대일對日감정은 크게 악화되었다.

중국과 일본이 교섭을 계속하고 있는 동안 중국으로부터 일본의 요구내용을 알게 된 미국 국무장관 브라이언William J. Bryan은 일본의 중국에서의 '특수적 관계'를 인정하고 중일 간의 절충안을 내세우려 했다. 그러나 베이징 주재 미국대사가 강력하게 항의하자 윌슨 대통령이 직접 중국문제를 취급하기 시작했고, "우리는 가능한 한 중국을 방어해야 하며 일본의 요구가 타당하다고 인정하는 것으로 보여서는 안 된다"고 언명했으며, 미국은 미국의 조약상의 이권이나 중국의 주권을 침해하거나 문호개방 정책에 위반되는 어떠한 조약도 인정할 수 없다는 통첩을 일본에 발송했다.[31] 이 통첩을 보낸 것이 1915년 5월 10일인데, 이를 기하여 미국은 중국을 지지하는 방향으로 돌아선 셈이다.

(3) 시베리아 출병과 미일관계

미국과 일본은 중국문제뿐만 아니라 동부 시베리아 문제에서도 대립하

31 Jansen, 앞의 책, p.217.

게 되었다. 일본은 러일전쟁이 끝난 후 북만주에 이권을 가지고 있던 러시아와 합작하여 미국 자본의 만주 침투에 대항해 왔는데, 1917년의 러시아 혁명은 완전히 새로운 사태를 야기했다. 새로 정권을 장악한 볼셰비키 Bolsheviki 정부가 과거에 제정러시아 정권이 맺은 조약들을 인정하지 않는다는 방침을 세웠기 때문이다. 이러한 사태는 일본에 새로운 위협이 되는 동시에, 다른 한편으로는 절호의 기회를 가져다 주었다.

일본의 입장에서 볼 때 이제 과거의 이권관계에 대한 러일 간의 협약 등을 더 이상 인정하지 않을뿐더러, 자본주의 체제를 반대하는 볼셰비키당은 확실히 위협적인 존재였다. 무정부주의 사상, 사회주의 사상 등이 일본에 알려진 것은 1890년경부터인데, 일본정부는 이러한 사상을 불온사상으로 간주하고 탄압하고 있었으니, 볼셰비키당이 러시아를 장악한 것이 당연히 위험한 상황으로 간주될 수밖에 없었다. 일본의 정책에 반대하는 볼셰비키당이 헤이룽강黑龍江 지역을 장악할 경우, 이는 일본의 만주에서의 이권을 위협할 뿐만 아니라 나아가 중국에서의 일본의 정책을 위협할 수 있었다.

그러나 러시아제국의 붕괴는 러시아 영토인 시베리아 지역에 무정부 상태를 초래했기 때문에 일본에 새로운 기회를 제공했다. 로마노프Romanov 왕조가 붕괴된 후, 우랄산맥 서쪽인 유럽지역 러시아에서는 케렌스키Aleksandr F. Kerenskii 정권, 그리고 볼셰비키 정권 등이 어느 정도 질서를 회복시킬 수 있었으나 시베리아 지역에서는 국가권력이 미치지 못하여 여러 세력들이 패권을 다투고 있었다.

이처럼 혼란스런 러시아 국내 정세의 틈을 타 일본은 자국의 판도를 넓히고자 했다. 일본은 북만주의 옛 러시아 지배지역과 그 북방인 이른바 헤이룽강 지역을 세력권 안에 넣기를 원했다. 헤이룽강 지역이란 바이칼호 동쪽의 러시아 영토를 말한다. 물론 이 지역은 러시아가 1858년과 1860년에 중국의 쇠진을 기화로 탈취했던 지역이다.

북방으로 일본의 판도를 넓히는 데 앞장선 것은 조슈長州 출신의 원로인 야마가타 아리토모 휘하의 육군 수뇌들로서, 그중 데라우치 마사타케寺內正毅는 제1대 조선총독으로서 공훈을 세운 공로로 일본의 수상이 되었다.

일본은 시베리아 지역에 파병하기로 작정할 경우, 그 목적을 달성할 수 있는 경제적 능력과 군사적 능력을 모두 가지고 있었다. 그리고 영국과 프랑스 등 서부전선에서 독일을 상대로 싸우고 있던 연합국들은 일본의 헤이룽강 지역에 대한 파병계획에 대해 이의가 없었다. 볼셰비키 정부는 혁명 직후 독일과 단독강화를 함으로써 상대적으로 연합군의 힘을 약화시켰을 뿐만 아니라, 독일이 러시아를 점령하여 전쟁에 소요되는 물자를 조달할 가능성도 있었다. 따라서 영국과 프랑스는 일본의 시베리아 개입을 문제삼지 않았다. 문제는 미국이었다. 왜냐하면 미국 역시 일본과 마찬가지로 헤이룽강 지역에 관심을 가지고 있었기 때문이다.

미국의 철도자본이 만주철도에 대해 꾸준한 관심을 보였음은 앞에서도 보았지만, 같은 계열의 자본이 동시베리아 지역의 개발사업에 적극적인 관심을 보이고 있었을 뿐만 아니라, 제정러시아가 전복된 후인 케렌스키 정권 시절에는 시베리아 투자를 위한 시찰단이 시베리아 지역을 순방하기도 했다.[32] 그뿐만 아니라 1917년 4월까지 세계대전에서 중립을 지켜온 미국은 일본을 능가하는 전쟁능력을 갖추고 있었다.

따라서 일본은 미국과의 충돌을 피하기 위하여 단독출병을 포기하고 미국에 합동으로 출병하자고 제안했고, 오랫동안 시베리아 출병을 주저하던 윌슨 대통령은 블라디보스토크에 집결한 체코슬로바키아 군인들을 구출하기 위하여 1918년 초 일본과 공동작전을 펴기로 결정했다. 체코슬로바

32 James W. Morley, *The Japanese Thrust into Siberia, 1918*(New York: Columbia University Press, 1957), pp.123~124.

키아의 군인들이란 제정러시아가 오스트리아 · 헝가리 제국에 대항하기 위하여 러시아 내에 살고 있던 체코 출신 장정들을 모집하여 구성한 군대로, 당시 체코 사람들은 러시아와 오스트리아 · 헝가리 간의 전쟁을 이용하여 오스트리아 · 헝가리 제국으로부터 독립하고자 했다. 이들은 러시아에 혁명이 일어나고 러시아가 독일과 단독강화를 하게 되자 프랑스로 가서 서부전선에서 독일과 오스트리아 · 헝가리에 대항하여 싸우고자 했으므로 영국과 프랑스는 이들을 서부전선으로 이동시키기를 원했다. 그러나 볼셰비키 정권과 타협이 잘 안 되었을 뿐만 아니라, 볼셰비키 정권이 이들을 위험하게 여겨 무장해제시키려고 하였으므로 어쩔 수 없이 미국의 원조와 개입을 요청하게 되었다.[33]

여기에서 시베리아 출병에 대한 상세한 내용을 논할 필요는 없겠지만, 공동출병이라는 명분하에서 미국과 일본은 시베리아에 출병했지만 일본의 야욕은 숨길 수 없는 것이었고, 이것은 미국과 일본 간의 마찰을 악화시킬 수밖에 없었다. 즉, 미국은 체코군대를 보호한다는 제한된 목표를 세우고 미국과 일본이 각기 7천 명의 군대를 파송할 것을 제안했다. 그러나 일본의 목적은 시베리아를 장악하는 것이었으므로 미국의 제안에 동의할 수 없었고, 1918년 10월 말에 북만주 지방에 1만 2천 명, 시베리아에 6만 명이라는 대병력을 파송하여 만주와 시베리아의 실질적인 점령을 획책했다.[34]

미국과 일본은 1918년 8월에 파병을 결정하기 전에도 파병에 대한 공동성명 문제, 파병병력의 숫자 문제를 가지고 오랫동안 교섭하면서 갈등을 거듭하다가 일본 측의 양보로 합의를 보았는데, 일본군 수뇌는 이러한 정부간의 합의를 무시해 버리고 원래의 계획대로 행동을 취함으로써 윌슨 대

33 상세한 내용은 Morley, 앞의 책과 細谷千博, 『シベリア出兵の史的研究』(東京 : 有斐閣, 1995)를 참조할 것.

34 細谷千博, 위의 책, p.248.

통령을 극도로 분노하게 만들었고, 따라서 윌슨 대통령은 "일본에 대한 재정적 또는 물자적 원조를 중지할 것"을 언명했고,[35] 드디어 11월 13일에 일본정부에 대하여 엄중한 항의를 제기했다. 이 문제를 상세하게 연구한 호소야 치히로細谷千博는 시베리아 출병을 둘러싼 갈등이 그 후의 워싱턴회의(1921년), 만주사변(1931년), 그리고 태평양전쟁(1941년)에 이르는 미일간의 심각한 대립과 투쟁의 전주곡이 되었다고 지적하고 있는데, 위에서 논한 21개 요구조항과 더불어 일본의 시베리아 출병이 미일관계를 악화시킨 것은 분명하다. 일본의 지도층 내에서도 미국과의 관계 악화를 우려하여 군부의 행동을 억제하려는 노력이 있기는 했으나 군부를 중심으로 한 강경주의자들은 독자적 행동을 취했다.

시베리아 문제는 그 후에도 오랫동안 파문을 일으켰다. 일본의 시베리아에 대한 야욕에 혐오감을 느낀 미국이 1920년 1월 파견군을 단독 철수했음에도 불구하고, 일본은 1922년 10월까지 시베리아를 점령하고 있었을 뿐만 아니라 사할린을 1925년까지 계속 점령했기 때문이다. 이 문제가 미일 간의 외교관계에 어떠한 영향을 미쳤는가는 미국이 1921년 5월 31일에 '미국은 일본의 시베리아 점령에 의한 어떠한 요구 또는 권한도 인정하지 않는다'는 내용의 경고문을 전달한 것에서도 알 수 있다.[36] 그리고 시베리아 출병문제는 1922년에 열린 워싱턴회의에서도 논의대상이 되었다.[37]

(4) 국제연맹에서의 미일 갈등

일본과 미국 간의 갈등은 제1차 세계대전을 종식하는 파리강화회의에서도 표면화되었다. 1919년 1월 12일부터 6월 28일까지 열린 이 회의에는

35 細谷千博, 앞의 책, p.245.

36 細谷千博, 위의 책, 연표, p.12.

37 細谷千博, 위의 책, 연표, p.13.

윌슨 대통령이 직접 참여하여 전후문제에 대한 교섭에 나섰다. 윌슨은 국제연맹을 통하여 자신이 품은 이상을 구현하여 영원한 세계평화를 이룩하려고 노력했으나 그의 이상과 일본의 정책은 부합하지 않았다.

윌슨은 미국대통령 중에서도 학자들의 관심을 많이 모은 대통령으로, 그가 이상주의자였다는 데에는 모두 이의가 없다. 그는 프린스턴 대학의 총장 시절부터도 그러했고, 뉴저지New Jersey 주의 주지사 시절에도 그러했듯이 개혁을 내세우고 실천함으로써 명성을 얻은 사람이다. 1917년 4월 독일을 상대로 한 선전포고 연설문에서 그가 이상주의자이자, 그의 이상을 표현하는 데 있어서 청중을 감동시킬 수 있는 능력을 가진 사람이었음을 알 수 있다. "우리는 우리가 항상 소중히 여기고 있는 목적을 위해 싸울 것입니다. 민주주의를 위해서, 권력에 지배를 받는 사람들이 자기의 정부에 관해서 말할 수 있는 권리를 위해서, 작은 나라들의 권리와 자유를 위해서, 자유로운 백성들이 모여서 평화와 안전을 가져올 수 있는 세계를 위해서 우리는 싸울 것입니다"라는 연설은 세계의 이목을 끌 만했다.[38]

그러나 과연 그가 이상주의에 따라서만 움직였느냐, 또는 그의 외교정책의 근본동기가 무엇이었느냐에 대해서는 학자들 간에 구구한 설이 있다. 미국의 극동외교사 연구에서 선구적 위치를 차지해온 그리즈월드Alfred W. Griswold는 윌슨이 반일적이었고 일본의 군국주의를 배제하는 데에 전력을 다했다고 보는 데 반해, 수정주의 학자인 윌리엄스William A. Williams는 윌슨의 동기가 중국에 대한 인도적 관심과 해외로의 경제적 팽창에 대한 관심이 혼합된 것이라고 말하고 있다. 또 이리에Akira Iriye는 윌슨이 강대국들 간의 협조에 의한 새로운 국제체제를 구축하려고 했다고 주장하는 데 반해, 윌리엄스는 윌슨이 어디까지나 현상유지를 추구했다고

38 Arthur M. Schlesinger, Jr. (Gen. Ed.), *Almanac of American History*(New York: Putnam, 1983), p.401.

반론을 제기하고 있다.[39] 이처럼 해석은 구구하지만 윌슨이 일본에 대해 의구심을 가지고 있었으며 일본의 팽창주의에 대해 비판적이었다는 것은 틀림없다.

파리강화회의에서 일본과 미국이 '충돌'이라고 표현할 수 있을 정도로 대립하게 된 쟁점은 중국의 산둥문제였다. 앞에서 본 것과 같이 일본은 세계대전이 발발한 직후에 산둥반도를 점령했고, 그 후 일본의 위치를 공고히 하기 위해 모든 노력을 다하고 있었다. 드디어 강화회의가 열리고 패전국인 독일의 영토를 처리하는 문제가 제기되자 일본은 산둥반도에서의 기득권을 국제사회가 인정하기를 요구했는데, 일본의 입장과 미국의 입장이 상충할 것은 너무나 확연했다. 그처럼 친일적이던 시어도어 루스벨트마저도 일본의 중국점령을 반대하고 있었으니[40] 이상주의자인 윌슨이 일본의 입장에 반대했음은 물론이다. 앞에서 본 것처럼 윌슨은 이미 1915년 5월에 21개 요구조항과 관련하여 일본의 중국침략에 반대하는 통첩을 보낸 바 있다.

윌슨이 강화회의에서 특히 산둥문제에 적극적으로 개입하게 된 것은 강화회의에 참여한 중국대표 중에서 구웨이쥔顧維鈞과 왕정옌王正延 등 광둥廣東의 개혁파 청년들이 적극적으로 윌슨의 인도주의人道主義를 중국에 적용할 것을 주장한 탓이기도 했지만,[41] 한편으로는 파리강화회의에서 일본

39 상세한 내용은 Roger Dingman, "1917~1922," in Beers, May and Thomson, Jr. (eds.), 앞의 책, pp.191~198 참조.

40 루스벨트는 1904년 5월에 워싱턴 주재 독일대사에게 그러한 뜻을 밝힌 바 있다. 그가 쓴 용어는 "A permanent establishment of Japan in China was positively undesirable"이었다(Sternberg to the Foreign Minister, telegram, May 9, 1904. *Die Grosse Politik* XIX, pt. 1, pp.113~114 ; Esthus, 앞의 책, p.42에서 재인용).

41 그리즈월드Alfred W. Griswold는 그의 고전적 거작인 *The Far Eastern Policy of the United States*(New York: Harcourt, Brace and Company, 1939), pp.242~243에서 구웨이쥔과 왕정옌의 역할에 중점을 두고 있다.

이 처음으로 토로한 각종 비밀조약에 관한 충격적인 뉴스 때문이었다.[42]

충격적인 뉴스란 중국정부가 1918년 9월 24일에 일본과 맺은 협정의 내용으로서, 중국정부는 과거 산둥지방에서 독일이 가지고 있던 모든 이권을 일본이 계승하는 데 동의했다.[43] 그뿐만 아니라 북방군벌軍閥들이 주관하고 있는 중국정부는 산둥지방에 있는 각종 철도를 일본과 합작하여 운영하는 것에 동의했으며, 또 산둥지방에 새로 건설할 철도를 위해 일본으로부터 차관을 받아들이기로 협약했다. 그리고 주요 전승국인 영국, 프랑스와 이탈리아는 이미 일본의 산둥반도에 대한 요청을 지지하겠다는 밀약密約을 한 상태였다.[44]

중국정부는 이처럼 일본의 세력팽창을 용인하는 협상들을 체결함으로써 그 후에 격심한 규탄을 받았지만 당시의 중국정부는 실제로 일본의 괴뢰傀儡나 다름이 없었다. 일본의 데라우치 수상은 1억 5천만 엔의 거금을

42 Chow Ts'e-Tsung(저우처중周策從)은 그의 명작 *The May Fourth Movement: Intellectual Revolution in Modern China*(Cambridge: Harvard University Press, 1960), pp.86~87에서 이 점을 강조하고 파리에서 들어온 소식들이 중국 여론에 끼친 영향이 중국대표들을 자극했다고 서술하고 있다. 저우처중은 구웨이쥔과 왕정옌의 개인적 역할에 대해서는 언급하지 않았다.

43 Chow, 위의 책, p.87.

44 세계대전이 일어난 직후부터 영국, 프랑스, 러시아 등은 독일의 해군과 대항하기 위하여 일본이 해군함대를 지중해에 파송할 것을 요청했으나 일본은 오랫동안 응하지 않고 있었다. 그러다가 1917년에 이르러 구축함을 파송하기로 동의했는데, 그 대가로 일본은 태평양과 산둥에서 독일의 조차권을 계승하는 데 동의한다는 협약을 얻어냈다〔Russell H. Fifield, *Woodrow Wilson and the Far East: the Diplomacy of the Shantung Question*(Hamden : Archon Books, 1965), pp.53~55〕. 또 한편 영국은 일본이 미국이나 캐나다, 오스트레일리아 그리고 적도 남쪽의 태평양군도에 팽창하는 것을 막으려면 일본이 중국으로 팽창하는 것을 막을 수가 없다는 입장을 취했다(같은 책, p.61). 미국 국무장관 랜싱Robert Lansing은 일본이 특파한 이시이石井菊次郎와 이른바 이시이-랜싱 협정을 1917년 11월에 조인했는데, 이 협정은 나중에 문젯거리가 되었다. 이 협정에서 두 나라는 중국의 지역적 주권과 문호개방정책을 지지하는 것을 재확인한다고 하면서도 미국은 중국에의 일본의 '특별한 이익special interest'을 인정한다고 했다. 그러나 협약의 문구가 모호하여 양쪽에서 다른 각도에서 해석할 여지가 있었다(같은 책, pp.84~85).

각종의 비밀 또는 공개적 방식으로 중국에 투자했는데, 데라우치가 중국에 투자한 액수는 미국이 투자한 전체 액수의 두 배나 되는 거액이었다.[45] 따라서 군벌은 거의 모두 일본의 자본에 의해 움직이지 않을 수 없었고, 데라우치는 이 거금을 자기 내각에조차도 비밀에 부치고 니시무라 가메조西村龜藏라는 개인 '에이전트'를 통해 비밀리에 운영했으므로 자금의 상당한 액수가 군벌들을 매수하기 위한 개인적인 거래에 사용되었다.[46]

중국이 파송한 62명의 대표 중에 이처럼 친일적인 북방정부의 대표들과 반일적인 광둥의 개혁파 대표 등 여러 부류가 혼합해 있어서 통일된 행동을 취하지는 못했지만,[47] 광둥파의 대표들은 산둥반도의 회복을 위해 전력을 다하였고 윌슨을 위시한 미국대표단의 적극적인 지원을 받았다.

광둥파의 대표들이 외친 것은 21개 요구조항 후에 조인된 1915년 조약의 폐기, 위에서 지적한 1918년 조약의 폐기, 그리고 과거 독일이 중국에서 가지고 있던 조차권의 폐지 등이었는데, 일본이 이를 수락할 리가 없었고, 일본과 조약을 맺은 동맹국들도 마이동풍이었다. 윌슨 혼자의 힘으로는 일본을 물리칠 수가 없었다.

산둥의 중국복귀에 실패한 윌슨은 타협안으로 과거 독일이 차지하고 있던 모든 식민지와 조차지들을 국제신탁통치하에 두자고 제안했으나, 일본은 물론이려니와 다른 동맹국들도 이에 적극 반대했다. 모든 동맹국들은 독일의 소유지들을 즉각 자기 수하에 두기를 원했으므로 국제신탁이라는 애매한 제도를 배척하고 나선 것이다.[48] 국제연맹國際聯盟, League of Na-

45 Jansen, 앞의 책, pp.220～221.

46 여기서 흥미로운 것은 민족주의자인 쑨원孫文도 위안스카이袁世凱 정부를 타도하기 위해 일본의 원조를 구하면서 일본에 경제권을 주고 또 일본의 군사고문들과 정치고문들을 받아들이겠다고 제안했다는 것이다(Jansen, 위의 책, pp.211～213).

47 Chow, 앞의 책, p.86.

48 상세한 것은 Griswold, 앞의 책, pp.245～246 참조.

tions은 나중에 신탁통치제도를 설치하기는 했으나 이것은 윌슨이 제안했던 것과는 종류가 다른 것이었다. 즉, 윌슨은 여러 나라가 공동으로 관리하는 '국제신탁' 제도를 제창했는데 국제연맹이 채택한 것은 '위임신탁委任信託'으로서 이 제도하에서는 영토의 위임을 받은 신탁통치국가가 실질적으로 그 영토를 자기 영토에 흡수할 수 있게 되어 있었다. 일본의 강력한 반대로 산둥성은 '위임신탁' 지역으로도 포함되지 않고 일본의 관리하에 들어가게 되었다.

일본의 이러한 조치는 결국 윌슨의 반감과 경계심을 더 굳혔고, 중국인들간에 강한 배일排日감정을 심었을 뿐만 아니라 5·4운동을 일으켜 군벌정치를 종식시켰으며 중국에서의 혁명과정을 촉진하게 되었는데, 이러한 사태는 궁극적으로 일본에도 유리하지 않았다. 데라우치가 중국에 뿌렸던 거액의 돈은 군벌정치가 계속되어야만 효력이 있었기 때문이다. 그러나 일본은 파리강화회의에서는 일단 승리한 셈이었다.

윌슨이 일본을 견제하려는 노력이 실패한 이유 중 큰 하나는 일본의 계획적인 외교적 노력, 그리고 유럽 국가들의 이기적인 태도였지만 미국대통령인 그의 능력에도 한계가 있었다. 파리강화회의에서 윌슨은 일본의 산둥성 점령정책에 대해 반감을 보이고 이를 저지하기 위해 많은 노력을 했지만, 그의 최우선 목표는 국제연맹을 구축하는 것이었다. 이 두 가지 목표 중 택일해야만 했을 때 그는 중국인의 갈망을 뒤로하고 침략에 의해 얻은 소유권은 인정하지 않는다는 소극적 태도로 일관할 수밖에 없었다. 일본이 산둥반도 문제를 에워싸고 국제연맹에서의 탈퇴를 불사할 태도를 보이자 윌슨이 결국 굴복한 것이다. 결국 이상의 구현을 위해 무력행사를 강구하는 일은 없었다.

그리고 그는 자신의 이상을 논리적 궁극점까지 추구할 입장에 있지 못했다. '정치적 현실'이 그의 이상의 구현을 막은 것이다. 일본이 파리강화회의에서 취한 공세는 윌슨을 수세에 몰아 넣었고, 그가 자주, 평등과 같은 이상주의적 개념을 고수하며 일본을 끝까지 공격하지 못하도록 한 것이다. 일본이 들고 나온 '인종균등人種均等' 원칙의 선포요청은 그야말로 윌슨을 곤경에 몰아붙였다.

모든 인종이 균등하다는 원칙을 국제연맹의 기본사상으로 채택하자는 일본의 제안은 윌슨의 지지를 받고 있었고, 그와 그의 고문들은 일본이 회의에 제출할 원안을 기초할 때에 도움을 주기도 했다.[49] 그러나 이 제안의 채택과정에서 윌슨은 결정적으로 부정적인 행동을 취함으로써 그의 한계성을 노출하고 말았다. 즉, 그를 위원장으로 하는 소위원회가 일본의 제안을 11 대 6으로 통과시켰을 때, 윌슨은 기권했을 뿐만 아니라 이 제안이 만장일치로 통과되지 않았다는 미묘한 이유로 이 제안의 채택을 거부해 버렸다.[50] 이상주의자 윌슨은 냉혹한 '정치적 현실' 문제에 봉착하자 타협을 한 것이다.

'인종균등'이란 개념은 해가 지지 않는 제국인 영국이 받아들일 수 없는 것이었다. 세계 각처에 식민지를 가지고 있던 대영제국의 기본적인 전제조건은 영국인, 즉 백색인종의 우월성이었는데, 일본이 제출한 제안은 이 전제조건에 도전하는 것이며 따라서 대영제국을 위협하는 것이었다. 그리고 영국의 반대에 못지않게 중요한 것은 미국 내에서의 반대였다. 미국에서는 흑백인종문제로 인해 남북전쟁까지 치렀으나, 일본이 이 제안을 제출함으로써 1900년대 초반부터 캘리포니아주에서 일어나고 있던 황색인종 배척운동이 더 강해질 것이 틀림없었다. 황색인종 배척주의자들과 아직도 흑백인종의 균등을 인정하지 않는 세력이 여러 가지 다른 이유로 강화조약의 인준을 반대하는 세력과 연합하여 일어날 때, 윌슨의 오랫동안

49 Griswold, 앞의 책, p.247.
50 Griswold, 위의 책, p.250.

의 노력은 수포로 돌아갈 것이 확연했다.[51] 인종문제는 이처럼 국제적으로 그리고 미국 내에서 언제 터질지 모를 폭발물이었는데 그것을 일본이 들고 나온 것이었다.

윌슨이 지금까지의 자기 주장을 '정치적 현실'과 타협하자 그가 끈질기게 부르짖어온 산둥 중국반환의 권위는 여지없이 실추되었다. 일본대표는 '인종균등'에 대한 요청이 윌슨의 결정에 의해 부결되자 '대단한 유감'을 표명했고, 며칠 후에 다시 산둥지방에 대한 요청을 제출하면서, 만일 일본의 요구조건이 받아들여지지 않을 경우 일본은 강화회의에서 퇴장할 것임을 명확히 했다.[52] 국제연맹을 세움으로써 새로운 국제질서를 이룩하는 것을 최상의 목표로 세웠던 윌슨에게는 선택의 여지가 없었다. 그리하여 그는 '산둥지방의 복귀를 갈망하는 중국인의 욕구를 충족시키기 위해서도' 국제연맹의 창설이 필요하다는 궤변적인 논조를 택할 수밖에 없었다.

이리에Akira Iriye에 따르면 윌슨은 일본과 대항하려고 한 것이 아니라 일본과 협조적인 관계, 특히 경제적 협조관계의 구축을 원했다고 한다. 세계대전이 끝난 후에는 전략적 문제보다도 경제적 관계의 비중이 높았기 때문에 상호 간의 조화가 더욱 필요했다는 것이다.[53] 이리에의 주장은, 윌슨은 어디까지나 현상유지를 목표로 했다고 하는 윌리엄스의 주장과 일맥상통하는 점이 있다. 실지로 일본을 포함한 국제연맹은 전승국들간의 협조 없이는 유지할 수 없는 국제기구였다. 윌슨은 약자에게 동정하며 정의감에 불타는 이상주의자이고 개혁주의자이기는 했지만 과격한 혁명가가 될 수는 없었던 것이다.

---

51 Griswold, 앞의 책, pp.251~252.

52 Griswold, 위의 책, p.252.

53 Roger Dingman, 앞의 논문 참조.

5. 맺음말 : 1910년대 국제정세의 반향

동아시아에서의 1910년대의 국제정세는 이처럼 일본이 융성하고 거의 무대를 독점하는 시대였다. 또 일본은 제1차 세계대전 기간 중 유럽 국가들이 상호 살육과 파괴에 열중하고 있는 동안 어부지리를 얻어 경제적으로도 막강한 국력을 배양했다. 그러나 일본의 팽창주의 야욕의 노골화는 중국의 주권옹호와 시장개방을 주장해 오던 미국과의 마찰을 가져올 수밖에 없었고 그 마찰은 점점 깊어가고 있었다. 불만이 있는 것은 미국만이 아니었다. 일본 육군장성들 간에도 일본의 중국팽창에 대한 미국의 간섭에 대해 불만을 품은 자들이 많았다. 그중 하나가 당시 조선군 사령관이었던 우쓰노미야 다로宇都宮太郎이다. 그는 "시베리아에서, 또 중국과 조선에서 그들 구미인歐美人, 특히 미국인들의 처사는 기괴천만奇怪千萬하고, 마치 일본제국을 제2의 독일제국같이 적국 취급을 하는 것은 참으로 부당하다"고 했으며, 강화회의 전후의 일본은 "영국, 미국, 중국, 조선, 그리고 러시아 과격파들의 포위적 공격을 당하고 있는 것 같다"고 불만을 토로했다.[54] 제1차 세계대전 기간 동안 미국과 일본은 해군력 확장을 서두르고 있었는데, 대전이 끝날 무렵부터는 서로를 은연중에 가상의 적으로 인정하고 있었다. 이러한 움직임으로 인해 1921년 말부터 1922년까지 워싱턴 군축회의가 열렸고 또 당분간 평온상태가 유지되었으나, 1931년의 일본의 만주점령은 갈등을 한층 더 높이는 결과를 자아냈고, 결국 1937년의 일본의 중국대륙 침공과 진주만 사건으로 이어졌다.

1910년대의 이러한 국제정세는 한국 독립운동에 어떠한 영향을 끼쳤는가. 1910년대는 일본의 전성기라고 할 수 있을 정도로 일본의 세력이 동아

54 坂野潤治, 앞의 책, pp.99~100.

시아 전역에 뻗어 나가던 시기였다. 특히 제1차 세계대전을 계기로 일본은 북쪽의 시베리아부터 남쪽 중국 양쯔강揚子江 지역까지 세력을 확장해 갔는데 이를 견제할 세력이 없었다. 유럽 각국은 제1차 세계대전을 준비하면서부터 태평양지역에 관심을 둘 여지가 없었거니와, 북방의 러시아에서 혁명을 이룩한 볼셰비키당도 그랬다. 볼셰비키들은 혁명 초기에는 전 세계에서의 공산혁명과 약소민족의 해방을 표방하고 나섰고, 실지로 상하이上海 임시정부 내의 일부 세력에 재정적인 도움을 주었지만 이들도 얼마 후에는 실리주의를 추구하지 않을 수 없게 되었다. 일본은 시베리아에 막대한 병력을 출동시켜 그들의 야욕을 노골적으로 드러내고 있었으므로 볼셰비키당은 일본을 경계하지 않을 수 없었다. 소련은 1925년에 이르러 일본과 밀약을 맺고(카라한Lev M. Karakhan 외상과 요시자와芳澤謙吉 외상의 밀약), 소련 내에 있는 모든 한국 민족주의자를 축출 또는 체포할 것을 협약하여 소련공산당의 지시대로 움직이지 않는 한국 민족주의자들을 축출했는데, 이 해에 축출된 인물들 중에는 김규식金奎植, 원세훈元世勳, 조완구趙琬九 등이 끼어 있었다.[55] 소련은 그 후 1933년까지 일본과 불가침조약을 맺기 위한 노력을 끈질기게 계속한다. 따라서 한국인들의 독립운동에는 관심이 있을 수 없었다.

이러한 상태에서 일본의 팽창정책에 반대하고 계속 마찰을 빚은 유일한 나라는 미국이었다. 특히 윌슨 대통령의 경우, 그를 반일적 인물이라고는 규정짓지 못하더라도 그가 일본의 팽창주의에 반대하고 나선 데에는 의심할 여지가 없다. 그는 위에서 본 바와 같이 일본의 산둥반도 점령을 공식적으로 반대하고 나섰으며 중국 광둥파의 주장을 두둔하고 나섰다. 그러나 윌슨도 그의 주장을 관철할 수 있는 힘을 가지고 있지 못했다. 그는 자

55 元世勳, 「새해를 맞으니 추억되는 故人과 今人」, 『批判』 1932년 1월호, pp.110~112.

신이 가장 중요한 과제로 내세웠던 국제연맹의 설립과 운영을 위해 일본의 팽창주의를 감수하지 않으면 안 되었는데, 세계 평화를 위한다는 국제연맹의 설립을 위해 일본의 팽창주의를 감수했다는 것은 역사적 아이러니라고 하지 않을 수 없다.

이러한 상태에서 윌슨이나 미국정부가 한국의 해방에 조력할 것을 기대할 수는 없었다. 윌슨은 일본이 산둥반도 점령을 기정사실로 인정받으려고 하는 것조차 저지할 수 없었는데, 이미 엄연한 기정사실이 된 일본의 한국점령을 번복시킬 수 없었을뿐더러 이미 악화되어 있는 미일관계를 더 악화시키기를 원치 않았을 것이다.

이처럼 동아시아의 국제정세, 그리고 조선반도를 에워싼 국제관계는 복잡다단했다. 이 지역에 관심을 갖고 있던 나라들이 원하는 것과 관점이 달랐기 때문이다. 복잡했던 것은 1910년대뿐만이 아니었다. 1920년대에도 그랬고 그 후에도 그랬다. 1930년대에 일본은 중국 정복을 위한 본격적인 행동을 개시했고, 1940년대에는 동남아시아 국가들을 정복하려고 할 뿐만 아니라 진주만Pearl Harbor을 공격함으로써 미국과의 전쟁을 시작했는데, 이러한 사태는 중국과 미국의 한반도정책에 영향을 줄 수밖에 없었다.

2 열강의 한국 임시정부에 대한 태도, 1937~1945

미국은 제2차 세계대전 당시 한국 임시정부뿐만 아니라 유럽 8개국의 망명객들이 세운 임시정부로부터도 인정 요청을 받고 있었다. 따라서 프랭클린 루스벨트 대통령은 국민의 총선거에 의해 설립된 정부만을 인정한다는 원칙을 세웠다. 또 미국은 한민족의 통치능력을 의심하는 한편 한반도를 에워싼 중국과 소련의 각축을 염려하여 4국에 의한 신탁통치를 제안했다. 즉 한국의 즉각적인 독립을 원하지 않았다. 따라서 한국 임시정부는 승인할 수 없었다. 중국정부는 한때 임시정부 승인을 추진했지만 결국 미국의 정책을 따랐다.

1. 머리말

1937년 7월 7일에 발발한 중일전쟁中日戰爭은 20세기 동양역사상 가장 중요한 사건 중의 하나였다. 이미 1895년부터 동양 일대에서 패권을 장악할 야욕을 드러낸 일본은 1931년에는 중국의 영토인 만주滿洲(둥산성東三省 또는 둥베이東北지역)를 점령함으로써 열강의 우려를 자아냈지만, 미증유의 경제공황에 직면한 서양국가들은 속수무책이었다. 미국은 '침략에 의한 영토의 확장을 승인하지 않는다'라는 선언을 하는 것으로 외면해 버렸고, 세계평화의 유지를 위해 만들어졌다는 국제연맹國際聯盟, League of Nations도 리튼위원회Lytton Commission를 파견하여 '사태를 조사'한다고 했으나 아무런 영향을 끼칠 수가 없었다. 자기 영토를 침범당한 중국도 몇 해 후에는 다시 일본과의 관계를 개선하려는 노력을 하기 시작했으니, 일본의 만주점령은 그야말로 일본인들의 자만심을 북돋아줄 수밖에 없는 성공적인 '위업'이었다.

그러나 일본의 만주 점령은 1937년의 중국본토 침략으로 이어졌고, 1941년에는 동남아시아에 대한 침략과 미일전쟁으로 이어져서 '대일본제국'의 종말을 가져왔다. 또 한편 중일전쟁은 중국에서의 공산혁명을 가능하게 함으로써 세계사를 바꾸어 놓았다. 이러한 맥락에서 볼 때, 중일전쟁은 현대사의 중요한 분기점이었음에 틀림없다. 만일 일본이 만주 점령으로 만족하고 국력의 배양에 전념해 나갔다면 동양사뿐만 아니라 세계사가 달라졌을 것이었다.

중일전쟁의 발발은 그 후 오랫동안 중국사람들뿐만 아니라 한국사람들에게도 많은 고통을 준 참혹한 전쟁의 시작이었지만, 한편으로는 독립운동에 일생을 바친 독립지사들에게는 참으로 기다리고 기다리던 천우天佑의 소식이었다. 이제야 일제가 망할 날이 가까워졌다고 믿어졌기 때문이다.

우리 독립지사들이 이러한 소망을 갖게 된 것은 본토를 침공당한 중국정부나 중국민중이 본격적인 항쟁을 전개함으로써 일본이 국력을 소모할 것이라고 믿었기 때문이기도 하지만, 그보다는 필경 미국이 중국 편에 가담할 것이고, 따라서 일본은 결국 패배하고 말 것이라는 기대를 갖고 있었기 때문이다. 일본은 국제적으로 고립되어 있었을 뿐만 아니라 자원이 부족한 나라이므로 단시일 내에 중국의 항복을 받아내지 않는 한 곤경에 빠질 것이 확연했다.

팽창정책을 추구해 나가는 일본제국은 여러 나라들에게 위협적인 존재였다. 소련의 입장에서 본다면 일본이 북방으로 눈길을 돌려 연해주沿海州 지역과 시베리아를 침범할 위험성이 다분히 있었는데, 실지로 일본군은 1936년경부터 대소對蘇전쟁을 준비하고 있었다. 영국은 식민지인 홍콩과 말레이가 바로 중국의 남쪽에 위치하고 있었으므로 위협을 느낄 수밖에 없었고, 프랑스는 베트남을 포함한 인도차이나를 식민지로 가지고 있었으므로 역시 같은 처지였고, 네덜란드는 인도네시아의 유고油庫를 가지고 있었으므로 역시 일본의 팽창을 경계하지 않을 수 없었다. 미국은 필리핀을 식민지로 가지고 있었으므로 이에 대한 위협도 있었지만, 그보다도 일본이 중국을 비롯한 동아시아의 시장을 독점하려는 것을 마땅치 않게 여기고 있었다.

이러한 상황에서 독립지사들에게 주어진 책무는 첫째로 동지들 간에 항일전선을 구축, 강화하는 것이었고, 둘째로 여기서 더 나아가 중국 그리고 서양 열강들과 연합전선을 구축하는 것이었다. 그래야만 일본제국을 패망시키고 한국의 독립을 쟁취할 희망이 있었다. 이 글에서는 이 두 가지 과업 중에서 두 번째 과업, 그중에서도 열강의 임시정부에 대한 태도를 검토하려고 한다. 임시정부에 대한 태도를 규명하기 위해서는 물론 한국 독립에 대한 태도도 규명할 필요가 있다.

여기에서 유의해야 할 것은 열강들의 한국 내지는 한국 독립에 대한 태도와 그들의 임정에 대한 태도가 반드시 일치하지는 않았다는 것이다. 잘 알려진 바와 같이 미국 · 영국 · 중국은 1943년에 카이로회담에서 한국 독립의 필요성을 인정했지만 그들은 그 후 해방이 될 때까지도 임정을 인정하지 않았다. 따라서 우리는 그들의 한국 독립에 대한 태도를 규명해야 하는 한편 임정에 대한 태도를 따로 규명해야 한다.

2. 한국 독립운동가들의 상황

열강의 임정에 대한 태도를 규명하기에 앞서 우리는 중일전쟁이 발발한 전후의 독립지사들이 처한 상황을 개략적으로나마 알아둘 필요가 있다. 그들의 내부사정을 알아야만 그들의 활동과 바깥으로부터의 반응을 평가할 수 있기 때문이다.[1] 해외 독립운동 진영은 1930년대 내내 심한 곤경에 처해 있었다. 3·1운동 전후를 통하여 맹렬한 운동이 국내외에서 진행되었던 것은 이미 오래전 일이고, 1920년대 초반부터 많은 동지들이 독립전선을 떠나거나, 아니면 해외 각처에 분산되어 울분을 품은 채 생계를 유지하는 데에도 곤란을 느끼고 있었다. 일제의 탄압정책과 회유정책은 해외의 독립운동가들과 국내의 유대를 거의 단절시키다시피 하였으므로 해외에 머물러 운동을 계속하는 인사들은 매우 고독한 처지에 있었다.

일본의 만주 침략이 있은 1931년 후에는 다시 만주의 오지奧地와 중국본토에서 항일투쟁이 활발해졌으나 만주 오지의 무장부대들도 1935~1936년경에 들어서서는 일제의 대규모 '소탕전'에서 대부분 희생되거나 운동선상에서 이탈했고, 남은 숫자는 수백 명에 불과했다. 중국본토에서는 김구金九가 주동한 이봉창李奉昌 열사의 일본 궁성에서의 폭탄투척사건(1932년 1월), 그리고 윤봉길尹奉吉 열사의 상하이 훙커우공원虹口公園 폭탄투척사건(1932년 4월) 등의 영향으로 중국정부가 김구 등에게 생활비와 공작비를 제공하게 되었고, 각처에서 모여든 200~300명의 한국청년들이 뤄양군관학교洛陽軍官學校·난징군관학교南京軍官學校 등에서 군사교육을 받아왔다. 그러나 이후에 논하는 바와 같이 1935년 후에는 그것조차 계속하지 못하는 처지에 놓여 있었다. 만주와 중국본토를 제외하면 하와이와 미국본토에 동지회·국민회 등이 있었으나, 이승만의 국제연맹에 대한 독립청원獨立請願(1933년) 외에는 뚜렷이 조직된 활동이 없었다. 러시아도 3·1운동 전후에는 한국 독립지사들의 활발한 활동무대였으나, 1925년에 소련과 일본의 국교가 성립된 후부터는 소련영토 내에서의 한국 독립운동이

1 필자는 *The Politics of Korean Nationalism*(Berkeley: University of California Press, 1963)에서 독립운동가들의 상황을 검토한 바 있다〔이 책의 국역판은 『한국민족주의의 운동사』(한밭출판사, 1982)〕. 그 후 독립운동사 연구는 눈부시게 전개되어 나갔다.

허용되지 않았다.

더구나 만주 오지에 남아 있는 무장부대들은 당시 중국공산당이 영도하는 동북항일연군東北抗日聯軍의 휘하에 놓여 있었던 이유 외에도, 일본군과 만주 괴뢰군傀儡軍의 포위 속에 깊은 산골에서 활약하고 있었기 때문에 외부와 전혀 연락할 수 없는 상황이었고, 미주美州, 즉 하와이와 미국본토에 있는 단체들도 먼 거리 때문에, 그리고 일제의 감시 때문에 연락이 드물게 이루어지고 있었으므로 중국본토에 산재한 지사들이 한국 독립운동의 주체를 이루고 있었다. 이들의 활동 경력이나 성향을 따져 보면 대체로 세 가지로 분류할 수 있다.

첫째 그룹은 임시정부가 창립되었을 무렵부터 상하이上海에서 활동해 왔고, 1931년에 한국독립당韓國獨立黨을 조직했을 때 관련을 맺은 인사들이다. 둘째는 3·1운동 전후부터 화베이華北지방에서 의열단義烈團을 조직하여 활약하다가 1932년에 난징南京으로 옮긴 후 중국 국민당의 정보기관인 남의사藍衣社의 원조를 받아 장정들을 훈련하여 화베이·만주와 국내에 파송해 온 김원봉金元鳳 주변의 인사들이다. 셋째는 만주에서 무장항일운동을 벌여 오다가 100여 명의 장정들을 거느리고 1933년 5~6월경 중국본토로 이동한 이청천李青天·이범석李範奭 등의 일파이다. 김구 세력과 만주 출신 지사들은 1933년 후반에 합류했으나 그 다음 해에 이청천 등은 신한독립당新韓獨立黨을 창설하여 따로 나갔다가 김원봉에게 접근했고, 김구는 한국 독립군韓國獨立軍 특무대特務隊를 조직하여 거느리고 있었다. 그 무렵 김규식金奎植·최동오崔東旿·김두봉金枓奉 등은 독립운동가들의 규합을 부르짖고 한국대일전선통일동맹韓國對日戰線統一同盟을 발기했으나 1935년 6월에 김원봉·이청천을 중심으로 민족혁명당民族革命黨을 조직하기에 이르렀다. 임시정부의 지속을 주장한 김구 등은 1936년 10월에 임정 임시의정원臨時議政院 회의를 열어서 임시정부를 강화할 것을 다짐하고,

또 임정을 소생시키기 위해 한국국민당韓國國民黨을 조직했다.

이처럼 민족혁명당과 한국국민당의 조직은 재중在中 독립운동가들을 두 갈래로 나누어 놓았는데, 그들이 통합하지 못했던 주된 이유는 사상적 차이와 임시정부에 대한 태도였다. 1921년경 임정이 쇠퇴기에 들어서면서부터 해외 독립운동가들 간에는 임시정부의 존속에 대해 구구한 의견이 있었는데, 그 여파가 1930년대까지도 독립운동가들을 갈라놓고 있었다. 1920년대 초반에는 기왕의 임시정부를 개조하여 보강하자는 이른바 개조파改造派와 아예 새로 만들자고 하는 창조파創造派 간의 대립이 있었는데, 1930년대에 들어서면서 그런 논의는 없어졌으나, 민족혁명당 계열은 대부분 창조파에 기울었던 인사들이었으므로 유명무실해져버린 임시정부를 무시하는 태도를 취했다. 한편 김구 등 소수인사들은 임시정부가 3·1운동의 결정체이며 민족의 대표기관이므로 해체되어서는 안 된다는 소신을 가지고 있었다. 사상적 측면에서 본다면 임정 고수파固守派는 보수적인 인사들인데 비해 민족혁명당계 인사들은 진보적인 성향을 가지고 있었다.

3. 1930년대 초반의 국제환경

이처럼 해외의 독립운동은 국내와의 연락이 단절되고 일제의 심한 감시를 받으며 침체된 상태였는데, 중일전쟁이 발발할 때까지의 국제적 환경도 독립운동가들에게 매우 불리했다. 이는 당시의 열강들이 모두 일본의 팽창주의를 경계했으나 그 어느 나라도 일본을 상대로 전화戰火를 나눌 수 있는 처지가 아니었으며, 따라서 일본과의 타협을 통해서 사태가 악화되는 것을 막으려고만 하고 있었기 때문이다.

이미 위에서 지적한 대로 소련은 일본과 국교를 맺으면서 "양국은 상대국의 질서와 안전을 위협하는 모든 단체를 통제할 것"을 약속했는데, 이

조항은 한국 독립운동가들에게 해당되는 것이었다.[2] 그 후 소련은 일본이 연해주와 시베리아로 침략의 손길을 뻗칠 것을 심히 우려하여 군비를 확장해 나갔지만, 소련의 내부사정은 대일전쟁의 회피를 필요로 하고 있었다. 미국의 사정도 역시 마찬가지였다. 미국은 제1차 세계대전 때부터 일본이 동양 전체를 자기의 세력권 안에 두려고 하는 것을 경계했으며, 중국이 일본의 대항세력으로 등장할 것을 원하고 있었으나, 일본에 제동을 걸고 중국을 원조할 힘이 부족했다. 미국 내부에서의 중국에 대한 관심도 상대적으로 중요한 위치를 차지하지 못했기 때문에 일본을 상대로 무력행사를 한다는 것은 상상도 하지 못할 형편이었고, 한국의 독립을 위해 국가적 차원에서 어떠한 조치를 취한다는 것도 역시 불가능했다. 아시아 각처에 식민지를 가지고 있던 영국이나 프랑스, 그리고 네덜란드 같은 나라들이 일본의 식민지인 한국의 독립을 위해 행동을 취한다는 것은 물론 상상도 할 수 없는 일이었다.

중국은 한국과 마찬가지로 일본 제국주의 팽창정책의 희생자였고, 특히 1931년 후부터 중국의 민심은 극히 반일적이었으나, 중국정부 역시 일본과 타협을 거듭함으로써 일본과의 대결을 회피하려고 애쓰고 있었다. 중국은 1850년에 일어난 태평천국난太平天國亂 또는 태평혁명운동이 시작된 시기부터 혼돈에 빠져 있었고, 국민당정부는 1928년에 중국을 재통일하기는 했으나 각 지방에서 전권全權을 장악하고 있던 군벌軍閥들과의 타협을 통해서만 명목상의 정부 행세를 하고 있던 처지였으므로 일본을 상대로 전쟁을 치를 국력을 갖고 있지 못했다. 그렇다 하더라도 중국의 모든 힘을 규합하여 일본에 항거하기로 작정했다면 양상이 달라질 수도 있었겠

2 소련과 일본의 1925년의 국교정상화에 대한 기록은 Xenia J. Eudin and Robert C. North, *Soviet Russia and the East, 1920~1927: A Documentary Survey*(Stanford: Stanford University Press, 1957), pp.252~253에서 볼 수 있다.

으나 국민당의 전권을 장악하고 있던 장제스蔣介石는 공산당 토벌을 우선 목표로 세우고 있었고, 막대한 병력과 재정력을 공산당 소탕에 집중하고 있었다. 장제스는 그의 정책이 '안내양외安內攘外', 즉 국내의 안녕을 이룩한 후에 외적을 물리치는 정책임을 표방했고, 그 휘하의 국무총리 격인 행정원장 왕자오밍王兆銘은 '일면저항一面抵抗 · 일면교섭一面交涉'을 제창했는데, 우선 목표는 공산당의 소탕이었다.

따라서 국민당 정부는 일본의 만주 점령을 규탄하면서도 일본과의 관계를 개선하려는 정책, 즉 만주 점령을 묵과하는 태도를 취했다. 그래서 국민당정부는 1933년 봄에 일본군이 만리장성 남쪽인 허베이성河北省에 침입한 후 탕구정전협정塘沽停戰協定에 조인함으로써 일본군이 허베이성 일부를 점령하는 것을 용인했고, 1935년에는 중일관계의 개선을 위하여 전국 신문사와 통신사에 반일反日 및 일본상품 배제를 주장하는 기사 게재를 중지시켰으며, 지금까지 배일排日 여론을 이끌어온 국민당 중앙당부의 선전부장을 파면했다.[3] 이처럼 국민당 정부는 일본의 침략에도 불구하고 일본을 회유하기 위해 노력했지만 일본 군부는 연이어 사건을 만들어 무력행사를 계속했다. 같은 해 6 · 7월에는 도히하라-친더춘土肥原-秦德純 협정과 허잉친-우메즈何應欽-梅津 협정 등을 통하여 허베이성과 러허성熱河省의 차하얼察哈爾지방을 일본에 양도하기까지 했다. 일본군은 화베이華北지방을 중국정부로부터 분리하여 괴뢰기관인 이른바 자치정권自治政權을 만들어서 제2의 만주국滿洲國을 만들 작정이었다. 허잉친-우메즈 협정에서 국민당 정부는 전국에 배일排日 및 배일화排日貨(즉 일본상품을 배척하는 것)를 금지하는 명령을 내릴 것을 약속하기도 했다.[4]

3 상세한 것은 日本國際政治學會, 『太平洋戰爭への道』 第3卷(東京 : 朝日新聞社, 1962), pp.85~87 참조.

4 日本國際政治學會, 위의 책, pp.110~111.

이처럼 중국정부가 양보를 거듭하면서 배일금지령을 내리고 있는 형편에서 항일운동에 전념하는 한국 독립운동가들의 처지가 편안할 리가 없었다. 위에서 본 바와 같이 일본이 중국 내의 배일운동을 종식시킬 것을 누차 중국에 요구하여 중국이 그러한 지시를 전국적으로 내렸고, 일본이 중국 내의 이른바 '불령선인不逞鮮人'의 체포를 강력히 요구하고 있었기 때문이다. 1936년 12월에 주중住中 일본대사가 중국정부에 손수 전달한 각서에는 다음과 같은 항목이 있는데, 이는 이 당시 중일 양국 간에 한국 독립운동가들에 대해 어떠한 교섭이 오고 갔는지를 보여주고 있다.

> 불령조선인不逞朝鮮人에 관하여 본 대사는 종래 국민정부가 불령조선인을 비호해온 것은 일중日中 국교상 중대한 장애이므로 이를 속히 시정할 것을 요구한 바 있는데, 귀 외교부장은 국민정부는 이 요망에 응하여야 할 아무런 조약상의 의무는 없지만 일본에 대한 호의의 표시로서 불령의 행위가 있거나 불온한 계획을 가지고 있는 조선인으로서 현재 중국 관할구역 내에 거주하고 있는 자는 자금自今 국민정부가 이를 비호하고 있지 않은 것은 물론이고, 일본관헌이 위의 사실을 명시하는 경우에는 이를 체포하여 인도할 것이라는 취지를 언명한 바 있었음. 따라서 본 대사는 위의 언명言明을 신뢰하는 동시에 이에 다시 본건本件 불령조선인 중에는 황실에 관한 죄를 범한 범인도 포함되어 있으며 국민적 감정상으로도 그렇고 이 항목의 실행은 제국정부帝國政府가 가장 무게를 두고 있음을 성언聲言하는 바임.[5]

즉, 일본은 '불령선인'들을 비호하지 말 것을 중국에 요구했으며, 중국이 '불령선인'들을 비호한 사실이 없다고 언명했고, 만일 일본이 독립운동가들에 대한 정확한 정보를 제시하면 중국은 이들을 체포하여 인도하겠다고 약속했다는 것이다. 특히 일본은 '황실에 관한 죄를 범한 범인'에 대해

---

5 日本國際政治學會, 앞의 책, pp.223～224.

언급하고 있는데, 이는 백범 김구를 가리켜 한 말이다. 왜냐하면 김구는 이봉창 의사의 일본 궁성에서의 폭탄투척사건을 주동한 인물이기 때문이다. 이봉창 의사는 일본천황을 살해할 목적으로 그가 타고 있는 마차 행렬에 수류탄을 던졌다. 천황이 타고 있던 마차에는 손상이 없었으나 일본 의 입장에서 본다면 김구가 범한 죄는 더할 나위 없는 최악의 범죄였고, 따라서 그는 도저히 살려둘 수 없는 범인이었다. 그러한 인물을 중국이 비호하고 있음을 잘 알고 있는 일본이 압력을 가한 것은 당연한 일이다.

이러한 압력을 받은 중국은 중국군관학교에서 한국 장정들을 훈련하던 것을 중단하지 않을 수 없었다. 당시의 일본 문헌에 나타나 있는 바와 같이 일본은 훈련생들의 인적사항까지 파악하고 있을 정도로 모든 사정을 상세하게 알고 있었기 때문이다. 1935년 후반에 들어서자 중국정부는 김구에게 생활비 보조를 하는 정도로 원조를 대폭 줄여야 했는데, 이는 한국 독립운동을 더욱 침체시켰다. 같은 기간 중에 김원봉계에서는 이미 훈련된 요원들을 화베이 · 만주 그리고 한국에 파송하여 활기를 찾으려고 노력했다.

당시 한국지사들에게 희망을 준 한 가지 사건은 중국 대중이 일본의 화베이 할거割據 정책과 국민당의 유화정책宥和政策에 분개하여 일으킨 맹렬한 민중운동이었다. 1935년 허잉친-우메즈 협정의 내용이 알려지자 베이징의 각 대학 학생들은 그해 12월에 대대적인 시위를 벌여서 일본 제국주의 타도 · 내전의 정지 등을 요구하며 중앙정부 정책에 반대하고 나섰다. 12 · 9운동(12월 9일에 시위가 시작되었음)이라고 알려진 이 운동은 삽시간에 베이징北京 · 톈진天津 등의 북쪽 지방으로부터 남쪽의 각 주요도시로 확산되었으며 노동자와 농민, 그리고 지식층, 자산계급, 상공업자 등이 참가하는 가운데 전국적인 운동으로 전개되면서 중국 대중의 감정을 여실히 보여 주었다.

그럼에도 불구하고 장제스 총통은 공산당 선멸을 계속 제1목표로 삼고 화베이지방에 자리 잡고 있던 만주군벌 장쉐량張學良에게 공비소탕작전을 강화하라고 압력을 가하였는데, 그 결과로 나타난 것이 이른바 시안사건西安事件(1936년 12월 12~25일)이다. 장쉐량은 장제스에게 시안에 와서 현지 사정을 시찰해 달라고 요청한 후 과거의 정책을 완강하게 고집하는 장제스를 감금해 버렸다. 결국 장쉐량은 체포되어 군법회의에 회부되었지만 1937년 2월에 국민당과 공산당 간의 정전협정停戰協定이 체결되고 국공합작國共合作이 시작되었다. 중국이 항일태세를 갖추기 시작한 것이다.

4. 중일전쟁의 발발과 중국정부와의 연계

위에서 본 바와 같이 독립운동가들은 중국정부의 소극적인 비호를 받으면서, 한편으로는 일본 밀정密偵들의 암살행위, 체포를 우려하여 부득이 도피생활을 계속하여야 했는데, 중일전쟁은 독립운동가들이 표면상에 나타나 활동할 수 있을 뿐만 아니라 중국정부와의 협조관계를 이룩하는 데 절호의 기회였다. 이로써 독립운동가들의 활동이 해외로 망명한 후 처음으로 활기를 띠게 되었다.

중일전쟁이 발발한 직후 중국정부가 한국 독립운동가들과 접촉한 것은 과거의 경우를 보아 당연한 일이라고 하겠다. 일본 기관의 보고에 따르면, 중국정부는 7월 10일에 피서지이자 고관들의 회의장소로 유명한 난징南京 서쪽의 루산廬山에 김구, 김원봉 및 기타 독립운동가들을 초청하여 일본을 상대로 한 통일전선을 결성하여야 한다고 역설하고 그들에게 '중요한 사명'을 완수하는 데 필요한 많은 액수의 자금을 지불했다고 한다.[6] 중국정

6 朝鮮總督府高等法院思想部, 『思想彙報』 제22호(1940. 3), p.153.

부는 9월에 또 한국 지도자들을 소집하여 특수임무, 즉 정보수집을 위해 훈련받을 한국청년들을 모집하라고 통지했고, 그 결과 83명의 한국 청년들이 싱쯔星子에 있는 중국군관학교의 특수훈련반에 등록되었다고 한다.[7] 일본 정보기관의 1937년의 보고들은 중국에서의 한국 독립운동이 얼마나 활성화되었는지를 여실히 보여 주는데, 그중 몇 가지를 간추려 보면 다음과 같다.

1. 김구에 대한 재정지원은 이전처럼 계속되고 있지만 김원봉은 장쉐량에게서 더 많은 자금을 받고 있다.[8]
2. 김구와 김원봉은 모두 자신의 자동차가 있으며, 안락한 생활을 누리고 있다. 그들은 일본전선 후방지역에서 교란작전을 수행할 인물을 찾고 있는 듯하다.
3. 한국인 무정부주의자인 정화암鄭華岩 일파는 최근에 옥에서 풀려나온 중국인 무정부주의자들과 협력하여 테러활동을 획책하고 있다. 그들은 이미 상당한 자금을 획득했다.
4. 민족혁명당 소속의 석정石正(윤세주)은 상하이에서 일본군에 대한 군사정보를 획득하려고 노력하고 있다.
5. 민족혁명당의 석정과 중국경찰에 근무하는 배천택은 상하이 방송국에서 밤마다 0시 45분부터 15분 동안 한국말로 방송하고 있다.[9]

독립운동가들은 중국 각 기관 및 단체들과 협력관계를 맺고 활동하기 시작했으며, 군사훈련을 받은 투사들은 중국부대와 합류했고, 민족혁명당과 한국국민당은 무정부주의자들을 자기편에 끌어들이려고 온갖 노력을

7 朝鮮總督府高等法院思想部, 앞의 책, pp.158~159.
8 이 정보에는 착오가 있을 것이다. 장쉐량은 1936년 말에 체포되었기 때문이다. 장쉐량 부대였을지도 모른다.
9 朝鮮總督府高等法院思想部, 『思想彙報』 제14호(1938. 3), pp.219~220, 222.

다하였다.

조직적으로 민족혁명당에 비해 약세에 놓여 있던 김구 계열은 중일전쟁의 발발을 계기로 미국에 있는 이승만 및 미주 국민회國民會와 연락을 취했다.[10] 8월에는 김구의 애국단, 이승만 휘하의 동지회, 로스앤젤레스에 본부를 둔 국민회 그리고 독립당, 조선혁명당(이청천 계열) 등의 명의로 「중일전쟁에 대한 한국 광복운동단체연합회 선언문」을 발표했다.[11] 이 선언문은 예측할 수 있는 바와 같이 임시정부를 "3 · 1운동의 정통적인 유산이며 우리의 피로써 지켜진 공기公器이며, 적국과 싸우는 신성하고 중요한 사명을 지고 있는" 기관이라고 하여 임시정부를 지켜야 한다는 것을 강조했다. 김구는 위에서 본 바와 같이 중일전쟁의 발발로 인해 누구보다도 활기를 띠게 되었는데, 조소앙趙素昻 · 이청천이 다시 임정을 지지하고 그와 연합한 것도 큰 수확이었으나, 그보다 더 중요한 것은 미국에 있는 이승만, 국민회와 연대하게 된 것이다. 당시의 상황에서 미국에 있는 동지회와 국민회의 임정 지지는 여러 가지 면에서 의의가 깊었다. 당시 중국에 있는 많은 단체들이 간부들을 합해서 작은 것은 10여 명, 큰 것은 200명의 회원 또는 당원밖에 가지고 있지 못했는데, 동지회와 국민회는 전 미주에 살고 있는 수천의 동포들을 거느리고 있었다. 따라서 임정은 고독한 명목상의 단체로부터 '자유세계에 살고 있는 해외동포의 대부분이' 지지하는 정부로 일대 전환을 할 수가 있었다. 또 이 단체들은 대한제국大韓帝國이 몰락하기 전에도 그랬지만 3 · 1운동을 전후하여 거액의 의연금을 모아 독립운동에 기여한 실적을 쌓아 놓았기 때문에 임정이 재정적인 후원을 기대할 수 있었다.

---

10 일본 정보기관은 이승만과 김구가 1937년에 들어서면서 교신했다고 보고하고 있다(朝鮮總督府高等法院思想部, 앞의 책 제14호, p.125).

11 선언문은 캘리포니아 대학 버클리Berkeley 분교 동아시아 도서관에 보존되어 있다.

이처럼 독립운동가들은 활기를 띠게 되었으나 몇 가지 큰 제약 속에서 움직여야 했다. 첫 번째 제약은, 많은 기대를 걸었던 중국군대가 포악하게 공격하고 들어오는 일본군 앞에 너무나 무력했다는 사실이다. 일본군은 중국의 철도 간선을 따라 대도시들을 공격해 왔는데, 중국군은 일본군을 격퇴할 능력이 없었다. 중국군이 해안에 있는 상하이를 11월에 포기한 것은 지리적인 문제 때문이었다고 이해할 수도 있다. 그러나 12월에 중국대륙 중부에 위치한 수도 난징南京을 방어하지 못하고 한커우漢口로 천도하고, 다음 해 10월 말에는 양쯔강揚子江 상류에 가까운 한커우마저 포기하고 중국의 오지 중의 오지인 충칭重慶으로 수도를 옮길 정도로 중국의 전세는 매우 약했다. 특히 1938년 10월에 우한武漢, 즉 한커우와 우창武昌이 함락되자 많은 중국인들이 동요하게 되었고, 항일망국론抗日亡國論과 대일평화론對日平和論이 고개를 들게 되었다. 특히 1938년 12월 과거 행정원장으로서 장제스의 오른팔 역할을 해온 왕자오밍王兆銘이 충칭을 탈출하여 일본에 투항한 사건[12]은 중국은 물론이고 한국 독립운동가들에게도 큰 충격을 주었다.

재중 한국 독립운동의 두 번째 제약은 그들이 계속 중국정부에 의존하지 않을 수 없었다는 점이다. 중국군의 약세와 중국정부의 오지로의 피난은 독립지사들의 사기를 저하시켰을 뿐만 아니라 그들의 활동범위를 축소시키는 결과를 가져왔다. 충칭이 있는 쓰촨성四川省은 『삼국지三國志』에 나오는 파巴나라 또는 익주益州인데 제갈량諸葛亮(제갈공명)은 익주를 가리켜 '옥야천리沃野千里, 천부지토天府之土', 즉 땅이 풍부하고 천연적으로 방위하기 쉬운 곳이라고 했지만, 중국 각처에서 몰려온 피난민들을 수용하기에는 힘겨울 뿐만 아니라 한반도와 너무나 멀리 떨어져 있었다. 그곳에 한

12 朝鮮總督府高等法院思想部, 앞의 책 제14호, p.356.

국동포가 예전부터 정착하여 살고 있었는지는 알 수 없으나, 있었다고 하더라도 몇 명 되지 않았을 것이다. 따라서 그곳으로 피난한 독립운동가들은 일상생활에서부터 독립운동의 모든 면까지 중국정부에 의존해야만 했다. 자기 자신들도 피난살이를 하고 있는 처지에다가 전세가 매우 불리한 상황에서 중국정부가 한국 독립지사들에게 베풀 수 있는 지원은 크게 제한되어 있을 수밖에 없었다. 백범 김구는 충칭에 도착한 후의 사정을 다음과 같이 말하고 있다.

> 중국 중앙정부에서는 우리 대가족을 위하여 기와집 세 채를 짓고, 또 시가市街에도 집 한 채를 사주었으나 그 밖에 우리 독립운동을 원조하여 달라는 청에 대해서는 냉담하였다.[13]

세 번째 제약은 독립운동가들간의 내분이 끊이지 않고 계속된 일이다. 김구가 주도하는 국민당과 김원봉의 민족혁명당 간의 불화는 이미 지적한 바 있지만, 김구 계열 내부에서의 갈등도 퍽 심했던 것 같다. 우익계 지도층이 후난성湖南省 창사長沙에서 회합을 갖고 통합문제를 논하려던 1938년 5월의 어느날 김구, 현익철玄益哲, 유동열柳東說, 이청천 등이 이운환李雲煥이라는 한국청년의 흉탄을 맞아 만주의 용장勇壯 현익철은 사망하고 다른 이들은 오랫동안 치료를 받아야 했다. 김구는 심장 옆에 총탄을 맞고 쓰러졌는데, 의사들은 가망이 없다고 생각하여 네 시간 동안이나 방치해두고 절명하기를 기다렸다고 한다.[14] 김구는 『백범일지』에서 강창제姜昌濟, 박창세朴昌世 등을 이운환의 연루자로 지적하고 있는데, 이들은 조소앙이 조직했던 한국독립당 당원들이었다. 이 사건은 독립운동가들뿐만 아니라 한민

13 김구, 『백범일지』(朝鮮印刷會社, 金信 발행, 1947), p.345.

14 김구, 위의 책, pp.335~337.

족 전체에게 치욕적인 사건이었다. 특히 중국이 미증유의 국난을 당하고 있으면서도 한국 독립운동가들을 원조하려는 상황에서 일어난 동족 간의 참극이어서 한민족의 이미지를 크게 손상시켰다.

독립지사들은 창사에서 다시 광저우廣州, 구이저우貴州 등지를 거쳐서 1939년 말쯤 충칭으로 본거지를 옮겼다. 그곳에서 백범은 다시 각 단체의 통일을 위해 노력했지만 결과는 좋지 못했다. 우익 측에서는 미국에 있는 이승만이 김원봉, 김규식 등의 '공산주의자'들과 단합하는 것을 극도로 반대했고,[15] 민족혁명당의 일부에서는 각 단체들의 연합단체 구성에는 찬동하지만 기왕의 조직을 해체하고 하나의 당을 만드는 데에는 찬동할 수 없다고 함으로써 결국 대동단합은 성립되지 못했다.[16] 임시정부를 지지하는 우익단체는 과거부터 김구 계열과 합작했다가 분열한 이청천계의 혁명당, 조소앙계의 독립당, 그리고 김구의 국민당 등이었는데 이들은 1940년 10월에 한국독립당이라는 명칭으로 재출발하게 된다. 지금까지 피난행각에서 아무 행동도 취하지 못하던 임시정부도 다시 의정원議政院을 열어서 약헌約憲을 개정하여, 지금까지 국무위원들의 집단지도체제를 주석책임제主席責任制로 바꾸어 김구 주석에게 주도권을 부여했으며,[17] 김구는 이때 워싱턴에 외교위원부를 설치하고 이승만을 위원장으로 임명했다.[18] 한국광복군韓國光復軍이 창설된 것도 이때(1940년 9월)이다. 그러나 당시 임시정부를 포함한 독립운동가들의 형편은 여전히 곤란했다. 김구는 광복군을 창설하게 된 경위를 말하면서 중국으로부터 생활비 이상의 원조를 기대할 수 없으므로 미국에서 활동할 의향을 밝히고 여행증서를 발급해줄 것을

15 김구, 앞의 책, p.343. 여기에서 김구는 '미주와 하와이'에서 김약산, 즉 김원봉과 일을 같이 한다면 자신과의 관계를 끊어버리겠다고 했는데, 이것은 이승만을 가리켜 한 말이다.

16 김구, 위의 책, pp.342~344 참조.

17 상세한 것은 李炫熙, 『大韓民國臨時政府史』(일조각, 1982), pp.320~322.

18 김구, 위의 책, p.345.

중국정부에 요청했더니 중국정부가 이곳에서 무엇인가 업적을 남기는 것이 좋지 않겠느냐고 충고하여 계획서를 제출했다고[19] 회고했다. 이는 당시 중국에서의 독립운동가들의 소연蕭然한 형편을 그대로 보여 준다. 광복군의 설립은 그들의 사기를 북돋아 주었으나, 아직 계획단계에 놓여 있을 뿐이었다. 1942년 1월에 충칭 주재 미국대사관의 보고에 따르면 충칭에 있는 한국인의 총 숫자가 200명을 넘지 못한다고 했으니[20] 광복군의 규모를 가히 짐작할 수 있다.

5. 진주만 공격 후의 중국의 임정에 대한 태도

한국 독립운동가들이 다시 활기를 띠기 시작한 시기는 1941년 12월 8일에 있었던 일본해군의 진주만眞珠灣, Pearl Harbor 공격, 즉 미일전쟁美日戰爭의 발발 후였다. 허약한 중국마저도 항복시키지 못하고 국력을 소모하던 일본이 서양의 최대 신흥세력인 미국을 상대로 전쟁을 도발했으니 일본의 운명은 명약관화해 보였다. 따라서 독립운동가들은 고국이 독립하리라는 소신을 가지고 활동하게 되었다.

미일전쟁이 일어난 후 중국과 미국에서 활동하던 독립운동가들에게 한 가지 두드러진 변화가 일어났는데, 그것은 임시정부의 부각이다. 앞에서 본 것처럼 민족혁명당 계열의 많은 인사들은 오랫동안 임시정부를 부정하는 태도를 취하면서 단독으로 독립운동을 계속해 왔고, 또 김구 일파는 임정을 고수해 오기는 했으나 별다른 성과를 이루지 못하고 있었는데, 미일전쟁의 발발로 양상이 달라진 것이다. 임정 반대세력이라고 할 수 있는 민

19 김구, 앞의 책, pp.345~346.

20 United States Department of State, *Foreign Relations of the United States*(이하 *FRUS*), 1942, vol. 1(Washington, D.C.: U. S. Government Printing Office), p.858.

족혁명당 계열과 군소 당파들이 임시정부 산하에 규합되었을 뿐만 아니라 임정은 중국과 미국을 상대로 '외교사업'을 활발히 진행하게 되었다.

이처럼 독립운동가들이 방향을 전환하게 된 데에는 몇 가지 원인이 있었다. 그중 하나는 열강들과의 접촉을 위해서, 즉 민족을 대표하여 '외교관계'를 맺기 위해서는 어떤 운동단체의 명의名義보다도 '정부'라는 공식기관이 있는 것이 가장 유리했기 때문이다. 또 대한민국 임시정부는 미일전쟁이 발발한 후에 갑자기 세워진 것이 아니라 3·1운동이 일어난 직후인 1919년부터 20여 년의 오랜 역사를 가지고 있었고, 한때 내·외 국민의 지지를 받아 오던 단체로서 국제무대에서 승인을 요구할 수 있는 명분도 가지고 있었기 때문에 새로 벌어진 상황에서는 받들고 나올 만한 공기公器였다. 그리고 임정이 국제적으로 인정받게 될 경우 미국으로부터 '렌드 리스Lend-Lease'라고 하는 무기대여 또는 기타의 원조를 받음으로써 대일전쟁에 활발히 참여할 수 있을 것이며, 활동이 전개될 경우 일본이 점령하고 있는 중국, 만주 등 각지에 흩어져 있는 한국청년들을 동원할 가능성까지도 생각할 수 있었다.

또 하나는 1938년경부터 1940년 사이, 즉 국민당정부가 한커우를 포기하고 충칭으로 선도하는 동안 민족혁명당이 상당히 약화되었다는 사실이다. 이미 지적한 바와 같이 김원봉은 명성 있는 독립운동가들을 규합하여 민족혁명당을 조직함과 아울러 그동안 훈련해온 청년들을 규합하여 한커우에서 1938년 10월에 조선의용대朝鮮義勇隊를 조직함으로써 임정을 능가하는 세력을 가지고 있었다. 그런데 조선의용대 3개 지대支隊 중 2개가 중국공산군이 집결하고 있던 중국 서북지역으로 이동하여 의용대 사령관 김원봉의 휘하에서 이탈함으로써 그의 힘이 많이 약화되었다.[21] 결국 충칭에

21 필자, 앞의 책, 제12장 1절을 참조.

남아 있던 1개 지대마저 광복군으로 편입되고 김원봉은 광복군 부사령관으로 '격하'되고 말았다.

이 당시 독립운동가들 중에서 좌익에 속해 있었고, 조선의용대의 정치부 주임과 임시정부의 국무위원을 맡은 바 있는 김성숙金星淑은 필자에게 당시의 사정을 다음과 같이 말했다.

임정은 그동안에 이름만 있었지 아무것도 없었습니다. 그러다가 중일전쟁이 일어나 일본의 패망을 생각해 보게 되면서 우리나라가 독립을 하게 될 때를 대비해야 되지 않겠느냐를 생각하게 되었지요. 그렇게 생각하고 보니 우리나라 독립운동단체들 가운데 사실상 무슨 당이 무엇을 한다고 하지만 권위로 보든지 영향으로 보든지 국내의 대중 일반에 대한 영향으로 보든지 그래도 임정밖에 없거든. 임정이 계속해서 일본하고 대립해서 싸워 왔고 그러니까 임정을 중심해서 좌우간 모여야겠다, 그래도 임정을 중심해서 모이기가 쉽다, 당을 같이하는 것이라면 모르겠지만 정부를 같이하자는 것이니까 쉽다, 이렇게 생각했지.

그런데 그렇게 하자고 제의하자 김원봉의 민족혁명당이 크게 반발했습니다. 그도 그럴 것이 원래 김원봉 일파는 임정의 김구 일파와 딱 대립했거든요. 그렇게 된 데는 중국국민당의 영향도 있었지. 중국국민당의 천씨파陳氏派(천궈푸陳果夫와 천리푸陳立夫 계열), 흔히 말하는 CC파가 김구파를 도와주고 군인의 강택파는 김원봉파를 도와주어 두 파가 대립하게 되었어. 김원봉은 자신이 임정에 들어가봐야 서자 취급 받을 것을 아는지라 들어가려 하지 않고 자기대로 한번 해보려고 생각했지만 그것도 잘 되지 않았지. 내가 앞에서도 얘기했지만, 모두 임정으로 들어가자고 했지. 나부터 성명을 내고 야단을 했어요. 그래도 김원봉이가 반대해서 나하고 상당히 대립했지. 민족혁명당 사람들하고도 나하고 굉장한 싸움이 벌어졌어요. 서로 테러를 가하고 야단들 했지. 이러던 가운데 민족혁명당 사람들의 대부분은 연안(화베이의 옌안延安)으로 갔지. 그러니 김원봉은 더욱 어렵게 되었어. 그래서 나중에 어쩔 수 없이 임정으로 들어왔어. 이 과정에서 내가 굉장히 노력했어. 그래서 임정이 사실상 새로 만들어졌지요.[22]

이러한 내적 요건들이 중요하기는 했으나 아마도 가장 중요한 요인은 중국정부의 끈질긴 종용이었을 것이다. 중국정부는 1942년경부터 민족혁명당계와 한국독립당계, 즉 좌익과 우익이 임정의 테두리 안에서 연합할 것을 강력히 주장해 왔는데, 중국 측의 권유는 임정을 중심으로 한 독립운동세력 규합의 강한 촉진제 역할을 했다. 중국은 임정 승인의 가능성을 시사할 뿐만 아니라 미국으로 하여금 임정을 승인토록 권고할 가능성을 보여 주었는데, 그 조건은 한국의 독립운동가들을 자극하고도 남았다.

이 당시 김구 그리고 김원봉과 밀접한 관계를 맺고 한중 합동유격대를 조직하여 항일전선의 앞장에 서있던 무정부주의자 정화암은 중국의 권고에 대해 다음과 같이 회고하고 있다.

중국사람들은 우리에게 너희는 왜 합치지 못하느냐고 늘 말했어요. 이런 일이 있었지요. 중경(충칭)에서 한번은 회의가 있었는데 중국사람이 "너희 나라 사람들은 하나하나를 놓고 보면 기가 막힌 보배들이다. 금강석이다. 그런데 왜 이렇게 분열되어 있느냐"고 해요. 외무부장으로 있던 조소앙이 "금강석이니까 합치지를 못하지요"라고 해서 모두 웃었지요.

또 이런 일이 있었어요. 역시 중경에서입니다. 한중 지도자들이 한자리에 모였는데 손문(쑨원孫文)의 아들 손과(쑨커孫科)가 떡 나서서 "거, 너희 나라 사람들은 왜 뭉치지 못하는가" 이래요. 그때도 조소앙이 나서서 대꾸를 했는데 겉으로는 공손하나 듣기에 따라서는 손과를 좀 비웃는 투로 말했어요. 그랬더니 중국 쪽에서도 손과가 지나쳤음을 깨닫고 잘 응대합디다. "한국사람은 참 위대하다. 한 사람 혼자서 천하를 영도해 나가는 일은 한국사람에서나 볼 수 있다. 우

22 김성숙金星淑 옹과의 면담, 1966년 9월 11일. 이 면담을 주선하시고 참석해 주신 양호민梁好民 선생에게 감사의 뜻을 표한다. 이 면담의 전문全文은 李庭植 면담, 金學俊 편집해설, 『혁명가들의 항일회상 : 김성숙 · 장건상 · 정화암 · 이강훈의 독립투쟁』(민음사, 1988)에 수록되어 있다.

리 중국사람이 모방할 만한 일이다" 뭐 이런 취지로 말하더니 정중하게 대답했어요.[23]

조소앙이 비웃은 내용을 알 수는 없으나, 좌우합작을 종용하는 중국인들도 국민당과 공산당 사이에 통일전선이 이룩되어 있기는 했으나 실제로는 피를 흘리는 격투가 계속되고 있었으니 아마도 그것을 지적했을지도 모르겠다. 그렇다면 중국은 왜 한국 독립운동가들의 통일을 종용했으며 임정의 승인을 시사했는가. 과연 중국의 태도는 어떠한 것이었는가.

중국의 자료를 접할 수 없었으므로 확실한 결론은 내릴 수 없으나 워싱턴의 국무부와 충칭 주재 미국대사 간에 왕래한 문헌을 살펴보면 다음과 같은 결론을 내릴 수 있다. 즉, 중국정부의 고위층은 전반적으로 한국 임시정부에 대해 동정적이었으나 임정 승인에 대해서는 1942년 초까지 의견이 구구했고, 1942년 초기에는 장제스 총통이 임정을 승인하기로 결정하고 적극적인 자세를 취했으나 미국 · 소련 · 영국 등의 입장을 고려하여 다시 소극적인 태도를 취했다. 한반도의 지정학적 위치는 중국으로 하여금 한반도에 대하여 적극적인 정책을 고려하게 만들었지만, 한편으로 소극적으로 대처하게 만든 요인이기도 했다. 그리고 중국과 미국은 한국에 대한 정책을 세울 때 동맹국인 영국을 신경쓰지 않을 수 없었는데, 영국은 인도와 버마(지금의 미얀마), 그리고 말레이 등의 식민지를 소유하고 있는 제국주의 국가였기 때문에 한국 독립과 같은 식민지 해방 문제에는 소극적일 수밖에 없었다.

중국의 주요 인사들이 한국 독립에 대해 동정적이었다는 데에 대해서는 길게 논할 필요가 없을 것이다. 한국 독립지사들은 중국에서 신해혁명辛亥

23 필자와의 면담, 1967년 1월.

革命, 즉 청나라를 타도하는 혁명세력이 일어난 1911년경부터 중국의 혁명세력과 오랫동안 교제해 왔고, 그들은 한국이 일본의 판도에서 벗어나서 독립해야 한다는 데 대해 이의가 있을 수 없었다. 그러나 중국정부의 한국에 대한 태도는 역시 중국의 국가적 이익에 기준을 둔 것이었고, 정책 구성과정에는 정치지리적 조건, 그리고 역사적인 유산이 많이 작용했다. 한 예로 중국정부는 광복군이 창립된 지 1년 2개월 만인 1941년 11월에 '한국광복군 행동 준승準繩'이라는 9개 조항으로 된 조건을 '하달'했는데 이 문서에 따르면 광복군은 중국군 참모총장의 명령과 통제를 받아야만 움직일 수 있게 되어 있었다.[24] 이현희는 이 '준승'을 평하여, "한국광복군은 명실상부한 한국의 독립군이 아니라 중국군의 일개 보조·고용군雇傭軍이 된다는 굴욕적인 군사협정이었으며, 임정 자체도 그 지위가 의문스러워지기까지 하는 등 미묘한 국면에 접어들게 되었다"[25]고 쓰고 있다.

중국이 강요한 이러한 조건에 대해 한국 독립지사들이 분개했음은 물론이다. 충칭 주재 미국대사 고스Clarence E. Gauss는 1942년 2월 12일자 보고문에서 말하기를, 며칠 전에 임시정부 외무부장 조소앙을 만나서 이야기를 나누던 중 조소앙은 중국이 한국 임시정부를 승인하지 않는 이유는 중국이 일본의 패배 후에 다시 한국을 중국의 종주권 안에 두려고 하기 때문인지도 모른다고 속삭이는 목소리로 말했으며,[26] 같은 해 11월 24일에 한 대화에서 중국은 한국에 대해 제국주의적 의도를 가지고 있으며, 임정은 중국이 강요한 '준승'에 분개하여 정부를 워싱턴으로 옮길 것을 기도하고 있다고 했다고 한다. 또 이 일과 관련하여 임정은 인도에 사람을 파견

24 이현희, 앞의 책, pp.343~345. 이 '준승'은 1944년 8월에 폐기되었고 새로운 협정에 의하여 광복군의 통수권이 임정으로 이양되었다.

25 이현희, 위의 책, p.344.

26 Ambassador in China(Gauss) to the Secretary of State, Chungking, February 12, 1942, *FRUS*, 1942, vol. 1, p.860.

했고, 미국에 있는 이승만에게도 연락을 취하고 있다고 했다.[27]

'한국광복군 행동 준승'을 '하달'한 1941년 11월에 중국정부의 임정에 대한 태도는 이처럼 냉담했고, 고스 대사가 국무부의 지시를 받고 중국 측의 임정에 대한 태도를 탐문한 1941년 연말에도 중국은 한국 임정에 대해 아무런 열성도 보이지 않았다.[28] 그런데 중국은 다음 해 봄에 아주 적극적인 태도를 취했다. 외교부장 쑹쯔원宋子文은 3월 25일에 루스벨트Franklin D. Roosevelt 대통령을 만나서 5만 명 규모의 한국유격대를 조직할 것과, 연방국들이 한국 독립을 성취시킬 것을 선언하며, 또 동시에 한국 임시정부 승인을 선포하자는 제안을 제출했고,[29] 4월 10일에는 장제스 총통이 한국 임시정부를 '지체 없이' 승인하는 결정을 내린 후 미국의 반응을 요청했다.[30] 중국 국가최고군사위원회는 그 나흘 전인 4월 6일에 회의를 열고 한국임정 문제를 토의했는데, 이 자리에서 입법원장立法院長, 즉 국회의장 격인 쑨커가 임정을 즉시 인정하자는 제안을 제출하여 세 시간의 토론을 거친 후에 출타 중인 장제스 총통으로 하여금 최종 결정을 내리도록 하자는 안을 채택했는데,[31] 장제스가 쑨커의 제안을 받아들였던 것이다.

왜 중국정부는 이처럼 불과 몇 달 만에 태도를 번복하게 되었는가. 장제스 총통은 그 전해 말엽에 똑같은 제안을 쑹쯔원의 선임자인 궈타이치郭泰祺로부터 받았으나 이를 부결했는데,[32] 어찌하여 그는 생각을 바꾸게 되었

27 Ambassador in China(Gauss) to the Secretary of State, Chungking, December 9, 1942, *FRUS*, 1942, vol. 1, p.880.

28 Ambassador in China(Gauss) to the Secretary of State, Chungking, January 3, 1942, *FRUS*, 1942, vol. 1, p.858.

29 Memorandum by the Chinese Minister for Foreign Affairs(Soong), handed to President Roosevelt on April 8, 1942, *FRUS*, 1942, vol. 1, pp.867~869.

30 Ambassador in China(Gauss) to the Secretary of State, Chungking, April 18, 1942, *FRUS*, 1942, vol. 1, p.872.

31 Ambassador in China(Gauss) to the Secretary of State, Chungking, April 10, 1942, *FRUS*, 1942, vol. 1, p.869.

을까.

물론 그 사이에는 1941년 12월 8일에 일어난 일본의 진주만 공격, 즉 미일전쟁의 발발이 있었다. 그러나 고스 대사가 중국 측의 태도를 타진한 것은 진주만 공격이 있은 지 몇 주 후였는데, 그때도 중국정부는 냉담했고, 다음 해 3월 19일에 나눈 대화 때에도 한국임정에 대해 동정적이기는 하지만 승인할 수는 없다는 태도를 취했으므로[33] 미일전쟁의 발발만이 중국정부의 태도를 전환시킨 이유라고 볼 수는 없다.

세 시간 동안 한국문제를 두고 토론했다는 군사위원회의 회의록을 참고할 수 있다면 실상을 상세하게 규명할 수 있을 것이나, 불행히도 이 문헌은 아직 발굴되지 않았다. 장제스 총통의 결정을 미국대사에게 전한 중국외교부 부부장(외무부차관)은 장 총통의 결정 이유는 ① 중국은 한국 임시정부를 승인함으로써 중국이 한국뿐만 아니라 타이와 버마 등의 나라들에 대한 영토 확장의 의도가 전연 없다는 것을 천명하며, ② 중국은 1941년 8월에 루스벨트 대통령과 처칠 수상이 천명한 대서양헌장에 전적으로 동의한다는 것을 밝히는 것이라고 발표했다.[34] 대서양헌장은 미국과 영국은 다른 나라의 영토를 탐내지 않으며, 각 나라가 자기가 원하는 형태의 정부를 신택할 권리를 존중하여, 수권과 자주권을 박탈당한 민족들이 이를 회복할 것을 원한다고 하는 등 훗날 유엔의 기초문헌이 된 자유주의적 이념을 천명한 헌장이다.

---

32 1942년 3월 25일자의 고스 대사의 전보에 따르면, 몇 달 전 당시 외무장관 궈타이치가 한국임시정부를 승인할 것을 주장했으나 장 총통이 이를 부결했으며 당분간 결정을 내리지 말도록 지시했다고 한다. 미국대사관 참사는 이 말을 외교부차장 후빙창傅秉常과 동아국장東亞局長 양윈주楊雲竹로부터 들었다(*FRUS*, 1942, vol. 1, p.866).

33 Ambassador in China(Gauss) to the Secretary of State No. 335, Chungking, March 25, 1942, *FRUS*, 1942, vol. 1, p.866.

34 Ambassador in China(Gauss) to the Secretary of State, Chungking, April 18, 1942, *FRUS*, 1942, vol. 1, p.872.

바로 몇 달 전까지만 해도 독립운동가로서 받아들일 수 없는 치욕적인 조건들을 내세웠던 중국정부가 이처럼 고상하고 고원한 이념을 가지게 된 계기가 무엇인가는 규명해야 할 문제이지만, 미국 국무부는 중국의 태도 변경에는 이기적인 동기가 있다고 해석했다. 국무부장관 헐Cordell Hull은 4월 29일에 쑹쯔원 외교부장이 제출한 한국에 관한 제안에 대한 답신서를 루스벨트 대통령에게 제출했는데, 중국이 한국 임시정부를 승인하려는 동기는 소련이 친소 집단을 만들어낼 가능성을 없애기 위함일 것이라고 추측했다.[35] 즉, 중국은 친중적親中的 한국 임시정부를 승인하고 두둔함으로써 소련이 친소적인 집단을 조직하여 한반도에 보내어 소련의 영향력을 행사하려는 것을 미연에 방지하려고 한다고 보았다. 이러한 해석을 내릴 수 있는 근거는 쑹쯔원 외교부장 자신이 제공했는데, 그는 한국문제에 대한 제안문서에서 "시베리아에 있는 소련 극동군에는 몇 해 동안 두세 개의 한국인 연대[36] 병력이 편입되어 있는데, 러시아와 일본이 전쟁을 시작하기 전까지는 이들의 활동이 더욱 치열해지지는 않을 것이다"[37]라고 했다. 즉 일단 러시아와 일본이 전쟁을 하게 되면 한국인으로 구성된 병력집단이 장차 한반도에서 큰 활동을 하게 될 것을 예견함으로써, 중국이 은연중에 소련의 극동정책에 대해 경계하고 있음을 시사했다.

소련에 대한 경계심이 중국의 한국에 대한 태도와 임시정부에 대한 태도를 바꾸게 했다는 해석은 쉽게 이해가 간다. 한반도가 19세기 말엽부터 중국과 일본 그리고 러시아의 각축이 치열했던 곳이라는 것은 잘 알려져

35 Memorandum, by the Secretary of State to President Roosevelt, April 29, 1942, *FRUS*, 1942, vol. 1, p.873.

36 이 글에는 '연대'라고 되어 있는데, 그 후에는 모두 '사단' 병력이라는 표현을 쓰고 있다.

37 Memorandum by the Chinese Minister for Foreign Affairs(Soong), attached to the memorandam by President Roosevelt to the Acting Secretary of State, Washington, April 8, 1942. 895. 01/96 1/ 2. *FRUS*, 1942, vol. 1, p.868.

있다. 중국사람들은 한국과 중국의 관계는 입술과 이의 관계와 같다는 비유를 즐겨 쓰는데, 제2차 세계대전 후에 한반도가 소련의 영향권에 들어가는 것을 중국은 감당하기 어려웠을 것이다.

그러나 아직 소련이 대일전쟁에 참여하지 않은 상황에서 중국이 이렇게 생각하게 된 직접적 동기는 미국이 임시정부에 관심을 보였기 때문으로 보인다. 이 당시 중국정부는 미국의 태도에 대해 극도로 예민하지 않을 수 없었는데, 미국대사 고스가 한국 임시정부에 대한 중국의 태도를 문의하자 억측을 하고, 정책 결정을 서둘렀던 것 같다. 미국 국무부는 1941년 12월 22일자 전보를 통해 고스 대사에게 한국 임시정부에 대한 정보를 수집할 것과 그에 대한 중국정부의 태도를 '대단히 신중하게very discreetly' 알아보라고 지시했다.[38] 고스 대사는 중국 외교부가 문의를 받은 후 임정에 대한 '조사와 연구'를 하고 있고, 그 결과에 따라 중국정부의 태도가 결정될 것이라고 보고했다.[39] 이 같은 움직임은 중국정부를 자극하기에 충분했고, 중국은 전후 한국의 국제적 위치를 심사숙고하게 되었다. 특히 루스벨트 대통령이 2월 23일자 방송에서 한국에 대해 언급했고, "대서양헌장은 대서양지역의 나라들에만 적용되는 것이 아니라 전 세계에 적용된다"고 말한 것은 중국정부를 자극했을 것이다. 그날의 방송에서 루스벨트는 한국사람들은 "일본의 포악한 정치를 몸소 알고 있다"[40]고 말했다. 그러한 결과로 소련이 앞날에 취할 수 있는 조치를 막기 위한 예방조치를 취하자는 의견이 우세해진 것이다.

그러나 한국임정 승인론은 불과 몇 주 후인 5월 초에 퇴색되고 중국정부

38 The Secretary of State to the Ambassador in China(Gauss), December 22, 1941, *FRUS*, 1942, vol. 1, pp.858, 868.

39 Ambassador in China(Gauss) to the Secretary of State, January 3, 1942, *FRUS*, 1942, vol. 1, p.858.

40 Department of State Bulletin, February 28, 1942, *FRUS*, 1942, vol. 1, p.183.

는 또다시 상황을 관망하는 소극적 자세를 취하게 된다. 군사위원회에서 쑨커의 적극론이 세 시간의 토론을 거친 후에도 위원들 전체의 동의를 얻지 못하고 장제스 총통에게 최종결정을 위임토록 한 반대의견에 지고 만 것이다. 외교부차장은 5월 6일에 고스 대사를 만난 자리에서 장 총통과 쑹쯔원 외교부장은 한국임정 승인문제를 재고하기로 결정했으며, 사태가 호전될 때까지 승인문제는 연기될 것이라고 알려 주었다.[41]

신중론자들이 폈던 논리는 크게 두 가지로, 고스 대사가 4월 6일에 열린 군사위원회 회의 내용을 보고한 전보에 잘 나타나 있다. 첫째는, 앞으로 소련이 대일전쟁에 개입할 경우 소련은 소련군 내에 있는 두 개 사단의 한국인 병력을 이용하여 모종의 정부를 설립할 것인바, 충칭에 있는 한국 임시정부가 승인되어 있을 경우 복잡한 사태가 생겨날 수 있다는 것이고, 둘째는 말레이와 인도네시아 등에 식민지를 가지고 있는 영국 및 다른 나라들이 지금 식민지 해방에 대한 제안에 어떠한 반응을 보일 것인가가 염려된다는 것이었다.[42] 즉, 쑨커 등의 적극론자들은 소련에 앞서 선수를 치자고 주장했으나, 신중론자들은 그 정책이 소련에 대해 도전적이며, 궁극적으로는 중국에 불리하다고 주장했다. 신중론자들은, 중국과 러시아는 1860년대부터 만주 주변의 영토문제를 가지고 분쟁을 계속해 왔으며 러시아 혁명 후인 1920년대에도 만주의 철도를 에워싸고 치열한 투쟁을 해왔는데, 지금 한국문제로 새로운 불씨를 만들어 놓는다면 소련과의 우호관계는 기대하기 힘들어지며 결국 중국이 큰 손해를 입을 것이라는 논리를 전개했을 것이다. 게다가 연합국들의 지지와 원조가 꼭 필요한 이 시점에 한국 임시

41 Ambassador in China(Gauss) to the Secretary of State, Chungking, May 7, 1942, *FRUS*, 1942, vol. 1, p.875.

42 Ambassador in China(Gauss) to the Secretary of State, Chungking, April 10, 1942, *FRUS*, 1942, vol. 1, p.869.

정부를 승인함으로써 영국이나 다른 연합국들의 반감을 살 일을 만들 이유가 있느냐는 의문도 나온 것이다. 이러한 관점에서 보면 한국을 중국의 영향권에 두기 위해 중국이 치러야 할 대가는 너무나 과중했다.

앞에서 필자는 미국정부의 한국 임시정부에 대한 문의가 중국정부로 하여금 임정에 대한 승인을 진지하게 고려하게 된 계기였을 것이라고 했는데, 필자의 추측으로는 중국이 이 문의의 목적을 잘못 해석했던 것으로 보인다. 즉, 미국은 단순히 사태를 파악하기 위해 문의한 것에 불과했는데, 중국은 이 문의가 임정에 대한 미국의 긍정적인 태도를 의미한다고 생각했던 것 같다. 그러나 그 후 중국은 미국이 임정에 대해 긍정적이지 않음을 알게 되어 토론을 다시 한 것이 아닌가 여겨진다. 미국이 한국임정 승인을 원하지 않는다는 시사는 1942년 4월 초부터 중국에 전해졌는데, 국무부는 4월 11일에 고스 대사에게 중국이 임정을 승인하기 전에 미국에게 알릴 것을 부탁하라고 지시하면서, 이 문제에 대해서는 다른 연방국가들과 같은 보조를 취하도록 '긴급히' 유의시키라고 지시했다.[43] 그리고 5월 1일자의 전보에서는, 미국은 임정 승인에 찬동하지 않는다는 뜻을 명확히 했다.[44] 고스 대사가 이 전보의 내용을 전달하기 위해 외교부차장을 만난 5월 6일에 외교부차장은 이미 상 총통이 임정 승인을 보류하기로 했다고 고스 대사에게 전했으므로[45] 중국은 이미 미국의 태도를 알고 있었을 것 같다.

---

43 The Acting Secretary of State to the Ambassador in China(Gauss), Washington, April 11, 1942, *FRUS*, 1942, vol. 1, p.870.

44 The Secretary of State to the Ambassador in China(Gauss), Washington, May 1, 1942, *FRUS*, 1942, vol. 1, p.874.

45 Ambassador in China(Gauss) to the Secretary of State, Chungking, May 7, 1942, *FRUS*, 1942, vol. 1, p.875.

6. 미국의 임정에 대한 태도

왜 미국은 임정 승인에 대해 부정적인 태도를 취했는가. 임정이 미국의 승인을 받을 수 있는 가능성은 어느 정도였으며, 임정이 할 수 있는 일은 무엇이었는가.

미국의 한국 임시정부에 대한 태도는 중국의 경우와 마찬가지로 다음의 두 가지 태도의 불일치에 의해서 결정되었다. 즉, 한국이라는 나라의 독립에 대한 태도와 한국 임시정부라는 단체에 대한 태도이다. 이 글의 서두에서도 지적했듯이 임정계의 한국 독립운동가들은 이 두 가지 요소를 같은 것으로 보았지만 외국의 시각은 그렇지 않았다. 특히 미국이 임시정부를 보는 시각은 중국의 시각과는 더욱 달랐다. 그 이유는 중국은 한국 임시정부 하나만을 두고 왈가왈부했지만 미국은 유럽 지역만 하더라도 여덟 나라의 '임시정부'와 '외교관계'를 유지하면서 이들에 대한 정책을 세워나가야 했고, 이들에게 적용하는 임시정부 승인원칙을 당연히 한국 임시정부의 경우에도 적용할 것이었기 때문이다.[46]

한국 임시정부 승인문제에 대한 결정을 내리는 데 있어서는 위에서 지적한 두 가지 요소 중 두 번째 요소, 즉 '임정'에 대한 태도가 더 큰 역할을 했다. 역설적일지 모르나 한국이라는 나라의 중요성 여하는 임정 승인문제와는 전연 관계가 없었고, 또 한국임정의 강약 · 단합성 · 민중의 지지의 범위마저도 미국의 임정 승인에 대한 태도에는 영향을 끼치지 않았다. 물론 임정이 재정적, 군사적 또는 국내의 한국인의 지지도 등 기준에 있어서 막강한 세력을 가지고 있었다면 미국의 임정에 대한 태도는 여러 가지 면

46 영국 런던에서는 8개국 망명정부의 수상들과 외무장관들이 1942년 10월에 반(半)공식적인 위원회를 구성하고 전후 문제를 토의하기 시작했다. 여기에 '싸우는 프랑스' 집단도 참가했으므로 실제로는 9개의 임시정부가 모였다〔*FRUS*, 1942, vol. 3(Europe), p.207, footnote 참조〕.

에서 달랐겠지만, 일반적인 대응과 승인문제는 전연 다른 기준을 가지고 취급된 문제였다. 유럽 각국의 망명정부들에 대한 미국의 태도를 보면 이러한 결론에 도달하지 않을 수가 없다.

제2차 세계대전이 시작된 후 연합국은 독일, 이탈리아 등 추축국樞軸國, Axis Powers들이 점령하고 있던 군소 국가들의 재건을 구상하게 되었는데, 루스벨트 대통령은 이 국가들이 국민투표를 통해서 건설되어야 한다는 태도를 견지했다. 즉, 망명정부가 아무리 많은 사람들의 지지를 받고 있더라도 국민투표가 있기 전에는 연합국이 이를 승인해서는 안 된다는 것이었다. 그는 1941년 7월 14일에 처칠 수상에게 보낸 글에서 이러한 태도를 피력하면서, "영토나 인구나 경제에 대한 어떠한 약속"도 평화회의가 있기 전에는 하지 말라고 당부했다.[47]

루스벨트는 이러한 원칙을 프랑스 망명정부에 적용했는데, 프랑스 문제에 대해 그가 1942년 12월 24일에 쓴 메모가 그의 생각을 더 잘 설명해주고 있다.[48] 메모 중 프랑스 망명정부 승인문제에 해당하는 부분만 뽑아보면 다음과 같다.

> 프랑스의 주권은 프랑스 인민에게 있다. 독일의 (프랑스) 점령은 주권의 표현을 중단시키고 있을 뿐이다. 프랑스의 정권은 프랑스 밖에서 존재할 수도 없고, 프랑스 밖에서 만들어지는 것을 허용해서는 안 된다. 프랑스 인민이 자기의 정부를 선택할 권리와 기회를 보존해주는 것이 미국과 영국의 임무이며, 프랑스 인민과 세계는 이에 대해 엄숙한 보장을 받아야 한다. (중략)
>
> 프랑스 사람들이 드골에 대해 동정하는 것은 그들이 드골을 장래의 프랑스 정

47 Takayuki Ito, "The Genesis of the Cold War: Confrontation over Poland, 1941~1944," in Yonosuke Nagai and Akira Iriye (eds.), *The Origins of the Cold War in Asia* (New York: Columbia University Press, 1977), p.154.

48 이 글에 나오는 드골 장군은 1941년 10월에 영국에서 망명정부를 조직했다.

> 부의 수뇌로서 선택했음을 의미하는 것이 아니라 프랑스 사람들이 영국·미국과 더불어 독일에 대해 항쟁하고자 하는 갈급증을 나타내는 것이다. 만일 어떤 (망명)정부가 아무리 임시적인 것이라고 하더라도 외국의 승인에 의거하여 조기에 권위를 얻게 된다면 프랑스 사람들은 그 정부에 저항할 것이다.[49]

이 말을 요약한다면, 그 나라의 주권은 그 나라의 인민이 행사해야 하는 것이며, 해외에 세워진 정부는 파쇼 독일에 항쟁하고자 하는 의욕은 대표할 수 있으나 정부로서의 정통성은 없다는 것이다.

루스벨트는 그 후에도 이 태도를 바꾸려고 하지 않았다. 1943년 3월에 영국 외무상 이든Anthony Eden은 워싱턴을 방문하여 루스벨트 대통령과 회담했는데, 그들은 기자회견에서 95퍼센트의 합의를 보았다고 말했다. 그 후에 어느 측근자가 나머지 5퍼센트, 즉 합의하지 못한 것이 무엇이냐고 묻자 루스벨트는 프랑스 망명정부의 승인에 관한 것이었다고 대답했다. 루스벨트는 만일 어느 망명정부든 간에 연합국이 승인함으로써 전쟁 후에 그 정부가 본국으로 돌아가 정부 행세를 하게 될 경우, 본국의 백성들은 결국 연합국, 특히 미국을 신랄하게 증오할 수밖에 없다고 믿었다.[50] 무릇 정권은 성공할 가능성보다도 실패할 가능성이 농후한 법인데, 미국의 승인을 받은 망명정권이 실정失政할 경우 그 책임은 미국에게 돌아올 것이라고 생각한 것이다.

이러한 사고방식은 미국 행정부의 관리들 사이에도 깊숙이 자리 잡고 있었다. 한 예로 미국 국무부가 1942년 전후에 조직한 외교정책에 관한 자문위원회는 런던에 있는 유럽 각국의 망명정부들을 자기 나라로 돌아가게

49 Robert E. Sherwood, *Roosevelt and Hopkins: An Intimate History*(New York: Grosset and Dunlap, 1950 rev. ed.), p.681.

50 Sherwood, 위의 책, p.721.

하는 것은 미국이 지지하는 '자결원칙self-determination'에 위반되는 것이며, 이들의 귀국은 전후 유럽에 영국의 영향권을 만드는 것이라고 의견을 밝혔다. 또 이 위원회는 영국에 있는 폴란드 망명정부가 반드시 폴란드 인민을 대표하는 기구라고는 볼 수 없다고 덧붙였다.[51]

폴란드 망명정부의 승인문제는 1942년에 미 국무부 내에서도 연구대상이 되었는데, 유럽국장 애서턴Ray Atherton[52]이 12월 9일에 국무장관에게 제출한 메모를 보면 국무부 내에서의 망명정부에 대한 태도를 엿볼 수 있다.

> 모든 폴란드 지도자들 중에서 시코르스키W. Sikorski가 인간으로서 가장 탁월한 잠재력을 가지고 있는 인물이라는 데에는 의심할 여지가 없습니다. 그리고 그는 폴란드에서 과반수의 여론을 대표하고 있는 것으로 간주되고 있기 때문에 앞으로도 계속하여 지도자적 입장에 있을 것입니다. 그러나 (우리가) 유의하여야 할 것은 시코르스키 정부를 특별하게 다룰 경우, 이것이 우리 정부와 다른 망명정부와의 관계의 모형pattern으로 간주될 것이라는 점입니다. 유럽국은 이 시점에서 미국정부가 피점령국들에게 망명정부를 강요하는impose upon 정책지침을 세웠다는 인상을 주는 어떠한 약속이나 선언도 하지 않는 것이 좋다고 확신합니다.[53]

다시 말하면 모든 면에서 폴란드 망명정부는 미국이 인정할 만한 자격을 갖추고 있지만 그 정부를 승인할 경우 미국은 다른 망명정부들도 승인하지 않을 수 없으므로 승인해서는 안 된다는 것이고, 또 나아가 망명정부를 승인하는 것은 피점령국들에게 망명정부를 강제하는 것 같은 인상을 준다는 것이다.

51 Takayuki Ito, in Nagai and Iriye, 앞의 논문, p.155.

52 Acting Chief of the European Affairs, Ray Atherton.

53 Ray Atherton to the Secretary of State, December 9, 1942, *FRUS*, 1942, vol. 3, p.206.

루스벨트 대통령과 국무부 관리들의 유럽 각국에 대한 태도를 감안할 때 독립에 대한 염원밖에 보여줄 것이 없었던 대한민국 임시정부를 미국이 승인한다는 것은 도저히 상상할 수 없는 일이었다. 만일 한국 광복군이 드골 장군 휘하의 군대같이 대규모로 전쟁에 참여했다고 하더라도 승인을 얻기에는 힘겨웠을 것이다. 그런데 한국 임시정부는 프랑스나 폴란드의 망명정부보다도 결함이 더 많았다. 국무부에서 중국통으로 잘 알려진 혼벡Stanley K. Hornbeck은 한국사람들은 아직 자치할 능력이 없으며, "한국이 독립국가가 될 것이라고 약속하는 것은 장차 미국을 대단히 당혹스럽게 만들지도 모른다"고 하면서 한국의 독립 자체에 대해서도 부정적이었다.[54] 또한 국무장관 헐은 소련이 친소정부를 따로 만들어 임정과 대항하도록 할 것이라는 우려를 표명하면서 임정을 승인하는 것은 오히려 역효과를 낼 수 있으며,[55] 또 한국 독립운동가들은 계속 대립하고 있으며 국내와의 연락이 거의 없는 상태라고 하였다.[56] 그리고 주중대사 고스는 한국 독립 문제는 인도를 포함한 동양 각국의 독립문제와 연관이 있는 것이라고 하면서 미국이 인도문제에 대해 성명을 발표할 준비가 될 때까지는 한국문제에 대해 언급하지 않는 것이 좋겠다고 했다.[57] 이처럼 미국은 한국 임시정부를 인정할 수 없다는 태도를 견지해 왔는데, 여러 가지 이유 중에서 가장 큰 것은 역시 루스벨트 대통령이 제시한 원칙적인 문제였을 것이다. 중국은 1943년, 1944년 그리고 해방되는 날까지 미국 국무부에 간간이 한국임정 문제를 타진했지만 미국의 태도는 변하지 않았다.

---

54 Michael C. Sandusky, *America's Parallel*(Alexandria: Dominion Press, 1983), p.82 ; citing Welles to Gauss, April 11, 1942, *FRUS*, 1942, vol. 1, p.870 ; Stanley K. Hornbeck Memo, 11 April 1942, Record Group 353,895. 01/962/2, National Archives.

55 Hull to Pres. Roosevelt, 29 April 1942, *FRUS*, 1942, vol. 1, p.873.

56 Hull to Gauss, 1 May 1942, *FRUS*, 1942, vol. 1, pp.873~875.

57 Gauss to the Secretary of State, March 28, 1942, *FRUS*, 1942, vol. 1, p.867 ; Sandusky, 위의 책, p.83.

7. 영국 · 프랑스 · 소련의 임정에 대한 태도

영국의 태도에 대해서는 위에서도 간간이 언급한 바 있지만 임정문제보다도 한국문제 자체가 영국에게는 큰 관심사가 되지 못했다. 미국 국무부는 1942년 3월 20일에 주중대사 고스에게 영국정부의 한국문제에 대한 태도를 알려주는 전보를 보낸 바 있는데, 그 전보는 영국정부의 공식적 태도를 잘 요약하고 있다. 즉, 미국에는 한국인들이 많이 살고 있어서 그들이 한국 독립과 임정 승인에 대한 청원 또는 요청을 빈번하게 제출했지만 영국에는 한국인들의 숫자가 적기 때문에 그런 일이 없으며, 영국대사관도 한국임정 외무부장 조소앙으로부터 그가 미국에 보낸 서한과 같은 내용의 문시를 받고 중국정부 외무부와 대화를 나눈 바 있는데, 영국의 태도는 미국의 태도와 다름이 없다는 내용이었다. 영국정부는 일본이나 한국 내에서 한국인들이 일본에 항거할 가능성은 희박하다고 보았고, 영국은 한국에 대해 동정적이며, 미국정부가 앞으로 한국에 대해서 행동을 취할 때 보조를 맞추겠다고 했다.[58] 그러나 영국정부는 미국이 혹시나 한국임정을 승인하는 방향으로 나가지 않을까 우려하여 국무부에 문의하기도 했다.[59] 영국이 임정 승인이나 한국 독립에 대한 성명이 인도를 포함한 영국 식민지들에 미칠 영향을 우려했다는 것은 이미 지적한 바 있다.

1945년 4월 일본이 패배하기 몇 달 전, 충칭 주재 프랑스 대사는 임정 외무부장 조소앙에게 프랑스 대사관은 임정을 비공식적으로, 그리고 사실상 de facto 승인한다는 말을 전해준 바 있는데, 페슈코프Zinovi Pechkoff 대사의 의도가 과연 어떤 것이었는지는 알 수가 없다. 그가 임정의 인사들을

58 The Acting Secretary of State to the Ambassador in China(Gauss), Washington, March 20, 1942, *FRUS*, 1942, vol. 1, pp.862~864.

59 Sandusky, 앞의 책, p.78.

격려하려고 한 것인지는 모르겠으나, 그가 말한 '승인'은 너무나 단서가 많이 붙어 있어서 사실상 무의미한 것이었다. 즉, 그는 미국대사관의 대사대리에게 전하기를 이 승인은 자기 정부의 승인이 아니라 대사관의 승인이며, 또 '법적인de jure' 승인이 아닌 '사실상de facto' 승인이고 비공식적인 것이라고 했기 때문이다.[60] 국제외교무대에서 그러한 형식의 승인의 전례가 과연 있었는지 궁금하다.

위에서 본 바와 같이 미국과 중국은 소련의 한반도정책에 대해 많은 신경을 써왔는데, 유감스럽게도 해방 전의 소련의 한반도정책에 대해서는 알려진 것이 많지 않다. 여기에서는 알려져 있는 정보를 정리한 후, 제5장 「스탈린의 한반도정책, 1945」에서 다시 논하기로 하겠다.

위에서 인용한 임시정부 국무위원 김성숙金星淑에 따르면 자신은 충칭에서 중국공산당의 충칭대표들인 저우언라이周恩來, 둥비우董必武 들과 가깝게 지내는 사이어서 그들을 통해 소련대사관과 임정의 관계를 매우 좋게 만들어 놓았고, 충칭에서 소련대사관이 리셉션을 베풀었을 때 임정 요인들도 많이 초청을 받았다고 한다.[61] 소련대사관 측에서도 한국임정에 대해 관심이 있었을 터이므로 임정에 대한 정보를 수집하여 모스크바에 보고했을 것이다.

그런데 소련은 1945년 늦은 여름에 임정을 무조건 배척하는 글들을 발표했는데, 소련의 간행물들은 이승만 같은 반소적反蘇的인 인물들이 정권을 장악할 경우 조선과의 우호관계를 가질 수 없을 것이라고 경고했다. 소련은 폴란드 망명정부를 반동 집단으로 규정하고 있었는데, 한국 임시정부도 역시 같은 부류로 규탄한 것이다.[62] 왜 소련의 태도가 이처럼 변했는

60 The Charge in China(Atcheson) to the Secretary of State, April 9, 1945, *FRUS*, 1945, vol. 6, p.1025.

61 필자와의 면담, 1966년 9월.

가 하는 문제는 앞으로 더 연구해야 할 과제이지만 김성숙은 다음과 같은 설명을 해준 바 있다.

제2차 세계대전이 발발한 후 이승만은 임정을 대표하여 빈번히 미 국무부와 접촉했는데, 그는 특히 소련의 한국 점령을 우려하고 있었고, 이미 1942년 1월에 소련이 장차 한반도를 장악할 것이라고 경고한 바 있었다. 그는 그 후 1945년 5월 샌프란시스코에서 열린 유엔창립총회(공식명칭은 United Nations Conference on International Organization)에서 루스벨트가 얄타에서 한반도를 소련에 '양도'해 주었다는 정보를 얻은 후 소련을 공격하는 선전공작을 벌였는데,[63] 그때 유엔대표들에게 돌린 반소 전단이 소련 대표들의 수중에도 들어가게 되어 소련 외상이며 소련 수석대표인 몰로토프Vyacheslav M. Molotov가 이승만과 그가 대표하던 임정을 극도로 적대시하게 되었다.[64] 그리고 소련의 간행물들은 임정을 무자비하게 규탄했다. 이승만이 유엔총회에서 얻은 정보는 사실과 달랐지만 얄타회담에 대한 모든 정보가 비밀에 부쳐져 있는 상태에서 그는 그 정보를 확신했고, 그 후에도 반소·반공의 태도를 굽히지 않았다. 소련이 그와 임정을 극도로 적대

62 James Irving Matray, *Reluctant Crusade: American Foreign Policy in Korea, 1941～1950*(Honolulu: University of Hawaii Press, 1985), p.56, 모스크바에서 해리먼 대사가 보낸 1945년 9월 3일자 보고 인용. Harriman to Washington, September 3, 1945, Dept of State Records, 895. 10/9-345.

63 이승만은 샌프란시스코에서 1945년 5월 15일자로 트루먼 대통령에게 편지를 보내어 얄타에서의 놀라운 밀약을 시정하기 위해서 한국임정이 유엔총회에 가입되어야 한다며, 트루먼이 지원을 요청했다. 국무부의 극동국장대리 로크하트Frank P. Lockhart는 6월 5일자의 회신에서 '밀약설'은 사실무근이며 임정은 한국 영토의 어느 부분도 통치한 바가 없을 뿐만 아니라 한국인들을 대표하는 것으로 볼 수 없다고 했다(Lockhart to Syngman Rhee, June 5, 1945, *FRUS*, 1942, vol. 1, pp.1028～1030).

64 김성숙 담談, 필자와의 면담, 1966년 9월. 그 후 김성숙은 「오호! 임정 30년 만에 해산하다」라는 글을 『월간중앙』 1968년 8월호에 발표했다. 샌프란시스코에서의 일에 대한 대목은 pp.88～89에 기재되어 있는데, 앞에서 인용한 『혁명가들의 항일회상』, pp.124～125에 옮겨 놓았다.

시한 것은 당연했다. 김성숙은 중국공산당의 유일한 유엔대표였던 둥비우로부터 "이제 너희는 다 틀렸다. 이젠 모든 일이 다 틀렸다"라는 이야기를 듣고 분개하여 임정 국무위원회 석상에서 이승만을 주미외교위원장직에서 면직하고, 임정은 해명과 사과를 해야 한다고 강력히 주장했다고 하는데, 아마 이러한 조치가 있었다고 하더라도 소련의 태도를 돌이킬 수는 없었을 것이다.

8. 맺음말

이상에서 살펴본 바와 같이 한국 임시정부는 끝내 열강의 승인을 받지 못하고 해방을 맞이했다. 임정을 배척하게 된 특별한 이유를 가진 소련의 경우를 제외한다면 세계 열강은 한국 독립을 부르짖은 임정에 대해 동정적이고 우호적이기는 했으나, 여러 가지 이유로 승인은 하지 않았다.

중국정부의 경우, 중일전쟁 발발을 계기로 한국 독립운동을 지원하고 임정에 대해 동정적이었으며, 1942년 초에 장제스 총통이 임정을 승인하기로 결정하고 적극적인 자세를 취하기도 했다. 그러나 미국이 임정 승인에 찬동하지 않는다는 점, 임정 승인 문제로 임정에 적대적인 소련과의 우호관계를 파기할 수 없다는 점, 그리고 식민지 독립에 부정적인 영국이나 다른 연합국들의 반감을 굳이 살 필요가 없다는 등의 이유로 다시 소극적인 태도를 취하게 된다. 미국정부의 경우에는 유럽 각국의 망명정부에 대한 처리 원칙을 가지고 임정을 대했는데, 그 원칙이란 임정과 같은 망명정부가 아무리 많은 사람들의 지지를 받더라도 국민투표가 있기 전에는 정부로서의 정통성이 없으므로 연합국들이 이를 승인해서는 안 된다는 것이었다. 미국정부는 이 원칙을 고수했으므로 미국에 의한 임정 승인은 애당초 불가능한 것이었다. 또한 영국은 임정 승인이나 한국의 독립이 자국의 식민지에 미칠 영향을 우려했기 때문에 역시 부정적이었고, 소련은 이승만 문제가 제기되지 않았다고 하더라도 한국 임시정부를 승인할 아무런 이유가 없었다. 충칭 주재 소련대사관의 태도와 정부 인정 문제는 별도의 사항이다. 이처럼 독립지사들의 끈질긴 노력과 외교투쟁에도 불구하고 임정의 승인은 이루어지지 않았다. 그러나 우리는 열강들의 승인 · 불승인을 가지고 독립지사들의 활약이나 임정의 존재가치를 평가할 수는 없다. 열강은 비록 임정을 승인하지는 않았지만 한국 독립의 당위성을 인정했고 선포했는데, 임정을 위시한 모든 독립지사들의 끈질긴 희생적 노력이 없었더라면 한국 독립의 당위성은 열강 사이에 그만큼 덜 인식되었을지도 모르기 때문이다. 더 중요한 것은 얼마 남아 있지 않던 독립운동가들이 3 · 1운동에서 표명했던 민족의 독립정신을 계승해 나갔다는 사실이다. 열강의 승인 또는 활동 성과의 다소多少를 떠나서 그들이 독립운동을 계속했다는 사실만으로도 우리는 긍지를 갖는 것이다.

3 미소갈등과 남한에서의 좌우대립

한반도가 분할되고 분단이 고착화된 이면에는 미국과 소련의 갈등이 강하게 작용했다. 그렇다면 이 과정에서 남한의 정치인들은 어떠한 역할을 했는가? 조선공산당의 자주성 결여와 미숙성, 그리고 이승만의 강한 반공 · 반소反蘇의식이 좌우대립을 불가피하게 했는데, 과연 이 당시의 정치인들이 하나로 뭉쳤다면 분단을 막을 수 있었을 것인가? 남한에서의 좌우대립과 분단 고착화의 연관성을 살펴보면 그 답을 찾을 수 있을 것이다.

1. 머리말

일본 제국주의로부터 해방된 직후인 1945~1948년은 오랜 민족사에서 획기적인 기간이었다. 삼국통일이 이루어진 후부터 하나였던 국토가 두 갈래로 갈라졌고, 그 분단이 고정화된 기간이기 때문이다. 어찌해서 38선이라는 한반도를 분할하는 저주스러운 선이 그어졌고 왜 그 분할은 고정화되어 버렸는가? 1948년에 서울과 평양에서 두 개의 정부가 수립되기 전만 하더라도 분단을 초월하고 통일을 이룩하려는 노력이 있었는데 왜 이러한 노력은 성과를 거두지 못했는가? 한반도가 분단되고 분단이 고착화된 이면에는 미국과 소련의 갈등이 강하게 작용했지만 이 과정에서 한국 정치인들은 어떠한 역할을 했는가? 만일 이 당시의 정치지도자들과 집단들이 하나로 단결했더라면 분단은 막을 수 있었을 것인가?

이 책의 제4장과 제5장에서는 각각 미국과 소련의 한반도정책을 검토하고 양국의 정책과 양국 간의 관계가 분단과 분단의 고착화에 미친 영향을 집중적으로 고찰할 것이다. 따라서 이 글에서는 남한에서의 좌우대립과 분단의 고착화와의 연관성을 규명하고자 한다. 물론 그 배경에는 미소 간의 상충적 관계가 작용했으므로 그 관계를 묘사하고 남한에서의 좌우관계를 고찰하기로 하겠다.

2. 한국의 분단과정

38선 설정이 미국에 의해 제안된 때는 한민족이 일제 치하에서 해방되기 하루 전인 1945년 8월 14일이었고, 소련이 미국의 제안을 수락한 때는 해방을 맞은 8월 15일이었다. 현재의 시점에서 보면 우리 민족은 외세에 의해 주어진 해방조차도 남북이 분단된 채로 맞이한 것이다. 물론 당시에는 어느 누구도 해방과 함께 찾아온 38선 설정이 영구분단으로 고착될 것이라고 여기지 않았다. 그러나 그날의 분단은 오늘날까지 이어지고 있다.

38선 설정이 어떻게 영구분단으로 고착되었는가를 이해하기 위해서는 우선 왜 38선이라는 분단선이 설정되었는가를 규명해야 한다. 38선은 일본군대의 무장해제를 위한 잠정적 조치였다는 공식 성명이 있었고, 또 제2차 세계대전 동안 미국과 소련이 서로 단합하여 나치 독일과 일본 군국주의에 내항했던 진력이 있기 때문에 38선의 설정은 냉전과 관계없는 일이라고 생각할 수도 있기 때문이다. 그러나 실지로 냉전이 시작된 것은 1945년 초이고 38선을 긋게 되었을 때는 냉전이 무르익고 있었다. 즉 38도 분할선의 설치는 냉전의 산물이었다. 소련군이 1945년 8월 9일에 한반도에 상륙했을 때 미군은 1천 킬로미터나 떨어진 오키나와沖繩 지방에 머물고 있었고 일본은 15일에 항복을 했으므로, 일본군의 무장해제를 위해 소련

군이 미군의 도움을 필요로 했을 리가 만무했다.[1]

미국이 38선의 설정을 제안한 것은 소련이 한반도 전체를 점령하는 것을 원하지 않았기 때문이었는데, 그렇다면 왜 미국은 소련이 한반도 전체를 점령하는 것을 원하지 않았는가? 또 왜 스탈린은 미국의 제안을 즉시(그 다음 날인 8월 15일에) 받아들였는가? 이런 질문들에 대한 대답을 내리기 위해서는 미국과 소련이 품고 있던 갈등의 요인들부터 살펴보아야 할 것이다.

(1) 폴란드 사태와 미국의 38선 제안

필자는 위에서 38선의 설정이 미소 냉전의 산물이라고 했는데, 미소 냉전은 지배지역 영토에 대한 갈등의 소산이었고 그 지역에 세워질 정치제도에 대한 이데올로기적 갈등이었다. 1940년대에 나치 독일과 치열한 전쟁을 치른 소련은 전후 자기 영토를 확장하고 접경지역에 이른바 '우방국가'를 세우려고 결심한 한편, 미국은 모든 유럽 국가들과 자유롭게 통상하고 왕래할 수 있는 이른바 개방국가들을 세우려고 했는데 이 두 목표가 상충한 것이다. 루스벨트Franklin D. Roosevelt 대통령은 여러 차례 스탈린과의 회합에서 소련이 접경지역에 '우방국가'들을 가져야 한다는 원칙을 인정하는 동시에 이 나라들에서는 자유로운 선거에 의한 정부가 설립되어야 한다는 원칙을 내세웠는데, 소련이 가장 중요시한 동유럽의 국가들에서는 첫 번째 원칙과 두 번째 원칙이 상충했다. 폴란드의 경우만 보더라도, 오랜 역사를 통해 러시아와 영토문제를 가지고 숙적 관계를 이루고 있던 폴

1 필자는 1964년에 발표한 다음의 글에서 38선 분단에 관한 공식적인 성명의 허점을 지적한 바 있다. "Korean Partition and Unification," *Journal of International Affairs*, vol. XVIII, No. 2(New York, 1964), pp.221~233(「韓國의 分斷과 統一」, 『思想界』 1965년 4월호, pp.76~83).

란드에서 자유선거가 시행될 경우 반소련적이고 반공적인 정부가 들어설 것이라는 것이 너무나 확연했다. 따라서 스탈린은 루스벨트 대통령의 두 번째 조건을 끝내 받아들이지 않았고 '우방국가'를 세우기 위한 온갖 방법을 취했는데, 이것이 미국과 소련의 관계를 악화시킨 것이었다.

이처럼 8·15 전에 미국과 소련은 폴란드 문제를 에워싸고 치열한 마찰을 겪었는데, 폴란드에서의 사태는 미국이 38선 설정을 제안하는 중요한 계기가 된다. 즉, 1943년부터 폴란드에서 일어난 사태는 소련에 대한 미국의 관점을 형성하는 데 결정적인 역할을 했고, 나아가 미국의 한반도정책에도 적지 않은 영향을 끼쳤다. 따라서 한반도 문제를 둘러싼 미소의 갈등을 분석하기에 앞서 폴란드의 사태를 잠시 고찰할 필요가 있다.

독일과 소련 사이에 위치한 폴란드는 예전부터 영토문제를 가지고 인접국가들과 분쟁이 끊이지 않은 나라였는데 1939년 후에는 독일과 소련의 협공을 받고 분단된 상태에 있었다. 폴란드의 요인要人들은 런던에 망명하여 망명정부를 세우고 있었는데, 독일과의 전쟁에 있어서 폴란드 인민의 협력이 필요한 소련은 런던에 있는 망명정부와 동맹관계를 이룩하고 있었다.[2]

그런데 1941년경부터 전후의 소련과 폴란드의 국경을 조성하는 네 있어서 소련의 국경조정안은 소련의 영토를 소련의 서쪽인 폴란드 지역으로 넓히는 동시에 그 대가로 폴란드가 폴란드의 서쪽에 있는 독일의 동부지역을 흡수한다는 것이었고 미국과 영국도 이에 동의했으나, 폴란드 망명정부는 폴란드의 일부 지역을 소련에게 이양할 것을 강경히 거부함으로써 분쟁의 불씨가 시작되었다. 영토문제를 중심으로 망명정부와 대립하게 된

2 Takayuki Ito, "The Genesis of the Cold War: Confrontation over Poland, 1941~1944," in Yonosuke Nagai and Akira Iriye (eds.), *The Origins of the Cold War in Asia*(New York: Columbia University Press, 1977), pp.147~202.

스탈린은 망명정부와의 관계를 단절하고 소련 영토 내에 '폴란드 애국자 동맹'을 만들고 1938년에 해산한 공산당을 부활시켜 소련에 '우호적'인 정권을 수립시켰는데, 소련군이 독일군을 격파하고 폴란드를 점령한 상태에서는 쉽게 이뤄질 수 있는 일이었다. 폴란드 공산당은 1943년 3월 1일의 성명에서 '민족통일전선'의 구성을 주창했고 런던 망명정부를 통일전선의 대상자에 포함하고 있었다. 그러나 8개월 후인 11월의 성명에서는 '민주주의 민족전선'의 구성을 주창했을 뿐만 아니라 망명정부는 반동분자들의 집단이므로 '민주주의 민족전선'에 가입할 자격이 없다고 규정함으로써 실질적으로 그들에게 참정권을 주지 않겠다고 선포한 것이었다.

미국과 영국은 친서구적인 망명정부 각료들의 참정권을 옹호했는데, 스탈린은 미국·영국 측의 주장을 받아들여 1945년 2월에 열린 얄타회담에서 20명의 각료 중 4, 5명의 보수진영 인사를 포함하기로 동의했고 그 후 미국, 소련, 영국 3국의 대표들이 각료들의 전형銓衡을 위한 회의를 거듭했다. 이때 소련 측 몰로토프Vyacheslav M. Molotov 외상은 미국·영국 측이 지명한 인물들에 대한 비토권(거부권)을 행사했을 뿐만 아니라 미국·영국 측의 추천 대상자인 16명을 체포함으로써 큰 물의를 일으키기까지 했다. 결과적으로 폴란드에 연립정부가 구성되기는 했으나 좌우연립은 명목뿐이었고 실질적으로는 공산정권이었으며 그 정권은 급격한 속도로 우익 숙청을 단행했다.

폴란드에서와 기타 동유럽 국가에서의 소련의 '우방국가' 설립방식이 미국 매스컴의 주목을 받자 반소 여론이 급격히 형성되었고, 이는 미국 정계의 요인들을 자극했다. 1945년 6월에 폴란드 연립정부가 수립되자 만주滿洲(둥베이東北지역)와 한국에서는 폴란드 사태가 거듭되어서는 안 된다는 주장이 미국정부 내에서 팽배해졌다. 폴란드 문제와 독일에서의 갈등 등을 경험한 미국은 1945년 초부터 소련에 대한 '렌드 리스Lend-Lease'(대여 물자 수송)에 제한을 가했을 뿐만 아니라 거론되었던 전후 복구자금에 대한 교섭을 연기하여 소련에 경제적 제재를 가했다. 그러나 소련이 이러한 압력에 누그러질 리가 만무했다.

이처럼 미국과 소련의 관계는 스탈린에 대해서 순진할 정도로 우호적이던 루스벨트 대통령의 재직 시절부터 냉각되기 시작하여, 1945년 4월 12일에 루스벨트 대통령이 서거하고 트루먼Harry S. Truman 대통령이 취임하자 더욱 급속도로 냉각되어 갔다. 몰로토프가 4월 23일에 트루먼 대통령과 처음으로 가진 회견에서, 폴란드 문제에 대한 트루먼 대통령의 말투가 얼마나 거칠었는지, 몰로토프가 "내가 태어난 후 나에게 그렇게 대드는 사람은 없었소"라고 할 정도였다.

이러한 환경에서 미국은 소련이 일단 점령한 지역에서는 소련이 마음대로 조종할 수 있는 공산정권이 설립되는 것을 막을 가능성이 희박하다는 결론을 내렸으므로, 8월 9일에 소련군이 한반도에 상륙하자 8월 14일에 38선의 설정을 제안한 것이다. 이미 소련군이 한반도 북쪽에 상륙하였으므로 소련을 제거할 수는 없으나 될 수 있는 대로 소련의 점령구역을 제한하자는 의도였다.

(2) 스탈린은 왜 38선 설정을 수락했나?

스탈린은 미국의 제안이 있은 다음 날인 8월 15일에 그 제안을 받아들였는데, 스탈린은 왜 미국의 제안을 하루 만에 즉각 받아들였는가. 그는 속수무책인 미국을 무시하고 한반도를 전부 점령할 수도 있었는데 왜 그렇게 하지 않았는가. 이러한 질문에 대한 대답은 소련의 한반도정책을 이해하는 데 중요한 사항이다.

물론 스탈린은 이미 냉각기에 들어선 미소관계를 더욱 자극하지 않으려고 했을 것이다. 그리고 그는 미국의 제안에 대한 8월 15일자 회신에서 소련군의 일본 홋카이도北海道 북반부 점령을 요청하였는데 그 요청이 받아들여지기를 희망했는지도 모른다. 한반도에서 양보를 할 터이니 소련 극동함대의 중요한 항로인 소야宗谷 해협에 인접한 홋카이도의 북반부를 달라고 요청했다는 것이다.[3]

필자도 위의 두 가지 이유가 스탈린에게 강력하게 작용했을 것임을 인정하지만, 동유럽에서는 서슴지 않고 미국을 자극하면서도 한반도 문제에 대해서는 그처럼 손쉽게 양보한 스탈린의 심중을 좀더 분석할 필요가 있다고 생각한다. 특히 당시의 정세를 보아 스탈린이 며칠 동안 회신을 보내지 않고 한반도를 전부 점령했다고 해서 미국이 폴란드에서처럼 흥분할 이유가 없었기 때문이다. 미국 참모총장 마셜George C. Marshall 대장은 1945년 7월 24일에 열린 미소 참모장 회의에서 미국은 한반도에 대한 작전계획을 갖고 있지 않다고 말해줄 정도였으니 더욱 그렇다고 할 수 있다. 스탈린이 만일 한반도 전체를 점령하는 것이 소련에 긴요하다고 생각했다면 미국을 자극하는 것을 서슴지 않았을뿐더러 가능성이 매우 희박한 홋카이도 북반부와의 교환조건으로 38선 설정을 수락하지도 않았을 것이다. 미소관계가 미국이 쉽게 일본영토의 일부분을 소련에 양보할 정도로 좋지도 않았고, 노련한 스탈린은 미국이 소련을 견제하고 있음을 너무나 잘 알고 있었기 때문에 홋카이도와의 교환조건에 기대를 걸지는 않았을 것이다. 그리고 스탈린은 교환조건으로 38선 설정을 수락한 것이 아니라 38선 설정 수락과 홋카이도 북반부 요구를 별도의 사안으로 생각했다.

이렇게 볼 때 스탈린은 38선 이북의 한국 땅을 점령함으로써 일단 소련의 목적이 달성됐으며 38선 이남은 소련에게 그리 중요하지 않다는 결론을 내린 것으로 해석할 수 있다. 38선 이북은 소련에게 중요하되 이남은

3 Robert M. Slusser, "Soviet Far Eastern Policy, 1945~1950: Stalin' s Goals in Korea" in Nagai and Iriye (eds.), 앞의 책, p.137 참조.

그리 중요하지 않았을 것이라는 필자의 주장은 그 후에 한반도에서 일어난 사태를 해석하는 데 있어서 중요한 함의를 가진다. 즉, 왜 소련이 미국의 태도와는 상관없이 북한에서 공산정권을 공고화하고, 미소공동위원회에 소극적이었는가를 설명해 준다. 이 문제에 대해서는 뒤에서 논하겠다.

이 같은 필자의 주장을 뒷받침해 주는 또 하나의 증거가 있다. 그것은 1945년 8월 14일에 체결된 중화민국中華民國과 소련 사이의 우호동맹조약友好同盟條約이다. 이 조약에는 소련이 중화민국을 중국의 중앙정부로 인정한다는 조항과 함께 만주에서의 철도 및 다롄大連을 30년간 공동 소유한다는 조항과 뤼순旅順軍港군항을 중소 양국의 전용 군항으로 규정한다는 조항이 들어 있다. 지금까지 국내외의 학자들은 소련의 극동정책을 분석하는 데 있어서 이 조약을 간과해 왔는데, 필자는 이 조약이 스탈린의 중국정책은 물론이려니와 한반도정책을 이해하는 데 매우 중요한 것이라고 생각한다.

제정러시아 시대부터 러시아가 극동에서 가장 중요시한 것이 만주였다. 19세기 말엽부터 러시아는 만주에 손을 뻗쳐 막대한 비용을 투자하여 만주벌판을 동서남북으로 횡단하는 철도를 건설했고, 하얼빈哈爾賓, 다롄, 뤼순 등의 도시를 세우고 이민정책을 펴왔는데, 마침 신흥국가인 일본과 충돌하여 굴욕을 당했고, 중국으로부터 조차租借했던 다롄・뤼순을 포함한 랴오둥반도遼東半島와 동청철도東清鐵道의 남부선을 일본에게 빼앗겼다. 소련은 바이갈호와 블라디보스토크를 연결하는 북청철도北清鐵道를 계속 차지하고 있었으나 1935년에는 북부선마저도 만주국滿洲國에 매도해야만 했다. 러시아에게 특히 중요했던 것은 다롄과 뤼순의 부동항不凍港들이었는데 퇴폐해 가는 러시아는 신흥 일본을 당할 힘이 없어서 굴욕적으로 후퇴하지 않으면 안 되었다. 그런데 스탈린은 얄타회담에서 소련의 극동전선極東戰線에의 참여, 즉 대일전쟁에의 참여를 종용하는 루스벨트 대통령으로부터 이 옛 이권을 회복할 것에 대한 승낙을 얻어냈고, 마침 1945년 8월 14일에 중화민국정부의 승인을 얻었다. 이 조약이야말로 극동에서의 소련의 위치를 공고히 해주는 중대문건이었다.

제정러시아는 한반도에도 손을 뻗쳤으나 한반도는 만주에 비해 이차적인 것이었다. 면적으로 보나 자원으로 보나 지정학적 위치로 보나 만주는 한반도와 비교할 수 없을 만큼 중요했다. 스탈린에게도 그랬다. 한반도가 중요하기는 했지만 역시 부차적이었다.

그러나 소련에게 한반도의 북반부는 남반부에 비해 훨씬 중요성을 띠고 있었다. 북반부는 만주와 소련과 접경하고 있을뿐더러 원산元山, 청진淸津 등의 항구는 블라디보스토크에 인접한 중요한 항구이다. 그리고 북한의 서부해안은 랴오둥반도와 접경하고 있으며 뤼순, 다롄은 서조선만西朝鮮灣의 한쪽 끝에 위치하고 있어서 전략상으로 북반부가 적대국가의 통치하에 들어갈 경우 이롭지 못하다. 그런데 남반부는 당시의 전략정세로 볼 때 미소관계를 악화시켜 가면서까지 얻어야 할 정도로 소련에게 중요한 가치가 없었다.

이처럼 만주의 철도와 뤼순, 다롄의 중요 항구를 획득한 스탈린은 한반도를 38선에서 분할하자는 미국에 제안에 기뻐했을 것이다. 1945년 8월 14일 당시까지 소련과 미국은 한국에 신탁통치信託統治제도를 실시한다는 막연한 합의를 했을 뿐 누가 어디를 점령한다는 구체적인 합의는 없는 상태였다. 8월 14일의 제안은 미국 측에는 소련이 남한까지 점령하도록 해서는 안 된다는 부정적인 의미였지만, 소련 측에는 소련이 북한을 점령해도 좋다는 긍정적인 의미일 수 있었기 때문이다. 마셜 대장이 미국은 한반도에 대한 작전계획을 세우지 않았다고 발언하자 소련은 선수를 쳐서 소규모 부대를 한반도에 상륙시킴으로써 북한을 점령했다.

이처럼 미국으로부터 북한지역의 점령을 정식으로 인정받은 소련은 남한에서의 정세에 관계없이 급속하게 공산화를 진행했다. 10월 10일에는 조선공산당朝鮮共產黨 북조선분국北朝鮮分局이 설립되었는데, 이 분국은 명목상으로는 서울에 있는 중앙위원회에 복종하게 되어 있었으나 소련 주둔군 사령부가 평양에 위치해 있었기 때문에 실질적인 공산당 본부 역할을 하게 되었다. 그리고 10월 28일에 설치한 '북조선5도행정국'은 다음 해 2월 8일에 '북조선임시인민위원회'로 재발족하여 3월에는 무상몰수無償沒收·무상분배無償分配의 토지개혁을 실시함으로써 북한지역에서의 공산화의 큰 걸음을 걸었다. 뒤에서도 언급하겠지만, 신탁통치를 둘러싼 투쟁의 결과로 5도행정국의 위원장이자 조선민주당의 당수黨首인 조만식曺晚植은 1946년 1월 초에 연금을 당하며, 1월 23일에는 김일성이 공식석상에서 조만식을 반동으로 규탄하고, 2월 24일에는 최용건을 북조선민주당 당수로 임명함으로써 조선민주당의 성격을 완전히 변화시켜 버린다. 조만식의 연금은 이북에서의 우익세력 전체에 대한 선전포고나 다름없었다. 따라서 소련은 1946년 1월에 이르러 북한에서 소련에 우호적인 정권을 수립할 온갖 준비를 완료했다고 해도 과언이 아닐 것이다.

필자는 1946년 1월을 '완료' 시점이라고 표현했는데, 그렇다면 소련이 북한에 우호적 정권을 수립하고자 결정하게 된 '출발' 시점은 언제였는가? 제5장 「스탈린의 한반도정책, 1945」에서 상세히 다루겠지만, 그때는 스탈린이 소련군 점령지역에 '부르주아 민주주의 정권을 수립'하라고 지령을 내린 1945년 9월 20일이다. 소련은 전후문제를 토의하기 위해 5개국(미국, 영국, 소련, 프랑스, 중국) 외무장관들이 참석한 가운데 개최된 런던회의(1945년 9월 12일~10월 2일)에서 이탈리아의 식민지였던 트리폴리타니아Tripolitania를 소련에 양도할 것과 소련이 일본 관리에 참여할 것을 주장했는데, 연합국이 소련의 요구를 묵살하자 스탈린은 소련의 점령지역에서의 타협을 거부하기로 결정했다. 따라서 스탈린은 한반도 문제를 해결하기 위한 미소공동위원회美蘇共同委員會가 개최되기도 전에 북한에 단독정부를 수립하기로 결정한 것이다.

9월 20일은 해방된 지 이제 막 한 달이 지나 남한 정국은 해방의 기쁨이 채 가시지도 않은 상태에서 혼란을 겪고 있던 시점이었고, 초대 대통령 이승만은 미국에서 귀국조차 하지 않은 상태였다. 그렇다면 이 글의 주제인 남한에서의 좌우대립이 분단의 고착화에 얼마나 중요한 영향을 미쳤는가 하는 관점에서 볼 때, 좌우대립이 본격화되기도 전에 이미 북한에서는 단독정권의 기초가 수립되고 있었다는 점을 어떻게 이해할 것인가?

(3) 미국의 한반도정책

북한에서의 소련의 정책이 이처럼 적극적이었던 데 비해 소련의 점령지역을 제한하기 위한 목적에서 38선을 제안한 미국의 한반도정책은 극히 소극적이었다. 왜냐하면 미국에게 남한의 전략적 가치는 미지수였기 때문이다. 한반도는 일본과 달리 방대한 대륙의 일부이며 따라서 그 전략적 가치는 대륙 전반, 특히 만주를 포함한 중국에서의 상황에 따라 변할 수 있었다. 중국대륙에서의 국민당과 공산당과의 관계가 확연하지 않은 상태에서 한반도에 대한 판단조차 내릴 수 없었다. 워싱턴의 전략가들은 한반도를 극동지역의 일부로 보았고, 따라서 한반도만을 두고 전략을 세울 수 없었다. 만일 미국이 소련에 군사적 압력을 가할 능력이 있었다고 하더라도 한국문제를 위해 소련에 압력을 가할 필요를 느끼지는 않았을 것이다.

따라서 1945년 8월부터 1947년 초까지의 미국의 한반도정책은 중국에서의 사태를 관망하면서 현상을 유지해 가려는 'Wait-and-See' 정책, 즉 관망정책이었다. '관망'이란 북쪽에서의 소련의 정책보다는 중국에서의 사태를 '보는' 것이었다. 그런데 1946년에 대통령 특사 마셜 대장을 통한 국공합작國共合作이 실패하고 장제스蔣介石 총통이 승산 없는 전면적 내전을 계속하자 미국은 아시아 대륙에서의 군사적 개입이라는 사고思考를 포기하기에 이르렀고 한국의 포기를 진지하게 토의하기 시작했다. 제4장 「해방 직후 미국의 한반도정책」에서 더 상세하게 논하겠지만 1947년 4월에 육군성 전략조사단은 한국이 전략적 가치가 없는 것으로 단정했고, 패터슨Robert P. Patterson 육군장관은 같은 달에 미군의 철수를 주장하기에 이르렀다.

트루먼 정권하에서 미소관계는 급속히 냉각했고, 1947년 2월에 트루먼 대통령은 소련의 팽창주의를 경고하고 세계 전반에서의 대공태세를 강화하며 영국이 철수함으로써 공백지대가 된 그리스와 터키에 원조를 제공하겠다는 내용의 '트루먼 독트린Truman Doctrine'을 발표함으로써 대공 강경정책을 선포했는데, 아이러니하게도 트루먼 독트린은 미국의 한국으로부터의 철수를 재촉하게 된다. 왜냐하면 한국을 방위하려면 지리적인 조건 때문에 방대한 자원이 필요한데, 그만큼의 투자 가치가 없다는 결론과 함께 유럽에서의 경비가 격증했기 때문이다. 미국은 독일을 비롯한 유럽 각국의 극도의 빈곤이 공산주의의 팽창을 자아낼 기반을 만들고 있다는 결론을 내리고 모든 재력을 유럽에 쏟기 시작함에 따라 일본을 제외한 극동 지역에서는 경비를 더욱 삭감해야 하는 처지에 놓이게 된 것이다.

따라서 1947년 초반부터 미국은 체면을 손상하지 않으면서 남한에서 철수할 수 있는 길을 모색하기 시작한다. 1947년 5월에 시작된 제2차 미소공동위원회가 사실상 결렬된 후 미국은 그해 9월에 한국문제를 유엔에 이관하기로 결정했는데, 이는 미국이 한국문제에서 손을 떼겠다는 신호였다. 그렇지 않다면 미국이 단독으로 남한에서만의 정권을 수립시켜야 할 형편이니 그 짐을 유엔으로 넘긴 것이다.

(4) 미소공동위원회

이처럼 북한을 중요시하던 소련과 매우 소극적인 미국은 모스크바 3상회의三相會議에서 결정한 대로 1946년 3월과 1947년 5월에 이른바 미소공동위원회를 두 차례에 걸쳐 열었지만 그 귀결은 이미 알려진 바와 같이 너무나도 뻔한 것이었다. 이미 조만식을 연금하고 반동으로 규정한 소련이 신탁통치를 반대하는 남한에서의 우익진영을 용납할 리가 없었다. 남쪽에서의 모든 정당 및 사회단체들이 조선민주당의 경우처럼 '혁명과정'을 밟고 반탁反託인사들을 제거하지 않는 이상 그들이 미소공동위원회의 협의대상이 될 수는 없었다. 미소공동위원회가 인정하는 '임시정부'는 폴란드의 경우처럼 우익세력들의 몰살을 전제로 하는 연립정부가 아니면 성립될 수가 없었다. 소련의 입장에서 볼 때 좌익을 제외한 모든 정계 지도자들은 반동이었고 연금 대상자들이었다.

만일 1945년 6월에 폴란드에서 소련정책을 경험하지 않았고 폴란드의 이른바 연립정권이 급격한 공산화 일변도의 길을 걷지 않았더라면 미국은 소련의 주장에 동의하여 남한에서도 '연립정권'을 세우는 데 동조하였을지 모른다. 그러나 북한이 이미 폴란드의 전철을 밟고 있는 상황에서 남한마저 그렇게 될 경우 미국의 체면이 서지 않았다. 1947년 8월까지 신탁통치하의 임시정부 수립을 지상목표로 삼고 있던 하지John R. Hodge 미점령군 사령관은 신탁통치하의 임시정부만이 통일정부 수립의 길이라고 주장했고 또 신탁통치하의 임시정부가 결국 공산정권으로 변할 것임을 시인했다. 그러나 미국의 입장에서는 최소한도의 체면이 서는 체제가 필요했는데 우익은 우익대로 신탁통치 반대를 부르짖었고 소련은 기본노선에서 양보하려고 하지 않았으므로 타협이 이뤄질 수가 없었다.

만일 소련이 조만식을 연금하지 않고, 산업의 국유화, 토지개혁 등 급속도의 공산혁명을 추진하지 않으며, 미소공동위원회에서도 융통성 있는 정책을 택했더라면 한반도는 분단되지도 않았을 것이며 하지 사령관이 예측했던 것처럼 한반도는 결국 공산당이 장악했을 것이다. 또 모스크바 3상회의가 열리기 전부터 한국의 각 정당과 정계인사들은 '신탁제도'라는 용어에 강렬한 거부반응을 보였으므로 '후견' 또는 '감독'이라는 용어를 채택했다면 국민감정을 그렇게 자극하지도 않았을 것이었다. 따라서 장기적인 안목에서 볼 때, 특히 미국의 한반도정책이 극히 소극적인 상태에서 한반도는 소련이 원하는 방향으로 움직였을 것이다. 그런데 소련은 왜 그처럼 급진적인 정책을 택했는가?

소련의 점령지 정책은 동유럽의 경우를 포함하여 일률적이었다. 러시아에 대한 반감이 강한 여러 나라에서, 그리고 토착 공산당이 극히 약한 상태에서 점령군하의 공산화정책은 기차 없이 강행되어야만 했다. 스탈린은 장기적 안목에서 완화정책을 씀으로써 토착 공산당을 육성하고 자유경쟁에서 승리하는 불확실한 길보다는 점령지역에서의 공산화 강행을 선택한 것이다. 북한의 경우도 예외가 아니었다. 스탈린은 북한에서의 공산체제를 와해시킬 가능성이 있는 어떠한 정책도 용납할 수 없었다. 동시에 그에게 남한의 존재는 북한에서의 체제를 수정해 가면서까지 획득해야 할 가치가 없었다. 따라서 남한에서 북한과 같은 형태의 혁명을 이룩할 수 없는 한 미국과 타협을 이뤄야 할 필요성을 느끼지 않았을 것이다.

3. 남한에서의 좌우대립

이처럼 한반도를 둘러싼 미소의 갈등은 남북통일을 극히 곤란한 상태에 몰아넣고 있었다. 그렇지만 우리는 그 당시 정계 요인들이 타협하고 융화할 수 있었더라면 강대국들을 움직일 수 있었을 것이라는 생각을 하지 않을 수가 없다. 가슴 깊이 잠겨 있는 통일에 대한 갈망이, 그리고 우리 손으로 무엇인가 이룩했어야 했다는 민족적 자부심이 '우리 겨레는 통일문제에 대해 무력했다'는 결론을 받아들이지 못하게 하고 있다. 좌우가, 그리고 남북의 지도자들이 흉금을 털어놓고 문제 해결에 나섰더라면 38선은 고착화되지 않았을 것이라는 아쉬움은 1948년 봄에 이른바 남북협상회의가 열릴 때에도 있었고 반세기가 지난 오늘에도 여전히 남아 있다.

그런데 남북의 지도자들이, 또는 좌우가 흉금을 털어놓고 문제를 해결했더라면 하고 아쉬워할 때 흔히 범하는 논리적 비약이 있다. 예를 들어 1948년의 남북협상회의는 마치 한국민족 스스로 남북문제를 해결했을 수도 있었을 것이라는 착각을 일으키게 하는데 당시의 현실은 그렇지가 않았다. 남북문제의 해결은 온 민족이 한결같이 단결했다 하더라도 미소 양국을 움직여야 가능한 일이었는데, 미소를 움직이는 것은 단결하는 것과는 다른 일이었다. 백범白凡 김구金九가 남북협상을 마치고 평양을 떠나는 날 김일성에게 "오늘 조만식 선생을 데리고 가고 싶으니 같이 가게 해주구려" 했더니 김일성은 웃으면서 "아, 제 마음이야 얼마든지 같이 가게 해드리고 싶습니다만 어디 제가 무슨 권한이 있나요? 주둔군 당국의 양해가 있어야 됩니다"라고 하였다는데 사실이 그랬다.[4]

이 논리적 비약은 또 다른 종류의 오류를 범하게 하고 있다. 즉, 남한에서의 좌우대립을 민족분단 또는 남북분단의 공고화와 직결하는 오류이다. 물론 모스크바 3상회의가 한국에서의 신탁통치를 결정했을 때 아무도 이의를 제기하지 않고 미소의 지시를 그대로 따랐더라면 분단이라는 비극은 면했을지 모른다. 폴란드의 경우를 보아 우익세력은 정계에서 숙청되었겠지만 공산당 주도의 통일정부는 이룩되었을 것이다.

다른 한편으로 좌우의 극심한 대립이, 이와 유사한 다른 나라들의 사례를

4 「我觀新 '北方政權' 金九先生 會見記」, 『三千里』 1948년 9월호, p.9.

봤을 때, 분단으로 이어지지 않았다는 사실도 명심해야 한다. 프랑스, 이탈리아 등 서구 각국에서도 공산당과 보수정당의 각축이 계속되었지만 그들은 민주주의적 의회정치하에서 공존했고 국토도 분단되지 않았다.

따라서 우리는 해방 후의 남한에서의 좌우대립을 분석함에 있어서 좌우대립이 민족분단을 가져왔다는 선입감을 가지고 볼 것이 아니라 국제정세, 즉 미소의 정책과 국내정세의 연관성을 좀더 냉철히 볼 필요가 있다. 다시 말해서 좌우대립의 경과는 그것대로 냉철히 분석하고 그 대립이 분단문제 또는 통일문제와 어떠한 연관성을 가졌는가 하는 문제는 또 다른 차원에서 봐야 한다는 것이다. 이 말은 좌우대립과 남북분단을 두 개의 별도의 과정으로 봐야 한다는 뜻이다. 이 두 가지 과정이 연관성을 가지고 있기는 하지만 직선상에 놓인 과정은 아니라는 것이다.

(1) 해방 직후 조선공산당의 미숙성과 급진성

필자는 해방 후 남한에서 좌우대립이 격화된 주요 원인을 조선공산당朝鮮共產黨(이하 '조공', 1946년 11월 23일 이후 남로당南勞黨)의 미숙성과 급진성에서 찾는다. 물론 뒤에서 언급하겠지만, 좌익이나 우익 모두 상대방을 인정하지 않고 독선적인 태도를 보였다는 점도 문제였지만 좌익이 우익보다 월등하게 우세했던 당시의 상황을 고려해볼 때 조공의 체질이 더 큰 문제였다고 보는 것이다.

해방 직후 남한 일대에서 조공은 그야말로 막강한 세력을 가지고 있었다. 마르크스-레닌주의는 학생층을 비롯한 지식층이 동경하는 사상이었고, 조공은 우수한 조직력을 가지고 있었다. 조공에 입당하지 않은 지식층들은 대개 여운형呂運亨 계열의 온건좌파에 속해 있었고, 공산주의와 사회민주주의는 거의 동일시되고 있었으며 당시의 지식층을 풍미했다. 반면 국내파 우익진영은 매우 소극적이었고 침울해 있었다. 특히 해방 초기에 그랬다. 생존을 위해서 또는 안일을 위해서 일제에 협력했기 때문에 자책지념自責之念으로 조심하는 태도도 취했고 날로 창궐하는 좌익의 공격을 받고 수세에 몰려 속수무책이었다.

따라서 만일 조공이 중국공산당처럼 온건정책을 채택하여 정계의 단합을 부르짖고 의회민주주의 제도를 수립하는 방향으로 매진했더라면 조공과 여운형계 좌익은 쉽게 정계를 장악할 수 있었다. 앞서 지적한 대로 남한을 점령한 미군정은 1947년 초엽까지 신탁통치하의 임시정부 수립을 주장했으므로 온건좌익 세력을 배척할 이유도 없었다. 물론 1945년 10월에 귀국한 이승만과 11월에 귀국한 충칭 임시정부 계열 간에는 다소 마찰이 있었겠으나 적대적인 대립까지는 가지 않고 공존하면서 경쟁하는 방향으로 나아갈 수 있었을 것이다.

그러나 조공은 온건정책을 써서 장기적 안목에서 정권을 장악하기에는 너무나 미숙했고 주체성이 결여되어 있었다. 조공은 중국공산당이나 일본공산당과 달리 온건정책을 택하는 대신 급진적인 계급투쟁을 택했고, 수세에 몰린 우익을 회유하는 대신 정면공격을 함으로써 우익의 잠재세력을 규합하고 단결시켰다. 또 조공은 미군이 진주한 직후부터 인민공화국 문제를 에워싸고 미군정과도 대립관계를 조성하고, 이승만과 임시정부 계열과도 적대적인 관계를 만들어 손실을 보는 등 점점 열세해져 갔다. 주체성의 결여에 대해서는 뒤에서 거론하기로 하겠다.

조공이 미숙한 데에는 그러지 않을 수 없는 이유가 있었다. 잘 알려진 바와 같이 1920년에 조직된 고려공산당高麗共産黨은 항일운동 또는 독립운동에 종사하던 이동휘李東輝 등이 볼셰비키와 손을 맺음으로써 만들어졌다. 그러나 1925년에 서울에서 조직된 조공은 사회적 또는 정치적 연륜을 쌓은 바 없이 매혹적인 이론에 도취된 서생적書生的 혁명가들에 의해 만들어진 것이었다. 이재유李載裕라는 예외도 있었으나 조공은 마르크스-레닌주의를 충분히 소화해서 한국의 사회현실에 적용할 수 있을 정도의 이론가를 배출하지 못했다. 그들은 고작 국제공산당인 코민테른Comintern에서 내리는 지령을 따르거나 일본의 좌익이론가들이 펼쳐 놓은 혁명공식을 한국에 도입하는 데 급급한 번역생적飜譯生的 이론가들이었다. 일본공산당이나 중국공산당에서는 각기 당내에서 이론투쟁 또는 전략에 대한 투쟁이 있었고 때로는 국제공산당과도 맹렬한 이론투쟁을 벌였으나, 조공은 그러기에는 너무나 이론적 바탕이 약했고 지도층의 학식이나 경험이 미숙했다. 위에서 예외라고 지적한 이재유는 1930년대 조공의 퇴조기에 나타났다가 큰 성과를 이루지 못하고 체포되어 투옥되었기 때문에 조공의 방향에 큰 영향을 끼치지 못했다.[5]

그리고 조공은 1930년대 초기에 거의 완전히 말살됨으로써 국제공산당이 1935년에 실천으로 옮긴 '반反파쇼 인민연합전선' 전략에 대한 지식도 희박했을 뿐만 아니라 1927~1930년도의 신간회新幹會 시대를 제외하고는 중국공산당처럼 국민당과 공산당의 국공합작國共合作 또는 좌우합작左右合作의 경험도 가져보지 못했다. 중국공산당은 1936년 이후 국공합작의 일환으로 민족자본과의 협력 그리고 지주제도地主制度의 유지를 인정했고, 마오쩌둥毛澤東은 1945년 5월에 그 유명한 '신민주주의론新民主主義論'을 제창하여 자산계급資產階級을 포용하는 하나의 '과도기 단계'를 설정하여 공산정권에 대한 저항을 감소하는 데 노력했다. 뿐만 아니라 1949년 대륙을 제패하여 정권을 세운 후에도 1956년까지 민족자본을 계속 존속시키는 이른바 '신민주주의정책'을 썼고, 그 후에도 자산계급으로부터 산업시

5 이재유에 대해서는 필자와 스칼라피노Robert A. Scalapino의 공저 *Communism in Korea* (Berkeley: University of California Press, 1973)의 번역판인 『한국공산주의운동사』, 한홍구 옮김(돌베개, 1986), 제1권 3장의 5절을 참조하기 바란다. 김경일의 『이재유 연구』(창작과 비평사, 1993)는 이재유를 심층적으로 연구한 훌륭한 책이다.

설을 유상으로 매수하는 온건한 정책을 시행했다.[6]

그런데 해방 직후에 재건된 조공은 1920년대처럼 모든 민족자본과 지주들을 적대시하고, 보수정당인 한국민주당韓國民主黨을 '반동적 파시스트fascist와 제휴하여 인민을 기만하는 집단'이라고 규정지었으며, 조공 휘하의 노동조합들은 '일본자본과 민족자본을 구별 없이 몰수하여 자체 관리하겠다'고 말하면서 파업을 계속 단행했다. 일조일석一朝一夕에 공산혁명을 달성하겠다고 나선 조공의 서생적書生的 지도자들은 반제국주의反帝國主義 투쟁과정에서 배운 극렬투쟁 수법만을 고수하며 민족중흥과 공산혁명을 부합해 보려는 노력조차 하지 않았다. 반대세력을 포섭하거나 회유한다는 것은 물론 생각조차 할 수 없는 일이었다.

당시의 조공이 얼마나 급진적이었으며 소아병적 좌경주의로 치닫고 있었는지는 9월 25일에 발표된 박헌영朴憲永의 「현 정세와 우리의 임무」라는 테제에서 볼 수 있다. 그 글에서 박헌영은 일본을 패배시키고 한국을 해방하는 데 둘도 없는 역할을 한 미국을 독일과 일본 제국주의와 마찬가지의 비극적 운명을 면할 도리가 없는 '국제제국주의 체제'의 일부라고 단정했다. 그리고 전후에 세울 사회가 "자본주의냐? 사회주의냐? 파시즘이냐? 민주주의냐?"라고 묻고, 자본주의는 "착취와 압박과 전쟁과 빈궁과 실업의 원인을 제도 자체 내부에 포함하고 있는" 제도라고 하여 배격하고 "착취와 압박과 실업이 없는 사회주의 제도의 사회를 건설"해야 한다고 역설했다. 또한 조선에서는 "진보적 민주주의 사회냐? 반동적 민주주의 국가의 건설이냐?"의 두 갈래로 나눌 수 있다고 하고 후자는 친일파와 지주 등이 요망하는 사회라고 못 박았다.[7] 따라서 조공은 두말할 것 없이 조선이

6 중국공산당의 '신민주주의' 시대에 대한 저작은 허다하다. 국내의 저작들로는, 金相浹, 『毛澤東 思想』(知文閣, 1964), 金河龍, 『中國政治論』(박영사, 1984) 등이 있다.

7 김남식 · 심지연, 『박헌영노선 비판』(세계, 1986), pp.180~182.

소련의 제도를 따라야 한다고 주장했던 것이다.

조공의 입장에서 볼 때 공산당이 독재하는 (이른바 프롤레타리아 독재) 사회주의만이 진보적 민주주의이고 자본주의는 자연히 파시즘과 통하며 자본주의 체제하의 민주주의란 '반동적 민주주의'이므로 용납될 수 없었다. 조공은 일제나 민족반역자의 재산을 몰수한다는 정강政綱을 내세웠는데 지주나 자산가들은 거의가 민족반역자의 영역에 배속됨으로써 모두 투쟁의 대상이 되었다. 99퍼센트 이상의 산업자본이 일본자본에 속해 있어서 민족자본가의 수는 극히 적은 상태였기 때문에 조공의 토지정책은 모든 지주계층의 반발을 불러일으켰다. 위에 인용한 같은 글을 보면, 대지주의 토지는 물론이거니와 중소지주의 경우도 자작自作할 수 있는 면적을 제외하고는 몰수해야 한다고 했는데, 조공은 이 조치를 "토지문제의 혁명적 해결"이라고 불렀다. 또한 같은 문헌에서 조공은 "금일今日 조선은 부르주아 민주주의 혁명의 단계"라고 했는데,[8] 이 혁명적 해결은 실제로는 부르주아 민주주의 혁명의 단계에 앞선 프롤레타리아 혁명의 성질을 띤 것이었다. 단적인 예로 박헌영은 "조선의 전 토지는 국유화國有化한다는 것이요, 국유화가 실현되기 전에는 농민위원회, 인민위원회가 이것(즉 몰수한 토지)을 관리한다"[9]라고 함으로써 토지개혁 자체도 잠정적인 조치에 지나지 않으며 소련의 경우처럼 토지가 국유농장으로 변조될 것임을 시사했다. 이는 부르주아 혁명과는 전연 부합되지 않는 것으로서 이론적인 오류를 명백히 드러내고 있다.

조공의 이러한 극렬정책이 해방 후 정계에 어떠한 영향을 끼쳤는지는 평양 소재의 조공 평남지구平南地區 확대위원회가 1945년 9월 15일에 행한 자아비판에서 엿볼 수 있다. 조공 평남지구 확대위원회는 "당이 국제정

8 김남식 · 심지연, 앞의 책, p.182.
9 김남식 · 심지연, 위의 책, p.183.

세에 대한 정확한 료해了解가 약하기 때문에 자기 정치노선상에 국부적局部的 편향을 범한 사실을 솔직히 지적하고 (이에) 열렬한 비판을 가한 후 다음과 같이 결정한다" 라고 시작하는 「정치노선에 관하여」라는 결의문을 발표했다. 이 결의문은 모든 지주들의 토지를 몰수하여 농민에게 나누어 주는 토지혁명을 실시하는 것이 궁극적 목적임을 시인하면서도, 그러한 노선은 반대 진영에 조공이 국내 분열과 민족 내부의 통일을 방해한다는 구실을 주게 되므로, 반대 진영으로 몰리게 될 대중의 발걸음을 멈추기 위해 잠정적으로 사유재산과 사유토지제도를 인정해야 한다고 했으며, 다음과 같이 새로운 정책을 규정했다.

> …… 사유재산과 사유토지의 승인이다. 우리가 과거에 있어서 대지주 토지만은 제한 몰수할 것같이 본 것은 국제정세에 대한 정확한 료해가 약한 때문이다. 우리가 친일요소를 숙청하는 것은 가장 정확한 정치노선이다. 그리고 비非친일적 민족 대동단결도 역시 정확한 것이다.
>
> 그렇다면 비친일파의 사유재산과 사유토지도 승인되지 않으면 안 된다. 그러므로 우리는 토지강령에서 대지주 토지의 제한 몰수란 것을 취소하는 것이다.[10]

위의 글에서 "대지주 토지만은 제한 몰수할 것같이 본 것" 이라는 구절은 그 뜻이 명확하지 않을뿐더러, 실지로 조공이 주장해온 정책을 왜곡하고 있다. 위에서 지적한 대로 조공은 대지주의 토지는 무조건 몰수하고 중소지주의 토지는 제한 몰수하기로 했던 것이다. 특히 위의 글이 흥미로운 것은 장안파長安派에서 발간한 『혁명신문』 10월 16일자에 실린 같은 내용의 「결정서」 전문全文에는 위의 구절이 없기 때문이다. 즉, 똑같은 결정서를 발표하면서 재건파再建派와 장안파 사이에 큰 차이가 있는 것이다.

---

10 『해방일보』, 1945년 10월 3일.

평남지구 공산당은 그 후 '이북 5도 분국'의 핵심으로 전환한 실질적인 이북에서의 공산당본부였는데, 당시 평남지구당의 기관지 역할을 한 『평양민보』는 1945년 10월 27일자 사설에서 '민족부르주아지'에 대한 비교적 타당한 판단을 내림으로써 9월 15일에 행한 자아비판을 한걸음 더 발전시켜 나갔고, 남쪽 공산당의 좌경주의를 공격했다. 이 사설은 "당면하는 혁명의 성질은 부르주아 민주주의혁명"이라고 규정하는 동시에 제국주의 단계에서 식민지의 부르주아 민주주의 혁명이란 "직접적으로 한 계급이 타 계급을 타도할 것이 아니고 **피압박민족이 억압민족의 지배에서 벗어나는 형태**"라고 했으며, '민족부르주아지'와 토착지주의 **일부도 일본 제국주의의 강탈을 받아 몰락했으므로** 반제국주의 투쟁에 참가시켜야 한다는 결론을 내렸다. 즉, 이것이 대동단결大同團結이라는 구호의 내용이라고 하였다. (강조는 필자)

이 논조는 1923년 1월에 당시 모스크바에 주재하던 중국공산당 대표 왕밍王明이 만주에서의 중국공산당 투쟁에 관해서 내렸던 노선으로서, 그 후 중국에서 국공합작 정책의 기본이 된 이론이다. 그것이 한국에서는 1945년 10월에 처음으로 언급된 것이다.

그러나 이러한 평양으로부터의 끈질긴 자아비판은 즉각적으로 남쪽의 공산당 정책에 반영되지 않았다. 필자가 아는 한도에서 볼 때, 남쪽의 공산당이 극단적인 좌경색채를 탈피한 것은 재건파 계열의 전평全評(조선노동조합전국평의회)이 11월 25일에 『전국노동자신문』의 호외로 발표한 「조선산업건설협력방침—전평의 정책관명」이란 글에서이다. 해방 직후 소란騷亂시기의 공산당 정책과 비교할 때 문자 그대로 격세지감을 느끼게 하는 글이다. 전평의 새 정책은 다음과 같다.[11]

11 『전국노동자신문』, 1945년 11월 25일.

1. 양심적인 건전한 생산에 대하여는 파업하지 않을 뿐만 아니라 적극적으로 협력한다.
2. 조선 자주독립을 원조하는 미소군정에 협력한다.
3. 양심적 민족자본과 협력하여 부족 공황을 타개한다.
4. 비양심적 악덕 모리배를 배격한다.
5. 8월 15일 이후 농촌에서 근로대중이 생산을 방해한다는 역선전이 있는데 그것은 악독한 모리배들의 감언이다.

이처럼 조공은 살벌한 투쟁정책을 탈피하여 생산을 위한 협조로 전환하고, 사유재산 몰수에서 승인으로 전환하기는 했으나 몇 번씩 변하고 변하던 한국정계에서 3개월은 너무도 긴 세월이었다. 그리고 평남지구 공산당의 토지정책과 민족연합정책이 9월 15일에 변하였다고는 하나, 다음 해 3월에 시행된 토지개혁에서 지주의 토지를 무조건 압수함으로써 공문서空文書가 되어 버렸다.

물론 우리는 북한이 소련군정하에 있었다는 것을 기억해야 한다. 그리고 소련군정은 조공 위에 군림하고 있었다. 따라서 조공은 주체성을 가지고 있지 못했다. 해방 후의 현실이 조공이 결정한 노선을 따르지 못하게 한 것이다. 위에서 본 것같이 조공 평남지구확대위원회는 "조선인 지주 토지는 몰수대상에서 제외하고 일정한 개량을 조건으로 기존의 소작관계를 그대로 유지하도록"[12] 결정했는데 소련군사령부의 민정사령관 로마넨코 Andrei A. Romanenko는 나중에 토지개혁법으로 제정된 극단적인 개혁안을 구상했고 관철시켰다. 소련군정 내에서도 조선인 토지를 유상으로 몰수하여 유상으로 분배하는 방안이 제기되었고,[13] 소련외무성도 로마넨코의 방

12 田鉉秀, 「해방 직후 북한의 토지개혁」, 『大丘史學』 제68집(2002년 8월), pp.85~135.
13 전현수, 위의 논문, p.100.

안을 지지하지 않고 지주계층에 관대한 방안을 내놓았으나[14] 소련연방공산당 중앙위원회 정치국은 로마넨코의 초안을 받아들였다.[15] 북조선임시인민위원회의 산업국장 이문환李文煥, 재정국장 이봉수李鳳洙, 평안남도 인민위원회 부위원장 홍기환洪起瑍 등은 로마넨코가 기초한 토지개혁법령의 채택을 반대했지만 아무런 효과가 없었다.[16]

이러한 조공의 전략과 정책, 보다 정확하게 말해서 조공의 체질은 우익으로 하여금 좌익 전반을 경계하고 적대시하지 않을 수 없게 만들었다. 토지와 기업체들을 몰수하겠다는 측과 지주와 사업주들, 그리고 그들의 대변인들이 얼굴을 맞대고 협력할 수가 없음은 너무나 뻔한 일이다. 좌우의 투쟁은 무제한적이고 극한적인 상태까지 치달았다. 전전긍긍한 상태에서 우익은 극좌인 조공과 일맥상통하는 온건 좌익세력도 역시 배척했다. 적과 타협할 수 있는 세력은 어디까지나 적으로 간주하게 마련인데, 이는 무차별 공격에 열중하는 적에 대한 자구책이었다. 특히 북쪽의 '북조선임시인민위원회'가 1946년 봄에 모든 공장시설과 토지를 몰수하는 '혁명적 조치'를 취하게 되자 남쪽의 보수세력은 더욱 경직되지 않을 수가 없었다.

(2) 조선공산당의 좌경주의와 인민공화국

조공의 소아병적 좌경주의는 이른바 인민공화국人民共和國(이하 '인공')의 설립에서 가장 여실히 드러난다. 조공의 인공 설립은 조공이 미군정과 처음으로 대립관계를 형성하게 된 직접적인 원인일 뿐만 아니라, 조공의

14 전현수, 앞의 논문, pp.105~106.

15 전현수, 위의 논문, p.106.

16 전현수, 위의 논문, pp.107~108. 당시 북한의 제2정당이었고 후에 조선공산당과의 합당형식을 통하여 북조선노동당의 일부가 된 신민당의 토지정책은 "민족적 대동단결에 기초한 민주정권의 수립 및 농업경제와 공업경제의 균형적 발전을 전제로 한 민족경제의 합리적 재편성에 있다"고 하여 지주계급에 매우 관대한 방안을 천명하고 있었다(전현수, 위의 논문, pp.108~110).

성장에도 가장 큰 장애물로 작용하여 해방 후 좌우대립의 중요한 분기점이 되었다. 조선건국준비위원회朝鮮建國準備委員會(이하 '건준')는 조선총독부朝鮮總督府가 일본의 무조건 항복으로 실권을 상실한 후 미군정이 새로운 집권자로 등장하기 전까지 꼭 있었어야 할 단체이다. 실지로 서울과 지방에서 치안을 유지하는 등 많은 공을 세웠으며 큰 호응을 받기도 했다. 건준의 결점이라면 재정금융 문제에 대한 실권을 장악하지 못함으로써 해방 직후의 경제적 혼돈을 막지 못한 것과 주요 간부진의 좌익색채가 지나치게 짙었다는 것이다. 후자는 고하古下 송진우宋鎭禹 등 우익세력이 여운형의 접촉을 거절한 데 따른 필연적 결과라고 하겠다.

그러나 9월 6일의 인공 설립은 여러 각도에서 볼 때 무모한 일이었다.[17] 북한에 진주한 소련군정마저도 인공에 대해 일언반구조차 없었던 것을 보면 인공 설립 구상이 얼마나 소아병적이고 좌경주의적이었는가를 알 수 있다. 소련이 인공에 대해 부정적이었다는 것은 충분히 짐작할 수 있다. 왜냐하면 소련은 그 후에 북한에서 북조선인민위원회의 설치과정에서 보여준 바와 같이, 그리고 동유럽에 위성국가衛星國家를 수립하는 과정에서 보여준 바와 같이 정통성 있는 정권을 수립하기 위한 명분으로 선거라는 절차를 중요시했는데 인공은 그런 절차 없이 수립된 지상정부紙上政府였고, 나아가 인공의 조각組閣 명단에 소련이 도저히 용납할 수 없는 이승만 · 김구 등이 들어 있었기 때문이다. 또한 지상정부인 인공의 출현은 조공과 미군정 간에 갈등의 불씨를 자아냈다. 왜냐하면 10월 20일에 미군정의 아놀드Archbald V. Arnold 군정장관이 '인민공화당은 인정할 수 있어도 인민공화국은 인정할 수 없다. 미군 점령지역에는 미군정 외에 정부가 있

17 필자는 건국준비위원회와 인민공화국과의 관계, 여운형의 인공에 대한 태도 등 인민공화국 전반에 관한 문제를 「人民共和國과 解放政局」, 『한국사 시민강좌』 제12집(일조각, 1993), pp.15~45에서 상세하게 다루었다.

을 수 없다'는 내용의 성명을 발표했기 때문이다. 미국은 아직 조선독립에 대한 결정이 내려지지 않은 상태에서 인공을 인정할 수가 없었다. 이처럼 인공의 설립은 미국과 소련에게 배척을 당함으로써 공산당의 입지를 더욱 좁혔을 뿐만 아니라 좌익 전체를 불리한 방향으로 이끌어 갔으며, 공산당에나 민족 전체에 하나도 도움이 안 되었고, 좌우의 분열을 더욱 심각하게 만들었을 뿐이다.

여기에서 특히 언급해야 할 것은 여운형마저도 인공의 설립에 반대했다는 사실이다. 여운형이 9월 6일에 열린 '전국인민대표대회'에 참석하여 연설한 것은 사실이나 당시의 기록은 그가 인공의 출현에 찬성하지 않았음을 확연히 보여주고 있다. 여운형과 시종 행동을 같이한 이만규李萬珪가 쓴 『여운형투쟁사』에 따르면 그의 연설에는 인공에 대한 언급이 전연 없었다. 인공 창설을 결의한 이 대회에서 여운형이 인민위원회 위원장으로, 허헌許憲이 부위원장으로 선출되었으며, 중앙위원회가 인공의 내각부서를 선정하도록 하고, 중앙위원들이 14일까지 매일 모였는데 9월 7일에 피습되어 중상을 입은 여운형은 그 회합에 한 번도 참석한 일이 없었다. 또한 여운형은 인공을 정계에 등장시킨 9월 14일의 이른바 조각 발표가 있기 전에 자기의 승낙을 받으라고 당부했으나 조공의 농간으로 그 명단은 여운형의 승낙 없이 발표되었다. 이만규에 따르면 여운형은 오히려 내각부서의 발표를 보류함으로써 인공의 '출현'을 실질적으로 저지하려고 했는데, 성급한 조공이 그의 이름을 도용하여 이승만을 주석으로 하는 공화국 각료 명단을 발표함으로써 인공의 출현 또는 등장을 기정사실화한 것이다. 이만규는 『여운형투쟁사』에서 인공의 각료명단에 관한 여운형의 태도에 대해 이렇게 말하고 있다. 여기에서 '나'는 이만규이다.

나는 그때에 의장으로 있었기 때문에 발표할 기회를 허하지 않고 위원장에게 사람을 보내어 의견을 묻기를 고집하여 대표 2인을 뽑아 보내고 회답 올 때까지 휴회하였다. 오후 4시에 다시 모였을 때에는 벌써 회답이 왔다고 하며 위원장이 곧 발표할 것을 승낙하고 명일에 출석하여 감상을 말하겠다고 한다. 나는 오전에 발표를 급히 하자는 그 이면과 위원장이 내일 출석한다는 말에 의문이 많아서 퇴장하고 말았다. 그날 예정대로 발표하였다.

이 부서발표에 대한 상세한 이면은 나로서는 영구히 비밀에 붙인다. 중간교섭에 착오를 말하지 않겠다. 어찌되었던지 몽양은 발표 후에 알았다. 위원장이 혼자 하는 일이 아니오, 종다수從多數로 해가는 회의니 위원장이 몰랐대도 위법은 아니다. 그때에 몽양이 부서발표를 좀 보류하려고 한 이유는 세 가지가 있던 것을 말하여 그가 생각하는 것이 다른 사람과 달랐다는 것을 독자에게 알린다.

첫째, 정부를 조직하는 데는 군정당국의 양해를 고려하였고, 둘째, 정부로서 체면을 유지할 만한 청사廳舍가 있어야 하겠는데 그것이 준비되지 못하였으니 고려하였고, 셋째, 정부주석은 대통령과 같다. 일국 주석의 신분으로 체면을 유지할 만한 모든 준비가 없으니 이것도 고려하였다.[18]

여운형이 인공의 출현을 보류하고자 한 이유를 필자가 한 가지 더 첨가한다면 9월 14일에 발표된 인공은 아무런 형식의 선거도 거치지 않고 갑자기 소집된, 이른바 '인민대표'들이 급조한 정부라는 것이다. 이러한 정부가 부당하다는 것은 누구보다도 여운형이 더 잘 알고 있었을 것이다. 그는 3·1운동 직후에 상하이上海에서 임시정부가 창설되었을 때에 임시정부라는 거창한 간판을 내걸지 말고 하나의 당을 만들어 대외 선전에 힘쓰자고 한 소수파의 한 사람이었다. 아무리 비상사태라고 해도 해외에 망명 중인 몇몇이 모여서 정부라고 선언하면 누가 제대로 상대해줄 것이냐는 생각이었다. 이러한 논리를 이만규도 모를 리가 없었겠지만 그가 이 논리

18 이만규, 『呂運亨鬪爭史』(총문각, 1946), pp.264~265.

를 활자화하지 않은 것은 아마도 출판 당시(1946년 5월) 여운형은 자신이 반대하는 인공을 걸머지고 나가야 할 처지에 있었고 그 논리는 인공에게 치명적이기 때문이었을 것이다.

인공을 창립한 조공에서도 이 약점을 인식했을 것이다. 그래서 소위 중앙위원회는 9월 6일에 열린 중앙인민위원회가 국민의 의사를 대표할 자격이 없다는 비난을 막기 위해 1946년 3월 1일에 제2차 인민대표대회를 소집하기로 하고 선거절차를 발표했는데, 이 2차 대회 소집을 선포한 때가 10월 3일이었다. 1차 대회가 9월 6일에 열렸는데 한 달도 채 지나지 않아 2차 회의 소집을 하지 않으면 안 될 정도로 인공의 창립은 부조리했던 것이다.

"인공은 미군이 상륙하기 전에 조선민족의 대표기관을 만들기 위한 조치였다"는 조공의 변명도 사실에 비추어 볼 때 설득력이 없다. 이른바 대표대회가 열린 것이 9월 6일이고 인공의 조각이 발표된 것이 14일인데, 미군은 9월 8일에 인천에 상륙하여 9월 9일에 서울에 입성했고 11일에 군정장관軍政長官이 임명되고 군정청軍政廳이 설립되었으니 실지로 인공이 출현한 것은 미군정이 설립된 후의 일이다. 조각이 발표되기 전까지는 인공은 지상紙上에서도 존재하지 않은 것이다. 미국도 일본·독일과 마찬가지로 '비극적 운명'을 가진 제국주의라고 단정한 박헌영의 테제도 미군정이 설립된 이후에 채택된 글이다.

병상에 누워 있던 여운형은 인공 조각 발표에 있어서 조공에 이용당했지만 그는 자신의 명의로 발표된 인공을 옹호하지 않으면 안 되는 처지에 놓여 있었으니 심경이 착잡했을 것이다. 여운형은 건준의 해체에도 반대했으나 급조된 이른바 중앙위원회는 건준의 발전적 해체를 요구했고, 결국 해방 후 한 달 동안의 많은 공로가 인공이라는 사생아 정부 때문에 말살당하는 결과를 초래했다. 여운형은 그의 연합세력 중 중요한 부분을 차지한 조공을 공개적으로 배척하지 않는 한 인공을 배척할 수는 없었다. 그럼으로써 그는 미군정과도 대립하고 충칭에서 돌아온 임시정부 측과도 대립하는 처지에 놓여 버렸다. 인공의 창립이 충칭에서 돌아온 임시정부의 정통성을 부인하는 것으로 해석되는 것도 무리가 아니었다.

(3) 이승만과 좌우대립

1945년 10월 16일, 이승만이 33년 만에 고국 땅을 밟았을 때 정계는 이미 이렇게 대립되어 있었다. 항간에서는 귀국 후의 이승만의 행동이 좌우대립을 고정시켰다는 설이 강하게 대두되고 있는데, 이승만과 좌익의 관계도 면밀히 검토해야 할 필요가 있다.

이승만의 귀국이 알려지자 조공을 포함한 각계각층은 그를 거국적으로 환영했고, 이미 혼란상태에 빠진 정계를 그가 수습해줄 것이라는 기대를 걸었다. 그런데 불과 2주도 못 되어 조공을 비롯한 좌익 측에서 이승만을 파쇼라고 규정하고 맹렬한 공격을 가함으로써 좌우의 대립은 더욱 심각해졌다. 왜 사태가 이렇게 바뀌었는가.

이승만과 조공 간의 문제의 발단은 다름 아닌 인공문제로서 이승만과 이른바 중앙인민위원회 대표와의 상견례에서부터 시작되었다. 1945년 10월 17일, 즉 이승만이 귀국한 바로 다음 날, 중앙인민위원회를 대표한 여운형, 허헌, 최용달, 이강국은 조선호텔에 여장을 푼 이승만을 환영인사차 방문했는데, 여운형 일행은 이 자리에서 8 · 15 이후에 대한 경과보고서와 참고자료를 이승만에게 직접 전달했다. 그 후 중앙인민위원회 측에서는 '인민공화국 주석 이승만'의 환영회를 개최하기로 하고 준비위원을 선정했다.[19] 조선호텔의 어느 방에서 여운형 일행이 이승만에게 '이 박사께서 주석의 책임을 맡아서 우리 겨레를 인도해 주셔야겠다'라고 부탁했을 것

19 『매일신보』, 1945년 10월 18일.

이 틀림없다. 그런데 인공은 이미 난국에 처해 있었다. 인공은 공산당 내부의 장안파로부터 공격당했고, 우익으로부터는 당위성이 없는 존재라고 공격받음으로써 제2차 전국인민대표대회 소집공고를 발표하지 않으면 안 되었는데, 위에서 언급한 것처럼 미군정 역시 인공을 부인하는 태도를 확연히 함으로써 난처한 입장에 빠져 있었다.

이승만이 인공의 대통령직을 수락하지 않을 것임은 너무나 확연했다. 설사 그가 평생 공산주의를 배척해온 정치인이 아니었다 할지라도 제1차 전국인민대표대회의 소집경위와 인공의 설립과정에 대한 보고를 들었을 때 인공의 주석자리를 수락할 수는 없었을 것이다. 여운형마저도 반대한 지상紙上정권의 주석을 맡으라는 것은 무리였다. 무엇보다도 이승만은 상하이 임시정부의 초대 대통령이었고 1941년 후부터는 임정의 주미외교위원장 겸 전권대표직을 맡고 있었다.

이승만은 여운형, 허헌 등을 만난 지 4일 후인 10월 21일자로 자기와 극친한 올리버Robert T. Oliver에게 보내는 편지에서, "우스꽝스러운 것은 공산당이 나를 수반으로 하는 정부를 조직했다는 것입니다. 나는 그들에게 모스크바는 나를 반공주의자라고 통박痛迫하고 있는데 공산주의자가 되라니 큰 영광이라고 했지요"라고 했다.[20]

인공의 대표들, 특히 그중 최용달, 이강국은 자기들이 주석으로 선출한 이승만이 이미 모스크바의 규탄 대상이라는 사실을 들었을 때 어떠한 느낌을 가졌으며, 그 보고를 들은 박헌영 등은 과연 어떠한 조치를 취했을까. 이승만에게서 농담조로 나온 이 말이 그 후의 이승만과 조공의 관계에 영향을 주지 않았을까? 하여튼 이승만은 고국에 돌아오기 전부터 소련에 대해 크게 염려하고 있었고 반소적이었다. 국내에서는 전쟁의 소용돌이

---

20 Robert T. Oliver, *Syngman Rhee and American Involvement in Korea, 1942~1960* (Seoul: Panmun Books, 1978), p.20.

속에서 머나먼 별세계인 동유럽에서의 미소 양국의 관계에 대해 관심도 없었고, 그런 일이 한국과 긴밀한 관계가 있으리라고는 꿈에도 몰랐겠지만 미국의 신문들은 동유럽의 사태에 예민했다. 특히 동유럽에서 온 이민들이 많이 집결해 있는 각처에서 그랬다. 따라서 이승만은 동유럽 사태와 한국문제의 연관성을 잘 알고 있었다.

이승만의 대답을 인공이 어떻게 받아들였는지는 모르겠으나, 1945년 10월 20일에 이승만은 국민당위원장 안재홍安在鴻 일행과 만난 자리에서, "허헌 씨의 담화에서 그 시종始終을 듣고 자기로서 생각하고 있는 바 있으나 나는 역시 현하現下에 있어 민족통일국가 건설안을 들고 3천만을 상대로 나아가는 처지이니 이 문제를 말하고자 아니한다. 이 문제는 여러분(일반지도자)이 결정하여야 할 문제이다"라고 함으로써 부정적인 태도를 시사했다.[21] 또한 11월 7일 저녁에 행한 라디오방송에서는, "나는 임시정부에 복종하며 김구 씨와 임시정부 각료들을 지지한다. 따라서 공식적인 합의가 이룩되지 않는 한 다른 정부와의 관계를 맺을 수 없다"라고 하여 인공의 주석 자리를 거절했다.[22] 중앙인민위원회에서는 11월 9일에 「이승만 박사의 태도는 유감」이라는 담화로 응했다. 그러나 이처럼 설왕설래한 것은 표면상의 일이고 인공의 이승만에 대한 주석 추대 교섭은 10월 17일의 상견례에서 사실상 끝났다. 인공 측 그리고 그 배후의 조공 측에서 볼 때 인공의 대통령직을 거절하고 인공을 부정한다는 것은 치명적인 타격이자 공산당에 적대적인 행동이었다.

그렇다면 인공을 부정하는 이승만과 인공을 지상목표로 내건 조공은 협조관계를 유지할 수 있었을까? 인공문제를 에워싸고 이승만과 조공 사이에 메울 수 없는 틈이 생겼다면, 그 책임은 어느 쪽에 있는가? 만일 여운형이

21 『매일신보』, 1945년 10월 22일.
22 『경성일보』, 1945년 11월 8일.

테러를 당하지 않고 중앙인민위원회 모임에 참석하여 인민공화국 각료명단의 발표를 보류했다면 사태는 어떻게 되었을까? 생각해볼 문제들이다.

(4) 독립촉성중앙협의회의 결렬

그러나 이승만과 조공이 공식석상에서 충돌하고, 보다 정확하게 말하면 조공이 이승만을 공석에서 공격하고 갈라진 것은 11월 2일 천도교天道教 강당에서 열린 제2차 독립촉성중앙협의회獨立促成中央協議會(이하 '독촉') 결성 준비회의였다. 이 모임이 있기 전에 이승만은 10월 23일에 조공, 국민당, 건국동맹 대표들과 회합을 가졌고,[23] 10월 31일에는 박헌영과 세 시간에 걸쳐 의논하였으며, 11월 1일에는 여운형과도 만났다고 한다.[24] 그러나 11월 2일의 회의에서는 결국 공개적으로 충돌하고 말았다.

이 중요한 회의의 속기록은 발견되지 않았으나, 비교적 객관적 입장을 취하고 있던 『매일신보』 11월 4일자에 실린 조공 측 이승만노선 반대성명의 전문, 그리고 11월 5일자에 실린 이승만과 기자의 질의문답을 통해 사건의 윤곽을 파악할 수 있다.

이승만은 독촉 회의 자리에서 민족주권의 회복을 외쳤고 조선사람이 단결해야 함을 역설했다. 그리고 그는 연합국에 보내는 결의문을 낭독하였는데 이미 잘 알려진 대로 이 결의문이 공격의 대상이 되었다. 인공 대표 이광李珖은 38선 문제에 대한 내용이 빈약하다는 미온적인 비판으로 대한 반면, 조공 대표 박헌영은 다음의 세 가지 점을 들어 맹렬한 공세를 취했다. 첫째, '우리 조선을 양단兩斷한 것은 우리들이 자취自取한 것이 아니라 열국이 강행한 것을 자에 설명 안 할 수 없다'는 (결의문의) 문구가 열국列國의 오해를 사게 될 것이고, 둘째, (결의문에서) '재충칭重慶의 우리 임시

23 『매일신보』, 1945년 10월 25일.

24 『경성일보』, 1945년 11월 3일.

정부가 연합국의 승인하에 천도하면' 운운하는 것은 부당하며, 셋째, 친일파를 철저히 배격함으로써 민족통일을 완성하자는 것이었다. 박헌영은 이 요구가 채택되지 않으면 조공은 독촉에서 탈퇴하겠다며 최후통첩을 내렸는데, 여운형이 "이 박사의 결의문은 필요하며 문구의 부당과 일부 불충분한 점을 수정하자"라고 제의하자 소란했던 장내가 정돈되었고 이어서 여운형, 안재홍, 박헌영, 이갑성李甲成이 수정위원修訂委員으로 피선되었다.

그러나 박헌영은 이어서 "(독립촉성중앙)협의회 중에 시종 이 박사를 싸고도는 불순분자들이 협의회의 사명을 잃고 공산당에 대한 배척행동을 하고 있음을 솔직히 지적한다"라고 말하고, 또 "이 선생의 민족 지도자로서의 사명과 협의회 결성에 대한 노고를 존경하는 동시에 독재적인 것을 배격하고 진정한 민주주의 원칙을 세우자"라고 하는 공격적인 '충고'를 했다.[25] 이처럼 조공에서 거론한 쟁점은 임시정부 대 인공의 문제와 친일파라는 용어로 표현된 한민당 문제였다. 박헌영이 첫 번째 항목으로 지적한 연합국에 대한 논란, 즉 38선에 대한 문제는 타협의 여지가 있는 문제였으나 다른 두 가지 문제는 쉽게 해결되지 않을 문제였다.

여운형이 타협안으로 제시한 수정위원의 선출에 대해 조공은 이틀 후인 4일에 반대성명을 발표함으로써 타협의 가능성을 부정했다. 「원칙이 서지 않는 통일에 대한 비판」이라는 이 성명서는 "독촉은 진정한 의미의 통일전선과는 멀리 떨어져 있다"라고 했으며, 또한 "① 일제의 잔재세력과 친일파, 민족반역자의 숙청 문제를 묵살한 것, ② 각 단체대표의 선정이 무질서하였으며, ③ 회의 진행이 우익단체의 의사만을 강력히 내세웠으며, ④ 4대 강국強國을 논란한 것이 부당하다"라고 힐난했다.[26] 이처럼 성명서

25 『매일신보』, 1945년 11월 4일.

26 『매일신보』, 1945년 11월 5일. 유영익에 의해 이화장에서 발굴된 1945년 12월 15일~1946년 1월 18일의 독립촉성중앙협의회 회의록에 대한 기사가 『중앙일보』에 실렸는데, 이 기사는

의 내용은 과거 공산당이 밟아온 노선에서 전연 양보가 없는 것이었다.

인공 대 임정 문제는 10월 23일에 조선호텔에서 있었던 이승만과 4당(조공, 한민당, 건국동맹, 국민당) 대표와의 회의에서도 거론된 바 있다. 그 자리에서 조공 대표 이현상李鉉相은 "문제는 둘 중에 하나다. 대한임시정부를 모셔다가 개조하느냐 그대로 두느냐와, 조선인민공화국을 더욱 강화하여 국내, 해외를 망라하여 재조직하느냐에 있다"[27]라고 했는데 사실이 그러했다. 그 자리에서 건국동맹 대표인 이걸소李傑笑는 "대한민국 임시정부와 인민공화국과는 대립되는 것이 아니므로 현재 38도선을 경계로 남북으로 구분되어 있는 실정을 잊지 말고 전체를 사랑하기 위하여 해내海內와 해외海外의 혁명가가 결합하여 촉진하자"[28]라고 절충안을 내세웠는데 그 절충안은 임정과 인공을 동격으로 보는 것이고 임정의 정통성을 훼손하는 것이기 때문에 인공을 부정하는 측에서 볼 때 용납할 수 없는 안이었다.

(5) 친일파 문제

조공은 11월 2일의 독촉 회의가 있기 전부터 민족반역자와 친일파를 제거해야 한다고 강력히 주장했는데,[29] 조공의 공격대상은 한민당이었다. 그럴 수밖에 없는 것이 미군정은 10월 5일에 김성수金性洙(위원장)와 송진우

독촉 회의록에 근거하여 독촉은 미군정과의 사전협의하에 좌우 정치세력을 통합할 목적으로 결성되었다고 한다. 이 기사는 또 좌익 측이 독촉의 주도권 장악에 결정적 요인이 될 중앙집행위원 수의 배분문제가 원만히 타결되지 않자 12월 5일에 독촉과의 결별성명서를 발표하고 독촉을 탈퇴했다고 한다(『중앙일보』, 1995년 9월 5일, 12일). 그러나 필자가 보기에 좌익 측이 중앙집행위원 수 때문에 탈퇴한 것은 핑계에 불과하고, 위에서도 언급했듯이 10월 17일에 있었던 조공 중앙인민위원회 대표와의 상견례에서 이승만이 "모스크바는 나를 반공주의자라고 통박하고 있는데……"라고 한 발언과 이승만의 인공 주석직 거부가 탈퇴의 결정적인 이유였을 것이다.

27 『매일신보』, 1945년 10월 25일.

28 『매일신보』, 1945년 10월 25일.

29 『경성일보』, 1945년 11월 3일자 참조.

宋鎭禹를 비롯한 11명의 고문들을 임명했는데, 그 대부분이 한민당 계열의 인물들이었고[30] 고문단이 임명된 지 닷새 만인 10일에 아놀드 군정장관이 인공을 부인하는 성명을 발표했으니 인공과 조공의 한민당 계열에 대한 분노를 가히 짐작할 수 있을 것이다. 인공은 11일의 성명에서 "미군정의 인공 부인이 조선사람 자신의 비열한 자기모독과 왜곡된 보고에 기인한 것임을 생각할 때 민족적 치욕을 느끼며 통탄함을 금할 수 없다"라고 하면서 한민당계 고문들을 비난했다. 곧이어 13일에는 「반역자와 애국자」라는 19페이지짜리 영문 팸플릿을 만들어 군정에 제출했는데, 그 속에는 김성수가 1943년 11월 5일자 『매일신보』에 기고한 학병學兵 권고의 글, 그리고 이용설李容卨(군정고문), 양주삼梁柱三, 백낙준白樂濬, 구자옥具滋玉, 장덕수張德秀, 권상로權相老 등이 쓴 비슷한 내용의 글들이 실려 있다. 인공 측에서 볼 때 이들은 친일파일뿐더러 인공을 훼방하는 민족반역자였다. 따라서 이승만이 주도하는 독촉에서 제거되어야 한다고 주장한 것이다. 그런데 미군정이 인공을 부인하는 데 있어서 소위 고문단이 무슨 역할을 했을지는 의문스럽다. 미국은 폴란드의 경우처럼 런던에 있던 임시정부나 여타 정권도 인정하지 않고 오로지 선거에 의한 정부만을 고집하고 있었기 때문이다.

하여튼 친일파 문제에 있어서 조공과 이승만은 입장을 달리했다. 11월 5일에 한 기자와의 문답 아닌 대담은 그 차이를 단적으로 보여주고 있다.

> 문 : 통일이라는 막대한 민족적 사업에 썩은 분자, 즉 민족반역자나 친일파가 끼어 있거나 하면 큰일이다. 그런데 조선사정에 어두운 미군의 군정을 보좌하는 요직이나 정치운동 전선에 나서서 뻔뻔스럽게도 활동을 하는 자들은

30 여운형은 고문단이 우익에 너무 치우쳤다고 해서 거절했고, 조만식은 평양에 있었으므로 참여할 수 없었다.

대개가 그러한 불순분자들이다. 중앙협의회의 구성분자 중 만약 그러한 불순분자가 어느 부분을 차지한다고 하면 큰일이다. 그것은 선생 자신의 총명을 흐리게 하는 일인데 각별히 주의하여야 할 줄 믿는다.

답 : 물론 민족반역자나 친일파는 일소一掃하여야 한다. 그러나 지금은 우선 우리의 힘을 뭉쳐 놓고 볼 일이다. 그러한 불순분자를 지금 당장 외국인의 손으로 처벌하여 주기를 우리는 원치 않는다. 우리의 강토를 찾아낸 후에 우리의 손으로 재판하여야 할 줄 믿는다. …… 지금은 누가 친일파고 누가 반역자인지 모르겠다. 여러분이 서면으로 그 점을 밝히어 알려주기 바란다. 그렇게 하면 통일기관의 구성분자를 전형할 때 큰 도움이 되겠다.[31]

물론 이승만은 기자들이 말하는 친일파, 민족반역자 내지는 불순분자가 누구를 지적하는지 알고 있었을 것이다. 그러나 그는 오랫동안 정치전선에서 싸워온 마키아벨리적인 정치인이었다. 주권회복이라는 목표 달성을 위해서는 어느 누구와도 공동전선 또는 통일전선을 펴나갈 수 있는 정치인이었다. 더욱이 자기를 전폭적으로 지지하는 중요한 정치세력을 엄격한 척도를 두고 검토할 정치인은 아니었다.

중국공산당은 일본 제국주의에 대항하기 위하여 공산당을 빈사상태로 몰아낸 바 있고 오래전부터 반동집단이라고 규정지었던 국민당國民黨과도 연합전선을 수립했는데 그 정책에 대해서 비판할 자는 없을 것이다. 문제는 우선적인 목표가 어디에 있느냐 하는 것이었다. 이승만은 주권회복을 우선적인 목표로 삼았고 기타의 문제는 후에 다루어야 할 문제로 보류하고자 했다. 한편 조공의 기본 목표는 프롤레타리아 혁명이라는 계급투쟁이며 정권장악이었다.

당시에 친일파, 민족반역자라는 용어는 자산계급과 지주계급을 총칭한

31 『매일신보』, 1945년 11월 6일.

대명사였다. 그 후에도 계속 꼬리를 물고 등장한 친일부역에 대한 문제는 모두 아는 바와 같이 민족의 수치이자 복잡하기 짝이 없는 문제이다. 일제의 통치하에서 30여 년을 살아가는 동안 한민족의 대부분은 끓어오르는 반감을 억누르고, 그날 그날의 생계를 위하여 피할 수 없는 '타협'을 해가며 살아왔다. 그중에는 입신출세와 치부致富를 위하여 일본인에게 아부할 뿐만 아니라 동족을 궁지에 몰고 핍박한 자도 많았으니, 이들은 당연히 규탄의 대상이 되고 처벌을 받아야 할 존재였다.

그러나 친일문제를 1920년대에 소급하여 보고 그 후에 일어난 일들을 살펴보면 문제가 매우 복잡해진다. 1935년을 전후해서 국내의 모든 항일투쟁은 엄격히 억압되었고 좌우 어느 쪽도 조직 활동을 못했으며 투쟁노선에 대한 논쟁도 종식되었으나, 그 이전인 1920년대와 1930년대 초반에는 양 진영 간에 치열한 논쟁이 있었고 서로 다른 길을 가고 있었다. 공산계열에서는 일제에 대한 무조건 항쟁을 주장한 반면, 이른바 민족계열, 즉 우익진영은 타협 없이 항거해야 한다는 강경파(좌파)와 주어진 환경에서 민족의 살길을 트고 힘을 배양해야 한다는 온건파(우파)로 나누어졌다. 공산계열과 강경파는 온건파의 노선과 주장을 실지로 독립을 포기하는 기만책이라고 공격했는데, 온건파에서는 일제에 정면으로 대항하는 일은 소수의 영웅적인 분자들이 할 수 있는 일이고 찬양할 일이긴 하지만 결과적으로 바위를 깨기 위해 달걀을 던지는 꼴이 될 것이므로 우선 민족의 살길을 트고 저력을 배양해야 한다고 주장했다.

일제는 공산당을 국체國體를 전복하려는 반反국가단체라고 규정하여 엄중 탄압하고 온건파에게는 회유책으로 임하였다. 온건파의 일부는 일제통치의 테두리 안에서의 자치운동도 거론하여 지탄을 받았는데, 1936년에 미나미 지로南次郎 총독이 동양제패東洋制覇를 위한 동화강행정책同化强行政策을 택하였을 때 이른바 온건파에 속하는 인사들이 제일 먼저 동원대상이 되었고, 그 후 지원병제도, 학병제도(간부후보생 지원제도), 징병제도 등이 실시되자 이들에 대한 압력은 더욱 커졌다. 한국인들은 일제와 타협해 가면서라도 겨레의 산업을 키우고 교육을 육성해보려 했지만 일제는 총독 치하의 모든 물적, 인적 자원을 소위 대동아공영권大東亞共榮圈을 세우는 '성업聖業'의 달성을 위해 총동원했다. 승산이 없는 전쟁에 국운을 내걸은 일제는 이성을 완전히 잃고 있었는데 헌병대와 고등경찰이 무제한의 권력을 행사하는 상황에서 저명인사들은 '성전聖戰'을 위하여 그리고 동화同化를 위하여 동원되었다. 즉, 온건파는 연약하였다.

온건파가 연약했다는 말은 공산당이나 강경파가 끝내 강했다는 말은 아니다. 일제의 압력이 가해질 때 무수한 공산주의 운동가들은 전향의 길을 걸었다. 혹은 옥중에서 혹은 석방된 후에 황국신민화皇國臣民化할 것을 서약했다.

(6) 누가 첫 돌을 던질 수 있는가

필자는 아직 전향자轉向者에 대해 면밀히 조사한 바는 없으나 사상운동(즉 공산운동)으로 치안유지법에 걸려 투옥된 자들 중에서 전향한 자들에 대한 단편적인 통계는 찾을 수 있다. 총독부 경무국警務局의 「고등경찰보高等警察報」 제3호(날짜 미상)에 따르면 1933년 말 현재 함흥형무소의 사상범 재감자在監者 904명 중에서 317명이 전향했으며 314명이 전향이 가능한 자였다고 한다. 또 같은 해 6월 말 현재 사상범 수형受刑 후 출옥한 자의 총수 2,543명 중에서 1,769명이 운동을 단념한 자로 기록되어 있다. 즉, 그들은 초지初志를 꺾어 투쟁을 포기하고 '평민平民'이 된 것이다.

또한 1935년도의 조선헌병대 사령부 통계에 따르면 공산계 운동자 163명과 민족계 운동자 70명이 전향했다. 조선군 참모부의 기록에 따르면 공산계열에서 전향한 자가 1937년 후반기에 72명, 1938년도에 도합 318명,

1939년에 493명이었다. 그 후에도 전향은 계속되었을 것이다. 일제하에서 혹독한 고문을 당하고 오랫동안 옥살이를 하다가 전향 신청서에 서명한 혁명가들에게 손가락질할 수 있는 자격이 있는 자가 몇 명이나 있으랴. 또 그들이 생명을 건지기 위해 전향을 가장했더라도 그것을 누가 탓하랴. 일제는 그처럼 포악하고 잔인했으니 말이다.[32]

그러나 일제시대에 공산당에 가입했던 당원들 중 태반이 전향한 기록을 가진 상태에서, 전향했던 당원들이 출옥하여 해방 후 각처에서 중견中堅을 차지하고 있던 상태에서, 민족주의 우파의 상처를 가책 없이 파헤치는 데는 모순이 있었다.

이러한 상태에서 친일파를 규탄하기 위해서는 일정한 기준을 설정해야 했고 대화의 광장이 필요했다. 악질적 민족반역자에 대해서는 신속한 처단이 있었어야 하는 한편, 쓰라린 길을 같이 걸어온 이들과는 서로의 상처를 치유할 수 있는 대동단결의 길을 모색해야 했다. 첫 돌을 던질 수 있는 자가 극히 드문 상태에서, 그리고 민족을 괴롭히던 일본인 총독부 관리와 군인 경찰들을 원수 갚음 없이 귀환시킨 마당에, 국민 모두가 납득할 수 있는 기준에 따라 법칙을 세워서 청산해야 할 일이었다.

중추원 참의, 도부道府 평의원, 총독부 국장, 지사 등의 높은 자리를 차지했던 자, 헌병대나 경찰의 고급관리나 악질분자, 황민화皇民化 운동에서 솔선하여 지도적 역할을 한 자들은 형을 받거나 정계에서 제거되거나 상당 기간 자숙하는 것이 마땅했다. 그러나 일제의 탄압으로 인해 부득이하게 친일행위를 한 자들이나 전향자들에게까지 친일분자라는 낙인을 찍는 것

32 綠旗日本文化研究所, 『朝鮮思想槪觀』(서울, 1939년 11월), pp.26~32. 일제는 미일전쟁이 발발한 후부터 더욱 포악하게 통치했기 때문에 이 시기에 전향자가 많았을 것으로 보이는데, 조선총독부는 해방 직후에 기밀문서들을 모두 불태워 버렸으므로 이 시기의 전향자 기록을 찾기 어렵다. 특히 1943년 이후의 문서는 인쇄되기 전에 소각되었으므로 일본 내무성 문고에도 얼마 남아 있지 않다.

에는 무리가 있었다. 신사참배를 반대하여 투옥된 기독교 교직자들 중에는 옥중에서 매일 아침 강요된 동방요배東方遙拜(일본 천황이 살고 있는 도쿄를 향한 요배)에 참여하는 목사들을 반마귀半魔鬼라고 공격한 사람도 있었지만, 이러한 기준을 적용할 경우 '반마귀' 아닌 한국인을 찾기가 힘들 지경이었다.

보성전문학교普成專門學校 교장 김성수金性洙는 창씨創氏도 하지 않고 고집을 지켜 왔으며 문제의 글은 타의에 의해 씌어진 것으로 보인다. 유진오兪鎭午에 따르면 이 글은 총독부 경무국의 지시를 받은 『매일신보』 기자 김병달이 유진오와 상의한 후 대필하여 승인을 받은 글인데, 친일적인 글임에는 틀림없으나 당시에는 특히 주목을 끌 만한 글도 아니었다.[33] 과연 김성수는 친일파였는가? 그리고 한민당과 민족주의 우파는 친일분자들의 소굴이었는가? 만일 김성수가 친일파였다면 왜 박헌영 진영은 1945년 9월에 인민공화국의 내각 명단을 짜면서 김성수를 문교부장文敎部長으로 선택했는가?

그 후에 돌아온 충칭 임시정부 측은 한민당 지도층(송진우宋鎭禹, 김성수, 조병옥趙炳玉, 백관수白寬洙, 김준연金俊淵, 허정許政, 장택상張澤相)이 경교장京橋莊에 인사하러 찾아갔을 때 영하 15~16도의 추운 날 대문 밖에서 네 시간을 기다리게 함으로써 노골적인 반목 태세를 보였고, 김규식金奎植은 김성수와 장덕수張德秀가 입법의원에 당선되었을 때 그들을 친일분자라고 하여 탈락시켰다. 그리고 지금도 '민족주의 우파는 식민지 통치 권력의 유인정책에 의해 변절하고 동조했다'는 설이 주장되고 있다.

필자의 소견으로는 국내 좌익진영의 경우는 물론이거니와 임정요인, 그리고 최근의 학자들의 경우에도, 일제의 속박 밑에서 자기 나름대로 절개

---

33 兪鎭午, 「片片夜話」 제50호, 『동아일보』, 1974년 4월 29일.

를 지키고, 타협에 타협을 거듭하면서도 겨레의 민족적 자각심을 지켜보고자 한 노력에 대해서 너무나 과소평가하고 있다. 그리고 '유인정책에 의해 변절하고 동조했다'는 결론은 일부 민족주의 우파 인사에게는 적합한 표현일지 몰라도 김성수, 송진우 등을 포함해서 태반의 경우 그들을 피동체被動體로만 본 결과라고 하겠다. 즉, 그들이 가지고 있던 주체성을 무시한 견해이다.

1920년대의 사이토齊藤實 총독의 유인정책과 민족주의 우파의 반응을 연구한 강동진姜東鎭은 『일본의 조선지배정책사연구』에서 민족주의 우파의 행동을 '변절', '동조'라고 결론 내리고 있는데, 한편으로 같은 저서에서 그는 "『동아일보』, 『조선일보』, 『시대일보』 세 신문이 같은 기간에 확실하게 친일파의 반민족적 행위를 논설이나 기사로 게재 공격하여 민중의 이목耳目의 역할"을 했고, "『동아일보』의 경우 창간 이후 9년간(1920~1929년) 280일간의 정간 처분을 받았으며 차압, 판매금지도 300회 이상에 달했고 경고, 견책譴責, 기사 삭제 등은 무수하게 당했다고 했다. 또 송진우와 장덕수는 거의 매일같이 경무국에 출두하여 차압된 기사가 어디가 나쁘냐고 항의하고 논쟁하였다"라고 하고 있다.[34] 따라서 총독부의 유인정책과 민족주의 우파의 대응을 볼 때 과연 누가 누구를 이용했는가 하는 점을 고려할 필요가 있다.

친일파 문제는 그야말로 솔로몬의 지혜와 온정을 필요로 하는 민족 차원의 문제였다. 정쟁이 치열하게 벌어지고 있는 상황에서, 특히 정쟁의 도구로서 즉석재판에 걸 수 있는 문제는 아니었다. 물론 민족반역자와 친일분자가 통일전선에 끼어들어 민속의 앞길을 흐리게 하면 안 된다는 박헌영의 논조에도 타당성이 있었고 이승만도 역시 이에 동조했으나,[35] 누가,

34 姜東鎭, 『日本の朝鮮支配政策史硏究 : 1920年代を中心として』(東京 : 東京大學出版會, 1979), p.282.

어떤 기준을 가지고 민족 반역자와 친일분자를 규정하느냐 하는 문제는 심사숙고해야 할 문제였다. 양측이 만일 정치적으로 협조 관계를 이룰 수 있었다면 우선적으로 친일파 규정에 대한 원칙을 세우고 해당 인물들에 대한 심의기구를 설립할 수도 있었을 것이다. 그러나 정치적으로 대립된 상태에서는 그럴 겨를이 없었다.

이처럼 이승만과 조공 사이에 가로막힌 문제들은 타협이 거의 불가능한 것들이었다. 여운형과 그 휘하의 건국동맹은 임시정부와 인민공화국은 상충하는 존재가 아니며 타협이 가능하다고 주장했지만 임정 요인들이나 임정 지지자들에게 임정의 '법통法統'은 교섭의 대상이 아니었다. 조공도 1946년 3월 1일에 소집될 예정이었던 제2차 전국대표회의야말로 참다운 민주정권이라는 입장에서 후퇴하려 하지 않았다.

친일파 문제도 공산당의 목표가 인민공화국을 부인하는 '새로운 반역분자'들의 제거에 있었으므로 교섭과 타협으로 해결될 문제가 아니었다. 이승만과 공산당이 설사 심의기구를 세우고 심의기준을 합의하였다고 하더라도 심의 담당자를 선정하는 과정에서 교섭이 결렬될 가능성이 농후했다. 남이 이루어준 해방을 맞이하여 급진적인 혁명을 이룩하려는 공산당과 그 혁명의 대상인 보수세력 사이에 타협은 불가능했고 이승만은 공산혁명에 동조하지 않았다.

이처럼 정계의 좌와 우는 이승만이 귀국한 후에도 거리를 좁히지 못한 채 상충된 입장을 고수하고 있었다. 11월 23일에 김구 주석, 김규식 부주석을 수반으로 하는 14명의 임시정부 제1진이 망명길에서 돌아왔으나 사태에는 변화가 없었다. 아니, 변화가 있을 수 없었다. 인공의 부주석인 여운형은 경교장에 들어가서 옛 동지들과 인사를 나누다가 수위에게 끌려나

35 『매일신보』, 1945년 11월 6일, 이승만과 기자와의 대담.

와 몸수색을 당하는 모독을 당했으니 임정 주석 김구의 인공 내정부장內政部長 취임은 엄두조차 낼 수 없었다. 여운형은 3·1운동이 일어나기 전인 1919년 2월에 김규식을 파리강화회의에 파견했고, 여운형과 김규식은 1921년에 모스크바 약소민족회의에 참가하기 위해 고비사막을 같이 건너가는 등 극친한 관계였으나 임정 부주석 김규식이 인공 외교부장으로 취임할 리도 만무했다. 임정은 임정대로 법통을 지켜야 했고 인공은 인공대로 민중을 대표한다는 주장을 포기할 수가 없었던 것이다. 12월 14일자의 공산당 기관지 『해방일보』는 "임정 요인들이 분열을 조장하고 있고 왕가식적王家式的, 전제군주식적專制君主式的 생활분위기 속에 있다"고 하며 "근로대중과 접촉하라"고 권고했는데, 이 글은 조공의 임정에 대한 고별사로 보아야 할 것이다.

해방 후의 여운형과 송진우의 대립, 공산당과 한민당의 대립, 이승만과 공산당의 대립, 임정과 인공의 대립 등에서 공통점을 찾을 수 있다면, 이들 모두가 독선적이었다는 것이다. 우파는 우파대로, 좌파는 좌파대로, 누구는 누구대로 각기 자랑할 만한 공적은 있었다. 일제시대에 해외에서 싸웠거나, 지하에서 싸웠거나, 또는 타협을 하면서 교육기관이나 언론기관을 경영했거나, 하나하나를 분석해 보면 모두 유공탑을 세울 가치가 있는 공적들이었다. 그러나 궁극적으로 한국민족을 해방시킨 것은 좌파도 아니고 우파도 아니며 임정도 아니고 이승만도 아니었다. 해방은 타력他力에 의해서 이룩된 것이며 해방을 이룩해준 연합국들은 한국민족을 신탁을 하지 않으면 안 될 정도로 미개한 민족으로 판단했다. 이러한 상태에서 좌나 우, 국내나 국외의 그 누구라도 좀너 겸허하고 앞을 내다보는 자세를 가져야 했는데, 정계라는 무대에 등장한 요인들은 각자 너무나 자부심이 강했고 공功과 이利에 예민했다. 그리고 성급했다. 40년 가까이 채우지 못한 욕구를 일조일석一朝一夕에 채우려고 했다. 아직 정치 또는 정쟁의 규칙 내지는 법이 생겨나기 전이었으므로 그 투쟁양상은 노골적이고 거칠었다. 거친 정쟁에서 앞을 내다보고 사색하면서 개인적인 공리功利보다 민족을 앞세우는 자는 다른 이들에게 이용당할 뿐만 아니라 공격과 조롱의 대상이 되어야 했다.

한국에 신탁통치를 실시하겠다는 연합국의 결정에 대한 소식을 들었을 때 온 민족은 마땅히 분노하고 울분을 터뜨렸지만, 필자는 한민족이 '왜 루스벨트는 한국에 대해 그러한 이미지를 가지게 되었는가'에 대해 고심했다는 얘기는 들어본 일이 없다. 과연 루스벨트가 한국을 미개국으로 본 것은 일본 제국주의의 악선전 때문인가?

앞서 인용한 글에서 박헌영은 이승만을 공격하면서 "독재적인 것을 배격하고 진정한 민주주의 원칙을 세우자"라고 했는데 사실 그랬어야 했다. 이승만은 독립운동 시절부터 독선적이고 독재적이라는 비난을 많이 받아왔으므로 박헌영의 비난이 놀랄 만한 일은 아니다. 그러나 위에서 검토한 조공의 행동을 볼 때 박헌영은 그러한 비판을 할 자격이 없었다. 박헌영이 영도하는 조공이야말로 너무나 독선적이고 독재적이었다. 박헌영 자신도 반민주적이고 독재적이라는 공격을 끊임없이 받았는데 공격을 가한 자는 바로 조공 내부의 '대회파'였다.

(7) 신탁문제

해방 직후의 조공의 성급한 공산혁명 추진정책과 인민공화국의 설립이 좌우대립의 시발이었다면 1945년 말부터 1946년 초에 있었던 신탁문제를 에워싼 투쟁은 남한에서 좌우 간의 거리를 더욱 멀게 했을 뿐만 아니라 그 후의 미소공동위원회를 교착시키는 요인이 되었다.

한국에 신탁통치를 실시할 것이라는 얘기가 외신을 통해 국내에 전해진 것은 해방된 해의 10월로, 당시 미 국무부 극동국장極東局長 빈센트John. C.

Vincent가 10월 20일 연설에서 이를 시사했다.[36] 당시의 민족감정으로서는 신탁통치에 동의할 자가 없었다. 모두들 해방과 독립을 동일시하고 있었는데, 즉 해방에는 자연히 독립이 뒤따르는 것으로 알고 있었는데, 한국을 신탁통치하에 둔다는 것은 말도 안 되는 모욕이었다. 왜냐하면 신탁통치 제도란 제1차 세계대전 후에 국제연맹이 남태평양이나 아프리카의 미개 지역에 실시한 제도로서 수천 년의 역사를 가진 배달민족으로서는 용납할 수 없는 제도였기 때문이다. 따라서 국내 신문에는 신탁통치를 반대하는 선언문이 계속 발표되었는데 조선공산당 역시 신탁통치제도의 열렬한 반대자였다. 12월 27일 모스크바에서 열린 3상회의가 정식으로 5년간의 신탁통치를 결정하여 발표하자, 전 민족은 반탁의 기치하에 몰려들었는데 조공도 예외가 아니었다. 그러던 것이 1946년 1월 3일에 갑자기 조공이 모스크바 3상회의의 지지자로 둔갑했으니 좌우가 충돌하지 않을 수 없었다. 신탁통치를 받아들인다는 것은 곧 독립을 부정하는 것이고 민족에 대한 모독을 감수한다는 뜻으로 여기고 있던 차에 공산당의 태도가 하루아침에 바뀌고 반탁을 위해 모인 시민대회에서 공산당이 3상회의의 지지를 부르짖었으니 정계가 평온할 수가 없었다.

그 당시에 신탁통치 문제가 얼마나 폭발적 이슈였는가는 12월 30일에 발생한 송진우의 암살이 보여 준다. 송진우도 원래 신탁을 반대했지만 하지 사령관의 끈질긴 설명과 설득으로 제한된 기간 내의 신탁을 받아들이는 방향으로 기울었는데, 송진우를 반역자로 규정한 우익진영에서는 그를 암살해 버렸다. 이렇게 민족의 감정은 흥분되고 신경질적이었다. 우익은 조공을 외세에 의존한 매국적賣國的 괴뢰집단으로 규정지었으며, 조공은 조공대로 우익을 가리켜 민족의 감정을 이용하여 자신들이 친일한 과거와

36 *New York Times*, 1945년 10월 21일.

반동적 성격을 은폐하려는 정상배政商輩들이라고 공격했다.

신탁이라는 용어 하나를 두고 일어난 혼란을 여기서 모두 묘사할 필요는 없겠다. 파시罷市, 파업, 데모와 테러는 걷잡을 수 없는 혼돈을 빚어냈고 국민의 감정은 격해질 대로 격해졌다. 그렇지 않아도 해방 이래 악화되는 경제상태로 국민의 감정이 날카로워진 터였다. 좌익 측은 지금까지 정보가 부족해 신탁통치를 반대해 왔으나, 모스크바 3상회의의 결정이 조선의 발전을 원조하는 결정이라는 것을 알고 지지하게 되었다고 주장했다. 그러나 우익 측, 특히 김구는 조공의 표변豹變을 들어 '조공은 반민족적 집단이며 신新사대주의자'라는 낙인을 찍고 맹공격을 가했다. 테러와 폭력은 점차 도가 높아져 갔고 좌우의 충돌은 걷잡을 수 없을 정도로 격해졌다.

신탁문제는 이처럼 지금까지의 좌우의 대립을 민족적 감정의 차원으로 승화시킴으로써 좌우의 대립을 더욱 가열했다. 이제 좌우의 대립은 임정 대 인공의 문제가 아니라 애국자愛國者와 망국노亡國奴의 대립으로 승격해 버린 것이다. 여기에는 타협이 있을 수 없었다.

4. 미소군정과 분단의 고착화

(1) 소련군정의 한반도 재통합 반대정책

남한에서 좌우대립이 이처럼 극렬해질 무렵 소련군 점령지역에서 공산측이 취한 몇 가지 정책은 남쪽에서의 좌우대립과 남북의 분단이 긴밀한 연관성이 있음을 시사한다. 소련군정은 북한의 우익지도자였던 조만식을 1946년 1월 5일에 연금하였고 1월 23일에는 공개 석상에서 반동이라고 규탄하였는데, 이 일은 남쪽에서 한 정당인 조공이 우익 측을 반동이라고 공격하는 것과는 근본적으로 성격이 다른 조치였다. 즉, 이러한 조치는 신탁통치를 에워싼 분열이 좌우세력 간의 대립의 선을 넘어 소련군 사령부와 한국 우익세력 간의 대립이 되었음을 뜻하는 것이었다. 그리고 북한에서의 '북조선임시인민위원회' 발언(1946년 2월 8일)와 토지개혁 실시(1946년 3월 5일 결정)도 역시 소련군 사령부의 우익세력에 대한 태도를 명백히 밝히는 조치였다. 남한에서 공산당의 자주성이 인정되지 않는 상태에서 북한에서의 소련군 사령부의 제반 정책은 좌우의 충돌이 단순한 국내 좌우 집단 간의 대립이 아니라 소련과 국내 우익진영 간의 대립이라는 것을 밝혀줌으로써 문제의 심각성과 복잡성을 드러냈다. 토지개혁과 같은 조치는 쉽게 소급하여 환원할 수 없는 일이므로 남북을 통한 좌우의 타협이 완전히 불가능함을 보여 주었다.

이처럼 북한지역에서의 소련군정의 정책은 남북의 분단을 전제로 취해졌다. 앞서 지적한 대로 스탈린은 런던회의가 교착상태에 빠지자 9·20지령을 내려 소련군 점령지역에 '부르주아 민주주의 정권'을 수립하기로 하고, 북한지역에 단독정부를 수립하기 위해 박차를 가하기 시작했다. 1946년 2월의 '북조선임시인민위원회'는 1945년 10월 28일의 '북조선5도행정국'을 재발족한 것으로서, 이는 스탈린이 이미 1945년 9월 말부터 남북한의 재통합에 관심이 없었음을 보여 주는 것이다. 물론 스탈린은 그해 12월에 열린 3상회의의 결정을 수락하여 신탁통치안을 채택했으나 이 안은 한반도를 재통합하기 위한 것이 아니라 스탈린의 정책을 정당화하기 위한 수단에 불과했다. 이러한 문제는 제5장에서 자세히 논술하겠다.

(2) 미군정의 실정失政

한편 미군정은 1946년 6월에 이르러 좌우합작위원회左右合作委員會를 주선하여 김규식과 여운형을 내세우고, 또한 남조선과도입법의원南朝鮮過渡立法議院을 설립하여 정국을 수습하려고 했으나 이 과업은 중간파로 알려진 이들에게는 너무나 힘겨운 일이었다. 민족의 장래를 위해 양극화를 해소하려는 김규식계의 우측 중간파는 극우 측에 의해 분열분자라는 낙인을 찍혔고, 같은 의도에서 우익과 교섭을 시도한 여운형계의 온건좌익은 좌익 측에 의해 기회주의적 반동분자라고 배척당하는 등 중간파는 좌우에서 협공을 받았고 지지세력을 확장해 나갈 수 없었다. 그리고 미군정은 안재홍을 민정장관으로, 김규식을 과도입법의원 의장으로 임명했으나 끝내 그들에게 실권實權을 이양하지 않음으로써 정계를 수습하는 데 전혀 도움이 되지 않았다. 미군정이 좌우합작을 추진하는 동안에도 좌익은 좌익대로 파업과 투쟁을 계속했고, 경찰은 우익 지도자들의 수족 역할을 계속했지만 중간세력은 속수무책이었다.

남한에 대한 미국정부의 소극적인 정책은 국내 정치세력의 극단적인 대립을 부채질했다. 미국은 과거의 적국인 일본을 점령하기 전부터 확고한 목표를 세우고 그 목표를 달성하기 위해 모든 자원과 노력을 아끼지 않았지만, 앞서 지적한 대로 미국은 소련의 세력팽창을 막아 보겠다는 소극적인 목표를 설정한 후, 중국에서의 사태의 진전을 기다리며 앞날을 관망하는 태도를 취하고 있었기 때문에 치안유지와 소련과의 교섭 외에는 이렇다 할 정책이 없었다. 최소의 경비를 가지고 가능한 한도의 안정유지를 도모했다는 것이 당시 미국정치의 전부였다. 따라서 남한의 복구에 대한 장기계획이나 투자가 없었다. 모스크바 3상회의의 결정의 이행이라는 미군정의 명분은 실정에 대한 핑계에 불과했고 남한의 경제사정은 날로 악화되었다. 따라서 미국의 위신이 날로 저하되었을 뿐만 아니라 민심은 더욱 흉흉해져 공산당이 세력을 확장할 수 있는 기회를 제공했다.

사실 해방 후 남한의 경제상태는 매우 힘든 처지에 있었다. 일제가 일본의 경제발전을 목적으로 건설한 예속적인 한국경제체제는 일본과 만주로부터 갑자기 고립됨으로써 분단되지 않은 상태에서도 힘겨웠는데, 남북의 인위적인 분단은 남북의 경제체제를 모두 기형적으로 만들어 버렸다. 특히 에너지의 근원인 전력과 석탄이, 그리고 농업의 기본인 비료가 북쪽에 있는 상태에서 남쪽은 심한 곤경에 빠졌고, 일제의 장기간의 전쟁수행으로 노후화된 공업시설에마저도 원료가 공급되지 않았을 뿐만 아니라 산업을 위해 투자할 자본도 없었다. 따라서 1947년 남한의 공업생산량은 종전의 20퍼센트밖에 되지 않았다. 한편 일본과 만주 등 외지에서 물밀듯이 돌아오는 교포들과 북쪽에서 내려오는 피난민은 남한의 식량사정과 고용문제를 더욱 피폐하게 했다. 막대한 양의 원조나 융자가 없이는 쉽사리 해결의 실마리를 풀 수 없는 상황이었으나 정권을 장악한 미국은 남한의 경제복구를 위한 준비도 의도도 없었다. 앞서 지적한 대로 미국은 1947년부터 한국을 포기하자는 논의를 심각하게 진행하고 있었다.

(3) 민족의 분열

이러한 상황에서 한국은 언제까지 방향 없는 표류를 계속해야 하는가, 우리들끼리 무엇인가 이룩해야 하지 않는가 하는 논의가 대두한 것은 당연한 귀결이었다. 특히 북쪽에서 인민위원회 체제가 강화되고 공산혁명의 기틀이 공고해지고 있었으므로 문제는 심각하였다.

이 문제를 가장 일찍 제기한 자가 이승만이다. 이승만은 귀국 직후부터 우익세력과 공산당의 합작은 불가능하다고 보았고, 소련과 미국이 타협할 수 있다고 보지도 않았으며, 동유럽에서의 소련의 팽창정책이 한국에서도 전개될 것으로 믿었다. 그는 남한에서의 미군정의 실정을 규탄하면서 조속히 한국사람들이 주권을 장악해야만 민족의 장래를 이끌어 나갈 수 있다고 믿었다. 한국의 사정도 잘 모르고 한국에 대한 확고한 정책도 없는 미국이 어떻게 한국의 앞길을 바로잡아 나갈 수 있느냐, 한국이 주권이 없기 때문에 국가로서의 대외교섭을 못하고 미국과 소련에 청원만 하는 것이 아니냐, 우리가 주권을 회복해야 모든 문제를 해결할 것이 아니냐 하는 것이 그의 기본적인 논리였다. 남한에서만이라도 독립정부를 세워야 한다는 그의 유명한 정읍井邑 발언(1946년 6월 3일)은 미소의 합의 또는 미소공동위원회에 한가닥 희망을 걸어온 다수의 귀에는 거슬리는 내용을 담고 있었으나, 나라의 사태가 무한정으로 악화되고 미소의 관계가 계속 충돌함에 따라 점점 경청하지 않을 수 없는 논조가 되었다.[37]

한편, 중간세력과 좌익은 독립을 원하되 미소공동위원회에 의한 해결을 주장했다. 미국과 소련의 합의가 없이는 민족의 분열은 불가피하기 때문에 미소공위에 협조하자는 것이었다. 그러나 신탁통치에 반대하는 모든 정당을 협의대상에서 제외하자는 소련의 주장은 국내 정치세력을 뚜렷하게 둘로 갈라 놓았다. 조공은 모스크바 3상회의의 결정을 지지했으나, 김규식을 중심으로 한 중간세력은 모스크바 3상회의의 결정을 받아들여 임시정부를 설립한 후 그 정부가 신탁을 반대하자고 주장했다. 미소공동위원회가 결렬된 후 김규식을 의장으로 하는 입법의원은 선거법의 기초를 서둘렀으나 남북 전 지역에서 선거가 이루어지리라고 믿을 수는 없었다. 이미 지적한 대로 소련 점령지역에는 1946년 2월에 북조선임시인민위원회가, 그리고 1947년 2월에는 북조선인민위원회가 실질적인 정권으로 등장하고 있었기 때문이었다. 물론 소련에 '우호적'인 정권이었다.

미소공동위원회의 결렬로 미국은 모스크바 3상회의의 결정을 포기하게 되었다. 1947년 8월 11일에 마셜 국무장관은 소련 외상 몰로토프에게 한국문제의 재검토를 위한 모임을 요청했고, 26일에는 3상회의 결정의 재검토를 위한 4개국 회의를 열어서 한반도 전역에서의 선거를 시행하자고 제안했으나 거절당했다. 결국 미국은 9월에 한국문제를 유엔에 상정하기로 했다. 미소의 합의가 불가능한 상태에서 한반도 전역에서의 선거는 불가

37 이 문제에 대해서는 이 책의 제11장 「이승만의 단독정부론의 제기와 전개」에서 더 상세히 논하겠다.

능했으므로 결국 미국은 한국에서 손을 들고 남한지역에서라도 정부를 수립하고 체면을 유지하면서 손을 떼겠다는 의도였다. 유엔은 유엔 한국임시위원회를 설립하여 조사단을 파견하고 결국 5 · 10선거를 실시하기로 결의했다.

사태가 이처럼 급박하게 움직이자 분단의 고착화는 현실로 나타나게 되었다. 그래도 남북의 지도자들이 한번 만나서 진지하게 토의한다면 최악의 상태를 막을 수 있을지도 모른다는 한가닥 희망, 아니 꿈이 이른바 남북협상회의를 성사시켰다. 이미 잘 알려진 대로 남북협상회의는 김구 · 김규식이 1948년 2월 16일에 제안한 것인데 북쪽에서는 남쪽에서 제안한 협상의 형태를 묵살해 버린 후 평양에서 '남북조선 제정당 · 사회단체대표자연석회의'를 개최할 것을 결정하고 남쪽의 지도자들을 그 자리에 초청했다. 김구 · 김규식 등은 회의형태가 어떠한 것이든 한번 만나서 의논해 보고자 월북하여 이른바 4김 회담을 가졌다. 남쪽의 김구, 김규식과 북쪽의 김일성, 김두봉은 남한에서 실시될 5 · 10선거를 막아야 하고 북쪽에서도 단독정부를 세우면 안 된다는 데 합의했으나 이들의 합의가 오랫동안 누적되어 온 국제정세와 국내 정치사정을 바꿀 수는 없었다.

이른바 4김 회담의 결과는 전 국민에게 민족의 분단을 막을 수 있다는 소망을 가지게 했으나, 4김은 5 · 10선거에 반대한다는 입장에는 합의했지만 이후 통일정부 수립을 위한 구체적인 해결책을 마련하지는 못했다. 남측의 양 김 씨는 5 · 10선거에 반대하는 입장을 확고히 하면서 북한에서도 단독정부를 세우지 말라고 당부했지만 이는 해결책이 아니었다. 어떻게 하면 남북을 통한 나라 전체에서 총선거를 실시하고 통일된 정부를 세울 것인가를 논의하고 그것을 실천할 수 있는 방법을 강구해야 했는데, 이 점에 대해서 합의는 고사하고 논의되었다는 기록도 없다. 북한에서는 이미 1948년 2월 8일에 '조선인민군'을 창설하고 병력증강에 매진하고 있었는데 이러한 문제에 대한 토의도 그저 '내전이 없을 것이다' 라는 약속 한 마디로 매듭을 짓고 말았다.

중립국인 인도를 포함한 유엔 임시한국위원회는 서울에 오기 전부터 북한에 주둔한 소련당국에 북쪽에 들어갈 수 있는 기회를 요청했고 유엔의 감시하에 한반도 전역에서의 총선거를 거행하기를 요망했는데, 소련이 이를 상대할 가치도 없는 것으로 일축해 버렸으니 그 대안은 과연 무엇이었는가? 그렇기 때문에 '가능한 지역에서의 총선거' 라는 명목으로 5·10선거를 준비하게 되었는데 공산당 측의 대안은 무엇이었는가? 이러한 문제가 4김 회담에서 토의되었을지도 모른다. 그러나 알려진 바로는 그런 흔적을 찾을 수 없다.

김구와 김규식이 남북협상을 위해 북상했을 때 각처에는 이승만, 김구 등을 타도하자는 현수막이 걸려 있었다. 김구, 김규식 이름 위에 먹칠을 한 것도 보였고, 흰 칠을 한 것도 보였으나 미처 손질을 못한 것도 많이 보였다.[38] 여기서 주목해야 할 것은 김구, 김규식 등도 '친일파 민족반역자'의 범주에 들어 있었다는 사실이다. 북조선노동당은 1946년 3월에 김구를 '살인·방화·매국'의 화신으로 단죄한 바 있고,[39] 서울에 있던 '조선노동조합전국평의회', 소위 전평은 1947년 7월 7일에 발표한 성명에서 "김구 일파를 둘러싸고 모인 친일파, 민족반역자의 집단이 한독당韓獨黨" 이라고 규정하였다. 여타의 반탁분자, 즉 우익세력은 김구, 김규식은 설령 용납한다 하더라도 북쪽 주장의 조목條目마다 자신들이 적대시되었으므로 그것을 용납할 수 없었다. 한편 북쪽은 남쪽에서 실시할 5·10선거는 바로 이

38 宋南憲 씨 면담, 1966년 12월 17일.

39 『正路』, 1946년 3월 24일 ; 전현수, 「蘇聯의 美蘇共委 대책과 韓國臨時政府 수립 구상」, 金容燮 교수 停年紀念 韓國史學 論叢 3, 『한국 근현대의 민족문제와 新國家建設』(지식산업사, 1997), p.574에서 재인용.

들 '반동분자' 들을 용납하는 것이므로 받아들일 수 없었으며, 유엔 임시한국위원회는 '미제국주의자들의 침략전쟁을 대행하는 기구' 로서 도저히 받아들일 수 없는 조직이었다.

이렇게 첨예한 남북 간의 정치적 쟁점들을 이른바 4김 회담에서 해결하지 못할 것은 당연했다. 그런데 이 먼 격차를 좁히지 않고는 민족의 재통합이란 꿈도 꿀 수 없었다. 오로지 투쟁과 격투가 남을 뿐이었다. 민족의 분단을 막으려고 남북 단선單選을 반대하고 평양에 갔다온 노老애국자들이나 기타 인사들의 열정은 높이 평가되어야겠지만 그들의 노력은 아무 성과도 없었고, 결국 그해 8월에 남북이 각각 선거를 치르고 두 개의 정부를 출범시켰다. 민족적 감정만으로는 정국을 움직일 수 없었다.

5. 맺음말

위에서 필자는 한반도 분단을 에워싼 국제관계와 남한에서의 좌우의 대립을 살펴보았다. 분단을 고착화하는 데 과연 어느 요소가 가장 중요한 역할을 했는가? 그리고 여러 요소들 간에는 어떠한 관계가 있었는가? 통일은 어떠한 상태에서 가능했을 것인가?

당시에 남북의 재통합이 가능한 길은 두 가지가 있었다. 하나는 소련이 폴란드나 동유럽 각국, 그리고 북한에서 시행했던 것처럼 우익을 제외하거나 숙청한 상태에서의 공산당 주도체제 또는 공산독재체제의 수립이요, 둘째는 한반도 전반에서의 서구식 의회민주주의의 수립이었다. 분단을 고착화하는 데 어느 요소가 가장 중요한 역할을 했는가, 즉 가장 큰 장애물이었는가에 대한 대답은 이 두 방식 중에서 어느 것을 택하느냐에 따라서 달라질 것이다.

공산당 주도체제 내지는 공산당 독재체제의 수립을 지지하는 측에서 볼 때 가장 큰 장애물은 미국이었다. 38선을 제안하기 전부터 미국은 한국이 폴란드처럼 공산화하는 것을 막아야 한다고 하여, 소련 점령지역의 공산화는 방비하지 못했지만 남한에 공산당이 주도하는 정권이 수립되는 것을 허락하지 않았기 때문이다. 미국은 1인 1표 원칙을 고집하여 사전에 미소 양국이 반공 내지는 반소적인 분자들을 제외하자는 소련의 제안을 배척함으로써 남한이 폴란드와 같은 상황이 되는 것을 불가능하게 만들었다. 한편 소련에게 부수적으로 중요한 장애물은 이승만이었다. 이승만은 반공적이었을 뿐만 아니라 루스벨트 대통령이 얄타회담에서 한반도를 소련에게 맡겨 버렸다고 믿고 있었으므로 미국에서 귀국하기 전부터 반소적인 태도를 취했고 반탁운동에도 앞장섰으며 남한의 보수세력을 규합하고 영도했다. 또 그는 미국정부 요로要路에 시종 신탁제도 철폐를 위한 로비활동을 함으로써 미국이 모스크바 3상회의 결정을 강행하지 못하도록 막았다. 이승만의 로비활동이 미국정책에 어느 정도 영향을 끼쳤는지는 좀더 고찰해야 할 문제이지만, 여러 각도로 볼 때 이승만의 존재가 조공 주도하의 통일을 방해 또는 저지하는 데 큰 역할을 한 것은 틀림없다.

의회민주주의를 지지하는 측의 관점으로 볼 때 한반도의 통일을 가로막은 가장 중요한 장애물은 소련의 정책이다. 해방 후 조공의 정책과 행동이 극히 좌경한 것은 사실이고 그것이 좌우대립을 극렬하게 만든 것도 사실이지만 그러한 대립도 의회민주주의 테두리 안에서 소화될 수 있었다. 토지개혁을 둘러싼 북한정권 내부에서의 거동을 볼 때 민족의 대동단결을 위주로 토지정책을 세워야 한다고 생각하는 인물들이 요직을 차지하고 있었다. 그러나 이들의 주장은 소련군정에 의해 묵살되었다. 민족의 대동단결이란 물론 남북의 통일을 전제로 하는 것이고 좌우의 합작을 기초로 하는 것이다. 만일 좌와 우가 정정당당한 표 대결에서 승부를 가릴 태세를 가질 수만 있었다면, 그리고 소수가 다수에 복종하되 다수가 소수의 기본적인 권리를 보장할 수만 있었던들 공산당과 우익 간의 대립은 민족분단까지 가지 않고도 해결될 수 있는 일이었다. 한국의 문화풍토 속에서 과연 다수가 소수의 기본적 권리를 보장해 주었겠는가, 따라서 그처럼 분열된 상태에서 폭력 없는 의회민주주의가 순조로이 유지되었겠는가 하는 의문을 가지지 않을 수 없지만 그러한 가능성이 아주 없었다고는 할 수 없다.

그런데 당시 스탈린의 동유럽에서의 정책, 그리고 북한에서의 정책은 보수정당을 제외한 정권을 세우는 것이었으므로 남북한에서의 서구식 의회민주주의 제도의 수립은 시도조차 할 수 없었다. 소련군정 당국은 북한에서 조만식을 연금할 뿐만 아니라 모든 산업을 국유화했고 모든 지주를 숙청해 버렸으니 자산계급, 지주계급, 그리고 보수정당들은 설 곳이 없었다.

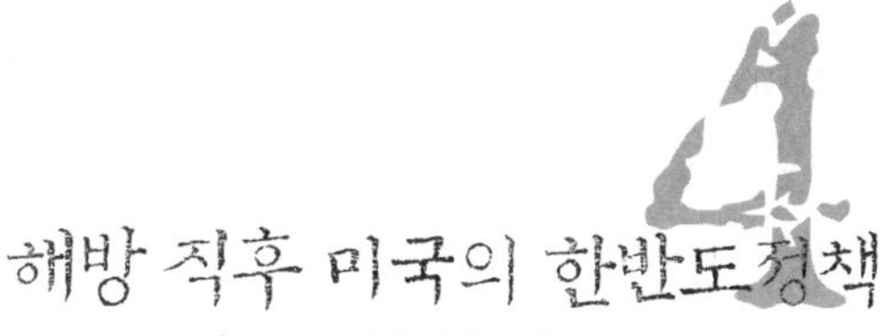

해방 직후 미국의 한반도정책

— 반공보루설과 '한국화Koreanization' 정책 —

미국은 소련이 한반도를 독점하는 것을 막기 위해서 분단 점령을 제안했으나 아시아 대륙에 대한 전략을 세울 수가 없었다. 중국에서의 국민당과 공산당의 대결이 유동적이었기 때문이다. 그래서 2년간 표류를 하다가 철수를 결정했다. 미국이 대한민국 수립을 추진한 것은 한반도에서 손을 떼기 위한 방편이었다. 트루먼 독트린을 한반도에 적용하여 남한을 소련에 대항하기 위한 반공보루로 만들었다는 주장은 신화에 지나지 않는다.

1. 머리말

많은 사람들은 다음과 같은 신화를 진실이라고 믿어 왔다. 즉, 미국이 1947년 3월에 선포한 '트루먼 독트린Truman Doctrine'은 미국이 세계만방 모든 곳에서 소련의 팽창을 반대하겠다는 의사를 표명한 것이며, 일마 후 수립된 대한민국大韓民國은 트루먼 독트린을 한반도에 적용한 것으로, 소련에 대항하기 위한 반공보루反共堡壘를 만들기 위한 조치였다는 것이다. 그렇게 믿을 만한 상황증거가 있었다. 우선 미국이 해방 직후에 한반도에 상륙한 것은 소련이 한반도 전체를 장악하는 것을 막기 위한 조치였다. 그리고 1948년에 수립된 대한민국은 미국의 지지를 받았을 뿐만 아니라 미국의 원조를 받았고, 미군은 군사고문단軍事顧問團을 주둔시켰다. 또 이승만李承晩 정권은 미국이 대한민국을 지지한다는 것을 강조함으로써 대한민국은 우방 미국의 반공보루라는 인상을 깊게 심어 주었다. 한국전쟁이 발발하자 미국은 막강한 군사력을 파송하여 공산진영과 대항했을 뿐만 아니라 그 후에도 계속하여 미군을 주둔시켰다. 대한민국은 미국의 반공보루라는 설은 쉽게 믿을 수 있었다.

아이러니하게도 이 신화는 친일파 문제와 함께 1980년대에 들어와서는 대한민국의 정통성을 부정하는 데 쓰였다. 즉, 미국은 소련과의 대항의 도구로 대한민국을 수립시켰으므로 대한민국이라는 존재는 미국의 반공투쟁을 위한 하나의 도구에 지나지 않았고, 초대 대통령 이승만은 미국이 반공보루를 구축하기 위해 사용된 주구走狗에 불과했다는 것이다. 또한 당시 한반도에는 통일정부가 수립되어야 했는데, 정권욕에 눈이 어두워진 이승만이 남한에 단독정부를 수립하여 국토의 분단을 고착시켰다는 것이다. 따라서 현재의 대한민국은 역사적 정통성이 없으며 국토분단의 책임은 이승만과 미국에게 있다는 것이다. 일부에서는 한국전쟁도 한반도에서 공산주의를 밀어내 버리고 반공보루를 강화하기 위한 미국의 음모에 의한 것이라는 또 하나의 신화를 믿고 있다.

이처럼 대한민국의 반공보루설은 이념적으로 정반대되는 양쪽 진영에서 이용되어 왔는데, 필자가 이 설을 신화라고 규정하는 이유는 대한민국이 수립된 1948년 당시 미국의 정책은 대한민국을 반공보루로 만드는 것과는 너무나 거리가 멀었기 때문이다. 트루먼 독트린이 선포된 것은 사실이지만 미국은 한반도에 이 정책을 적용할 의사가 추호도 없었다. 미국이 대한민국 수립을 추진한 것은 반공보루를 만들기 위한 것이 아니라 한반도에서 손을 떼기 위한 방편이었다. 아시아 대륙은 트루먼 독트린에서 제외되었기 때문이다. 1975년에 미국은 베트남의 베트남화越南化, Vietnamization, 즉 '베트남사람들에게 베트남을 맡겨 버려라'라는 정책을 채택하여 베트남에서 철수하고, 베트남이 공산화되도록 방치해 버렸는데, 1948년의 대한민국 수립은 한반도의 한국화韓國化, 즉 Koreanization 정책의 산물로서 미국의 한국 포기를 의미하는 것이었다.

일부 논객들은 1950년 6월 25일, 북한이 남한 침공을 시작한 후에 미국이 취한 일련의 행동을 보고, 미국은 그전부터도 남한을 반공보루로 삼는 정책을 가지고 있었고, 이 전략의 일환으로 이승만을 데려다가 대한민국 수립을 추진했다고 주장하기도 하는데, 이것은 역사를 시기적으로 구별하지 않고 결과론적으로 설명하려는 폐단의 결과이다. 실상을 살펴보면 한국전쟁 이전과 이후의 미국의 한반도정책 사이에는 급격한 변화가 있었다. 북한군이 정면공격을 시작하자 미국은 소련이 무력에 의한 세계적 팽창의 첫걸음을 디딘 것으로 간주하고 종전의 정책과 정반대의 정책을 취했기 때문이다. 이렇게 볼 때 한국전쟁 후 미국이 대한민국을 반공보루로 만들도록 한 책임은 전쟁 발발을 결정한 북한 수뇌부와 스탈린에게 있는데, 역사의 아이러니라고 할 수밖에 없다.

그렇다면 1948년 당시 미국의 한반도정책은 어떠한 것이었던가. 어떠한 이유로 미국은 한반도를 포기하게 되었는가. 이 글에서는 이 질문들에 대한 답을 통하여 '반공보루로서의 대한민국설'이 지닌 허구성을 살펴보도록 하겠다.

2. 미국의 한반도정책의 소극성

미국의 한반도정책을 논할 때 유의해야 할 점은 미국은 태평양전쟁을 시작한 직후인 1942년에 한국문제를 논의하기 시작했을 때부터 한국에 대해서는 소극적이었다는 것이다. 미국은 1882년에 구한국舊韓國과 국교를 맺고 1905년까지 수교한 역사가 있기는 했지만 당시의 미국 외교관들은 한국은 빈곤한 나라이고, 한국사람들은 자치 능력이 없는 민족이라는 결론을 내린 바 있었다. 그리고 진주만 공격이 있은 1941년 후에 미국은 대일전쟁에서의 승리를 지상목표로 삼을 수밖에 없었는데, 미국에게 한반도는 전략적 가치가 없었다. 한때 미군은 중국대륙을 통해서 일본을 공격하는 전술을 고려했는데, 이 전술을 택했다면 한반도의 전략적 가치가 중요해졌겠지만, 태평양 남단의 호주에서부터 섬들을 거쳐 북상하여 일본을 공격하기로 결정했으므로 한반도는 중요한 존재가 되지 못했다. 그러나 한국의 인접 국가이고 당시 미국의 맹우盟友였던 중국과 소련이 역사적으로 한반도에 대해 지대한 관심을 가지고 있음을 알고 있었으므로 미국은 중국과 소련이 한반도를 독점하는 것을 막고, 이들 간의 각축을 막기 위해서 4강에 의한 신탁통치信託統治를 실시할 것을 구상했다. 그러나 제2차 세계대전 후반에 들어서서 소련의 동유럽에 대한 영토 팽창욕이 노골적으로 드러나자 미국은 소련이 한반도를 독점하는 것을 막기 위한 수단으로 신탁통치안을 적극적으로 추진하게 되었다.

신탁통치안은 미국의 한반도에 대한 전략적 평가를 여실히 나타내는 것이었다. 즉, 미국은 한반도 자체는 중요하다고 생각하지 않았으므로 독점할 의도가 없었다. 그래서 4강이 공동적으로 관할하는 신탁통치제도를 제창한 것이다. 미국이 1945년 8월 14일에 소련에 38선을 제안한 이유도 역시 마찬가지였다. 이미 한반도 북방에 상륙한 소련군이 한반도 전체를 점령할 경우 4강에 의한 신탁통치는 실시될 가능성이 희박해지기 때문이다.

신탁통치가 실시될 경우 미국은 최소한의 군사적 내지는 경제적 투자를 함으로써 소련의 한반도 독점을 방지하여 목적을 달성하겠지만, 신탁통치는 상대방인 소련에게는 매우 불리할 수밖에 없었다. 즉, 해방 후에 스탈린이 가장 중요하게 여긴 것은 소련의 안전보장과 소련경제의 부흥이었는데, 이 목표를 달성하기 위해서는 소련 영토의 주변에 잠재적으로라도 적대적인 정권이 수립되는 것을 방지해야 했다. 또 새로 소련의 통치하에 들어간 지역들부터 자원을 반입해서 소련의 전후복구에 이용해야 했는데, 4

강의 이사국理事國들이 결정권을 갖게 되는 신탁통치제도가 수립될 경우 두 가지 목표 중 어느 것도 달성될 수가 없었다. 신탁통치제도 아래서는 미국과 영국, 그리고 중국이 소련군 점령구역인 북한통치에 참여하게 될 것이었기 때문이다. 스탈린에게는 이보다도 북한을 독점하고 있는 것이 더 유리했다.[1]

만일 제2차 세계대전이 끝난 후의 미소관계가 종전대로 우호적이었다면 사태가 달라졌을 수도 있지만 이미 미국과 소련은 제2차 세계대전이 끝나기 조금 전부터 갈등을 시작했고, 이른바 냉전은 갈수록 치열하게 전개되었으므로 1946년과 1947년에 열렸던 미소공동위원회美蘇共同委員會가 해결책을 찾아낼 수는 없었다. 1947년 3월에 선포된 트루먼 독트린은 미소관계가 교착상태에 도달했음을 드러낸 것이었다.

미국과 소련이 공통적인 적국들을 상대로 하여 맹우 관계를 유지하던 시절에 구상된 한국에 대한 신탁통치안은 사태의 변화에 따라 실현 가능성이 전연 없는 것으로 판명되었으므로 미국은 새로운 한반도정책을 수립해야 했지만, 그럴 수가 없었다. 무엇보다 미국은 얄타회담 때부터 소련과 합의했던 신탁통치안을 곧바로 폐기할 수가 없었다. 게다가 1945년 12월에 모스크바에서 채택된 신탁통치안은 소련이 제안한 원안에 의거한 것이었지만 신탁통치라는 개념은 미국이 제안했던 것이므로 더욱 그랬다. 1946년 4월부터 미 국무부의 점령지역 담당 차관보로 임명되어 한국문제를 주관했던 힐드링John H. Hilldring 소장은 은퇴한 후인 1949년 1월 6일에 올리버Robert T. Oliver에게 보낸 편지에서 이 당시의 사정을 다음과 같이 설명했다.

당신이나 내가 잘 알듯이 모스크바회담 후에 몇 주일이 지나지 않아서 한국에

1 이 문제에 대해서는 이 책의 제5장 「스탈린의 한반도정책, 1945」에서 상세하게 다루었다.

대한 선언에 관여했던 거의 모든 사람들은 진심으로, 그리고 절실히 후회했습니다.[2] 그러나 잘못한 일에 대해서 후회하는 것과, 국제적인 협약을 폐기하자고 제의하고 나서는 것은 별개의 문제였습니다. 거의 모든 관리들, 특히 직업외교관들은 냉전이 이미 치열해지고 있는 상황에 소련과 맺은 협약을 우리가 폐기한다면 비참한 결과를 가져올 것이라고 믿게 되었습니다. 하여튼 이것이 우리가 당면한 딜레마였습니다. 물론 우리 모두는 한국을 돕고 싶었습니다. 그러나 한국을 돕는 일은 소련과의 관계를 더욱 악화시키지 않고서는 이루어질 수가 없었습니다.[3]

따라서 미국의 관리들은 한국에 신탁통치제도를 시행하는 것이 비현실적인 조치임을 알면서도, 그리고 한국문제에 대한 소련과의 타협이 불가능하다는 것을 알면서도 공식적인 입장을 바꿀 수 없는 딜레마에 빠진 채로 1947년 봄까지 사태를 관망하게 되었다. 당시 서울에서 하지John R. Hodge 중장의 정치참모 역할을 했던 랭던William R. Langdon은 이 시기의 미국정책을 '표류의 정책a policy of drift'이라고 비난했는데, 아주 적절한 표현이었다.

미국이 한반도에서 '표류의 정책'을 택해야 했던 데에는 한반도가 아시아대륙의 일부라는 지리적 조건이 큰 역할을 했다. 만주를 포함한 중국에서의 상황에 따라 한반도의 전략적 가치가 변동할 수밖에 없었으므로 중국의 장래가 명확하지 않은 상태에서 한국에 대한 정책을 결정할 수는 없었다. 잘 알려진 바와 같이 트루먼 대통령은 1946년 초에 마셜George C. Marshall 대장을 중국에 특사로 보내 국공합작國共合作을 이룩하도록 했는

2 "You and I both know that it wasn' t many weeks after the Moscow Conference before nearly everyone who had had anything to do with the Korean declaration deeply and honestly regretted it."

3 이 편지의 원본은 필자가 확인한 바 있다.

데, 그는 제2차 세계대전 동안 미군 참모총장으로서 세계에 명성을 날렸을 뿐만 아니라, 트루먼이 경외하던 인물이었으므로 그의 중국 파송은 미국이 얼마나 중국문제를 중시했는가를 단적으로 보여 준다. 마셜은 1946년 말까지 노력한 결과 국민당과 공산당 사이의 타협을 이루는 듯했으나 결국 손을 들고 돌아갔다. 그리고 그는 미국이 국민당 정권을 대신해서 중국을 통치할 용의와 무진장의 자원을 투자할 용의가 없는 한 중국문제에 관여해서는 안 된다고 결론 내렸는데, 이는 중국을 포기하라는 말이었다. 이처럼 1년간의 노력에도 불구하고 실망하고 워싱턴에 돌아간 마셜은 1947년 1월에 국무장관으로 취임하여 미국의 외교정책을 담당하게 되었는데, 바로 이때 한국문제가 토의대상으로 등장하고 있었다.

한국문제를 검토하라는 지령이 언제 내려졌는지는 알 수 없으나 예산국, 육군성, 그리고 국무부의 고급관료들로 구성된 '한국문제특별공동위원회Special Interdepartmental Committee on Korea'[4]는 1947년 2월 25일자로 보고서 초안을 마무리했다. 이 초안은 해방 후 미국의 한반도정책과 그 후의 정책을 이해하는 데 아주 중요한 글이므로 주목할 필요가 있다.

첫째로 이 보고서는 다음과 같이 지적했다. "미군정은 질병과 소요를 방지하는 한도 내에서 양식과 기타 필수품을 수입하도록 했는데, 이는 모스크바 결정이 단시일 내에 시행될 것이라는 전제하에서 취해진 임시조치였다. 그런데 미국의 제한된 목표도 자금의 부족과 한인들의 비협조 때문에 원하는 대로 성취되지 못했고, 한국사람들은 시간이 감에 따라 미군정, 미

4 이 위원회의 성원은 다음과 같다. J. Weldon Jones, Assistant Director in charge of the Fiscal Division, Bureau of the Budget; J. K. Penfield, Deputy Director of the Office of Far Eastern Affairs, Department of State; A. V. Arnold, Major General, former chief representative on the U. S.-Soviet Joint Commission for Korea. United States Department of State, *Foreign Relations of the United States*(이하 *FRUS*), 1947, vol. 6(Washington, D.C.: U. S. Government Printing Office), p.610.

국의 한국에서의 목표, 그리고 미국 자체에 대해서 더욱더 적대적인 태도를 취하게 되었다."[5] 한국사람들과 소련은 "미국이 한국에 대해서 큰 관심을 보이지 않고 있으며 하지 장군 혼자서 이를 꾸려나가도록 했다"[6]고 믿고 있다는 것이다.

따라서 공동위원회는 현행 정책은 적합하지 않다는 결론을 내리고 다른 대안들을 검토했는데, 남한에 독립정부를 승인하는 것은 한국의 복지를 증진하는 것보다는 한국을 친소 집단들이 지배하도록 하는 것에 불과하고 미국의 패배를 증명하는 것이라고 지적했다. 즉, 현재 상황에서 남한을 독립시키는 것은 한국의 공산화를 의미한다는 것이었다. 한국문제를 4강의 외무장관들에게 회부하는 것 역시 같은 결과를 낳을 것이 뻔했다. 따라서 유일한 길은 미국이 장기적인 계획을 세우고 남한에 경제원조를 제공함으로써 남한 경제의 기초를 확고히 다지는 것으로, 우선 미국은 1948년도에 남한에 2억 5천만 달러를 배당하고, 다음 해에는 2억 달러, 그 다음 해인 1950년에는 1억 5천만 달러를 배당하자고 제안했다. 이처럼 적극적으로 남한을 도울 의도를 보여야만 소련이 미국의 무관심 때문에 자연히 한국이 자신에게 넘겨질 것이라는 생각을 하지 않게 될 것이고, 그래야 미국이 앞으로의 교섭에서 소련의 양보를 얻을 수 있을 것이라고 보았다.[7] 이 제안은 28일자로 육군성·예산국·국무부의 차관보급의 동의를 받았고,[8] 3월 28일에는 국무장관대리 애치슨Dean G. Acheson의 동의를 얻었는데, 애치슨은 총액이 5억 4천만 달러를 초과하지 않을 것, 그리고 1948년도의 예산이 2억 1,500만 달러로 축소되어야 한다고 했다.[9]

5 *FRUS*, 1947, vol. 6, p.611.

6 A) that the U. S. ha〔d〕no great interest in the Korean problem and has more or less abandoned General Hodge to his own devices. *FRUS*, 1947, vol. 6, p.615.

7 *FRUS*, 1947, vol. 6, pp.613~614.

8 *FRUS*, 1947, vol. 6, pp.618~619.

특별위원회가 작성한 이 초안은 해방 직후 미국의 남한에 대한 유일무이한 포괄적 평가보고였고, 이른바 좌우합작위원회左右合作委員會를 중심으로 한 온건세력을 뒷받침해 주려던 문건이었다. 특별위원회는 한국의 우익세력만으로는 공산당 세력을 막을 수 없다는 결론을 내리고, 민정장관民政長官 안재홍安在鴻과 과도입법의원過渡立法議院 의장 김규식金奎植 등 온건세력을 중심으로 한 체제에서 남한의 경제가 자립할 수 있는 기반을 만들어감으로써 소련에 압력을 가하여 타협을 이끌어 내려고 했다. 이 제안은 소련의 한반도 독점을 방지하려는 정책의 연장이라고 해석할 수도 있고, 반공보루 구축을 위한 정책이라고 해석할 수도 있다. 그러나 여기에서 유의해야 할 것은, 특별위원회의 제안이 정책에 반영되지 않았다는 사실이다. 당시의 미국 정계에는 한반도에서 적극적인 정책을 취해야 한다는 주장을 밀어줄 세력이 존재하지 않았다. 일본 학자 이오키베 마코토五百旗頭眞는 미일전쟁이 치열하게 전개되고 있던 1943년에도 미국의 국무부 내에 지일파知日派 인사들이 있어서 일본에 유익한 정책을 세웠으나, 불행하게도 "조선국민은 워싱턴에 이해자나 대변사를 가질 수 없었다"[10]고 했는데, 이러한 상황은 해방 후에도 크게 달라지지 않았다. 그런데 5억 4천만 달러라는 금액은 당시에는 방대한 금액이었다. 트루먼이 트루먼 독트린을 선포하면서 반공의 일선으로 삼았던 그리스와 터키를 위해 국회에 요청했던 금액이 4억 달러였다. 당시 두 나라에서는 소련의 비호하에 게릴라전이 활발히 진행되고 있었으므로, 트루먼은 이 나라들을 공산세력의 침략으로부터 막기 위해 원조해야 한다고 주장했다. 유럽중심적인 미국에게 그리스와 터키의 지정학적 위치는 한반도와는 비교가 안 될 정도로 중요했다. 이 나라들이 공산화될 경우 지중해 지역 전체가 소련의 영향권에

9 *FRUS*, 1947, vol. 6, pp.621~623.

10 五百旗頭眞, 『米國の日本占領政策』 上(東京 : 中央公論社, 1985), p.244.

들어갈 것이기 때문이다.

미국은 이 당시 그리스와 터키뿐만 아니라 유럽의 경제재건을 위해서도 막대한 액수의 원조를 제공하기로 했는데, '마셜 플랜Marshall Plan'이라고 불리는 원조계획이 그것이다. 미국이 이 나라들에 원조를 제공하여 경제를 복구시킴으로써 공산주의의 팽창을 막아야 한다는 논리에는 설득력이 있었다. 전쟁으로 인한 파괴는 빈곤을 가져왔고, 빈곤의 팽배는 공산주의를 만연시킬 것이기 때문이다. 그러나 미국의 재정에는 한계가 있었고, 따라서 원조대상을 선별할 수밖에 없었는데, 이 과정에서 중추적인 기준으로 등장한 것은 미국의 방위에 있어서의 전략적 가치와 지역 방위에 필요한 비용이었다. 전략적 가치를 논의하는 데에는 물론 국방부(당시에는 육군성)가 중추적인 역할을 하지만, 마셜 국무장관이 육군총참모장을 지낸 전략가였으므로 국무부도 국방부와 대등한 역할을 했다.

특별위원회의 제안에 대해서 가장 먼저 반기를 든 것은 육군장관인 패터슨Robert P. Patterson이었다. 그는 4월 4일자로 국무장관대리 애치슨에게 보낸 편지에서 한국 원조를 반대할 뿐만 아니라 미국은 가급적 신속하게 한국에서 철수해야 한다고 주장했다. "미국의 안전보장security의 견지에서 볼 때 '한국은' 장기적으로 유리한 효과를 가져올 가능성이 희박합니다. 특히 소련과 어떠한 해결책을 강구하지 않는다면 더욱 그렇습니다"라고 했고, 따라서 "저는 미국이 최대한 빨리 한국에서 철수하기 위한 행동을 강력하게 취해야 된다고 믿으며, 우리의 모든 조치는 조속한 시일 내에 한국에서 철수하는 것을 지상 목표로 삼아야 한다고 믿습니다"라고 했다.[11] 그리고 그는 미국정부의 전반적인 예산 축소에 따라 감소되고 있는 재원과 인원은 육군이 지금까지 외교정책을 위해 취해온 행동의 범위를

11 *FRUS*, 1947, vol. 6, p.626.

좁힐 터인데, "우리는 자원의 부족 때문에 효과가 가장 적은 지역을 '지원대상에서' 제거해야 함을 인식하고 모든 프로그램들을 정밀히 재평가해야 한다고 생각합니다"[12]라고 말했다.

국회에 향후 3년 동안 한국을 위해서 5억 4천만 달러를 요청하고, 1948년도에 '그 일부로' 2억 1,500만 달러를 요청하는 데 대해서는, "저는 국회가 그 제의에 동의할지에 대해서 매우 회의적입니다. 저는 이 요청이 국회에서 반대를 불러일으켜 결과적으로 육군성과 다른 기관들이 세계 전반에서 필요한 자금을 축소시키게 될까 우려됩니다. 만일 미국 국민들과 국회를 설득할 수 있는 조치를 '미리' 취하지 않는다면 반대 반응이 나올 것은 거의 확실합니다"라고 했다.

제2차 세계대전을 위해 막대한 경비를 지출한 미국은 맹렬한 속도로 군축을 추진하고 있었고, 트루먼의 반대당인 공화당共和黨이 장악하고 있던 국회는 매년 군비 축소를 단행하고 있었으므로, 국방비를 늘리기 위해 국회를 설득해야 했던 패터슨으로서는 당연한 반응이었다. 패터슨은 효과가 가장 적은 지역을 '지원대상에서' 제거해야 한다고 인식하고 모든 프로그램들을 정밀히 재평가해야 한다고 했지만, 실지로 미 군부는 이미 '공동전략조사위원회Joint Strategic Survey Committee'를 조직하여 미국 안보의 견지에서 여러 나라가 차지하는 중요성을 측정하도록 했다. 이 위원회가 같은 달 27일(즉 1947년 4월 27일)에 제출한 보고서에서 한국은 16개 나라와 지역(남미 등) 중에서 15등이었다. 동시에 원조의 시급성 등급에서는 5등을 차지했다.[13] 그리고 두 가지 조건을 결합해서 매긴 등급에서는 13등으

12 *FRUS*, 1947, vol. 6, pp.626~627.

13 Thomas H. Etzold and John L. Gaddis (eds.), *Containment: Documents on American Policy and Strategy, 1945~1950*(New York: Columbia University Press, 1978), p.82(이하 *Containment*).

로 꼽혔다. 즉, 미국 안보의 견지에서 볼 때 한국은 원조 대상이 되지 못했다. 그 후 미국의 정책을 살펴볼 때 흥미로운 점은 일본이 13등, 중국이 14등, 한국이 15등이었다는 것이다. 이 위원회는 한국에 대해 다음과 같이 언급했다.

> 만일 현재의 외교적 · 이념적 전쟁이 군사적 전쟁으로 변했다고 가상했을 때 한국이 우리나라의 안보에 도움을 줄 가능성은 아주 희박하거나 없다. 따라서 이러한 견지에서 볼 때 현재 '남한을 위해' 나누어 주고 있는 원조는 우리나라의 안보를 위해 가장 중요한 나라들의 독립을 유지하고, 미국과의 우호관계를 계속하고, 경제를 복구시키기 위한 충분한 원조를 제공한 후 재원이 '남아' 있을 경우에만 제공해야 한다.[14]

이 보고서가 특별히 주목을 끄는 것은 이것이 제출된 날짜 때문이다. 즉, 이른바 트루먼 독트린이라고 알려진 트루먼 대통령의 연설은 3월 12일에 발표되었는데, 이 보고서는 4월 29일에 제출되었다. 트루먼은 그의 연설에서 그리스와 터키에 원조를 제공해야 할 것을 강조하면서 "미국은 무장한 소수파나 외세의 침략에 저항하는 자유로운 인민들을 지지해야 한다"고 함으로써 마치 미국이 세계 어느 곳에서나 공산당의 침략을 막을 것 같은 인상을 주었으나, 실무자들의 견해는 그렇지 않았다. 국무장관인 마셜은 이 연설문이 완성되기 직전에 소련 외상과의 회의를 위해 모스크바로 떠났는데, 가는 도중 파리에서 연설문의 초안을 받아보고 내용이 너무나 강경하므로 수정해야 한다고 "항의" 했으나, 국회가 원조를 승인하게 하려

14 Report by the Joint Strategic Survey Committee to the Joint Chiefs of Staff, "United States Assistance to Other Countries from the Standpoint of National Security," top secret, April 29, 1947. JCS 1769/1, Department of State, *FRUS*, 1947, vol. 1, pp.744~745 (인용은 p.745에서).

면 강한 어조가 필요하다는 회답을 받고 묵인했다고 한다.[15] 그 후 마셜 장관의 정책계획실장으로서 마셜의 오른팔 노릇을 하고, 미국 외교정책의 실질적인 두뇌 역할을 한 케넌George Kennan도 역시 트루먼의 연설 내용이 너무나 포괄적이어서 모든 나라들이 미국에 원조를 요구하게 될 것이라고 염려했는데,[16] 국방을 담당하는 실무자들은 트루먼의 연설과는 전연 다른 계획을 세우고 있었다.[17]

이처럼 한국의 전략적 가치를 부정하는 태도는 국무부 · 육군성 · 해군성이 조직한 공동위원회의 한국문제위원회[18]가 8월 4일에 제출한 보고서에도 나타나 있다. 즉, 이 위원회는 미국이 한국으로부터 철수할 경우 극동지역과 세계 전반에서 미국의 위신이 손상될 것이므로 철수해서는 안 되지만, "미국은 한국을 소련의 지배하에 두지 않으면서 한국에 대한 인원과 자금의 투자commitment를 가급적 빠른 시일 내에 취소하거나 감소시키기 위해 모든 노력을 해야 할 것이다"[19]라고 했다. 이 보고서는 서울에서 열린 제2차 미소공동위원회가 교착상태에 빠졌을 때에 작성된 것인데, 이 위원회는 교착상태가 계속될 경우 한국문제를 유엔에 상정하도록 준비할 것, 남한에 독립을 부여하는 데 대한 조사를 진행할 것, 남한에 원조를 제공하기 위한 입법안을 준비할 것도 추천했다.[20] 다시 말하면, 이 위원회는

---

15 Forrest C. Pogue, *George C. Marshall: Statesman*(New York: Viking Press, 1987), p.167.

16 Pogue, 위의 책, p.167.

17 *Containment*, pp.302~311. 미국 총참모부는 1947년 5월 1일자로 「산업동원계획을 위한 전략지침서Strategic Guidance for Industrial Mobilization Planning」라는 문서를 작성했는데, 만일 소련과의 전쟁이 일어날 경우 미국은 유럽과 한국에 있는 점령군을 철수해야 한다고 했고(p.305), 미국은 아시아대륙에서 전쟁을 하면 안 될 것이라고 했다(p.310).

18 Ad Hoc committee on Korea of the SWNCC.

19 *FRUS*, 1947, vol. 6, p.738. "Every effort should be made, however, to liquidate or reduce the U.S. commitment of men and money in Korea as soon as possible without abandoning Korea to Soviet domination."

20 *FRUS*, 1947, vol. 6, p.741.

남한이 소련의 지배하에 들어가는 것을 방지하되, 미국은 가급적 속히 손을 떼야 한다는 것이었다. 미국은 8월 26일에 한국문제를 토의하기 위한 4강 회의를 열 것과 남북에서의 총선거를 제안하는 서한을 소련에 보냈고, 9월 4일에 소련이 이를 거절하자 9월 17일에 한국독립 문제를 유엔총회에 회부했다.

이처럼 워싱턴에서 한국문제가 토론대상이 되고 있을 무렵, 1947년 5월 말경에 제이콥스Joseph E. Jacobs라는 외교관이 하지 중장의 정치고문으로 취임했는데, 제이콥스는 미국의 한반도정책을 결정하는 데 중추적인 역할을 하게 된다. 그가 서울에 도착한 지 4개월도 안 된 9월 19일에 워싱턴으로 보낸 전보는 미국의 한반도정책 구성과정에 있어서 어느 문헌보다도 더 중요한 역할을 했다. 그의 논조가 국무부의 정책계획실장인 케넌의 생각과 거의 동일했기 때문이다.

우선 제이콥스는 미국이 한반도에 막대한 투자를 하기 전에 두 가지 질문에 대답해야 된다고 했다. "첫째, 앞으로 5년간 미소관계를 전망하는 데 있어서 한국은 미국이 모험을 하며 비용을 소비할 만큼 미국에게 긴요한 나라인가? 둘째, 만일 미국의 전략가들이 소련의 주변에서 긴요하다고 생각하는 모든 곳에서 필요한 행동을 취할 수는 없다고 판단할 경우, 미국은 한국을 포기하고 일본이나 다른 주변국가에서 조치를 취할 수는 없을 것인가?" 라는 두 가지 질문이었다. 이처럼 극단적인 질문을 던진 제이콥스는 그야말로 가혹한 논조를 펼쳐 나갔다.

> 만일 전략가들이 미국의 전반적인 정책인 소련봉쇄정책을 수행하는 과정에서 한국이 불가결한 존재이고, 이를 우리의 방위적 (또는 공격적) 보루로서 지켜야 한다면, 우리는 모스크바 협정을 신속히 그리고 품위 있게gracefully 폐기하고 남한을 발전시키기 위한 노력을 적극적으로 추진해야 할 것이다. 그 반면

에 만일 전략가들이 한국은 우리의 방위(또는 공격)에 그리 중요치 않은 곳이라고 생각하거나, 다른 방도를 취할 수 있다고 생각하거나, 다른 보루를 장악하는 것이 더욱 중요하다고 생각한다면 우리는 이 문제에 대해서 '소련과 화해하고' 한국으로부터 가급적 빠른 시일 안에 품위 있게 철수해야 한다. 후자의 경우는 이곳에서나 고위층 교섭에서 그리고 유엔에서 소련에 대해 보다 더 유순한 태도를 취함으로써, 전全 한국적 정부를 수립하고 미소군을 동시에 철수시키면 될 것이다. 이 경우 우리는 최소한의 원조를 최소한의 감독하에 제공할 수 있는데, 나는 미소 양군이 철수한 후 얼마 가지 않아서 최근에 인도에서 있었던 상황처럼 그리고 중국에서의 공산세력과 비공산세력 간의 투쟁처럼 무정부 상태와 유혈사태가 벌어질 것이고, 따라서 아주 적은 분량의 원조를 주거나 아니면 원조를 줄 수 없는 상태가 생겨날 것이라고 생각한다.[21]

제이콥스의 논조를 요약한다면 미국은 신속히 한국에서 철수하고, 한국 사람들이 그들끼리 싸우다가 운명을 결정하도록 하라는 것이었다. 즉, 한국문제를 한국화韓國化, Koreanization하라는 것이었다.

케넌은 제이콥스의 전보를 받은 지 5일 후인 9월 24일에 극동담당 차관보 버터워스W. Walton Butterworth에게 보낸 메모에서 제이콥스가 던진 질문에 대해 다음과 같이 답했다.

우리는 SWNCC(국무부 · 육군성 · 해군성이 조직한 공동위원회)가 '8월 4일자의' 프로그램을 작성하는 과정에서 한국문제에 있어서 군사적 측면이 충분히 고려된 것으로 알고 있었습니다. 그러나 우리는 '지금' SWNCC의 프로그램이 서울에서 온 전보의 제6항 '즉 제이콥스의 질문'에 대해 논리적인 대답을 하지 않았다고 생각합니다. 우리들이 이 문제에 관해서 군 당국자들과 토론한 바에 따르면, 한국은 우리에게 군사적으로 긴요한 나라라고 생각되지 않습니다. 만

21 *FRUS*, 1947, vol. 6, pp.803~807.

일 이 생각이 정확하다면, 우리는 우리가 '지금까지의' 손실을 잊어버리고 그곳에서 품위 있게, 그러나 가급적 빠른 시일 안에 철수해야 한다고 생각합니다.[22]

제이콥스는 케넌의 한반도정책뿐만 아니라 한국관에도 막중한 영향을 끼쳤다. 케넌은 같은 해 11월 6일에 마셜 장관의 요구에 응하여 「세계정세 개요」라는 제목의 글을 제출한 바 있는데, 이 글에서 케넌은 한국에 대해서 다음과 같은 결론을 내렸다. "한국에 대해서 말한다면, 저는 그 나라에서 참다운 평화와 자유민주주의적인 발전을 기대할 수는 없다고 봅니다. 앞으로 그 나라의 정치는 정치적 미숙성, '상대방에 대한' 불관용성과 폭력에 의해 움직이게 될 것이 뻔합니다. 그러한 상황이 벌어질 경우 공산주의자들이 득세할 것은 당연합니다. 따라서 우리는 소련의 팽창을 막기 위한 과정에서 토착 한국인들의 도움을 기대할 수가 없습니다. 이 나라는 우리나라에게 전략적으로 결정적인 중요성을 지니고 있는 곳이 아니므로, 우리가 할 일은 위신을 크게 손실하지 않으면서 빠져나오는 것입니다."[23] 마셜은 11월 7일에 열린 내각회의에서 이 글을 요약하여 보고했고, 그 후 트루먼 대통령의 요구에 따라 전문全文을 대통령에게 제출했다.[24]

케넌이 제이콥스의 전보를 환영하고 즉시 반응한 것은 케넌이 한반도뿐만 아니라 중국을 포함하는 아시아대륙에서 미국이 손을 뗄 것을 주장하고 있었기 때문이다. 케넌의 태도가 중요한 것은, 그가 주소련대사관 시절 미국의 소련정책에 대해서 세계적으로 유명해진 전보를 보낸 바 있고, 소련의 대외정책을 분석한 날카로운 글들을 발표함으로써 정계의 주목을 받

22 *FRUS*, 1947, vol. 6, p.814. "If this is correct, we feel that policy should be to cut our losses and get out of there as gracefully but promptly as possible."

23 Report by the Policy Planning Staff, "Resume of World Situation," PPS/13, November 5, 1947, *FRUS*, 1947, vol. 1, pp.770~777(인용은 p.776에서).

24 *FRUS*, 1947, vol. 1, pp.770~771, footnote 1.

은 데다, 마셜 장군이 그를 외교고문으로 활용하기 위해 국무부 내에 정책계획실을 새로 만들어 초대실장으로 임명한 인물이었기 때문이다. 케넌이 주창한 미국정책은 '강점방위정책強點防衛政策, strong point defense' 이라고 알려져 있는데, 이를 요약하면 미국의 능력에는 한계가 있으므로 미국이 중요하다고 생각하는 지역, 그리고 방위를 하는 데 있어서 미국이 강한 지역만을 선택하여 방위력을 강화해야 하며, 그 외의 외지 또는 주변 지역은 포기해야 한다는 것이다.[25] 제이콥스가 케넌의 노선을 이미 알고 그런 전보를 보냈는지는 모르겠으나 제이콥스의 논조는 케넌의 노선과 전적으로 합치했다.

케넌이 위의 메모에서 "이 문제에 관해서 군 당국자들과 토론한 바에 따르면"이라는 표현을 쓴 것을 보면 대화 내용에 대한 공식 문서를 요청했던 것 같다. 새로 취임한 육군장관 퍼레스톨James Forrestal은 9월 26일자로 국무장관에게 메모를 보냈는데, 그 글의 내용은 다음과 같다.

합동참모부는 군사안보의 견지에서 볼 때 한국에 현재 주둔하고 있는 군대나 유지하고 있는 기지를 계속 유지해야 할 전략적 가치가 없다고 생각합니다.[26] 그 이유는 다음과 같습니다.

극동지역에서 전쟁이 일어나게 될 경우, 현재 한국에 주둔하고 있는 군대는 부담liability이 될 것이며, 전쟁이 일어나기 전에 상당히 많이 보강하기 전에는 유지될 수가 없습니다. 그리고 미국이 아시아대륙에서 공세를 취한다면 한반도

---

25 케넌의 정책에 대해서는 John L. Gaddis, *Strategies of Containment*(New York: Oxford University Press, 1982), 제3장에 자세히 기술되어 있다. 동아시아 지역에 대한 그의 전략은 1948년 2월 24일자 "Review of Current Trends: U. S. Foreign Policy," *FRUS*, 1948, vol. 1(part 2), pp.523~526에 기술되어 있다.

26 "The Joint Chiefs of Staff consider that, from the standpoint of military security, the United States has little strategic interest in maintaining the present troops and bases in Korea for the reason hereafter stated."

는 우회迂廻의 대상이 될 것입니다.[27]

즉, 한반도는 방위에 불리하고 공격에는 불필요한 곳이라는 것이다. 합동참모본부는 또 한반도는 소련에게도 그리 큰 전략적 가치가 없는 것으로 평가했다. 소련이 한반도를 장악하여 공군, 해군기지를 세울 경우 미군에게 손상을 줄 수는 있으나, 이들 시설은 미 공군이 파괴할 수 있기 때문이다. 그리고 미군이 한반도에서 철수할 경우에도 극동군사령부의 임무, 다시 말해서 일본의 방위에는 지장이 없을 것이라고 했다. 현재 한국에 주둔하고 있는 미군병력은 미국의 안보에 장기적인 이익을 가져오지 않을 뿐만 아니라, 획기적인 경제부흥사업이 진행되지 않을 경우 미군의 입장이 곤란해질 것이라고 했다. 군수뇌부는 그러나 미군병력을 급격히 철수하는 것은 달갑지 못하다고 했다. 그렇게 될 경우, 미국의 위신을 손상할 것이고, 더 긴요한 다른 지역에서의 행동에도 나쁜 영향을 미칠 것이기 때문이다.[28] 국방부의 입장을 요약하면, 한국은 전략적으로 아무 가치가 없으므로 미군 철수를 환영하기는 하나, 너무 급격히 철수해서는 안 된다는 것이다.

3. 국무부의 최종결정

한국문제는 이처럼 패터슨 육군장관이 문제를 제기한 4월부터 군수뇌부와 국무부 사이에서 논의의 대상이 되어 왔는데, 서울에서 열리고 있던 제2차 미소공동위원회에서의 소련의 제안으로 국무부는 한국에 대한 최종결정을 내리게 되었다. 즉, 소련 측 대표 슈티코프T. F. Shtykov 대장은 9

27 *FRUS*, 1947, vol. 6, p.817.
28 *FRUS*, 1947, vol. 6, p.818.

월 24일에 열린 회의에서 미소 양군이 동시에 한반도에서 철수하고 한국 사람들로 하여금 자력으로 정부를 수립하도록 하자고 제의했는데,[29] 이 제안이 미국이 최종결정을 내리는 계기가 되었다.

소련의 미소 양군철수안은 소련식의 한국화안Koreanization plan이라고 할 수 있는데, 이 방법이 공산진영에 유리한 것이었음은 물론이다. 소련은 이미 북한에 상당한 병력을 양성하고 있었고, 또 북한과 인접해 있어 필요하면 언제든 병력을 파송할 수 있는 데 비해, 미국은 일단 군대를 철수하면 파병하기가 힘들어질 것이기 때문이었다. 따라서 미국은 소련이 이 안을 들고 나오리라고 믿고 있었을 뿐만 아니라, 소련이 이 제안을 하지 않는 것을 이상하게 생각하고 있었다. 1947년 9월 23일에 서울을 방문 중이던 미국 육군차관 드레이퍼William H. Draper, Jr.는 하지 사령관과 그의 정치고문 제이콥스와의 회담 도중에 이런 대화를 했다.

> 드레이퍼 : 저들이 공동철수를 제안하지 않은 것을 이상하게 생각하지 않소?
> 제이콥스 : 그래요. 왜 그런지 모르겠어요Yes, sometimes it puzzles me.
> 하지 : 나는 거의 1년 전부터 그 제안이 올 것을 기대하고 있었어요.
> 제이콥스 : 나는 그들이 바보짓을 하고 있다고 생각합니다. 그들에게 기다릴 여유가 있기 때문인지도 모르지요. 우리가 이 지역을 발전시켜 놓은 다음 5년 후에 에덴동산을 넘겨주기를 기다리는지도 모르지요.[30]

참으로 공교롭게도 소련은 이 대화가 있은 다음 날에 양군의 동시철수를 제안했다. 남한에 독립을 부여하는 것은 한반도를 공산진영에 넘겨 주는 것에 불과하다는 논리를 전개하는 시절이었다면 미국이 소련의 양군철

29 제이콥스의 9월 26일자 보고. *FRUS*, 1947, vol. 6, p.816.

30 Orientation for Undersecretary of the Army Draper and Party, By Lt. Gen. Hodge, 23 September 1947.

수안에 반대했을 것이나 1947년 9월의 정세는 그렇지 않았다. 미국 수뇌부는 동시철수안을 환영했다. 미국과 소련이 한국화정책을 추진하는 데에는 각기 판이한 의도가 숨어 있었고, 미국은 소련의 의도를 충분히 알고 있었으나 한국화에 대해서는 적극적이었다.

1947년 9월 29일에 열린 회의는 마셜 국무장관실에서 열렸는데, 처음으로 장관 주관하에 열린 한국에 관한 회의였다. 국무차관 로베트Robert A. Lovett, 정책계획실장 케넌, 극동국장 버터워스, 특별정치국Office of Special Political Affairs의 러스크Dean Rusk 국장, 동북아시아부장 앨리슨John M. Allison 등 당시, 그리고 그 후 오랫동안 미국의 동아시아정책 결정에 중추적인 역할을 한 인물들이 모인 자리였다. 그날의 회의록은 아직 공개되지 않았으나 내려진 결론은 알려져 있다. 즉, ① 미국이 한국에 대해 상당한 투자를 하고 노력을 한다 하더라도 궁극적으로 한국에서의 미국의 입장은 수호될 수가 없는untenable 것이다. ② 그러나 미국이 한국을 '내동댕이치고' 도망친다면 극동지역과 세계 전역에서 위신과 정치적 위상에 상당한 손실이 있을 것이다. ③ 미국정부는 나쁜 결과를 극소화하면서 가급적 빠른 시일 내에 한국에서 철수하기 위해서 한국문제를 종결하기 위한 모든 적합한 수단을 동원해야 한다. ④ 최근의 소련의 제안은 적절히 이용한다면 미국이 한국에서 품위 있게 철수할 수 있는 가능성을 높이는 기회가 될 것이다. ⑤ 따라서 미국은 소련이 한국문제를 해결하는 데 있어서 미국과 합의하는 것을 불가능하게 만드는 어떠한 조치도 취해서는 안 된다. ⑥ 유엔에 제출할 미국의 결의안은 위의 여러 요소들을 감안해서 작성해 가급적 빠른 시일 내에 유엔 사무총장에게 제출해야 하며, 그에게 보내는 편지에 소련의 제안을 언급하면서 유엔으로 하여금 소련의 제안과 미국의 제안에 유의하도록 해야 한다. ⑦ 미국의 제안은 최종 결정안이 아니라 시안試案으로서 제출되어야 한다.[31]

즉, 미국은 체면을 지키면서 가급적 빠른 시일 내에 한국으로부터 철수해야 하는데, 소련의 양군 동시철수안은 미국에 이용가치가 있으므로 소련을 자극하지 말자는 것이었다. 이날의 결정은 오랫동안 토의되어온 내용과 다른 점이 없으나, 소련의 제의를 미국의 체면을 세우는 데 이용하자는 점이 특이했다. 하여튼 국무부의 최고수뇌부는 1947년 9월 29일의 회의에서 한국에서 철수하기 위해서 한국을 독립시키기로 결정했고, 이를 위해 유엔을 이용하기로 결정했다. 위에서 인용한 대로, '한국문제특별공동위원회'는 2월 25일에 제출한 보고서에서 "남한에 독립정부를 승인하는 것은 한국을 친소 집단들의 지배하에 들어가도록 하는 것에 불과하고 미국의 패배를 증명하는 것이다. 즉, 현재의 상황에서 남한을 독립시키는 것은 한국의 공산화를 의미한다"라고 지적했는데, 그렇게 되어도 할 수 없다는 것이었다.[32]

4. 대한민국 수립 후의 미국정책

대한민국이 수립된 후에도 미국정책의 기조에는 변화가 없었다. 미국은 대한민국에 대해 "정치적 지지와 경제적, 기술적, 군사적, 그리고 기타의 원조를 계속해야 한다"[33]는 입장을 취하고 있었으나 남한은 전략적 가치가 없는 곳이라는 결론에는 변함이 없었다. 하나의 예외가 있다면 1948년 12월에 국무부 극동국이 제기한 재평가 요구이다. 극동국은 이미 보편화되

31 *FRUS*, 1947, vol. 6, p.820.

32 미국은 남북한 전역에서 선거를 실시하여 한국정부를 수립하도록 하자는 내용의 결의안을 10월 17일에 유엔 사무총장에게 제출했다(위의 책, pp.832~835). 위에서 본 바와 같이 11월 7일에 열린 내각회의는 케넌의 세계정세 개요에 대한 보고서를 받았는데, 트루먼이나 다른 각료가 이의를 제출했다는 기록은 없다.

33 NSC 8/2, approved by President Truman on March 23, 1949, "The Position of the US with Respect to Korea," *FRUS*, 1949, vol. 7(part 2), pp.969~978.

어 있던 한국에 대한 평가에 대해서 이의를 제출하고, 한국이 전략적으로 중요함을 강조하며 한국에서의 철병을 재고해야 한다는 의견을 내놓았는데, 결국 철병을 일시 연기하는 역할밖에 하지 못했다.[34] 총참모부는 국무부의 제안이 있기 5개월 전인 7월 21일에 소련과의 전쟁에 대비하여 위급시 전쟁계획서Halfmoon를 작성했는데, 이 계획서에서 유사시에 극동지역에서 취해야 할 첫 번째 과업은 한국에서 미군을 철수하는 것이라고 지적했다.[35] 그 다음 해에도 군부의 평가에는 변함이 없었다. 1949년 3월에는 한국에서의 철병 스케줄에 관해서 국방부와 국무부 간에 치열한 논쟁이 벌어졌는데, 신속한 철병을 주장한 군부 측의 이유는 군부의 한국관을 여실히 나타내 주었다. 즉, 미군철수가 완료되기 전에 북한이 남한에 대한 공격을 개시할 경우 잔류 미군병력은 전멸하거나, 아니면 당황스런 상황에서 한국을 포기해야 하는데 어느 쪽의 경우라도 미국의 위신이 심각하게 손상될 것이라고 했다.[36] 그리고 1949년 5월 26일에 작성된 긴급전쟁계획서Offtackle에서 군부는 전쟁이 발발하면 소련은 오스트리아, 그리스, 이란, 핀란드, 서독, 중국 남부와 함께 한국을 급격히 점령할 것이라고 보았다.[37] 군부는 한국이 지정학적으로 미국이 방위할 수 없는 곳이라는 신념이 강했다. 아주 적은 병력이라도 미군이 한반도에 주둔하고 있으면 스탈린이 남한공격을 주저할 것이라는 생각은 전연 없었다.

이처럼 미국은 체면을 유지하면서 한국으로부터 손을 떼기 위해서 한반

---

34 Chull Baum Kim and James I. Matray (eds.), *Korea and the Cold War: Division, Destruction, and Disarmament*(Claremont: Regina Books, 1993), pp.78~84.

35 이 계획서는 '하프문Halfmoon'이라는 암호로 알려졌는데, 그 후 1948년 9월 1일자로 '플리트우드Fleetwood'라는 암호로 미군 각 사령부에 배포되었다. *Containment*, pp.315~323. 한국으로부터의 철수에 관해서는 p.320.

36 "Position of the United States with Respect to Korea," March 22, 1949, *FRUS*, 1949, vol. 7(part 2), pp.969~978; Kim and Matray, 앞의 책, p.85에서 재인용.

37 *Containment*, p.325.

도문제를 유엔에 회부함으로써 대한민국을 수립시켰고, 1949년에 미군의 철수를 완료했으므로, 미국이 한반도를 이른바 극동방위선Far Eastern defense perimeter 안에 포함시키지 않은 것은 당연한 일이었다. 미국의 방위선에 관한 애치슨 국무장관의 1950년 1월의 연설은 너무나도 유명하지만, 미국의 방위선에서 타이완臺灣이나 한국을 제외하는 정책은 1948년부터 이미 논의되었고, 트루먼 대통령 산하의 안보회의는 1949년 말에 이에 대한 결의를 내렸다. 즉, 케넌 정책계획실장은 1948년 2월 24일의 글에서 태평양-극동지역에서 '우리(미국)의 안보에 절대적으로 긴요한absolutely vital to our security' 나라는 일본과 필리핀이라고 하면서 이 두 나라가 태평양지역에서의 안보체제의 초석이 되어야 하며 미국은 중국에서 손을 떼야 한다고 했는데,[38] 그의 제인은 방위선을 예상케 하는 것이었다. 1949년 12월 23일에 안보회의가 채택한 문서(NSC 48/1)는 미국이 아시아에서 소련의 침략에 대비하기 위해서는 '최소한의 정책minimum position'을 따라야 한다고 하면서 '아시아의 섬들의 연쇄Asian offshore island chain'를 적으로부터 방위해야 한다고 했다.[39] 동시에 미국은 타이완을 방위하기 위한 군사적 행동은 취하지 말아야 하며, 필리핀, 류큐流球, 그리고 일본에서 미국의 위치를 강화해야 한다고 했다.[40] 위에서 지적한 대로 이 문서는 한국에 대한 각종 원조를 계속할 것을 말하고 있기는 하지만 유사시에 미국이 방위해야 한다는 말은 없었다. 잘 알려진 대로 미국은 대한민국이 수립된 후에 방위조약을 맺지 않았다. 방위조약을 맺게 된 것은 한국전쟁이 실질적으로 끝나고 휴전협정이 체결된 1953년이다. 이승만 대통령이 휴전협정

38 *Containment*, pp.227~228.

39 "The Position of the United States with Respect to Asia," December 23, 1949, *Containment*, pp. 252~269(인용은 p.264에서).

40 *Containment*, p.275.

을 반대해 왔고 미국과 한국 사이에 방위조약이 체결되어야 한다고 고집했으므로, 그를 무마할 필요를 느낀 미국이 방위조약을 체결한 것이다.

5. 맺음말

반세기가 지난 오늘의 시각에서, 특히 구소련 측 사료가 일부 공개된 시점에서 볼 때, 1940년대 후반에 미국정부가 택한 한반도정책은 비극적이라고 할 수밖에 없다. 3년간의 미군정 통치에 대해서는 따로 논의해야 하겠지만, 1947년 9월에 결정된 한반도 포기정책은 피할 수 있었던 한국전쟁을 야기한 것이라고 할 수밖에 없다. 당시의 미국 관리들은 소련이 즉시라도 제3차 세계대전을 시작할 것으로 생각하고 한반도 포기를 서둘렀는데, 그 후에 공개된 자료에 따르면 스탈린은 15년 혹은 20년 후에야 미국에 대항할 수 있는 힘을 가질 수 있을 것으로 생각하고 있었고, 미국과의 전쟁을 구상하지 않고 있었다.[41] 그리고 그는 미국과의 대결을 극히 두려워하여 남한 침공에 대한 원조를 결정하기 직전까지도 미국의 개입 가능성에 대해 여러 번 다짐을 했었다.[42] 따라서 미국이 강점방위強點防衛정책이라고 하는 극단적인 사고방식을 떠나서 대한민국에 대해서 보다 더 적극적인 태도를 보였더라면 스탈린은 한반도에서 모험을 하지 않았을 것이다. 당시 미국 군부의 수뇌부와 케넌 등 관료들이 사용했던 실리주의의 기준을 가지고 한국 포기 결정을 평가하더라도 이 결정은 너무나 근시안적이었다. 1950년 1월의 그 유명한 애치슨선언도 참으로 무책임한 것이었

41 Sergei N. Goncharov, John W. Lewis, and Litai Xue, *Uncertain Partners: Stalin, Mao, and the Korea War*(Stanford: Stanford University Press, 1993), p.71. 이 말은 1949년 8월에 스탈린이 중국의 류샤오치劉少奇를 만났을 때 한 것이라고 한다.

42 Goncharov, Lewis, and Xue, 위의 책, pp.138~141.

다. 김일성이 애치슨의 연설을 들어 스탈린에게 미국이 한국전쟁에 개입하지 않을 것이라고 했다고 전해지는데,[43] 그랬을 가능성이 높다.

어느 나라의 경우나 마찬가지이지만 역사에는 신화가 따르기 마련이다. 사실史實에 근거한 것은 아니지만 오랫동안 들어온 얘기이기 때문에 많은 사람들이 진실에 가까운 것으로 믿는 신화들이다. 그렇다손 치더라도 한국의 현대사, 특히 해방 직후의 정치사 중에는 신화가 많다. 격변의 기간이었던 탓도 있겠지만 무엇보다도 이데올로기가 사관史觀에 개입함으로써 많은 신화를 만들어 냈다. 어떤 경우에는 역사의 시대적 변천을 파악하지 않고 결과론적인 설명을 내려 신화를 만들어 냈다. 이 글에서 다룬 대한민국의 반공보루설이 바로 그 예이다. 사학자들이 해야 할 일은 참으로 많다.

43 Goncharov, Lewis, and Xue, 앞의 책, p.141.

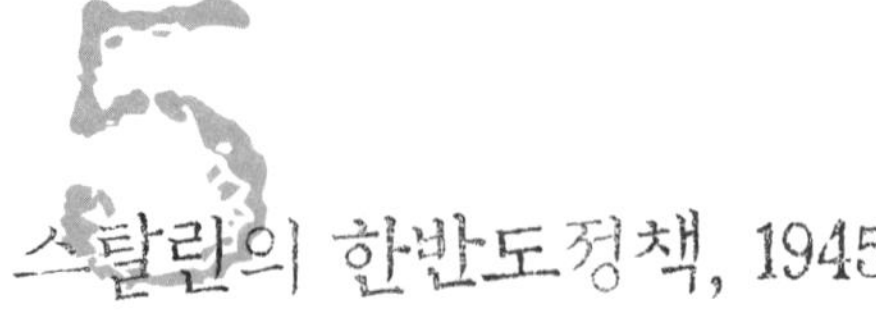

5 스탈린의 한반도정책, 1945

— 냉전의 전개과정과 한반도 분단의 고착화 —

왜 스탈린은 1945년 9월 20일에 소련이 점령한 북한지역에 '부르주아 민주주의 정권', 즉 단독정권을 수립하라고 했는가? 9월 12일부터 열린, 전승국들의 세력판도를 규정하게 될 런던회의에서의 미국과 소련의 대립은 스탈린의 한반도정책을 바꾼 중대한 계기였다. 9월 초순까지만 해도 한반도에는 어떠한 형태이건 간에 통일 정권이 수립될 가능성이 남아 있었지만, 런던회의 이후 한반도의 분단은 여지없이 고착되었다.

1. 머리말

1945년 9월 20일 스탈린은 소련이 점령한 북한지역에 "부르주아 민주주의 정권을 수립할 것"을 지시했다.[1] 즉, 북한지역에 단독정부를 세우라는 것이었다. 조선민족이 일제로부터 해방된 지 37일 만에 내려진 이 지령은 해방 후 북한의 역사에 중추적인 역할을 한 것은 두말할 것도 없거니와 해방 후 한반도에서의 미소관계의 진전과 아울러 한국현대사 전반에 매우 중요한 영향을 끼쳤다. 이 지령은 한반도의 분단을 고착시키는 것이었고, 남북의 재통합, 즉 민족의 재통일을 위한 모든 논쟁과 노력을 허구로 만들어 버리는 것이었기 때문이다.

1 『每日新聞』(東京), 1993년 2월 26일. 이 신문은 한국현대사에서 참으로 중요한 스탈린의 지령을 발견하여 전문을 번역 보도했다. 필자는 이 기사를 전해준 도쿄 데이쿄대학帝京大學의 오충근吳忠根 교수에게 사의를 표하는 바이다.

9월 20일의 스탈린의 지령은 한국현대사의 많은 수수께끼를 풀어주기도 한다. 예컨대 이 지령은 북한의 5도행정위원회五道行政委員會의 위상에 대한 논쟁에 종지부를 찍었다. 학자들 간에 1945년 10월에 설립된 5도행정위원회보다 1946년 2월에 설립된 북조선임시인민위원회北朝鮮臨時人民委員會가 북한 단독정부의 진원이라는 주장이 있었으나 9월 20일자의 지령은 분명하게 5도행정위원회의 위상을 높여주고 있다. 또 이 지령은 1945년 12월에 열린 모스크바 3상회의三相會議와 그 후 서울에서 열린 미소공동위원회美蘇共同委員會 등의 성격을 이해하는 데도 커다란 도움을 준다.

이 지령은 또 한국현대사를 이해하는 과정에서 소련정책 연구의 중요성을 강조해주고 있다. 지금까지 진행되어온 한반도 분단고착화에 관련된 연구들은 내제로 미국의 한반도정책에서 그 원인을 찾거나, 국내 정치세력 간의 투쟁을 중심으로 한 분석이 주가 되어 왔고, 소련은 항상 수동적으로 미국의 행동에 반응했다고 간주해 왔다. 그러나 이 지령을 통해 한반도의 분단이 고정되는 과정에서 소련의 정책이 미친 영향이 결정적이었음을 알 수 있다.

그렇다면 왜 스탈린은 한국민족이 해방의 환희에 차 있던 9월에 북한에 단독정부를 세울 것을 결정했는가? 과연 이때 그는 한반도에 대해서 어떠한 구상을 하고 있었는가? 즉, 그에게 북한, 남한, 그리고 한반도는 어떠한 가치가 있었는가?

불행히도 우리는 지금까지 이러한 질문에 대한 대답을 염두에 두지조차 못하고 있었다. 미국의 한반도정책 성립과정에 관해서는 트루먼 대통령의 정책결정 과정은 물론 각 부처간의 토의내용까지도 알려져 있는 데 반해 소련의 한반도정책에 관한 지식은 전무에 가까웠기 때문이다. 따라서 우리는 오랫동안 소련정책에 대한 세부적인 분석은 염두에 두지 못한 채 결과론적이고 총괄적인 판단에 의존할 수밖에 없었으며 소련의 정책결정 과정의 요인에 대해서는 관심조차 가질 수 없었다. 소련이 북한을 점령했고, 북한에 단독정권을 수립한 후 한국전쟁에 적극 참여했다는 결과를 기초로 삼아 소련의 정책을 결과론적으로 분석해 보면 소련은 1945년부터 1950년까지 줄곧 일관성 있는 정책을 추진했다는 결론을 내리게 되는데 물론 이러한 분석방법은 사실에 바탕을 둔 것이 아닌 추론이다.

지금까지 미국에서 소련의 한반도정책에 관해 정설로 받아들여진 논문은 슬러서Robert M. Slusser가 1977년에 발표한 「소련의 극동정책, 1945~50 : 한국에서의 스탈린의 목표」[2]일 것이다. 그런데 슬러서의 분석방법은 다분히 결과론적이다. 그는 제2차 세계대전 말엽부터 한국전쟁 시기까지의 스탈린의 한반도정책을 분석한 후, 스탈린은 오래전부터 한반도 전체를 점령할 것을 목표로 삼고 있었다는 결론을 내리고 있다. 그가 증거로 삼은 것은 ① 스탈린이 얄타회담이나 포츠담회담에서 미국의 신탁통치안信託統治案에 동의할 뿐 '의미심장한 침묵'을 지켜 왔다는 것, ② 1945년 8월 11일에 '돌연히' 한반도를 공격하여 '신속하게 점령'했다는 것, 그리고 ③ 한국전쟁에 개입했다는 것 등이다. 즉, 스탈린은 오랫동안 자기의 의도를 미국에 알려주지 않다가 미국과 상의 없이 돌연히 한반도를 점령하여 북한정권을 수립했는데, 이러한 그의 행동은 한국전쟁이라는 결과로 미루어 보아 애당초 한국은 소련의 전략상 '중추적인' 위치key position in Soviet planning[3]를 차지하고 있었다는 것이다.

슬러서의 논조를 받아들인다면 소련의 한반도정책은 8·15 당시부터 확정되어 있었고 한국전쟁은 불가피했다는 결론을 얻게 된다. 필자는 아직 구소련의 문헌들이 많이 공개되지 않은 상태이기 때문에 최종적인 판

2 Robert M. Slusser, "Soviet Far Eastern Policy, 1945~50: Stalin's Goals in Korea," in Yonosuke Nagai and Akira Irie (eds.), *The Origins of the Cold War in Asia*(New York: Columbia University Press, 1977), pp.123~146.

3 Slusser, 위의 논문, p.136.

단을 내릴 수는 없지만 다음과 같은 견해를 갖고 있다. 즉, ① 스탈린은 일본이 항복했던 1945년 8월에도 한반도에 대해 확고한 정책을 세우고 있지 않았다. ② 그러나 9월 하순에 들어서서 한반도 문제에 관한 미국과의 교섭을 단절하고 북한지역에 단독정권을 수립하기로 결정했다. 즉, 9월 초만 해도 스탈린의 한반도정책은 유동적이었고, 미국과 소련은 한반도문제에 대해 타협할 여지를 갖고 있었지만 10월에 들어서면서 한반도는 영구적으로 분단되어 버렸다. ③ 그 후 일본과 중국에서의 상황 변동에 따라 스탈린의 한반도정책이 변했는데, 그가 한국전쟁에 참여하게 된 데에는 중국에서의 공산당의 승리가 크게 작용했다. 이 점에 있어서는 필자와 슬러서의 주장 간에 차이가 없다.

2. 슬러서 주장의 문제점들

필자의 해석에 대한 설명은 아래에서 전개하겠지만 여기서는 먼저 슬러서 주장의 문제점들을 지적하고 넘어가야 할 것이다. 우선 스탈린이 각종 회의에서 미국의 신탁통치안에 동의할 뿐 침묵을 지켜 왔던 것은 미국의 제의에 크게 반대할 이유가 없었기 때문이다. 루스벨트Franklin D. Roosevelt는 1943년부터 한국에 국제적 신탁통치를 실시해야 한다고 주장했는데, 국제적 신탁통치란 국제연맹國際聯盟 시절의 신탁제도처럼 어느 한 나라가 위임통치하는 것이 아니라 여러 나라가 공동으로 통치하는 제도를 의미했다. 이것은 미국이 한반도를 단독으로 장악할 의사가 없다는 점을 밝힌 것이고,[4] 동시에 소련이나 중국이 한반도를 단독으로 장악해서도 안 된다는 뜻을 내포하고 있었다. 따라서 스탈린은 한반도문제에 대해서는

4 이 점은 포츠담회의(1945년 7월) 당시 미국이 한반도 공략안을 세우지 않고 있었던 점으로 미루어 확실하다.

미국과 협상해야 함을 오랫동안 감지하고 있었고 그렇게 할 의도를 갖고 있었다고 보아야 할 것이다. 그리고 아래에서 설명하겠지만 한반도는 제2차 세계대전 말엽까지만 해도 스탈린에게 이차적인 관심대상이었다.

그리고 1945년 8월 11일에 소련군이 한반도 북단을 공격하기 시작한 것은 미국에 예고하지 않고 '돌연히' 개시한 행동이 아니었다. 슬러서의 논문에서도 지적되었듯이 소련군 총참모장 안토노프Aleksei K. Antonov는 미군 총참모장 마셜George C. Marshall에게 "소련군이 한반도에 공격을 개시할 경우 미국이 공격에 참여할 의도가 있느냐"고 물은 바 있다.[5] 즉, 한반도 북단에 대한 소련의 공격은 이처럼 미리 예고된 것이었다. 그리고 소련군은 상륙 후 한반도를 '신속하게 점령'하지도 않았다. 보다 정확하게 표현하면 점령하지 않았다기보다 못했다. 8월 11일에 웅기雄基·나진羅津·청진淸津 방면으로 파송된 병력은 너무나 미약했고, 따라서 소련군은 일본군의 강력한 방어태세 때문에 청진 이남으로 남하할 수가 없었다.[6] 잘 알려진 바와 같이 소련군의 주요 공격대상은 만주滿洲에 주둔하고 있던 일본 관동군關東軍이었는데, 소련군이 한반도 북단에 공격을 시작한 것은 일본군의 만주 이동을 막기 위한 측면공격이었다. 애당초 소련은 한반도를 전략상 '중추적인' 가치를 가진 곳으로 생각하지 않았던 것이다.

만약 스탈린이 한반도를 중추적인 요소로 생각했었다면 그처럼 미약한

---

5 Slusser, 앞의 논문, p.134.

6 소련은 8월 8일에 한반도 북단의 함경북도 경흥慶興을 통해 1개 보병여단과 1개 기갑여단을 파송했고, 8월 11일에 웅기(지금의 선봉先鋒)에 해병 1개 대대, 나진에 1개 대대, 13일에 청진에 1개 대대를 각각 상륙시켰고, 14일에는 약 5천 명으로 구성된 해병여단을 청진에 상륙시켰다. 일본군이 청진에서 치열하게 저항했으므로 소련군은 남하할 수 없었다. 일본군은 18일에야 천황의 항복 소식을 듣고 소련군에 항복했다〔Michael C. Sandusky, *America's Parallel*(Alexandria: Old Dominion Press, 1983), pp.208~218〕. 샌더스키는 소련군의 북한 상륙이 만주를 점령하기 위한 측면공격에 불과했다는 결론을 내렸다(Sandusky, 같은 책, p.182).

병력을 파송했을 리도 없었을 것이고, 또 미국이 보낸 38선에 대한 1945년 8월 14일의 제안을 그처럼 신속하게(바로 다음 날) 받아들이지 않았을 것이다. 미국의 제안은 일본군의 무장해제를 위한 잠정적 조치라는 구실을 갖고 있었는데 소련은 대일 선전포고 전에 이미 일본이 항복할 의도가 있다는 사실을 알고 있었다. 소련과 일본은 중립조약을 체결하고 있었기 때문에 일본은 소련에 연합국(즉 미국)에 항복할 의사를 밝히고 소련의 중재를 요청했었다. 따라서 소련은 8월 14일자의 트루먼의 전보에 대한 답을 늦추고 일본 항복 후 한반도 남부까지 점령한 다음 무장해제는 이미 끝났다고 통보할 수도 있었다. 이 경우 한국 점령에 대한 미국과 소련 간의 사전 합의가 없었으므로 미국은 분개할 수도 없는 처지였다. 실지로 미국은 38선을 제안하는 전보를 발송한 후 혹시나 스탈린이 한반도 전체를 점령하지 않을까 하고 조마조마한 상태에서 회신을 기다렸다. 물론 이러한 행동은 소련의 한반도에 대한 '야심'을 폭로하는 기회가 되었겠지만 만일 한반도가 소련의 전략상 '중추적인' 가치를 가진 곳이었다면 스탈린이 그러한 '야심'을 폭로하는 것을 주저했을 리가 만무하다.

3. 스탈린의 한반도정책의 기조

그렇다면 왜 필자는 일본이 항복했던 1945년 8월에도 스탈린이 한반도에 대한 확고한 정책을 갖고 있지 않았다고 보는가. 또 스탈린이 9월 말에야 한반도문제에 대해 미국과의 교섭을 단절하고 북한지역에 단독정권을 수립하기로 결정했다고 보는가.

스탈린의 한반도정책 내지 전략이 왜 유동적이었느냐 하는 질문에는 두 가지 해답이 가능하다. 첫째는 미국의 태도이고, 둘째는 스탈린에게 한반도는 이차적인 문제였기 때문이다. 한반도에 국제신탁통치를 실시하려고 하는 미국의 제안이 내포한 의미에 대해서는 위에서 언급했다. 그런데 제2차 세계대전 말기만 해도 한반도는 스탈린에게 이차적인 문제였기 때문에 그는 미국의 의도와 상반되는 독자적인 정책을 세울 필요가 없었다. 따라서 스탈린은 얄타회담 후 한반도 전략에 대한 결정을 유보했을 가능성이 농후하다. 1945년의 시점에서 동아시아에서 스탈린에게 중요한 것은 한반도가 아니라 만주滿洲(둥베이東北지역)였기 때문이다.

물론 한반도가 스탈린에게 이차적인 중요성밖에 없었다고 해서 한반도가 소련에게 아무런 가치도 없었다는 것은 아니다. 1945년 6월에 소련외무성 극동국極東局의 두 명의 관리가 작성한 한반도에 관한 보고서는 "조선의 독립은 장차 소련 공격의 발판이 되지 않을 만큼 확실해야 된다. 일본뿐만 아니라, 동아시아에서 소련에 압력을 가하려고 기도할 어떤 국가에게라도 한반도를 공격의 발판이 되도록 '방치' 해서는 안 된다. 조선독립과 동아시아에서의 소련의 안보를 위한 가장 확실한 담보는 소련과 조선 간에 우호적이고 긴밀한 관계를 확립하는 것이다. 이 점이 장래 조선정부를 세우는 데 반영되어야 한다"[7]라고 결론을 내리고 있는데, 스탈린 자신도 이 같은 생각을 하고 있었을 것이다. 그런데 여기에서 유의해야 할 것은 '대소공격의 발판이 되어서는 안 된다' 고 하는 말은 소극적인 태도로서, 이는 '한반도는 소련의 동아시아 전략상 중추적인 가치를 지닌다, 혹은 매우 중요하다' 고 하는 적극적인 태도와 정반대되는 것이라는 점이다.

---

7 Архив виеmией политики Российской Федерации(소련 외무성 문서보관소), Фоид 0430 опись2 Папка5 Пор18, c.18~30(폰드 0430, 오피스 2, 빠쁘까 5, 델로 18, 리스티 18~30). 이 자료를 제공해준 웨더스비Kathryn Weathersby 교수에게 감사한다. 김성보, 「소련의 한반도정책과 북한에서의 분단질서 형성, 1945~1946」, 역사문제연구소 편, 『분단 50년과 통일시대의 과제』(역사비평사, 1995), p.56에는 이 문서의 전문이 번역되어 있다. 김성보 교수는 많은 소련문서를 발굴하여 참으로 참신한 논문을 발표했는데, 소련에게 조선이 이차적인 관심지역이었다는 해석에 반대하고 또 런던회의 후에도 소련의 한반도정책이 변하지 않았다는 입장을 취하고 있다.

자기가 차지해야 할 필요성은 그리 강하지 않지만 남이 가지면 위험하다는 소극적인 태도에서 비롯된 표현이다.

참으로 놀라운 사실은 1894~1895년 간의 청일淸日전쟁에서 일본이 한반도에 대한 야욕을 노골적으로 드러내기 전까지의 러시아의 한국관과 1945년 6월 당시 소련의 한국관이 일치한다는 점이다. 당시 러시아의 한국관을 대표했다고 할 수 있는 1894년 8월 9일자 『노보스티*Novosti*』(뉴스) 신문의 사설을 보면 다음과 같은 구절이 있다.

> 러시아의 아시아에서의 방대한 영토를 감안할 때, 한국을 장악한다는 것은 '불필요한'(또는 여분의superfluous) 일이다. 그러나 한국의 전략적 위치를 고려할 때 중국, 일본, 또는 영국이 이곳을 장악할 경우 러시아의 우수리 남쪽 지역, 시베리아 철도, (러시아의) 태평양 함대, 그리고 한국과의 교역에 해로울 것이다.[8]

제정러시아의 외상 기에르스Nikolay K. Giers도 1894년 8월 21일에 "한국 자체는 러시아에 위험한 존재가 아니지만 한국이 일본이나 중국의 통치하에 들어갈 경우 그들의 적대적 포부를 실천하는 도구가 될 수 있다"고 말한 바 있다.[9]

러시아의 한국관은 이처럼 한국의 지정학적 위치로 인해 형성된 것으로, 1894년에나 1945년에나 다름없이 소극적이거나 이차적이었다. 제정러시아가 한반도에 재정적으로나 군사적으로 대규모 투자를 하지 않고, 스탈린이 제2차 세계대전 말기에 소규모의 부대를 파송한 것은 바로 이러한 이유 때문이었다.

---

8 George Alexander Lensen, *Balance of Intrigue: International Rivalry in Korea and Manchuria, 1884~1899*(Tallahassee: University of Florida Press, 1982), vol. 1, p.195.

9 Lensen, 위의 책, p.198.

4. 스탈린과 만주 이권

반면에 스탈린에게 만주가 중요했던 이유는 그 후 스탈린의 한반도정책을 이해하는 것과도 밀접한 연관성이 있으므로 해명해야 할 필요가 있다. 그는 잘 알려진 대로 소련이 붕괴한 후 러시아로부터 독립한 그루지아 공화국 출신으로서 러시아사람은 아니었다. 그러나 그는 제정러시아의 영토 확장에 대한 숙원을 달성하는 데 전력을 다했는데, 동방에서의 영토 확장의 주요 목표는 만주로 알려진 중국의 둥베이지역이었다. 러시아는 1858년에 아이훈愛琿조약을 통하여 헤이룽강黑龍江 북방의 방대한 지역(45만 평방킬로미터)을 장악했고, 1860년에는 베이징北京조약을 통하여 연해주沿海州지역(30만 평방킬로미터)을 청국淸國으로부터 탈취함으로써 만주의 북쪽과 동쪽 지역을 장악하게 되었다. 러시아가 이들 지역보다 훨씬 가치가 큰 만주를 탐낸 것은 당연했다. 러시아는 1896년에 체결된 러청비밀조약을 통하여 만주 동북쪽을 횡단하여 바이칼호와 블라디보스토크를 연결하는 동청東淸철도를 건설했고, 2년 후에는 다롄大連과 뤼순항旅順港을 25년간 조차租借받기도 했으며, 또 동청철도와 이들 항구를 연결하는 이른바 남만주南滿洲철도를 건설했다. 비록 이 두 철도는 러시아와 청국이 공동으로 소유하는 형식을 취했으나 실권은 국력이 막강한 러시아가 장악하고 있었는데, 러시아의 목적은 철도 연변의 광산 · 산림 · 금 등의 자원을 개발하고 나아가서 만주를 장악하는 데 있었다. 1899~1900년 사이에 베이징에서 의화단義和團 사건이 일어나자 러시아가 12만의 병력을 만주에 파견하였다가 철병하지 않으려고 한 사건은 이 당시 러시아의 저의를 노골적으로 드러낸 것이었다.

제정러시아는 결국 독일 · 프랑스 · 일본, 그리고 미국 등 열강의 반대에 부딪혀서 군대를 철수하지 않을 수 없었고, 또 1904~1905년 간에는 일본과의 교전에서 패배하였기 때문에 만주에서 철수해야 했다. 또 남만주철도와 다롄·뤼순항을 일본에 양도했지만 북쪽에 건설한 동청철도는 계속 장악하고 있었는데, 볼셰비키 혁명이 일어난 후 스탈린은 이 철도를 에워싸고 만주의 군벌軍閥 장쭤린張作霖, 그리고 1931년에 만주를 장악한 일본군과 갈등을 거듭해야 했다.[10] 결국 스탈린은 1935년에 동청철도를 일본의 괴뢰傀儡정권인 만주국滿州國에 매각했는데, 여기서 우리가 주목해야 할 것은 스탈린이 만주에 대한 집념을 포기하지 않고 있었다는 것이다. 1945년 2월에 열린 얄타회담에서 스탈린이 대일전쟁에 참여하는 대가로 1905년 전에 러시아가 만주에서 장악하고 있던 특권들을 요구했던 것을 보면 이 점은 너무나 확연하다. 우리는 스탈린이 1924년 레닌이 사망한 후부터 1953년에 자신이 사망할 때까지 장장 30년간 소련을 통치했다는 사실을 기억해둘 필요가 있다.

제정러시아가 만주의 자원을 탐낸 것은 당연하지만 스탈린의 주요 관심사는 만주의 전략적 요지와 항구들이었다. 이 점에 관해서는 스탈린 자신이 중국의 외무부장 쑹쯔원宋子文에게 노골적으로 피력한 바 있다.[11] 쑹쯔원이 제2차 세계대전 후 만주의 철도사용권과 다롄·뤼순의 항만사용권을 인정하는 것을 거부하자 스탈린은 소련과 중국이 합작하여 일본을 억제해야 한다는 점을 강조했고, 이어서 극동에서 소련의 전략적 위치를 강화함에 있어 다롄과 뤼순의 중요성을 역설했다. 즉, 그는 "소련 영토 내에 일본을 억제하기 위한 항만시설을 구축하려면 20~30년이 필요할 것이므로 다롄과 뤼순을 사용할 수 있어야 한다"고 역설했던 것이다.[12]

소련의 전략적 태세를 강화하는 것이 목적이고, 특히 일본을 억제하는

10 이 시기의 상황은 렌슨Lensen이 상세하게 연구한 바 있다.

11 쑹쯔원은 국제사회에서 T. V. Sung으로 알려져 왔다.

12 David Holloway, *Stalin and the Bomb*(New Haven: Yale University Press, 1994), pp.124~125.

것이 중요했다면 한반도도 역시 중요했을 것이다. 그러나 8 · 15 당시만 해도 소련은 한반도에 대해 결단을 내릴 수가 없었다. 소련 외무성의 6월자의 문서에 따르면 소련은 한반도에서는 미국과 중국의 이익이 교차하기 때문에 문제가 쉽게 해결되지 않을 것으로 보고 있었다.[13]

5. 스탈린과 38선

이처럼 스탈린이 한반도에 대한 정책을 확립하지 않고 있던 차에 미국이 1945년 8월 14일에 38선에 대한 제안을 해오자 그는 트루먼의 제안을 받아들여도 손해볼 것이 없다고 생각했을 것이다. 특히 공교롭게도 스탈린은 트루먼의 전보를 받은 바로 그날, 즉 8월 14일에 모스크바에서 중화민국中華民國과 조약을 맺었는데 이 조약은(중국의 배후에 있던) 트루먼이 얄타회담에서 이루어졌던 루스벨트의 약속을 이행해 주는 것이었으므로 그에게 극히 만족스러웠을 것이다. 따라서 스탈린은 38선에 관한 전보를 '만주의 완충지역으로서 38선 이북을 제공하겠다'는 것으로 받아들일 수 있었고 또 임시 분할선으로 간주했을 가능성도 있다.[14] 9월 초에 소련 외무성이 작성한 문서를 보면 외무성 관리들은 38선을 임시 분할선으로 간주하고 있었다. 외무성은 한반도가 통일된 국가로 존속한다는 전제하에 신탁통치를 실시할 것을 구상하고 있었기 때문이다.[15] 만일 이 문서가 스탈

13 Holloway, 앞의 책, 각주 7)을 참조.

14 이 문제에 대한 필자의 견해는 "Why did Stalin Accept the 38th Parallel," *Journal of Northeast Asian Studies*(Washington, Winter 1985), pp.67~74에 제시한 바 있다.

15 Архив виетиией политики Российской Федерации(소련 외무성 문서보관소), Фоид 0430 опись2 Папка5 Пор18, c.18~30(폰드 0430, 오피스 2, 빠쁘까 5, 델로 18, 리스티 18~30). 이 자료 역시 웨더스비 교수가 제공한 것이다. 김성보, 앞의 논문, pp.64~68은 이 문서와 아울러 런던회의를 위해 작성되었던 다른 문서들도 자상하게 소개하고 있다.

린의 의도를 반영한 것이라면 9월 초까지도 소련의 한반도정책에는 융통성이 있었다. 9월 하순에 열릴 런던회의를 위해서 작성된 것으로 보이는 이 문서는 미국이 한반도에 주둔하는 동안 소련군도 주둔해야 한다고 했고, 2년간의 군정軍政기간이 끝난 다음 4개국 관리하의 신탁통치가 실시되며, 부산·진해 및 제주도 등 전략적 지역을 관리국들이 할당해야 하는데 제물포(지금의 인천仁川)는 꼭 소련이 장악해야 한다고 했다. 이미 다롄항과 뤼순항을 장악하게 된 소련이 인천까지 장악한다면 황해黃海는 소련이 완전히 장악하는 해역이 된다.[16] 그런데 38선 이남의 항구를 장악하겠다는 구상은 미국과의 실질적인 협상을 전제로 한 것임에 틀림없다.

6. 런던회의의 결렬과 힘의 대결

그러나 9월 하순에 들어오자 스탈린은 한반도문제에 대한 타협을 포기하기로 결정했다. 그리고 그는 소련이 점령하고 있던 북한지역에 단독정권을 설립하는 방향으로 나아갔다. 다시 말하면 9월 초순까지 한반도에는 어떠한 형태이건 간에 통일된 정권이 수립될 가능성이 남아 있었지만 그 후 한반도의 분단은 여지없이 고정화된 셈이다.

스탈린이 이처럼 그전과 판이한 결정을 내리게 된 이유는 9월 12일부터 10월 2일 사이에 런던에서 열렸던 전승국들의 외상회의에서의 충돌이었다. 이 회의는 제2차 세계대전 중 지속된 미소 간의 동맹관계에 종지부를 찍고 냉전시대를 개막하게 된 중대한 계기였는데, 그 여파가 한반도와 중국에 즉각 반영되었다.

16 이 문서에서 흥미로운 것은 당시 소련 외무성은 중국이 제주도를 점령해야 한다고 건의했는데, 이는 중국이 뤼순을 중소 공동군항으로 개편하기 위한 전략적 의욕을 돋우기 위한 것이었다. 그리고 또 쓰시마섬對馬島을 한국에 이양해야 한다고 했다.

런던회의에서의 대립이 스탈린의 한반도정책과 대중국정책을 변경시키는 중대한 계기가 되었는데도 불구하고 지금까지 한국문제를 연구하는 학자들은 런던회의의 중요성을 인식하지 못하고 있었다. 이 회의에서 중국이나 한국이 전연 언급되지 않았기 때문일 것이다. 그러나 이 회의의 중요성은 의심할 여지가 없다.[17] 따라서 여기에서 우선 런던회의의 성격과 쟁점을 고찰하도록 하겠다.

런던회의가 중요했던 이유는 이 회의가 제2차 세계대전이 종결된 후 전승국인 미국 · 소련 · 영국 · 중국 및 프랑스의 외상들이 처음으로 가진 모임이자, 전승국들의 세력판도를 규정하는 회의였기 때문이다. 이미 소련과 미국 그리고 영국은 얄타와 포츠담에서 총체적인 대화를 나누기는 했으나 전쟁에 패배한 독일 · 이탈리아 및 일본에 대한 조치, 그리고 이 나라들이 갖고 있던 식민지에 대한 조치 등 아직 결정해야 할 문제가 산적해 있었다. 그런데 미국과 영국은 소련이 전쟁 말기부터 동유럽 각국에서 공산당이 정권을 독점하도록 한 것, 즉 이 나라들을 소련의 위성국가衛星國家로 만들려고 하는 것은 얄타회담에서의 합의에 위반되는 것이라고 지적하면서 반대하고 있었고, 소련은 영국과 미국이 이태리를 포함한 지중해지역과 일본을 독점하려는 것을 부당하게 생각하고 있었다.

동유럽지역이 스탈린에게 중요했음은 길게 설명할 필요가 없다. 그는 소련의 전후 경제부흥과 안전보장을 위해 이 지역을 소련의 세력권 내에 두어야 한다고 생각하고 있었고, 또 전쟁 중에 이를 위해 막대한 희생을 불사하였기 때문에 그럴 권리가 있다고 간주하고 있었다. 따라서 그는 미국이나 영국이 이 지역에 대한 기득권을 무조건 인정해야 한다고 생각했다.

---

17 한반도문제 결정에 있어서 런던회의의 중요성을 처음 지적한 학자는 데이쿄대학의 오충근 교수이다. 그는 「朝鮮分断の國際的起源」, 『國際政治』 92호(1989년 10월), pp.99~102에서 런던회의에서의 일본에 관한 논쟁을 세밀하게 기술한 다음 일본문제가 런던회의 결렬의 원인이라고 결론 내렸다.

그리고 소련은 이탈리아의 식민지였던 리비아를 탐냈는데, 리비아가 지중해 남쪽에 위치해 있기 때문이었다. 흑해黑海의 유일한 출입구인 보스포러스Bosphorus 해협이 3~4킬로미터 넓이밖에 안 되기 때문에 북단 세바스토폴Sevastopol에 기지를 가지고 있는 소련해군은 독 안에 든 쥐나 다름없는 존재였는데,[18] 지중해에 새로운 기지를 확보하면 전략판도가 완전히 뒤바뀔 상황이었다. 따라서 스탈린은 흑해와 지중해를 연결하는 다르다넬스Dardanelles 해협에 기지를 확보할 것[19]과, 리비아를 장악할 것을 갈망하며 포츠담회의에서 트루먼과 처칠에게 이 문제를 제기하여 격론을 벌였다.[20] 그러나 소련 함대가 지중해에 기지를 확보할 경우 세계무대에서의 군사적 균형이 판이하게 달라질 것이기 때문에 미국과 영국은 소련의 요구를 끝내 거부했고,[21] 리비아는 국제신탁통치를 거쳐 독립국이 되어야 하며, 특정 국가가 독점해서는 안 된다는 입장을 취했다. 궁극적으로 스탈린은 미국과 영국이 이탈리아와 그 식민지인 리비아를 독점하는 것을 인정하는 대가로 동유럽에서의 소련의 영향권을 인정하라는 입장을 취했으나 이에 대해 미국은 양보할 의도가 없었다.[22] 이러한 문제들을 에워싸고 회의가 교착상태로 들어간 것은 회의 시작 4, 5일 만인 9월 15일, 16일부터였다.[23]

---

18 보스포러스 해협은 터키의 영토인 이스탄불을 관통하는 해협이다.

19 Daniel Yergin, *Shattered Peace: The Origins of the Cold War and the National Security State*(Boston: Houghton Mifflin, 1977), p.126.

20 Sandusky, 앞의 책, pp.183~184.

21 소련 외상 몰로토프는 영국 외상 베빈Ernest Bevin과의 사담에서 소련이 지중해에 진출해야 한다고 역설했고 영국이 지중해를 독점할 수 없다고 주장했다. 그러나 물론 베빈은 요지부동이었다(Yergin, 위의 책, p.126).

22 Yergin, 위의 책, pp.122~132.

23 Yergin, 위의 책, pp.122~132. 런던회의에 대해서는 Yergin, 같은 책, pp.122~132와 William S. Taubman, *Stalin's American Policy: From Entente to Detente to Cold War* (New York: Norton, 1982), pp.116~120 그리고 United States Department of State, *Foreign Relations of the United States*(이하 *FRUS*), 1945, vol. 2(Washington, D.C.: U. S. Government Printing Office), pp.112~559 참조.

소련과 미국은 패전한 일본의 통치문제에 대해서도 심각한 의견대립을 보였다.[24] 스탈린은 1945년 5월에 그를 방문한 트루먼 대통령 특사 홉킨스 Harry Hopkins에게 소련이 일본통치에 참여하여야 한다는 의사를 밝힌 바 있고, 몰로토프Vyacheslav M. Molotov 외상도 8월 10일에 이 문제에 대해 미국대사 해리먼W. Averell Harriman에게 언급한 일이 있다.[25] 또 잘 알려진 바와 같이, 미국이 '일본군의 무장해제를 위해' 38선에서 한반도를 분할할 것을 제안했을 때 스탈린은 이를 즉시 승낙하면서 소련군의 일본 홋카이도北海道 북반부 점령을 제의했을 뿐만 아니라 극동총사령관 바실리예프스키Aleksandr Vasilyevsky는 8월 19일에 그의 산하의 제1방면군方面軍에 홋카이도의 북반부를 점령하라는 명령을 내리기까지 했다.[26] 그리고 런던 회의가 개시되기 전인 9월 7일에 몰로토프는 일본에 공동관리위원회가 설립되어야 한다고 주장한 바 있다. 그런데 회의 도중인 22일에 미국정부가 독단적으로 일본을 통치할 것이라는 성명을 발표하자 몰로토프는 다시금 일본에 연합국 관리기관의 설치를 요구하고 격론을 벌였는데,[27] 이때는 이미 회의의 분위기가 매우 악화된 상태였다.

소련이 전후 일본통치에 개입하고자 하는 의욕이 강했던 것은 사실이지만,[28] 일본 본토의 공격에 개입하지 않아 군대를 상륙시키지 않았던 상태에서 스탈린이 어떠한 형태의 '개입'을 기대하고 있었는지는 확실하지 않

24 오충근, 앞의 논문을 참조.

25 Russell D. Buhite, *Soviet-American Relations in Asia, 1945-1954*(Norman: University of Oklahoma Press, 1981), pp.106~107.

26 Buhite, 위의 책, pp.108~109.

27 Buhite, 위의 책, p.110.

28 트루먼이 18일의 회신에서 스탈린의 요청을 거절하자 바실리예프스키는 22일에 명령을 취소했다. 스탈린이 일본의 일부를 점령하고자 하는 의욕이 매우 강했던 것은 틀림없다(Holloway, 앞의 책, p.131). 볼코고노프는 스탈린의 명령이 취소된 것은 8월 25일이라고 한다〔Dmitri Volkogonov, *Stalin: Triumph and Tragedy*, ed. & trans. Harold Shukman (London: Weidenfeld and Nicholson, 1991), p.502〕.

다. 그는 10월 24일에 있은 미국대사 해리먼과의 대담에서 일본에 연합군 관리위원회가 설립되어야 한다고 했지만, 소련군만이 점령하고 있는 헝가리와 루마니아에서 소련군 사령관이 최종적인 결정권을 가지고 있는 것과 같이, 일본에서도 맥아더가 최종적인 결정권을 가져야 한다고 말함으로써 소련이 참여하는 일본관리위원회는 비토권(거부권)을 가진 기구가 아니라는 점을 명백히 했다.[29] 그러나 그 다음 날 저녁 해리먼이 다시 찾아갔을 때 스탈린은 미국이 일본문제에 대해서 소련을 전적으로 무시하고 있다고 하면서 경직한 태도를 취했고, 동유럽이나 한반도 등 소련 점령지역에 대한 정책에 종지부를 찍는 발언을 했다.[30] 그는 "소련은 간섭하지 않겠다. 미국에서는 오랫동안 고립주의자들이 권력을 장악해 왔는데, 나는 고립주의를 선호하지 않았다. 그렇지만 소련도 이제는 고립주의를 택하는 것이 좋을지 모르겠다. 그 정책은 잘못된 것이 아니다"라고 했다. 즉, 소련도 독단적인 정책을 취하겠다고 선언한 것이다.[31]

이처럼 제2차 세계대전이 끝난 후의 첫 번째 외상회의에서 미국과 영국이 보여준 태도는 스탈린을 분개하게 만들고도 남았을 것이다. 미국은 비록 만주에서의 특권문제에는 협조적이었지만, 소련은 미국이 자국을 동유럽, 지중해, 그리고 일본에서는 전승국으로 대우하기보다는 하나의 열등한 국가로 취급하고 소련의 팽창을 제지하고 고립시키려 한다는 인상을 가질 수밖에 없었다. 이러한 생각은 회의석상에서 일어난 다음의 일화에서 분명하게 볼 수 있다. 베빈Ernest Bevin 영국 외상이 영국과 소련 간의 관계는 '과거 영국이 히틀러에 대해 갖고 있던 관계와 같은 방향으로' 흘

---

29 W. Averell Harriman and Elie Abel, *Special Envoy to Churchill and Stalin, 1941-1946* (New York: Random House, 1975), pp.513~514. 그 후에 몰로토프 외상은 관리위원회가 비토권을 가져야 한다는 주장을 폈다(Volkogonov, 앞의 책, p.516).

30 Volkogonov, 위의 책, p.514.

31 Harriman and Abel, 위의 책, pp.514~515.

러가고 있다고 말하자 몰로토프는 "히틀러는 소련을 열등한 국가로 생각하고 지도상의 한 개념에 지나지 않는다고 보았는데 러시아 사람들의 생각은 이와 다르다. 그들은 스스로 어느 누구에게도 지지 않는 민족으로 생각한다. 그들은 열등한 민족으로 취급받는 것을 원치 않는다"라고 대꾸했다.[32] 히틀러 운운하는 발언 후 몰로토프는 불쑥 일어나 퇴장할 기세를 보였는데 결국 이 논쟁은 베빈 외상의 사과로 진정되었다.[33] 여하튼 런던회의의 분위기는 전승한 동맹국들의 외무장관들의 모임 치고는 너무나 험악했다. 미국의 국무장관 번스James F. Byrnes는 미국이 원자무기를 독점하고 있는 상태에서 강자의 입장을 취하고 소련에게 일방적인 양보를 강요했던 반면 스탈린은 이에 굴하지 않고 원자무기 제조에 박차를 가하고 있었다.[34]

런던회의에서의 미국과 영국이 보여준 태도가 스탈린에게 충격적이었던 이유는 그가 이미 미국에 대해 경각심을 품고 있었기 때문이다. 8월 6일에 원자탄이 투하된 직후 스탈린은 원자탄은 세계의 세력균형을 완전히 파괴했다고 말한 바 있고, 또 미국은 원자탄 독점을 이용하여 유럽이나 기타 지역에서 소련에 압력을 가하겠지만 소련은 이에 굴복하지 않을 것이라는 말을 첨부했다고 한다.[35] 즉, 그는 이미 미국을 가상적국으로 간주하고 있었으므로 원자탄 개발에 박차를 가한 것이다.[36] 그래서 그는 런던회

---

32 Yergin, 앞의 책, p.126.

33 Andrei Gromyko, *Memoirs*, trans., Harold Shukman(New York: Doubleday, 1989), p.152.

34 Holloway, 앞의 책, pp.132~133.

35 Holloway, 위의 책, pp.132~133. Vladislav Zubok and Constantine Pleshakov, *Inside the Kremlin's Cold War: From Stalin to Khrushchev*(Cambridge: Harvard University Press, 1996), pp.42~43에서 저자들은 스탈린과 그의 측근들이 원자탄 투하를 소련에 대한 직접적인 위협으로 간주하여 격분했다고 그날의 장면을 묘사했다.

36 소련도 오래전부터 원자무기에 대한 연구를 진행하고 있었다. 특히 미국이 원자탄 생산을 위한 작업을 시작한 후 스파이들을 동원하여 많은 정보를 입수해서 원자무기 제조에 박차를

의에서의 미국의 태도를 시금석으로 삼고 있었는데, 번스의 강압적인 태도를 보고 미국과 결별하기로 결심하게 되었다.[37]

7. 스탈린의 중국정책 전변轉變

스탈린이 해리먼 대사에게 충격적인 발언을 한 것은 10월 25일이나 그가 미국과의 교섭에서 얻을 것이 없고 따라서 독자적인 정책을 취해야겠다고 결정한 것은 런던회의가 교착상태로 들어간 9월 중순경이었을 것이다. 이 점은 이 시기부터 그의 중국정책과 한반도정책에 전폭적인 변화가 일어난 데서 간파할 수 있다. 그는 8월 14일에 중국 국민당國民黨정권과 조약을 체결한 후 국민당을 두둔하고 공산당共產黨을 억제하는 정책을 택했다가 돌연히 태도를 바꿈으로써 중국의 장래에 결정적인 변화를 가져왔다. 이러한 그의 태도 변화는 런던회의에서의 갈등을 감안하면 너무나 당연한 것이었다.

중국 국민당정권과 체결한 조약에서 스탈린은 이미 얄타회담에서 루스벨트가 약속했던 만주에서의 특권을 확인하는 대신 국민당 정부가 중국에서 유일한 합법적 정부라는 점을 인정하는 정치적인 대가를 지불했다. 조약의 제4조에서 양국은 상대방의 내정에 간섭하지 않기로 합의한 것은 물

가하고 있었다. 그러나 스탈린은 히로시마에 원자탄이 투하될 때까지 원자탄의 위력에 대해 회의적이어서 원자무기 개발에 소극적이었는데 8월 6일부터는 태도가 완전히 달라졌다. 할러웨이는 앞의 책에서 소련에서의 원자탄 제조에 대한 자초지종을 상세하게 기술하고 있다.

37 당시 모스크바 주재 미국대사로 스탈린과 교섭을 진행해온 해리먼 대사의 해석도 같았다. 즉, 소련지도자들은 1945년 5월 유럽에서의 전쟁에서 승리한 후 의기양양했고 자기 나라의 역량에 대해 자신감을 갖고 있었는데 8월에 원자탄이 투하된 후 위기감을 느끼게 되었다는 것이다. 상대적으로 허약한 처지였던 소련은 경직한 태세를 취할 수밖에 없었는데, 런던회의에 참석했던 미 국무장관 번스의 강압적인 태도는 소련의 위기감을 더욱 자극했다(Harriman and Abel, 앞의 책, pp.519~521).

론이고, 소련은 국민당 정부에게만 '정신적인 지지'와 군수품 및 기타 물자를 지원할 것을 약속했다.[38] 이때 중국이 지불한 대가는 너무나 굴욕적인 것이었지만, 스탈린과의 약속은 공산당과 내전을 거듭하면서 통치권을 다투고 있던 국민당에게는 매우 중요했다. 스탈린이 조약을 준수한다면 국민당은 중국통치를 확정할 수 있었기 때문이다.

스탈린은 국민당 정부와의 합의사항을 준수할 의도가 있었던 것 같다. 그는 8월 20일과 22일, 즉 조약을 체결한 지 일주일 이내로 중국공산당에게 국민당과의 대결을 중지하고 평화적으로 나라를 재건할 수 있는 방법을 모색하라는 지령을 내렸다.[39] 달리 말하자면, 중국공산당은 무력투쟁에 의한 승리를 획책하지 말고 타협의 길을 따르라는 것이었는데, 당시의 국민당과 공산당의 군사력을 비교해볼 때 스탈린의 지시를 따른다면 공산당은 국민당정권의 통치하에서 소수파 정당으로밖에 인정받을 수가 없었다.[40] 따라서 중국공산당 수뇌부가 스탈린의 지시에 분노했을 것은 쉽게 추측할 수 있다. 마오쩌둥毛澤東은 오랜 시간이 지난 후에도 스탈린의 당시의 배반을 기억하고 노여움을 나타냈다고 한다.[41] 그러나 그는 스탈린의 조치는 미국과의 대결을 피하기 위한 것이라는 해석을 내림으로써 부하들의 감정을 무마했고, 중국공산당 정치국은 8월 26일에 중국에서 평

---

38 Harriman and Abel, 앞의 책, p.346.

39 Chen Jian, "China in 1945: From Anti-Japanese War to Revolution," in Gerhard Krebs and Christian Oberlander (eds.), *1945 in Europe and Asia*(Munich and Tokyo: Iudicium, 1997), pp.213~234 and p.224 ; 師哲, 『在歷史巨人身邊』(北京 : 中央文獻出版社, 1991), pp.307~308 인용.

40 같은 시기에 당시 소련 내각 부수상 몰로토프도 소련군 만주지역 사령부에 같은 내용의 지령을 내렸다. 즉, 만주지역에서의 중국공산당의 활동은 소련과 연합군의 관계에 나쁜 영향을 끼칠 것이므로 이를 제지하라고 했다(Chen, 위의 논문 원고, p.13. 출판된 논문에서는 삭제되었음).

41 Chen, 위의 논문, p.225, footnote 41; Steven I. Levine, *Anvil of Victory: The Communist Revolution in Manchuria, 1945-1948*(New York: Columbia University Press, 1987), p.41.

화와 민주주의를 이룩하기 위한 노선을 따르기로 결정하고,[42] 마오쩌둥은 장제스蔣介石 주석의 초청을 받아들여 충칭重慶에서의 국공國共회담에 참가했다.

만주의 경우 공산당은 소련이 전투를 개시한 직후인 8월 11일부터 주더朱德 장군 휘하의 대군을 파송하고 있었으므로 8월 14일의 중소中蘇조약은 문제를 복잡하게 만들었다. 8월 어느 날 몰로토프 부수상은 중공군의 만주 진주가 국제문제에 끼칠 영향에 대해 우려를 표시했다고 한다. 이 무렵 모스크바는 극동사령관 바실리예프스키에게 지령을 내려 중국공산당의 근거지인 옌안延安에 소련대표를 파송하여 소련군과 중공군의 활동을 조절하도록 했다. 8월 9일에 대일선전포고를 한 소련이 주력부대들을 만주에 파견하여 만주에 있던 일본군, 소위 관동군關東軍을 공격했는데 일본군은 공동화空洞化된 상태에 놓여 있어서 소련군은 큰 저항을 받지 않고 만주를 점령했다.[43]

9월 15일에 옌안에 도착한 소련 측 대표는 중국공산당에 중공군을 만주에서 철수할 것을 요구했다.[44] 그러나 중국공산당은 이 '명령조의 요구'를 받아들이려 하지 않았으므로 절충안이 채택되었는데, 그것은 선양瀋陽·창춘長春·하얼빈哈爾濱 등의 대도시와 만주의 철도는 국민당군에게 이양하지만 중공군이 중소도시와 농촌을 점령하는 것은 허용한다는 내용이었다.[45] 그리고 소련군이 만주에서 철수할 경우 점령했던 도시들을 자동적으로 국민당 정부에 이양하지 않고 중공군과 국민당 간의 '자연적인 추세'에

42 이 결정서는『프라우다Pravda』지의 8월 31일자 호에도 발표되었다(Levine, 앞의 책, p.42).

43 관동군의 정예부대들은 일부 동남아로 파견되었고 또 일부는 1945년 초기에 미군의 조선반도 남단의 공격에 대비하여 파송되었다.

44 Sergei N. Goncharov, John W. Lewis, and Litai Xue, *Uncertain Partners: Stalin, Mao, and the Korean War*(Stanford: Stanford University Press, 1993), p.299, footnote 59.

45 Goncharov, Lewis, and Xue, 위의 책, p.10.

맡기도록 한다고 했다.[46] 물론 이 조항은 소련군이 어떤 도시에서 철수할 경우 미리 일정을 중국공산당측에만 통보함으로써 중국공산당이 먼저 점령할 수 있도록 한다는 것을 의미했다. 이 절충안은 중국공산당에게 다분히 유리한 것이었는데 이로써 미루어 스탈린에게는 국민당과의 조약과 중국공산당에 대한 배려를 절충하는 데 고충이 있었던 것으로 보인다.

중국공산당에 유리한 협약이 체결되기는 했으나 문제가 해소된 것은 아니었다. 국민당군에 앞서 선양 등 대도시를 점령한 중공군이 이들 도시에서 물러나지 않으려는 기세를 보였기 때문이다. 한 중국인사는 소련 측이 실력행사를 취할 것이라고 위협했다고 회고했다.[47] 즉, 무력을 행사해서 중공군을 격퇴하겠다는 것이었다. 하여튼 중국공산당 정치국은 19일에 남쪽에서는 방위태세를 취하고 북쪽에서는 공세를 취하는 '향북발전向北發展 향남방위向南防衛' 결정을 내리고 20만의 대군을 만주로 집결했는데, 이것은 8월 26일에 채택된 당노선을 번복하는 것이었다.[48]

이처럼 스탈린은 중국공산당을 돕는 한편 국민당 정부와 맺은 조약을 준수하려는 노력을 보이고 있었는데 그의 정책은 10월에 들어서서 완전히 달라졌다. 그가 노골적으로 국민당 정부와의 조약을 무시하는 자세를 취했기 때문이다. 즉, 그는 10월 8일에 중공군에 30만 병력을 만주로 이동시키라고 지시했고, 동시에 중공군에게 대량의 무기를 제공하겠다고 통보했다.[49] 그리고 10월 중순에 소련은 국민당군이 둥베이지역, 즉 만주지방으로 이동하는 데 제약을 가하기 시작했다. 한 예로 소련은 다롄大連이 군사항구가 아니라는 구실을 들어 국민당군이 다롄항에 상륙하는 것을 허용하

46 Niu Jun, *Cong yanan zouxiang shije*, p.185 ; Chen, 앞의 논문, p.227에서 인용.

47 Goncharov, Lewis, and Xue, 앞의 책, pp.299~300, footnote 59.

48 『中共中央文獻選集』, XⅢ, pp.147~148 ; Chen, 위의 논문, p.227에서 인용. 곤차로프 등은 정치국의 결정이 15일에 내려졌다고 주장한다.

49 중국공산당의 동북국이 중앙위원회에 제출한 10월 8일자 보고(Chen, 위의 논문, p.228).

지 않았고, 근방에 놓인 후루다오葫蘆島나 잉커우營口 등 항구도시를 중공군이 장악하도록 함으로써 이 항구들에 국민당군이 상륙하지 못하도록 했다. 10월 초순에 미국이 5만의 군대를 중국에 파송하여 국민당군을 보조하기로 했는데 이 결정도 스탈린을 자극했을 것이다. 10월 19일에 중국공산당 수뇌부는 둥베이지방 전역을 장악하기 위해 적극적인 전략을 택할 것을 결정하고 총공세를 개시했다.[50] 국민당 정부의 강력한 항의를 받은 후 11월에 들어서서 소련은 국민당군의 만주 진주에 편의를 제공하기는 했으나 중국공산당의 세력확장에 계속 도움을 주고 있었다. 다만 만주의 대도시와 철도는 국민당이 장악하도록 했고 중공군은 변지邊地와 농촌에서 세력을 확장하도록 했다.[51]

소련이 제공하는 무기와 정보, 특히 소련군이 점령했던 도시에서 철수하는 날짜에 관한 정보가 없었다면 중공군이 국민당군과의 대결에서 승리를 기대하기는 매우 어려웠다.[52] 그러나 스탈린이 중국공산당에게 모든 것을 건 것은 아니었다. 단지 국민당 일변도의 정책에서 벗어나 국민당에 편의를 베풀어줌과 동시에 공산당도 지원하는 양면정책을 취한 것이었다. 그의 주요 목적은 중국의 공산당과 국민당이 모두 소련에 의존하도록 만드는 것이었다. 실지로 스탈린은 국민당에도 도움을 주었다. 한 예로 국민당은 만주지방에서 자체 군사력이 아직 약한 처지에서 1946년 2월까지 소련군이 만주에서 철수하는 것을 연기해 달라고 요청했고, 일부 농촌지방을 장악하는 데에도 도움을 청했다.[53] 아이러니한 사실은 공산당 역시 준

50 중국공산당 중앙위원회가 동북국에 발송한 1945년 10월 19일자 전보. Chen, 앞의 논문, pp.228~229.

51 Levine, 앞의 책, pp.50~51.

52 소련군 철수에 관한 정보가 중요했던 것은 소련군이 철수함과 동시에 중공군이 먼저 입성해서 방어진을 구축할 수가 있었기 때문이다.

53 Levine, 위의 책, pp.51, 65~67.

비가 되어 있지 않았기 때문에 소련군의 철수를 연기해 달라고 요청했다는 것이다.[54]

여기에서 우리가 유의해야 할 점은, 스탈린의 양면정책의 일관된 목적은 바로 만주에서 미국의 영향력을 제거하는 것이었다는 점이다. 공산당이 승리하면 이 목적을 쉽게 달성할 수 있었겠지만 스탈린은 국민당이 승리하더라도 이 목적을 달성할 수 있는 방안을 강구해 냈다. 그것은 바로 만주에서 중소산업中蘇產業 공동경영체제를 만드는 안이었다. 잘 알려진 바와 같이, 소련은 만주를 점령한 후 일본이 구축한 각종 중공업시설과 많은 물자를 소련으로 이송하거나 탈취해 갔는데, 국민당이 승리할 경우 중국은 만주 개발을 위해 미국의 자본에 의존할 수밖에 없게 될 것이고, 그렇게 되면 미국의 영향력이 강해질 것은 자명한 일이었다. 그래서 소련은 1945년 11월부터 만주에서의 산업공동경영을 제안하고 집요하게 교섭을 요청했고, 충칭 정부는 이에 대해 비밀회담을 열었다. 국민당 정부는 중국의 국권을 침해하지 않는 범위 내에서 소련과 타협한다면 일본이 구축한 시설에 대한 소유권 분쟁이 사라짐과 동시에 소련의 대중국정책, 즉 국민당과 공산당 간의 내전에 대한 태도에도 영향을 끼칠 수 있을 것이라는 계산하에 교섭을 진행했다.[55] 이 시기, 즉 1945년 12월에 장제스 총통의 장남인 장징궈蔣經國 둥베이외교위원이 모스크바를 방문해서 스탈린과 면담했는데 그 자리에서 스탈린은 그의 본심을 나타냈다. 즉, 원조의 조건으로 중국이 미국과 군사관계를 맺지 않을 것임을 약속하고, 소련은 미군병력이 중국에 주둔하는 것을 허용치 않는다는 것이었다.[56] "중국은 한 명의 미국병사도 받아들여서는 안 된다. 단 한 명의 미군병사가 중국에 파견되더

54 Goncharov, Lewis, and Xue, 앞의 책, p.11.

55 Donald G. Gillin and Ramon H. Myers (eds.), *Last Chance in Manchuria: The Diary of Chang Kian-gau*(Stanford: Stanford University Press, 1989) 참조.

56 Levine, 앞의 책, pp.57, 71~72. 蔣經國, 『我的父親』에서 인용.

라도 둥베이(만주)문제 해결이 곤란해질 것이다"[57]라는 것이 스탈린의 조건이었다. 즉, 스탈린에게는 중국에서 미국의 영향력을 제거하는 것이 가장 긴요한 목표였다. 이처럼 런던회의 결렬 후의 스탈린의 중국정책을 요약하면, 미국과의 협력 내지 타협을 포기하고, 중국에서 미국의 영향력을 제거하고, 소련에 의존하는 정치체제를 세우는 것이었다.

미국의 대소정책도 이미 경화되고 있었다. 트루먼 대통령은 이미 10월 8일에 빠르게 진행되고 있던 미국의 감군減軍정책의 재평가가 필요하다고 생각하고 있었고,[58] 10월 27일 해군의 날 연설에서는 동유럽 지역에 소련이 공산체제를 강요하는 것을 반대하며 미국이 군사적인 우월성을 유지해야 한다는 반소적反蘇的인 발언을 했다.[59] 한편 스탈린은 원자탄 개발에 박차를 가했으며 다음 해 2월 9일에 '모든 사태에 대비하기 위해서' 과거와 같이 중공업 중심으로 전쟁준비를 해야 한다고 연설했다.[60]

8. 국제정세의 변화와 스탈린의 한반도정책

이처럼 전후의 미소관계가 세계무대에서 그리고 중국에서 악화 일로를 걷고 있었기 때문에 미국과 소련의 점령하에 있던 한반도가 직접적으로 영향을 받은 것은 당연하다. 그렇다면 미소간의 관계 악화는 한반도에서 어떠한 형태로 나타났는가. 스탈린은 이 시기에 만주에서 취한 정책노선을 인접지역인 한반도에도 적용했다. 만주의 경우 스탈린은 국민당 정부의 주권을 인정해야 하는 상태에서 국민당 정부의 배후에 있는 미국을 간접적인 적대국으로 삼고 있었으나, 한반도에서는 소련이 북한을 직접 점

57 Goncharov, Lewis, and Xue, 앞의 책, p.57.
58 Yergin, 앞의 책, p.140.
59 Yergin, 위의 책, p.141.
60 Holloway, 앞의 책, pp.148~149.

령하고, 또 미국을 직접적인 교섭상대로 삼고 있었다. 미국과 대결하기로 작심했고, 따라서 영향력을 행사할 수 있는 모든 지역에서 미국을 제거하기로 결심한 스탈린이 한반도에서 택할 수 있는 노선은 중국에서의 노선과 다를 수가 없었다.

미국과의 대결을 결심한 스탈린이 38선을 철폐하고 통일된 한반도를 미국과 공동으로 관리한다는 것은 취할 수 없는 선택이었다. 단기적 시각에서 볼 때, 우선 오랫동안 전쟁으로 폐허가 된 소련의 재건을 위해 만주와 더불어 북한의 자원과 식량이 중요했는데 38선이 철폐되고 미국 측 인원이 북한을 왕래할 경우 소련으로의 자원반출이 제약을 받을 수 있었다. 장기적 안목에서 볼 때, 남북지역의 통합, 즉 한반도가 통일되면 미국이 북한지역의 통치에 개입하게 되어 한반도는 소련의 안전보장을 위협하는 존재가 될 수 있었다. 따라서 소련으로서는 확고히 장악하고 있던 북한지역에 믿을 수 있는 공산체제를 구축하는 길을 택할 수밖에 없었다.

이러한 맥락에서 볼 때 이 글의 서두에서 인용한 9월 20일자의 스탈린의 지령은 당연한 것이었다. 소련군 총사령관 스탈린과 참모장 안토노프의 공동명의로 연해주沿海州 군관구軍管區 및 제25군 군사평의회軍事評議會에 발송된 이 전보는 제2항에서 "북조선에 반일적反日的인 민주주의정당조직의 광범한 연합(블록)을 기초로 한 부르주아 민주주의 정권을 수립할 것"을 지시했다.[61] 즉 북조선에 단독정권을 수립할 것을 명령한 것이다. 이 중요한 전보에는 남한을 점령한 미군과의 협의문제나 조선반도의 통합 또는 통일문제에 대해서는 언급이 없었고 연해주 군관구 군사평의회가 북조선에서의 민간행정을 지휘하라고 나와 있다(제7조).[62]

스탈린의 지령은 9월 20일자로 되어 있는데 이 지령을 받은 연해주 군관

61 『每日新聞』(東京), 1993년 2월 26일.

62 위의 신문.

구 사령관이나 이 지령을 전달받은 평양 주재 현지사령관 치스티아코프 Ivan M. Chistiakov 등은 이 지령을 해석하는 데 많이 고심했을 것이다. 간결한 지령문과 함께 장황한 보충설명이 따랐다면 문제가 달랐겠지만 다사다망多事多忙한 스탈린이 자기의 명령에 대한 해설을 덧붙여 보냈을 것 같지는 않다. 북한 점령구역에 부르주아 민주주의 정권을 수립한다는 것은 남북분단의 영구화를 의미하는데, 그렇다면 남한을 점령한 미군 측과의 관계는 어떻게 진행해야 할 것인지, 남북의 경제관계, 교통, 통신 등을 어떻게 할 것인지 등 많은 질문이 제기되어 모스크바와 연해주 사령부, 그리고 평양 간에 많은 전보가 오고 갔을 것이다.

그러므로 일선에서 9월 20일자의 지령을 소화해서 행동으로 옮길 때까지는 상당한 시간이 소요되었을 것이다. 9월 말에서 10월 사이 남북한에서 일어난 여러 가지 일들을 감안할 때 스탈린의 지령이 북한지역 점령사령부에 처음 하달된 것은 10월 초이고 더 상세한 보충지령이 내려진 것은 10월 말로 보인다. 미소 양 사령부 간에 오고 간 연락장교단의 파송과 철수가 이 당시의 사정을 생생히 나타내주고 있다.

9월 9일에 서울에 진주한 하지 중장은 남북지역 간 정책조정의 중요성을 느끼고 교섭을 시작했는데 소련군 사령부도 그러한 중요성을 느꼈넌 모양으로 소련군 연락장교들이 9월 25일에 서울에 도착했고, 미군 연락장교들이 9월 30일에 평양에 파송되었다. 그러나 이들은 2주일도 지나기 전에 모두 철수했다. 소련은 10월 11일에, 그리고 미국은 13일에 각각 연락관들을 철수시켰다.[63] 소련군 사령관 치스티아코프 대장은(10월 11일자의 서한), "고위 레벨에서의 경제 · 정치적 문제의 해결이 이루어지기 전에는 연락사무소가 필요 없다"고 말했다.[64] 이에 따르면 치스티아코프는 9월 30

63 Eric van Ree, *Socialism in One Zone*(Oxford: Berg, 1989), pp.126~127.

64 HQ, USAFIK(U.S. Armed Forces in Korea), Periodic Report #36, 1945. 10. 16.

일까지도 스탈린의 지령 내용을 모르고 있다가 10월 초에 전달받은 것으로 보인다.

연락장교단이 철수된 후 일어난 또 하나의 사태는 10월 말까지도 연해주 사령부와 치스티아코프 사령관이 스탈린의 지령의 해석에 망설이고 있었음을 나타내고 있다. 10월 15일에 소련군 사령부가 남한에서 필요한 상수도 살균제 염소鹽素를 제공할 예정이니 평양에 인원을 파송하라고 소식을 전하자 미군장교들은 17일 소련총영사와 함께 평양에 도착했다. 그러나 소련군 사령부는 지금 화학물이 평양으로 운송되어 오는 중이라거나 지금 평양에 도착했으니 기다리라고 하면서 시일을 끌었다. 결국 31일에 소련과 미국 정부가 조선에 대한 기본문제들을 해결하기 전에는 물자를 줄 수 없다고 통고하고 그날로 미군사절단을 서울로 돌려보냈다.[65] 손님을 불러놓고 기다리게 하다가 빈손으로 돌려보낸 것이다. 이 기간 중 평양과 하바로프스크(연해주 사령부 소재지) 간에 많은 전보가 오고 갔을 터인데, 아마도 최종결정은 모스크바에서 내렸을 것이다.

그리고 소련 측은 미군 차량이 옹진반도에 왕래하기 위해서 소련군 점령구역을 통과하는 횟수를 일주일에 세 번에서 한 번으로 축소시켜 버렸다.[66] 잘 알려진 바와 같이, 옹진반도는 38선 이남에 놓여 있어서 미군 관할지역이었으나 개성에서 육로로 옹진으로 가기 위해서는 소련군 점령구역을 통과해야만 했다. 그 후에도 양 군사령부 간에는 접촉이 몇 차례 있었으나 소련 측은 미군 측 인원을 38선 이북지역에 들여놓지 않으려는 태도를 명확히 했다.

---

65 Russian Relations; CG AFPAC (Advance) from CG USAFIK, signd for the CG by Colonel Nist, 4 November 1945. Cited by Hak-Soon Paik, *North Korean State Formation, 1945~1950*, Ph. D. Dissertation, University of Pennsylvania, 1993.

66 HQ, USAFIK, Intelligence Summary of North Korea(ISNK), II, p.1. Cited by Hak-Soon Paik, 위의 책.

치스티아코프 사령부는 미군과의 관계에 대해서 망설이지 않을 수 없었겠지만 북한지역에 '부르주아 민주주의 정권'을 수립하는 일은 착실히 수행되었다. 즉, 10월에 소련군 사령부가 이북 5도행정위원회와 조선공산당 북조선분국北朝鮮分局을 설립한 것이다. 이 기관들은 반드시 분단의 장기화를 전제하지 않고서도 설립될 수 있는 기관이지만, 10월 8~10일에 개최된 '북조선 5도 인민위원회 연합회의'가 경제문제를 취급하는 과정에서 '북조선중앙은행'의 창설을 결정했다는 사실[67]은 주목할 만하다. 북조선중앙은행이란 북조선지역에 국한된 중앙은행으로서, 분단의 장기화를 전제하지 않는다면 창설될 수 없는 기관이었기 때문이다.

소련군 사령부가 10월 12일에 포고문을 발표하여 모든 정당과 사회단체들의 등록을 명령한 것도 9월 20일자의 지령을 이행하기 위한 절차로서, 이 등록과정에는 모든 당원들과 회원들의 상세한 이력서가 필요했다.[68] 10월 14일에 평양 공설운동장에서 '김일성' 장군 환영대회'가 열린 것도 우연의 일치는 아닐 것이다. 과연 소련군 사령부가 김일성을 9월 20일의 지령을 받기 전에 북한의 지도자로 선정했는지는 알 수가 없다. 북한에 단독정권을 수립하기로 결정하기 전의 상태에서 김일성을 선출했을 리가 만무하기 때문이다.

스탈린이 북한에서의 단독정부의 수립을 결정한 이상 남북한의 통합을 위한 미국의 노력은 성과를 이룩할 수가 없었다. 예를 들어, 다음 달인 11월에 미국은 한국문제에 대한 교섭을 시도했으나 허사였다. 북한으로부터 각종 물자를 공급받지 못한다면 남한의 경제에 큰 지장이 생길 것은 물론이고, 살균제를 남한에서 생산하지 않고 있었기 때문에 식수 문제까지도

---

67 김성보, 앞의 논문, pp.78~79.

68 이날 선포된 세 가지 포고문 중 두 가지는 소련군의 조선해방에 대한 찬사에 가까운 것이었다〔金昌順, 『北韓十五年史』(지문각, 1961), pp.44~45〕.

위급한 상황에 처하게 될 것이므로 하지 중장은 워싱턴에 빨리 소련과 교섭하기를 요청했다. 그리고 국무부는 11월 3일에 모스크바 주재 대사관에 한반도 전체의 정치·사회·경제생활이 정상적으로 영위되도록 교섭하라는 지령을 보냈다. 미국정부는 하지 중장에게 소련과 교섭할 전권을 부여했으니 소련에서도 점령사령관에게 상응하는 권한을 부여하여 교섭을 열자고 제안했으나 소련은 막무가내였다. 소련 외상은 21일에 "귀하의 제의는 해당 부서에 회부되었다"라는 부정적인 회답만을 보냈다.[69]

미국의 교섭 목표는 ① 남한에 석탄과 전기를 계속 공급하고, ② 남북간의 철도교통을 정상화하고, ③ 재정정책을 통일하고, ④ 점령구역을 재조정하여 경기도 전체는 미군이 관할하도록 하고 황해도는 소련이 관리하도록 하자는 것이었다.[70] 다만 소련은 12월 23일에 정수용 화학물 34톤을 남쪽에 보냈는데, 미국은 이것이 그달 말에 있을 모스크바 3상회의에 대비한 선심이라고 해석했다.

미국은 모스크바 3상회의 석상에서도 신탁통치가 실시되기 전이라도 미소 양군 사령관들로 구성된 통합 행정기구를 설치해야 할 필요성이 있다고 주장했으나 몰로토프 외상은 물자 교류 같은 세부적인 문제는 전문가들이 다루어야 할 문제라고 일축해 버렸다. 그리고 통일된 행정기구에 대한 제안은 미국이 처음에 토의하자고 했던 '조선정부' 수립에 대한 문제와 다른 것이라는 이유를 내세워 토의를 회피했다.[71] 소련은 한반도에 통일된 정치기구를 설립할 의도가 없었을뿐더러 미국과 한반도문제에 대해 타협할 의도가 전혀 없었던 것이다.

---

69 van Ree, 앞의 책, p.131.

70 van Ree, 위의 책, pp.135~136.

71 van Ree, 위의 책, p.136.

9. 모스크바 3상회의와 신탁통치제도

미국과 소련은 그 후 가열된 냉전 속에서도 한반도 문제 이외의 분야에서는 때로 타협도 이루었다. 한반도에 관해서도 1945년 12월에 열린 모스크바 3상회의에서 신탁통치제도에 대한 합의를 이룩했다고 생각할 수도 있다. 그러나 신탁통치에 대한 합의는 타협이라기보다 미 국무장관 번스의 일방적인 양보였다. 런던회의에서 강압적인 태도를 취함으로써 미소 간의 충돌을 초래했던 번스는 국내외에서 공격을 받았기 때문에 모스크바 3상회의에서는 합의내용과 상관없이 그저 합의를 이끌어내려고 노력했다.[72] 런던회의에 이어 모스크바 3상회의가 또 결렬될 경우 대통령을 꿈꾸던 그의 정치생명이 끝장날 것이었기 때문이다.[73]

번스 장관과 함께 3상회의에 참석했던 케넌George F. Kennan은 그의 일기에서 번스 장관은 조선·루마니아·이란 사람들에 대해서 아는 바가 없을 뿐만 아니라 관심조차 없었고, 오로지 어떤 조건이건 간에 합의를 이룩해 내는 것이 그에게는 중요했다고 기록했다.[74] 따라서 미국은 소련의 제안이 당초 의도했던 것과 너무나 거리가 멀었음에도 불구하고 아무런 반론 없이 이를 받아들였다. 즉, 미국은 4강국의 이사회가 선출한 고등행정관高等行政官, High Commissioner 통치하의 신탁제도를 실시함으로써 한반

72 George F. Kennan, *Memoirs 1925-50*(New York: Bantam Books, 1969), pp.287~288.

73 Robert L. Messer, *The End of an Alliance: James F. Byrnes, Roosevelt, Truman, and the Origins of the Cold War*(Chapel Hill: University of North Carolina Press, 1982), pp.148~149.

74 Kennan, 앞의 책, p.287. 미국은 소련안 이상의 양보는 얻을 수 없을 것이라고 체념했는지도 모른다. 미국대사 해리먼은 11월 12일자로 발송한 전문에서 ① 소련은 역사적으로 자기나라에 대한 침략의 도약대 역할을 했던 조선에서 우월한 영향력을 추구할 것이고, ② 이사회 내에서 3분의 1 내지 4분의 1의 권한밖에 부여되지 않는 신탁통치제도는 소련의 우월한 위치를 보장하는 것과는 매우 거리가 멀다고 하는 의견을 전달한 바 있으므로(오충근, 앞의 책, p.103), 미국의 제안은 너무나 비현실적이라고 인식했을 것이다.

도에 하나의 체제(즉 분단되지 않은 상태)를 만들자고 제안했는데, 소련은 미소 양군 사령관들로 하여금 임시정부를 설립하도록 하자고 주장함으로써 실질적인 권한을 이사회로부터 현지 사령관들에게 이양하는 제안을 한 것이다. 미소 양군 사령관들에게 책임을 지운다는 것은 이들에게 거부권을 주는 것이기도 했다. 이는 두말할 것도 없이 한반도의 실질적인 분단의 계속을 허용하는 조치였다.[75]

3상회의의 기록을 살펴볼 때 번스 장관이 소련 측 제안의 저의를 간파한 것 같지는 않다. 소련의 의도를 파악하지 못한 것이 아니라 케넌의 말대로 관심이 없었다는 것이 정확한 설명일 것이다. 미국과 소련 간에는 너무나 중요한 문제들, 즉 동유럽에 관한 문제, 원자력문제, 이란문제 등이 산적해 있었고 한국이라는 존재는 번스 같은 미국 정치인에게는 너무나 생소하고 지엽적인 문제였을 것이다. 1950년에 한국전쟁이 일어난 후 한국은 일약 전 세계의 주목을 받게 되었으나 1945년 당시에 코리아라는 나라의 이름을 들어본 미국사람은 너무나 적었다. 따라서 번스가 한국의 명운에 관심을 갖지 않았던 것은 당연했다. 번스 장관과 트루먼 대통령 간의 관계를 연구한 메서Robert L. Messer는 그의 저서에서 번스 장관의 모스크바 3상회의 진행에 관해 장황하게 서술했지만 '코리아'란 단어는 한 번도 언급하지 않았다.[76]

위에서 필자는 9월에 작성된 소련외무성의 신탁통치 관련 문서에 대해 논급했는데, 그 문헌에 나타난 신탁통치제도에 대한 소련의 태도와 12월에 모스크바 3상회의에서 제시된 신탁통치안 사이에는 방대한 차이가 있다. 즉, 9월의 문서는 한반도의 통일을 전제로 했던 데 비해 12월의 제안은 38선의 고정을 전제로 했다는 것이다. 9월의 문서는 소련이 인천을 장악해야

75 van Ree, 앞의 책, pp.134~140.

76 Messer, 앞의 책, chapter 8 참조.

한다고 하면서 고위층 간의 교섭을 전제로 한 것임에 반해, 12월의 제안은 최전방 사령관들이 토착주민들과 협의해서 '임시정부'를 수립하도록 하는 지엽적 문제로 격하시킨 것이다. 스탈린은 이미 회의 결렬을 전제로 하고 있었기 때문에 고위관리들이 관여하는 것조차 원치 않았던 셈이다.

스탈린이 한국문제에 관해 미국과 협상할 의도가 전연 없었다는 점은 이른바 미소공동위원회美蘇共同委員會가 열리기 전후의 일들을 살펴보아도 알 수 있다. 즉, 모스크바 3상회의 결정에 의하면 조선문제는 남북을 점령한 미소 양군의 사령관들로 구성된 미소공동위원회가 결정하기로 되어 있었는데, 소련군정은 미소공동위원회가 열리기도 전인 1946년 2월에 북한 지역에 북조선임시인민위원회를 수립했을 뿐만 아니라 남북한 사회의 근본을 뒤흔드는 토지개혁을 난행도록 했다. 미소공동위원회가 서울에서 열린 것은 다음 달인 3월이었다. 그리고 북한지역에서 신탁통치를 반대하는 모든 인사들은 감금되거나 숙청되었고, 미소공동위원회에서는 신탁통치를 반대하는 모든 인원 내지 단체는 미소공동위원회의 협의대상에서 제외되어야 한다는 무리한 입장을 고수했다. 당시 남한의 거의 모든 정치단체들이 신탁통치를 반대했으므로 소련 측 지령을 따르는 공산세력 외의 모든 집단들이 협의대상에서 제거된다는 것은 정치참여의 권리를 박탈당하는 것을 의미했으므로 미국은 이를 받아들일 수가 없었다.

10. 스탈린의 한반도 전략가치의 재평가와 한국전쟁

위에서 필자는 8 · 15 당시 스탈린에게 한반도는 이차적인 가치밖에 없다고 했는데, 그렇다면 왜 스탈린은 1950년에 한국전쟁을 시작했는가라는 의문이 생긴다. 만일 한반도에 대한 그의 평가가 이차적인 것에 지나지 않았다면 그는 당시 세계 최강국이던 미국과의 무력대결을 야기할 수 있는 모험을 감행하지 않았을 것이기 때문이다. 그러나 1945년과 1950년 사이에 세계 정세에 많은 변동이 일어났고, 따라서 스탈린의 전략구도에 대폭적인 변화가 있었다는 사실을 기억해야 한다. 1947년부터 미국이 소련을 가상적국으로 삼고 일본의 복구를 서두른 것도 문제였지만, 1949년 중국공산당의 승리와 중화인민공화국中華人民共和國의 창립으로 인해 스탈린의 한반도에 대한 시각이 크게 변했다. 이제 마오쩌둥이 장악하고 있는 중국공산당은 전적으로 믿을 수가 없는 존재였기 때문이다.

1945년에 중국국민당의 병력은 중국공산당군에 비해 5배나 더 강했을 뿐만 아니라 더 우수한 무기로 무장되어 있었으므로,[77] 중국내전의 전망은 불투명했지만 1950년의 상황은 이와 전연 달랐다. 스탈린은 국민당이 만주를 장악하게 되면 만주가 미국의 영향권에 들어갈 것을 염려하여, 그리고 국민당과의 교섭에서 소련 측의 입장을 강화하기 위하여 양면작전을 벌였는데, 뜻하지 않은 중국공산당의 승리는 스탈린에게 새로운 문제를 제기했다.[78] 그는 마오쩌둥이 1938년에 당시 중국공산당의 주도권을 장악하고 있던 소련유학파를 숙청한 사실뿐만 아니라 소련이 1941년에 독일의 돌연한 공격을 받고 위기에 처했을 때 마오쩌둥이 그의 요청을 거절했

77 Tang Tsou, *America's Failure in China, 1941～50*(Chicago: University of Chicago Press, 1963), p.87.

78 스탈린은 1948년 1월에 그를 방문한 유고슬라비아 대표단과의 대화에서 다음과 같이 얘기했다. "우리가 잘못한 일이 있는 것은 사실입니다. 예를 들어 우리는 (제2차) 대전이 끝난 후에 중국 동지들을 모스크바에 초빙해서 중국의 상황을 논한 일이 있습니다. 우리는 그들에게 중국에서 봉기가 일어날 전망은(즉, 공산혁명이 성공할 전망은) 없다고 당돌하게 말했고, (따라서) 중국의 동지들은 장제스와 절충해서 장제스 정부에 가입하고 군대를 해산하라고 했습니다. 중국동지들은 여기서 소련동지들의 의견에 동의했는데 중국에 돌아가서는 전연 다른 길을 택했습니다. 그들은 그들의 전력을 강화했고, 군대를 조직하여 지금은 우리가 보는 바와 같이 장제스군을 패배시키고 있습니다. 중국의 경우에 우리가 틀렸음을 시인합니다." 〔Vladimir Dedijer, *Tito*(New York: Simon and Shuster, 1953), p.322〕 그 후 1949년 7월 27일에 스탈린은 류샤오치劉少奇와의 회담에서 자기가 중국 사정에 정통하지 못해 중국혁명에 장애를 가져왔을지도 모른다고 얘기했다(Goncharov, Lewis, and Xue, 앞의 책, p.73).

던 사실을 기억하고 있었다. 즉, 스탈린이 일본의 소련 공격을 미연에 방지하기 위해 중국공산당에 대일공세를 취하라고 요청했지만 마오쩌둥은 이를 거부했던 것이다. 물론 중국공산당도 당시 위급한 상태에 놓여 있기는 했으나 스탈린의 입장에서 볼 때 소련의 방어는 무엇보다도 중요했다.

따라서 그는 중국공산당은 결국 반反소련적이고 마르크스주의에 반대하는 단체로 변형되리라고 믿게 되었다.[79] 그는 1950년 2월에 중국공산당과 새로운 중소조약을 체결함으로써 만주에서의 소련의 이권을 보장받기는 했으나,[80] 중국이 결국 독자적인 노선을 취하게 될 것이라고 판단하고 있었다. 특히 그는 중국이 소련의 입장을 무시하고 미국과 타협할 가능성을 우려했다.[81] 중국이 소련의 가상적국인 미국과 우호관계를 맺는 것은 동아시아에서 소련의 군사적 위치에 치명타를 가하는 것이었다. 따라서

---

79 Goncharov, Lewis, and Xue, 앞의 책, p.8. 스탈린의 마오쩌둥에 대한 태도에 관해서 저자들은 카피차M. S. Kapitsa의 의견을 인용했고, 1938년과 1941년에 대해서는 마오쩌둥의 러시아어 통역이었던 스쩌師哲의 회고록 등을 인용하고 있다.

80 소련은 중소조약의 기본조약 본문과 비밀합의문에서 소련이 1952년 말까지 뤼순에서 철병하기로 했으나 다롄은 '일본과의 평화조약이 체결될 때까지' 공동으로 사용하도록 했고, 중국은 만주와 신장新疆 지역에서 어떠한 외국인에게도 산업 · 금융 · 교역에 관련된 사업을 허락하지 않기로 약속했다. 소련은 만주에서의 철도에 대한 권리를 시한 없이 계속 유지하기로 했다. 중국은 이 조약을 과거의 불평등조약과 다름없는 것으로 생각했는데 마오쩌둥은 1956년과 1957년에 소련 외상 미코얀에게 스탈린이 억지로 요구한 조건들은 '오로지 제국주의자들만이' 강요할 수 있는 '쓰라린 약'이었다고 회상했다(Goncharov, Lewis, and Xue, 위의 책, pp.116~123).

81 스탈린은 중국과 미국이 접근하는 것을 매우 위험하게 여겨 왔다(Goncharov, Lewis, and Xue, 위의 책, p.112) 특히 스탈린의 한국전쟁 개입의 원인을 추궁한 곤차로프(러시아 학자) · 루이스John W. Lewis(미국 학자) · 쉐薛立泰(중국 학자)는 "스탈린이 김일성의 전쟁 계획을 승인하고 적극적으로 지원한 이유는 ① 중국과 미국 간의 갈등을 격화 또는 악화시키고, ② 유럽에서의 미국의 무장력을 약화시키기 위함이었다"고 결론짓고 있다(Goncharov, Lewis, and Xue, 같은 책, p.152). 그러나 이들이 스탈린의 한국전쟁 개입 이유 중 하나가 중미 간의 갈등을 격화시키기 위한 것이었다고 보는 데는 무리가 따른다. 만일 스탈린이 애당초 생각했던 대로 미국이 한국전쟁에 개입하지 않고 전쟁이 며칠 내로 북한의 승리로 끝을 맺었다면 중국이 한국전쟁에 개입해야 할 이유가 없었고, 따라서 중미관계에는 직접적인 영향을 끼치지 않았을 것이기 때문이다.

중화인민공화국의 등장은 스탈린으로 하여금 한반도를 새로운 각도로 관찰하게 만들었을 것이다. 장차 다롄항과 뤼순항을 이용할 수 없게 될지도 모른다는 위기의식을 느끼자 한반도 남부의 여러 항구들이 탐났을 것이다. 특히 부산·진해 등의 항구는 블라디보스토크 주둔 소련 해군이 태평양으로 진출하는 데 가장 중요한 해로의 하나인 대한해협大韓海峽에 접해 있어서 더욱 그러했다.

그러나 한반도 남반부의 전략적 가치에 대한 스탈린의 재평가가 한국전쟁 도발로 직결된 것은 물론 아니다. 필요성이나 욕구가 아무리 강하다고 해도 지불해야 할 대가에 대한 계산을 하지 않을 수가 없기 때문이다. 따라서 한국전쟁 발발에 대한 관건은 미국의 한반도정책에서 찾아야 한다. 그런데 불행히도 미국은 1947년 9월 29일에 한국을 포기하기로 결정했으며 그달 24일에 소련이 제안한 미소 양군 철수안을 받아들이는 형식으로 미군병력을 철수하기로 결정해 버렸다.[82] 1948년 8월 대한민국 수립 이후 이승만 대통령은 미국과의 방위조약의 체결 또는 미군 일부 병력의 계속 주둔을 요구했으나 미국은 1949년 9월에 500여 명의 군사고문단과 낙후된 병기를 남겨둔 채 철군을 완료했으며 방위조약도 맺지 않았을뿐더러 한국은 미국의 방위선 밖에 있다는 것을 공표했다.[83] 당시 미 국방부는 소

82 *FRUS*, 1947, vol. 7, pp.820~821.

83 필자는 다음 글에서 해방 직후 미국의 한반도정책에 관한 정리를 시도했다. Chong-Sik Lee, "The Road to the Korean War: The United States Policy in Korea, 1945~48," in Gerhard Krebs and Christian Oberlander (eds.), *1945 in Europe and Asia*(Munchen and Tokyo: Iudicium, 1997), pp.195~212. 미국은 1949년 3월 23일에는 한국정부를 정치적으로 지지하고, 경제·기술·군사적인 원조를 계속해야 한다고 결정하고(NSC 8/2) 또 이 점을 12월 23일에 재확인했으나(NSC 48/1) 12월의 결정서는 '아시아의 섬들의 연쇄'를 미국의 전방방위선first line of defense이라고 규정함으로써 한국 방위에 미국이 참여하지 않을 것임을 명확히 했다〔Thomas H. Etzold and John Lewis Gaddis (eds.), *Containment: Documents on American Policy and Strategy, 1945~1950*(New York: Columbia University Press, 1978), pp.252~256, 264〕.

련을 상대로 한 제3차 세계대전을 염려하고 있었는데, 유럽과 아시아 대륙에서의 전반적인 전쟁을 가상했을 경우 한반도는 부담이 될지언정 대소전쟁에 도움이 될 수 없다는 결론을 내렸던 것이다. 즉, 스탈린으로 하여금 아무런 대가도 지불하지 않고 한반도 전체를 장악할 수 있을 것으로 믿게 만든 것이다. 어떤 학자들은 미국은 스탈린이 남한을 공격하도록 유도하기 위해 함정을 만들어 놓았다고 주장하기까지 했는데, 사실 1950년의 한국은 너무나 유혹적인 먹이였다. 미국의 방위선에서 한반도를 포함한 아시아대륙을 제외했던 애치슨 국무장관의 1950년 1월 연설은 너무나 유명하지만, 이 정책은 이미 1948년 2월 24일자의 케넌(당시 국무부 정책계획실장)의 메모에서 거론되었고, 1949년 12월 23일자의 국가안전회의 National Security Council 결정(NSC 48/1)에서도 명시되었던 내용이다. 케넌의 메모에는 일본과 필리핀을 중심으로 방위해야 한다는 표현이 쓰였으나 안전회의 문서에는 '섬들의 연쇄Off shore island chain'라는 표현이 쓰였다. 그리고 맥아더 사령관은 1948년 3월 5일 케넌과의 대담에서 역시 방위선을 '섬들의 연쇄island chain'에 두어야 한다고 강조했다.[84] 그 후 1949년 3월에는 신문기자와의 면담에서 이 문제에 대한 의견을 피력함으로써 지금까지 대내적으로 토론되었던 방위선에 대한 정책을 공개하기에 이르렀다.[85]

11. 맺음말

이상에서 살펴본 것같이, 스탈린은 해방 전후부터 한반도 전체를 점령할 의도를 갖고 있지는 않았고 또 일관성 있는 정책을 따르지도 않았다.

---

84 Etzold and Gaddis, 위의 책, pp.226~227, 264, 228~229.

85 "MacArthur Pledges Defense of Japan," *New York Times*, 1949. 3. 2.

소련군이 한반도 북단에 공격을 개시할 당시 그는 미국과 협상할 의도를 갖고 있었으나 런던회의에서의 대결이 그로 하여금 북한에서의 기득권을 공고화하기로 결심하게 만들었다. 그리고 최소한 그는 1949년에 중국공산당이 내전에서 승리하기까지 한반도의 전략적 가치를 이차적인 것으로 여기고 있었다. 따라서 제2차 세계대전 직후 미소관계가 급격히 악화되지 않았다면 협상의 가능성은 다분히 있었고, 한반도의 분단이 고정된 후에도 전쟁은 피할 수 있었다. 그러나 미국의 한반도정책은 스탈린에게 너무나 유혹적이었다. 그는 소련이 취약한 상태에서 미국이 반격하게 될 도전적 행동을 취하지 않도록 극히 조심했고,[86] 미국과의 대결을 되도록 피하려고 했으나, 미국이 취했던 정책을 통해서 미국이 관여하지 않을 것으로 단정하고 모험을 감행한 것이다. 여기에서 우리는 그가 전쟁을 위해 북한군에게 대량의 무기를 공급한 것이 1950년 초의 일이었다는 사실을 상기할 필요가 있다. 즉, 그는 애당초 한반도 전체를 점령하려는 계획을 세웠던 것이 아니었다.

끝으로 참으로 아쉬운 것은 이 당시 미국의 정책결정자들이 스탈린의 정책결정 과정에 대해 너무 어두웠다는 점이다. 미국은 스탈린과 장징궈의 대담내용 등을 통해서 스탈린의 기본노선에 대해 정통해 있었을 터인데도 불구하고 한반도에서 소련과의 타협에 의한 신탁통치의 실시를 목표로 세운 채 너무나 귀중했던 해방 후 3년간 남한정국을 방향타 없이 표류시키다가 군대를 철수해 버림으로써 한국전쟁이라고 하는 비극을 자초했던 것이다.

86 Goncharov, Lewis, and Xue, 앞의 책, p.56. 이 점은 몰로토프의 회고록을 인용한 것이다.

제6장
해방 직후 정치 지도자 4인의 성격 구성

제7장
흉악한 정쟁의 마당에 쓰러진 호걸, 여운형

제8장
해방 전후의 이승만과 미국

제9장
해방정국과 좌우합작

제10장
1948년의 남북협상

제11장
이승만의 단독정부론 제기와 그 전개

제2부 해방 전후 남한정국

이승만과 김구(1947)

김규식(1947)

여운형(1947)

1945년 8월 종로 YMCA에서 건국준비위원회 회의를 주재하고 있는 여운형. 여운형은 좌익정당들의 통합에 주력하고 좌익과 온건우파의 합작에 노력했으나, 건준을 조직한 이후부터 우익인사들과의 관계가 소원해졌고, 미군 당국과 충칭 임시정부로부터도 배척당했다. (몽양여운형기념사업회 제공)

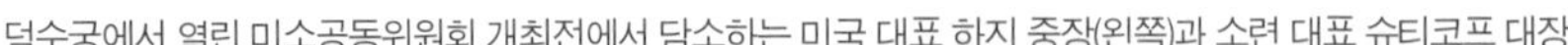

덕수궁에서 열린 미소공동위원회 개최전에서 담소하는 미국 대표 하지 중장(왼쪽)과 소련 대표 슈티코프 대장.

박헌영(왼쪽)과 여운형(오른쪽). 여운형은 오랫동안 박헌영과 합작하려고 노력했으나 결국 결별하게 되었다.

1947년 12월 10일 여운형이 참여했던 좌우합작위원회 기념사진. 여운형은 그해 7월에 암살되었다.
위 : (좌측부터) 권태양, 정□□, 김동석, 가운데 : (좌측부터) 최석창, 김학배, 김시현, 이명하, 강원룡, 박명환, 신기언, 장자일, 정이형, 박건웅, 박□□, 송남헌, 아래 : (좌측부터) 강순, 신숙, 여운홍, 안재홍, 김붕준, 김규식, 김성규, 원세훈, 오화영, 최동오, 이극로.

1947년 5월 제2차 미소공동위원회가 열린 덕수궁 가든파티에 참석한 좌우합작 대표들. 오른쪽부터 여운형, 김규식, 이묘묵(통역관), 말리크(서울주재 소련영사관 서기관), 슈티코프 상장(소련 측 수석대표), 허헌(남조선노동당 위원장). (몽양여운형기념사업회 제공)

1947년 8월15일 광복절 기념식장. 좌로부터 앉은 이 이승만, 김구, 슈티코프, 안재홍. 뒷줄에 서 있으며 오른손을 든 사람은 김형민 서울시장, 마이크 앞에서 축사하는 사람은 유노만 중국총영사이다.

1948년 4월 22일 평양 모란봉극장에서 열린 남북 대표자 연석회에서 연설하고 있는 김구. (백범김구기념사업협회 제공)

1948년 4월 22일 평양 을밀대 앞에서. 왼쪽부터 선우진, 김규식, 김구, 원세훈. (백범김구기념사업협회 제공)

1948년 8월 15일 대한민국 정부수립 축하 기념식에 참석한 이승만 대통령, 맥아더 장군, 하지 장군(왼쪽부터).

6 해방 직후 정치 지도자 4인의 성격 구성

— 이승만 · 김구 · 김규식 · 여운형 —

우리 역사에서 해방 직후의 과도기만큼 혼란스러웠던 적이 과연 있었을까? 정치체제가 불안정하거나 한 사회가 나아갈 방향이 제대로 잡혀 있지 못한 혼란스런 상황에서는 정치 지도자의 개성이 중요한 역할을 하게 마련이다. 해방 직후에 남한정계에서 활약했던 가장 중요한 한국 정치 지도자 네 명의 개성과 그들의 성장과정에 대한 고찰은 불안정하고 유동적인 해방공간의 사건들을 보다 역동적인 시선으로 바라볼 수 있는 예비지식을 제공할 것이다.

1. 머리말

조선왕조 시대와 해방 후부터 지금까지의 한국정치와의 차이점을 지적하라고 한다면 여러 가지 대답이 나올 수 있겠으나 가장 현저하게 나타나는 차이점들은 정치체제의 안정성 정도와 지도자 또는 지도층의 역할의 강약도일 것이다. 조선왕조 시대에도 혼란한 시기가 있었으나 정치체제와 제도에는 별다른 변화가 없었고, 임금이나 기타 인물의 개인적인 역할에도 한계가 있었다. 그러나 해방 후의 한국정치에서는 지도층 인물들의 역할이 매우 강했다. 물론 조선왕조 시대에도 정치체제를 무시했거나 초월했다고 할 수 있는 연산군燕山君도 있었고, 후기의 세도정치 시대에는 홍국영洪國榮, 김조순金祖淳 등의 인물이 왕조를 휘둘렀지만 이는 조선왕조 체제가 제대로 역할을 하지 못했기 때문이다.

해방 후의 한국정치에서 지도자들이 더욱 뛰어난 역할을 하게 되었던 것은 물론 정치체제가 자리를 잡지 못했기 때문이다. 즉, 체제의 안정성이 매우 결여되어 있었다. 정치 지도자의 개성은 정치에서 항상 중요한 역할을 하지만 특히 그 사회가 안정된 체제를 가지고 있지 못하거나 그 사회가 나아갈 방향이 제대로 잡혀 있지 못한 혼란스런 상황에서는 '카리스마적' 자질을 가진 지도자들이 부상하게 된다. 그들은 비범하거나 최소한 남들과 다른 장점을 가지고 있기 때문에 많은 추종자나 문하생을 거느리게 되고 그로써 다른 경쟁자들을 제압하게 되며 사회와 정치가 새로운 궤도를 만들어가는 데 큰 역할을 하게 되는 것이다.

해방 직후부터 지금까지의 한국정치에는 혼란기가 자주 있었지만 그중에서도 해방 직후의 과도기는 가장 혼란이 심한 시기였다. 북한을 점령한 소련의 경우와 달리 남한을 점령한 미국정부는 한국에서의 확고한 목표를 세우지 못한 상태에서 시행착오를 거듭했는데, 이처럼 불확실하고 불안정한 상태는 지도자들로 하여금 그들 각자의 개성을 십분 발휘하게 했다. 특히 이승만李承晩, 김구金九, 김규식金奎植 그리고 여운형呂運亨은 이 시기를 풍미한 인물로서, 이 글의 목적은 당시 가장 중요했던 이 네 지도자들의 개성을 살펴보는 것이다.

개성이라 함은 각 개인의 생활 스타일이라고 할 수도 있고 봉착하는 문제에 대한 반응의 특성이라고 할 수도 있다. 인간은 선천적인 특성을 가지고 있지만 또한 자신의 일생 동안 계속되는 환경과의 상호작용을 통해서 개성을 만들어 간다. 물론 한 인간의 개성의 발전 속도는 성장기에 더욱 빠르게 마련이고 일단 안정된 사회적·정치적 지위에 오르게 되면 그 변화의 비율은 많이 떨어진다. 물론 인간의 행위나 행위 유형에 있어서 일생 동안 거의 변화하지 않는 측면이 있는 반면 또 다른 측면은 개인이 겪은 특정한 경험에 의해서 만들어지기도 한다.

결국 정치 지도자의 성격 형성에 관한 연구를 하려면 그의 선천적인 측면과 함께 발전과정을 살펴야 하는데, 과연 어느 시기의 어떤 경험이 성격 형성 과정에 가장 큰 역할을 했는가 하는 질문에는 일률적으로 대답할 수가 없다. 따라서 인물의 개성을 이해하기 위해서는 소년기의 성장과정, 사춘기와 성년기의 발전과정을 포함하여 그의 경력 전체를 살펴야 한다. 또한 그 지도자의 '사회화社會化 과정socialization process', 즉 '한 개인이 환경에서 오는 사회적·정치적인 자극에 대해 적응하고 반응하는 과정'도 연구해야 한다.[1]

필자가 이 글에서 이승만, 김구, 김규식, 여운형을 연구대상으로 선택한 이유는 다음과 같다. 우선 일본의 항복 후에 한국인들이 신문을 발간하게 되면서부터 압도적으로 주목을 받은 인물들이 여운형, 이승만과 김구였다. 1945년과 1946년에 실시된 여론조사에서도 이 세 명은 '가장 뛰어난 지도자', '대통령 감', 그리고 '최고의 혁명가'로 뽑혔다. 김규식은 1945년 당시에는 다른 세 사람만큼 높게 평가되지는 않았지만 1946년 미 군정 당국이 그를 지지하기로 결정하자 시민들의 관심이 크게 높아졌다.

해방 직후에 지도자들에 대한 여론조사가 여러 차례 실시되었는데 이들의 결과는 우리의 흥미를 돋우기도 하거니와 시사하는 점도 많다. 필자는 1945년 12월에 발표된 것, 1946년 7월에 발표된 것, 그리고 1948년 6월의 것을 찾아볼 수가 있었는데 이 데이터를 그대로 소개하기로 하겠다.

이 데이터들을 해석할 때 우리는 『동아일보』와 『조선일보』 등 민족 언론매체가 일제에 의해 1939년 말에 폐간되었다는 사실을 기억해야 하고, 그 전부터도 한국의 '정치인'이라고 할 수 있었던 인물들에 대한 보도가 극히

1 "Research Note," Alexander L. George and Juliette L. George, *Woodrow Wilson and Colonel House: A Personality Study*(New York: John Day, 1956), p.319 참조. 필자는 Lewis J. Edinger의 논문 "Political Science and Political Biography: Reflections on the Study of Leadership," *Journal of Politics*, vol. 26, no. 2~3(May and August 1964), pp.423~439, 648~676에서 이 연구에 사용된 여러 아이디어를 얻었다.

제한적이었다는 점을 염두에 두어야 한다. 나아가 해방 후에 등장한 인물들은 남북에 흩어져 있었을 뿐만 아니라 해외에서 돌아오지 않은 이들도 있었으므로 국내의 언론매체가 언급하는 데에 많은 차이가 있었음을 감안해야 한다.

첫 번째 여론조사는 1945년 10월 10일부터 11월 9일까지 선구회先驅會라는 단체가 행한 것이다. 선구회는 서울에 있는 105개의 정치 · 사회 · 문화 단체와 학교에 3,914개의 설문지를 배포했는데 질문 항목은 다음과 같다. ① 국내 · 국제상황에 대하여 가장 많은 지식을 가지고 있는 지도자, 가장 양심적인 지도자, 가장 '조직적'인 지도자, 가장 폭넓은 사고를 하는 지도자를 밝히시오. ② 대통령과 각료를 지명하시오. ③ 최고의 혁명가를 지명하시오.

선구회라는 단체의 정체도 알려져 있지 않고 그 단체의 여론조사가 어떻게 행해졌는지도 알 수 없기 때문에 '과학적인 여론조사'였다고 단정할 수는 없으나 당시 여론의 일면을 볼 수 있다.

가장 뛰어난 지도자를 묻는 설문지는 1,957장이 배포되었고 626장이 회수되었는데 그 결과는 다음과 같다.

여운형	33%	김 구	18%
박헌영	16%	이관술	12%
이승만	9%	김일성	9%
최현배	7%	김규식	5%
서재필	5%	홍남표	5%

위에서 박헌영, 이관술李觀述과 홍남표洪南杓는 조선공산당朝鮮共產黨의 지도자들이다. 김일성이 소련에서 귀국한 때는 9월 19일이었으나 그가 평

양에 등장한 때는 10월 14일이었고, 이승만이 미국에서 귀국한 때는 그해 10월 16일이었으며 김구가 중국에서 귀국한 때는 11월 23일이었다. 여운형은 당시 남한의 '정치무대'를 거의 독점하다시피 하고 있었다.

'대통령에 적합한 인물'을 묻는 설문지는 1,957장이 배포되었고 978장이 회수되었는데 다음은 그 결과이다.

이승만	431	김 구	293
여운형	78	대답 없음	176

해외에서 갓 돌아온 이승만이 어떻게 그처럼 많이 '득표'할 수 있었는지 의문스러운데, 여기서 우리는 해방 직후인 9월 6일에 '선포'된 이른바 '인민공화국人民共和國 내각명단'에서 이승만이 대통령으로 발표되었음을 상기해야 한다.

'최고의 혁명가'를 묻는 질문에 대한 대답은 다음과 같다(978개의 응답 중에서[2]).

여운형	195	이승만	176
박헌영	168	김 구	156
허 헌	78	김일성	72
김규식	52	백남운	48
최용달	40	박문희	19
이관술	15	최현배	12

1946년 7월 '조선여론협회Korean Public Opinion Association'는 서울의

2 여기의 합계는 978이어야 하는데 1,031이 나온다. 왜 합계가 다른지는 알 길이 없다.

가장 사람이 많이 다니는 거리 세 군데에서 누가 초대 대통령이 될 것인지를 물었는데 그 결과는 다음과 같다.[3] 1945년 가을과 달리 이때에는 이미 언론매체들이 연일 정치인들에 대해 보도하고 있었고 또 남북의 분열도 고정된 상태여서 김일성의 이름은 없다. 세 번째 인물인 김규식의 부상은 1946년 미군정 당국의 그에 대한 지지 결정이 반영된 결과이다.

이승만	1,961(29.2%)	김 구	702(10.5%)
김규식	694(10.3%)	여운형	689(10.3%)
박헌영	84(1.3%)	기 타	110(1.6%)
모르겠다	2,476(36.9%)		
합 계	6,716		

1948년 6월 23일 조선여론협회는 거리 다섯 군데에서 행인에게 누가 초대 대통령이 되기를 바라는지 물었는데,[4] 그 결과는 다음과 같다.

이승만	1,024	김 구	568
서재필	118	김규식	89
박헌영	62	이청천	26
조봉암	18	신익희	12
기 타	45	모르겠다	45

이승만과 김구의 차이가 1946년의 1 대 2.8에서 1948년에 1.8로 줄어든 것이 흥미롭다. 이 여론조사가 있기 몇 달 전에 김구는 평양에 다녀와서 국민들의 주목을 끈 바 있다. 그러나 이승만을 위협할 정도는 못 되었다.

---

3 『동아일보』, 1946년 7월 23일.

4 『동아일보』, 1948년 6월 25일.

당시 83세의 서재필은 그를 대통령으로 추대하는 운동이 벌어지자 오히려 당혹해 했는데 118표는 이러한 운동이 반영된 결과이다. 여운형은 여론조사가 있기 전해인 1947년 7월에 암살되어 등장하지 않는다.

이처럼 우리는 당시의 여론조사를 통해 이승만, 김구, 김규식, 여운형 등이 해방 후 혼란스러운 정국을 이끌어갈 정치 지도자로 압도적인 주목을 받고 있었음을 볼 수 있다.

2. 네 지도자들의 개성에 대한 인상

네 지도자의 개성을 규명하기 위해서 필자는 그 지도자들과 가깝게 지낸 인사들과 여러 차례 면담을 했다. 응답자들의 정치적 성향이나 언급된 지도자들과의 관계는 각양각색이었지만 그들이 말한 네 명의 지도자들의 특성은 놀라울 정도로 유사했다. 다음은 그 내용을 일부 발췌한 것이다.

(1) 이승만에 대한 인상

① 허정許政[5]

- 대단히 두뇌가 명석한 인물이었다.
- 자신을 대단히 높게 평가했다. 한국인 중에 자신과 맞설 수 있는 사람이 없다고 생각했다.
- 누구든지 그에게 복종하고 그를 따르기만 하면 그는 그 사람을 동지로 간주했다. 그 외의 사람은 모두 그의 적이었다.
- 대단히 성격이 급하고 남들과 쉽게 싸웠다.
- 주요 정치문제에 대하여 대단히 완고했다.

---

5 허정은 1920년대부터 이승만을 알고 그와 함께 일했다. 1960년 이승만이 하야한 후 과도정부 수반으로 활약했다.

• 자기중심적이었다.

• 복수심이 강했다.

② 윤보선尹潽善[6]

• '천하에 자신을 당할 자가 없다'는 태도를 가졌다.

• 기억력이 비상했다.

• 정치지식이 풍부했다.

• 혁명투사 유형이었다.

• 투지가 강했다(계속 투쟁을 해야만 했다).

• 패배를 받아들이지 못했다(누가 그를 한 대 때리면 그는 그 사람을 두 대 때려야 했다).

• 비판을 받아들이지 못했다.

③ 서병호徐丙浩[7]

• 야심적이었다. 1890년대부터 야심을 가져 왔다.

• 자신을 대단히 높게 평가하고 남을 낮게 평가했다.

• 자기중심적이었다.

④ 강원룡姜元龍[8]

• 상황을 능숙하게 다루는 능력을 가졌다.

• 모든 것을 정치로 귀결시켰다.

• 낙관적이었다.

• 비교적 편협했다.

---

6 윤보선은 이승만이 서울 YMCA에서 가르치던 시절에 이승만을 알았다. 그 후 1920~1921년에 상하이上海에서 이승만과 함께 지낸 일도 있다.

7 서병호는 이승만이 교도소에 있던 시절(1898~1904년)부터 알고 지냈다. 1918년 서병호는 김규식을 파리에 보낸 신한청년당의 의장직을 맡고 있었다. 같은 해 김규식은 서병호의 처제와 결혼했다.

8 강원룡 목사는 한국 기독교청년단 단장이었고 1945년 이후 이승만, 김규식, 여운형과 가깝게 일했다.

• 활발했다(1940년대에도 그는 40대 같았다).

• 충동적인 연설가였다.

⑤ 장기영張基榮[9]

• 설득력이 있었다.

• 고집이 강했다.

• 인내심이 있었다.

• 근면했다.

• 진정한 애국자였다.

• 패배를 인정하지 않았다.

• 능동적이었다.

• 건상했나.

• 인색한 편이었다.

(2) 김구에 대한 인상

① 서병호

• 정규 교육을 받지 못했다.

• 양심적이었다.

• 올바른 일을 하고자 했다.

② 정화암鄭華岩[10]

• 정치와 정치게임에 문외한이있다.

• 철저한 애국자였다.

③ 강원룡

9 장기영은 당시 미국 유학생이었으나 이승만의 설득으로 1920년대 이후 한국 민족주의 운동에 뛰어들었다. 후에 유엔UN 대표를 역임했다.

10 정화암은 중국에 있던 무정부주의 단체의 두목으로, 김구와 긴밀한 협조관계를 맺고 일했다.

• 신앙과 다름없는 애국심을 가지고 있었다.

• 대중연설을 잘하지 못했다.

• 식욕이 왕성했다.

④ 신창균申昌均[11]

• 이기심이 없었다.

• 권력을 탐내지 않았다.

⑤ 이명하李明河[12]

• 용감했다.

(3) 김규식에 대한 인상

① 나용균羅容均[13]

• 천재적인 머리를 가지고 있었다.

• 어학에 능통했다.

• 기억력이 뛰어났다.

• 깨끗한 사람이었다.

• 약간 편협한 편이었다.

② 윤보선

• "한 번 적이 되면 영원한 적이다."

③ 김준연金俊淵[14]

• 지식이 풍부했다.

• 배짱이 없었다. 마음이 약했다.

• 선생 타입이지 정치가 타입이 아니었다.

---

11 신창균은 김구 주변에서 가까이 지냈다.

12 이명하는 1947년 이후 김구를 위해서 일했다.

13 나용균은 여운형과 김규식이 1921~1922년 모스크바에 갔을 때 동행했다.

14 김준연은 1945~1948년에 활발한 정치활동을 펼쳤다.

④ 서병호

• 무슨 직책이건 맡은 일을 충실히 해나갔다.

• 원칙에 충실했다.

• 사심이 없었다.

⑤ 김순애金淳愛[15]

• 성격이 급하고 화가 머리끝까지 나곤 했다.

• 위장병이 심했다.

• 적은 규모의 좌석에서 사람들을 매혹시키는 능력이 있었다.

• 세심한 경향이 있었다.

• 하나님이 어떤 사람을 통하여 자기를 인도해 주고 있다고 믿었다.

• 오랫동안 간질병으로 시달렸다

⑥ 김진동金鎭東[16]

• 아버지의 사랑을 느껴보지 못했다.

• 식탁에서의 매너에 엄격했다.

• 자식이 말대꾸하는 것을 용서하지 않았다.

• 규율에 엄격한 사람이었다.

• 모순투성이였다.

⑦ 강원룡

• 직선적이고 날카로웠다.

• 냉정했다.

• 세심했다(직접 교정을 보았다).

• 통찰력이 있고 지식이 풍부했다.

• 비관적이었다.

---

15 김순애는 김규식의 부인으로 1918년에 결혼했다.

16 김진동은 김규식의 둘째 아들이다.

• 사색하는 인물이었다.

• 선비형이었다.

• 성격이 급했다.

• 청중이 적은 장소에서 얘기를 잘했다.

• 청교도처럼 깨끗한 사람이었다.

• 자기 직위를 호사스럽게 과시하는 것을 싫어했다.

⑧ 송남헌宋南憲[17]

• 이상주의자였다.

• 청교도적인 사람으로 사심이 없었다.

• 학자형의 사람이었다.

• 한 번 신념을 가지면 결코 굽히지 않았다.

• 대중정치를 혐오했다.

• 요청이 있을 때에만 나타나는 정치인이었다.

• 눈이 크고 눈매가 날카로웠다.

• 올바르지 못한 것, 불의를 용납하지 못했다.

⑨ 여운홍呂運弘[18]

• 시적詩的으로 이야기하는 사람이었다.

• 단어의 선택과 사용에 있어서 완벽했다. 적절한 표현이 생각날 때까지 오랫동안 기다리기도 했다.

• 배짱이 없었다("이승만의 배짱의 10분의 1만 가졌더라면……").

• 정직하고 근면하고 솔직했다.

• 성격이 급했다.

• 고집이 세고 집착이 강했다.

---

17 송남헌은 1946년 이후 김규식의 개인 비서로 일했다.

18 여운홍은 여운형의 동생이다.

(4) 여운형에 대한 인상

① 여운홍

• 성격이 좋았다.

• 남들에게 후한 사람이었다.

• 다른 사람과 맞서는 것을 싫어했다.

• 공산주의자들은 그를 '금도끼'라고 불렀다. 아름답기는 하지만 아무 것도 자르지는 못한다는 뜻이었다.

• 배짱이 없었다.

② 나용균

• 자신의 선전을 너무 많이 하는 사람이었다.

③ 윤보선

• 세련된 인물이었다.

• 스포츠맨이었다.

• 활기에 찬 사람이었다.

• 웅변에 능했다.

• 겸손했다.

• 사교적이었다.

• 깊이가 없었다. 그는 상하이에서 악수만 하는 외교관으로 알려졌다. 우호적이지만 실속이 없다는 뜻이다.

• 감정에 끌리는 사람이있다.

④ 유석현劉錫鉉[19]

• 성격이 좋았다.

• 다른 사람을 모욕하지 않았다.

---

19 유석현은 김원봉이 조직한 의열단의 단원이었다. 그는 1945년 여운형의 건국준비위원회 치안부의 부원으로 잠깐 일했다.

• 모호했다. 그는 거절했다고 생각하는데 상대방은 그가 받아들였다고 생각했다.

⑤ 유병묵劉秉默[20]

• 여러 방면의 사람들과 두루 접촉했다.

• 천재적이었다.

⑥ 강원룡

• 마음이 열린 사람이었다.

• 폭넓은 사고를 했다.

• 잘생겼다. 미남이었다.

• 청중들이 좋아하는 연사였다.

• 웅변적이지만 부드러운 목소리로 말했다.

• 생각이 모호한 사람이었다.

• 술수에 능하지 못했다.

• 가혹하지 못했다.

• 뒷심이 없었다.

• 감동적인 연설을 했지만 내용이 없었다.

• 남의 영향을 쉽게 받았다.

3. 지도자들의 유형

이처럼 면접에 응한 인사들의 말을 간추려 보기만 해도 네 지도자들의 개성 유형을 대략 구별해낼 수 있다. 예를 들어 그들의 권력 성향의 차이점을 볼 수 있다. 이승만은 누가 봐도 리스맨David Riesman이 제시한 '내부

20 유병묵은 1946년 이후 근로인민당에서 여운형과 같이 일했다.

지향적inner-directed' 인 인간의 극단적인 경우이다. 반면 여운형은 '외부 지향적outer-directed' 인 유형이다. 이승만과 김구는 또한 라스웰Harold Lasswell이 말한 '정치적 유형political type', 즉 '타인과 비교해볼 때 자신의 개성 내부에서 권력을 강조하는' 기본적인 특성을 가지고 있었다.[21] 반면 모든 사람들은 김규식이 '예민하고 고결한 이상주의자였다'는 데에 견해가 일치했다. 후크Sidney Hook에 따르면 이 유형의 사람들은 '높은 수준의 지도자'들이 치러야 하는 대가를 치르는 것을 혐오한다고 했는데 김규식이 그랬다. 즉 '높은 수준의 지도자'들은 때때로 무자비한 일을 해야 하거나, 도덕적 원칙에서 벗어나는 일을 해야 하거나, 다른 사람들의 생명에 대한 결정을 내려야 하는데 '고결한 이상주의자'들은 이런 책임을 지지 않으려고 한다는 것이나.[22]

몇몇 응답자의 내용을 보면 이승만은 라스웰의 '정치적 선동가political agitator'의 모델에 들어맞는다. 라스웰에 따르면 정치적 선동가는 대중의 감정적 반응을 중요시하고, 어떤 노선에 따라 이루어질 수 있는 사회적 변화의 중요성을 이상화한다. 그리고 선동가는 자신에 반대하는 모든 사람들을 악마의 한 패거리라고, 즉 자기와 양립할 수 없는 자들로 보고 원리적原理的인 문제를 위해 개인적인 모든 것을 희생하기도 한다. 이러한 사람들은 평생을 목소리 높여 외치거나 선동적인 글을 쓰면서 보내게 되는데 도덕적 열정을 정기적으로 분출해내지 않으면 양심의 가책을 느끼게 된다.[23] 20세기의 세계사를 돌이켜 보면 이런 인물들이 많이 등장했는데 이승만도 그중 하나였다.

---

21 Harold D. Lasswell, *Power and Personality*(New York: Norton, 1948), p.22.

22 Sidney Hook, *The Hero in History: A Study in Limitation and Possibility*(New York: The John Day Company, 1943), pp.24~25.

23 Harold D. Lasswell, *Psychology and Politics*(Chicago: University of Chicago Press, 1930), pp.78~79.

이처럼 한국의 지도자들 개개인의 성격을 잘 묘사하는 듯한 유형typology이 많기는 하지만 필자는 바스Bernard Bass가 발전시킨 개념이 가장 유용하다고 생각한다. 단, 김규식 같은 인물을 포함할 수 없는 것이 바스 유형의 단점이지만, 다른 지도자들을 비교하는 데에는 매우 적합하다. 그의 첫 번째 유형은 리스맨의 내부지향적 인간과 마찬가지로 '자기지향형self-oriented type'으로서 타인의 생각이나 기대에 관계없이 자기의 목적을 추구하는 경우인데, 이승만이 여기에 해당한다고 봐야 할 것이다. 두 번째 유형은 '임무지향형task-oriented type'인데 이 유형의 사람은 주어진 '문제를 해결'하기 위해서 전력을 다한다. 아마도 김구가 바로 이러한 유형에 해당할 것이다. 세 번째 유형은 '상호작용지향형interaction-oriented type'인데 이 유형의 인물은 다른 사람들의 기대를 충족시키기 위해 전력을 다한다.[24] 여운형이 그런 유형일 것이다. 김규식은 후크가 말하는 '고결한 이상주의자high minded idealist'라는 개념을 적용하여 '선비형literati type'이라고 할 수 있을 것이다.

이러한 분류는 지도자들의 성격을 비교하는 데에 유용하기도 하고 또 그들의 앞날의 행동을 예측하는 데에도 도움이 된다. 한국인의 경우도 그렇지만 외국인들의 알려진 케이스들을 통해서 어떠한 유형의 인물이 어떠한 경우에 어떻게 행동할 것이라고 추측할 수 있기 때문이다. 물론 이러한 예측이 완벽할 수는 없다. 어떤 인물의 생각이나 행동에 개입되는 변수가 너무나 다양하기 때문이다.

24 Bernard M. Bass, *Leadership, Psychology and Organizational Behavior*(New York: Harper & Row, 1960), pp.449~451. 필자는 바스의 모델과 다른 모델을 논의하는 데 앞서 인용한 에딩거의 논문에서 많은 도움을 얻었다.

4. 성장기의 환경

그렇다면 4인의 인물은 어떻게 해서 그런 유형의 개성을 갖게 되었는가? 이 질문에 대답하기 전에 우선 그들의 성장기 환경을 검토해야 한다. 그들은 1875년에서 1885년 사이, 즉 10년 사이에 태어났으므로 그들이 자라난 정치적 환경에는 공통점이 많았다. 이승만은 1875년에, 김구가 그 다음 해인 1876년에, 김규식이 1881년에 그리고 여운형이 1886년에 태어났다. 잘 알려진 대로 그들이 출생한 전후의 기간은 변화와 혼돈의 시기였다. 1875년은 고종 12년으로 어린 고종이 친정親政을 하기 시작한 지 셋째 해로 척족戚族 여흥驪興 민씨가 고개를 들기 시작했을 때였다. 그전에 고종의 부친 홍선대원군은 10년 동안 섭정을 하면서 제도화된 부패를 타파하고 과감한 개혁을 이룩함으로써 왕권을 재확립하려고 했으나 무분별한 사업계획 때문에 민생고를 가져왔고, 또 극심한 쇄국정책鎖國政策이 문제를 일으켜 물러났다. 또 1875년은 일본의 전함 운양호雲揚號가 강화도 부근에 나타나서 한국 수비대가 이를 포격했던 사건이 났던 해였다. 그 다음 해에 조정은 일본과 강화도 조약을 체결하게 되어 개국을 하여 영국, 미국, 프랑스, 러시아와 조약을 체결했고 이로 인하여 불가피하게 외국의 문물이 밀려들어 오기 시작했다.

그리고 여운형이 태어난 1885년은 갑신정변甲申政變이 일어난 그 다음 해로, 정변을 계기로 종주국 청淸나라가 위안스카이袁世凱를 서울로 파견하여 조선 식민지화 정책을 강하게 추진하던 때이다. 이처럼 조선왕국을 에워싼 국제정세는 날로 복잡해지고 있었지만 전통적인 생활양식은 지속되면서, 자라나는 젊은 사람들에게 직접적인 영향을 미쳤다. 조선왕국은 유교적 원칙이 뿌리 박은 사회로서 엄격한 상반常班 신분체계가 유지되어 왔고 유교의 고전을 중심으로 한 교육제도와 과거제도가 정치 · 사회제도를 뒷받침하고 있었다. 그러한 체제에서 좌절을 느낀 사람들이 동학東學 같은 반역적 운동에 가담하거나 운동을 조직한 것은 자연스러운 추세였다.

전통적인 제도나 가치체계, 관습이 이들 네 명에게 큰 영향을 미친 것은 물론이지만, 새로운 서구의 가치체계도 그들에게 많은 영향을 끼쳤다. 이들은 이미 어린 시절에 서양문명을 접촉했으며, 또한 한국 역사상 처음으로 그런 경험을 한 세대이므로 매우 흥미로운 연구대상이기도 하다. 그들이 서양문명과 처음 마주친 환경은 매우 다양하지만 네 명 중 세 명은 결국 미국에 유학을 가거나 미국식의 고등교육을 받았다. 김구만이 서양식 교육제도의 혜택을 받지 못했으나 그도 역시 기독교인이 되었고, 평안남도 진남포鎭南浦에서 감리교 계통의 엡윗 청년회의 총무로 활약했다.

1945년부터 1948년까지, 즉 해방으로부터 독립정부의 수립까지의 과도기에 한국의 주요 지도자였던 네 명은 이러한 공통점 외에도 다른 공통점도 가지고 있었다. 이들이 전통적인 조선사회의 주류가 아닌 주변계층 출신이라는 사실은 흥미롭고 의미 있는 사실이다. 그들 중 어느 누구도 왕족이나 척족 또는 다른 지배 엘리트의 가문 출신이 아니었다. 이승만은 조선왕조의 세 번째 임금인 태종太宗의 장남 양녕대군讓寧大君의 후손이지만 이승만의 일족이 권력으로부터 소외된 것은 이미 오래전의 일로서 그의 조상들이 엘리트층에 속해 있었다고 볼 수는 없다. 네 명의 지도자 중에서 김규식만이 벼슬을 했던 부친을 두었으나 하급직에 불과했고 그는 서자였기 때문에 그가 엘리트 지위에 오를 가능성은 매우 희박했다. 김구의 가문은 신라의 마지막 왕인 경순왕敬順王이 시조라고 자처했으나 김구의 조상들이 몰락한 것은 이미 오래전의 일이었다. 여운형은 내로라하는 지주 양반가문 출신이었지만 그의 조상들은 소론小論에 속하여 오랫동안 권력의 주류에서 밀려나 있었고, 여운형의 조부는 동학의 2대 교조教祖 최시형崔時亨과 직접 만날 정도로 독실한 동학도가 되어 있었다. 후에 좀더 설명하겠지만 이러한 상황은 네 명의 지도자들의 개성 발전에 중요한 영향을 미쳤다.

네 명의 지도자들의 개성 발전에 관한 논의에서 또 지적되어야 할 점은 이중 세 명이 장남이라는 사실이다. 극히 최근까지도 한국사회에서 자식의 서열이 차지하는 중요성, 특히 장남의 중요성은 더 말할 필요도 없을 것이다. 장남은 가족의 대를 이어야 하는 자리에 있었기 때문에 중요시될 뿐만 아니라 특권을 누리면서 응석받이로 자라곤 했다. 그런데 이승만은 자기보다 먼저 태어난 형이 죽었기 때문에 가문의 6대 독자로서 자라났다. 김구도 역시 독자였고, 여운형은 다섯 살 어린 남동생이 있는 장남이었다. 여운형의 부모는 그 이전에 이미 세 명의 아들을 잃었고 모친의 나이가 많았기 때문에 여운형의 출생은 가문의 큰 경사였다. 여운형이 귀동자貴童子로 자라난 것을 여실히 보여주는 일화가 있다. 어린 여운형이 남의 과수원에서 과일을 따 먹다가 들켜서 도망쳐 나오다가 나뭇가지에 얼굴을 긁혔는데, 여운형의 부친은 자기 자식을 꾸짖는 대신 과수원에 달려가 나무들을 도끼로 찍어버렸다고 한다.

김규식의 경우 모친에게는 독자였지만 부친에게는 차남이었다. 그리고 일찍이 고아가 되었을 뿐만 아니라 열병에 걸려 치료도 못 받고 방치되어 있는 것을 언더우드 선교사가 치료해 주고 데려다 자식같이 키웠다. 그의 몸이 병약하기도 했지만 그의 불우했던 가족환경이 그의 개성 발전에 영향을 끼쳤을 것은 쉽게 짐작할 수 있다.

위의 서술에서 우리는 네 지도자의 가족적 환경과 사회적 환경·조건 사이에 강한 부조화가 있었음을 알 수 있다. 응석받이로 자라난 아이들이 자기 자신을 높게 평가하고 자기중심적으로 자라날 가능성이 많은데, 그런 데다 두뇌가 명석하고 성적이 우수하면 자신감은 더욱 강화될 것이다. 그러나 그들이 직면했던 세계는 너무나 냉혹하고 적대적이었다. 구한말

사회의 중심부가 아니고 소외된 부류에 속하는 가문에 태어난 그들은 차별을 받거나 무시당하게 되어 있었다. 예컨대 이승만은 그가 13세 되던 해부터 매년 과거에 응시했으나 그의 문장이 아무리 뛰어났다 하더라도 합격할 수가 없었다. 김구 역시 16세 되던 해에 과거에 응시했으나 가망성이 있을 리가 없었다. (아버지가 풍수지리나 관상 보는 법을 배워두면 언젠가 쓸모가 있을 것이라고 충고해 주어서 김구는 관상 공부를 했는데, 그러고 나서 그는 자신의 얼굴 모습에 너무나 실망했다고 한다.)

자존심이 강한 응석받이 어린이가 냉혹하고 거친 세상에 당면했을 때 분노와 폭력적인 반응을 보이는 것은 당연한 결과이다. 이승만이 23세의 나이에 만민공동회萬民共同會의 선봉에 선 이유를 쉽게 이해할 수 있다. 김구 역시 18세에 동학혁명에 가담하여 700여 명의 교도를 이끌고 황해도 해주海州의 관아를 습격했다. 반면에 동학 집안에서 자라난 여운형은 구한말의 썩어빠진 조선정부에 대한 적개심을 기독교 전도사로 시무하면서 발산했다. 김규식은 그의 나이 15, 16세에 미국에 건너갔고 그 후 오랫동안 정치적 활동을 하지 않았다.

이승만은 배재학당에서의 신문화新文化 교육으로 인해 급진주의적 방향으로 나아갔다. 특히 서재필이 미국 망명생활에서 돌아와 민주주의 개념을 소개하고 독립신문을 통하여 한국 정치개혁의 필요성을 역설하는 사설들을 발표하자 이승만은 이에 전적으로 호응했고, 배재학당에 설립된 협성회協成會를 통하여 개혁운동의 선두에 나서게 되었다. 결국 그는 급진주의 노선 때문에 체포되어 5년 7개월간 옥고를 치렀다.

5. 유전적 · 체질적 요인과 소년기

앞에서 본 것처럼 개성의 형성에서 환경이 중요함은 물론이거니와 일찍이 플라톤Plato이 지적했듯이 인간은 '자연과 양육nature and nurture'의 상호작용의 산물이다.[25] 다시 말해서, 우리는 우리가 관심을 가지고 있는 인물들의 유전적, 체질적인 요소도 참조해야 한다. 김규식은 어려서부터 몸이 약했고 활달하지 못했는데 그의 체격이 작았던 것도 그가 앓았던 병들과 연관이 있었을 것이다. 1919년에는 뇌의 종양을 제거하는 수술을 받았는데 그 후 간질병이 생겨서 고통을 겪었다. 1945년 그가 고국에 돌아왔을 때 기자들이 무슨 병을 앓고 있느냐고 묻자 "내가 무슨 병을 앓고 있느냐고 묻지 말고 내가 앓고 있지 않은 병이 무엇인가라고 묻는 것이 더 효과적일 것이다"라고 대답했다는데, 이 대답은 그의 재치와 유머를 나타내기도 하지만 왜 그가 성급하고 비관적이며 사색적이고 이른바 대중정치를 좋아하지 않았는지에 대한 답도 제공해주고 있다.

반면 김구는 건장한 몸과 순박한 성격을 물려받았다. 그는 두 차례에 걸쳐 오랜 감옥생활을 치르기는 했으나 병이라고 할 만한 병을 앓은 일이 없었다.[26] 여운형 역시 커다란 체구(6척), 튼튼한 신체 그리고 잘생긴 용모를 물려받았다. 그의 부친은 내성적이면서 참을성이 없는 사람이었지만 그의 모친은 의지가 강하고 경쟁심이 강한 '호랑이 마나님'이어서 집안의 수탉까지도 다른 집의 닭에게 지는 것을 용납하지 않았다고 한다.[27] 우리는 그러한 부모 사이에서 태어난 여운형이 강인한 의지를 가짐과 동시에 성급한 성격의 어린이였을 것이라고 추측할 수 있다.

그러나 그의 부모가 종종 격렬하게 싸우는 것을 본 여운형은 자제하는

---

25 이 점을 좀더 상세히 논의한 논문은 Heinz Ansbacher and Rowena R. Ansbacher (eds.), *The Individual Psychology of Alfred Adler*(New York: Basic Books, 1956), pp.461~465.

26 김구, 도진순 주해, 『백범일지』(돌베개, 2002), pp.290~291. 『백범일지』는 너무나 유명하지만 도진순이 주해한 판은 소설을 방불케 하는 걸작이다.

27 呂運弘, 『夢陽呂運亨』(청하각, 1967), p.4.

법을 배우게 되었다. 그는 분노가 치밀어 오를 때 입술을 깨물어 참는 것을 배우게 되었고 점차 온화한 성격을 갖게 되었다. 양반의식이 뿌리 깊은 부친이 상민의 과수나무를 잘라 버린 것은 어린 여운형으로 하여금 당시의 신분제도에 저항하는 태도를 갖게 했고 억압받는 사람들에 대한 동정심을 가지도록 했다고 한다. 그가 부친의 삼년상을 치른 후에 가족의 노비문서를 태워 버리고 그들을 해방시킨 것은 링컨의 노예해방을 모방한 행동만은 아닌 것 같다.[28] 여운형은 『삼국지』를 즐겨 탐독했으며 특히 그중에서도 관우를 좋아했는데, 그것은 관우의 명예를 중시하는 태도, 의무감, 용기 그리고 순수성을 높이 평가했기 때문이라고 한다.

이승만의 부모와 그의 소년기에 대해서도 약간 언급해야 할 필요가 있다. 그의 부친은 타고난 방랑벽이 있는 사람으로서 때때로 조랑말을 타고 경치와 명당을 찾아서 몇 달씩 집을 떠나곤 했다. 그의 모친은 그에게 천자문을 가르쳤고 그 후에 서당에 보내서 서울의 최고 가문에서 온 자제들 30여 명과 함께 공부할 수 있도록 했다. 그는 평소에는 그다지 뛰어나지 않았으나 시험성적은 탁월했다. 그는 고집이 세고 근면하고 호기심이 많은 어린이였으며 수많은 정치적 · 군사적 소용돌이가 수도 서울을 휩쓸고 있을 때 그 거리를 배회하고 다녔다.

이승만의 유년기의 특징 중에 가장 뛰어난 것은 집중력이다. 그는 혼자서 몇 시간이고 연을 날리기도 했고, 나비 그림 그리기에 빠져서 '이나비'라는 별명을 가진 일도 있었고, 서당 정원에 꽃을 심는 것에 몰입한 나머지 꽃 귀신에 씌인 녀석이라는 반갑지 않은 말을 듣기도 했으며, 며칠 밤낮으로 『삼국지』 같은 소설을 읽기도 했다.[29] 후에 그가 미국으로 유학길을 떠

28 여운홍은 그의 형의 노예해방이 링컨의 노예해방에서 배운 것이라고 했다. 필자와 여운홍 씨와의 면담, 1970년 2월 9일.

29 徐廷柱, 『李承晩博士傳』(삼팔사, 1949), pp.27~103.

나서 정치학 박사가 된 것은 이러한 집중력 때문일 터인데 이는 천성적인 것인지도 모른다.

6. 유예기

에릭슨Erikson은 청소년 시기로부터 성인이 되는 기간을 '인생의 유예기 moratorium'라고 했다. 에릭슨은 "대개 사회는 젊은이들이 빠르게 변한다는 사실을 알기 때문에 소년기를 마쳤지만 그들이 나름대로의 아이덴티티를 결정해 버리기 전에 유예기간을 준다"고 했다.[30] 즉, 자신이 어떤 사람인가, 그리고 어떤 사람이 되고자 하는가에 대한 결정을 연기하는 시기이다. 그리고 자신이 즐길 수 있는 일자리를 찾고, 자존심을 가지게 되고, 타인으로부터 인정을 받는 등 자신의 내적, 외적으로 응집력을 가지게 되는 시기이다. 이 유예기간은 길 수도 있고 짧을 수도 있다.

유예기라는 개념은 필자의 연구대상이 되는 지도자들이 아직 자신들의 인생행로를 결정하기 전의 기간을 들여다볼 수 있게 해주기 때문에 아주 유용하다. 이승만의 경우 1899년 3월 그가 투옥되었을 때부터 1918년 그가 다시 활발한 정치적인 활동을 시작할 때까지의 기간이 '유예기간'이라고 할 수 있다. 김구의 경우 1896년 그가 투옥되던 해부터 1919년 상하이上海에 나타날 때까지가 유예기간이라고 할 수 있다. 김규식 역시 1918년까지가 그의 유예기라고 볼 수 있다. 여운형 역시 1918년에 가서야 그의 정치적 경력이 본격적으로 나타나고 있다. 이들의 '유예기간'이 1918~1919년 간에 끝난 것은 물론 우연이 아니다.

네 명의 개성이 매우 다양하고 다른 만큼, 성장기간인 '유예기간'의 경

30 Eric H. Erikson, *Young Man Luther*(New York: Norton, 1958), p.43.

험 역시 다양했다.

(1) 이승만

이승만의 개성 형성에 큰 역할을 했을 극적인 사건은 여러 가지가 있다. 배재학당과 학당 내의 협성회協成會, 그리고 인산인해를 이뤘던 만민공동회에서의 활약을 통한 신사상新思想의 전수 및 자아발견, 한성감옥漢城監獄에서의 5년 7개월간의 기독교 신앙의 영입과 서양문명의 심층 전수, 미국에서의 박사학위 취득으로 매듭 지은 장기간의 유학, 그리고 한성기독청년회관 청년부 간사로서의 가르침과 전도의 경험 등 그는 한국근대사에서, 특히 근대화 과정의 선봉으로서 온갖 경험을 했다. 이 사건들이 그의 개성 발전에 기여한 바를 일일이 검토하려면 장편의 글이 필요하겠지만, 여기에서는 간추려서 언급하도록 하겠다.[31]

그는 배재학당에서 처음 접한 '민주주의'로 인해 미래를 정하지 못하고 울분에 싸여 있던 청년 이승만에서 정치 선동가로 첫걸음을 딛었다. 또한 '민주주의'는 그가 일반대중의 열광적인 호응과 더불어 보수세력의 강한 저항을 받게 되었을 때 물불을 가리지 않는 투사로 성장하는 데 밑거름이 되었다. 이로 인해 그는 투옥되어 지옥을 드나드는 것과 다름없는 경험을 해야 했는데 만일 그가 그대로 옥사했다면 성인聖人으로 추앙되었을 것이다. 『신학월보』 1903년 5월호에 실린 이승만의 글 중 다음 구절을 보자.[32]

> 작년 가을에 호열자(콜레라)가 〔바깥보다〕 옥중에 먼저 들어와 사오 일 동안에 육십 여명을 목전에서 끌어내릴 새, 심한 때는 하루 열일곱 목숨이 앞에서 쓰

31 필자는 『초대대통령 이승만의 청년시절』(동아일보사, 2002)에서 부분적이나마 그의 성장기에 대해서 살펴본 바 있다.

32 여기에서 기술한 내용은 필자의 『초대대통령 이승만의 청년시절』에 의존한 것이다.

러질 때는 죽는 자와 호흡을 상통하며 그 수족과 몸을 만져 시신과 함께 섞여 지냈으나, 홀로 무사히 넘기고 이런 기회를 당하여 복된 말씀을 가르치매 기쁨을 이기지 못함이라.[33]

이승만의 이러한 초인간적인 경험은 그의 성격 형성에 영향을 끼쳤다. 옥중에서 죽음을 초월하는 경험을 거듭하면서 주야로 사색에 몰두했던 이승만이 자기의 신앙이나 이념을 완고하게 지키고 자기의 생각에 '반대하는 모든 사람들을 악마의 한 패거리'라고 취급하게 된 것은 자연스러운 현상이다. 이승만의 옥중경험은 라스웰의 '선동가agitator' 형의 인물을 만들기에 너무나 안성맞춤이었다. 라스웰은 이러한 사람들은 평생을 목소리 높여 외치거나 선동적인 글을 쓰면서 보내게 되며 도덕적 열정을 정기적으로 분출해 내지 않으면 양심의 가책을 느끼게 된다고 했는데 이승만이 바로 그러했다. 이승만은 성급하기로도 유명했는데 오랜 감옥생활로 이 성격이 더 굳어졌다. 그가 옥에서 풀려나와 미국으로 떠나기 직전 고종이 그를 만나기를 원했는데 그는 임금의 부름을 일언지하에 거절해 버렸다. 왜 임금이 그를 만나고자 했는지를 생각조차 하지 않고 고종의 밀지密旨를 전하려고 찾아온 궁녀를 돌려보낸 것이다. "4,200년 동안 내려온 군주들 가운데서 가장 허약하고 겁쟁이 임금 중의 한 사람"[34]이며 나라를 망쳐버린 고종과는 아예 상종도 하지 않겠다는 것이었다.[35]

뜻하지 않았던 미국 유학과 프린스턴 대학에서의 박사학위 취득은 그에게 정신적인 안정을 가져왔겠지만 그의 개성 형성에는 큰 영향을 미치지

33 이승만, 「옥중전도」, 『신학월보』 1903년 5월호.

34 이승만의 메모 "History of the Korean Provisional Government," 유영익, 『이승만의 삶과 꿈』(중앙일보사, 1966), p.227에서 인용.

35 고종황제가 이승만을 만나려고 궁녀를 보냈던 일에 대해서는 필자의 『초대대통령 이승만의 청년시절』, pp.222~223 참조.

않았을 것이다. 영향이 있었다면 그가 배재학당의 종강식에서 영어 강연을 하면서 느꼈던 자기 능력에 대한 자신감의 강화였을 것이다. 졸업 후에 그가 서울 YMCA의 청년부 간사로 취임하여 "한국의 젊은이들을 조직하고 가르치며 복음을 전파하는" 역할을 맡은 것을 보면[36] 교육을 통해서만 나라를 다시 세울 수 있다는 옥중에서의 신념을 그대로 지키고 있었음을 알 수 있다.

(2) 김구

김구의 생애를 한마디로 요약한다면 한恨이라고 할 수 있다. 김구 집안의 한의 역사는 그의 조상 김자점金自點(1588~1651년)까지 올라간다. 인조반정仁祖反正을 주도하여 영의정에 올라 국권을 전횡하다가 효종孝宗 즉위 후에 파직당하자 앙심을 품고, 조선이 청나라를 정벌할 계획이라고 밀고하여 청군淸軍이 국경선에 배치되는 위기상황을 만들었다고 하니 그가 얼마나 한이 맺혔는지 추측할 수 있다.[37] 그런데 그의 자손들의 한 역시 넘치고 넘쳤다. 역적의 족속임을 숨기고 상놈으로 전락하여 황해도 산골에 숨어 살면서 양반들의 학대를 참아가며 극도로 빈곤한 생활을 해야 했으니 그럴 수밖에 없었다. 그래서 김구의 부친은 술에 취했을 때마다 동네 양반 강씨, 이씨들을 때려 패곤 했는데 한 달에도 몇 번씩 그런 일이 있었던 것을 보면 보통의 주벽이 아니었다. 그는 계절에 따라 관아의 실무자인 아전들에게 선물을 보내곤 했는데,[38] 자기가 체포되었을 때를 위해서였다. 주벽이 나빴던 것은 부친뿐만이 아니었다. 조부의 장례식 날 삼촌은 장례식

36 Robert T. Oliver, *Syngman Rhee: The Man Behind the Myth*(New York: Dodd, Mead and Company, 1955), pp.114~115.

37 김구, 도진순 주해, 앞의 책, p.21. 김자점은 결국 아들, 손자와 함께 사형되고 말았다.

38 김구, 위의 책, pp.27~28.

에 동원된 많은 일꾼들에게 행패를 부리고 쫓아버렸다고 한다.

이런 상황에서 자란 김구였기 때문에 그가 "평생의 한이던 상놈의 껍질을 벗고, 평등하기보다는 월등한 양반이 되어 양반에게 당해온 오랜 원한을 갚고자 하는 생각이 가슴속에 가득하였다"[39]고 한 것은 이해가 간다. 그리고 그가 양반 댁의 아들들에게 매질을 당하자 집에서 큰 부엌칼을 가지고 와 그들을 찔러 죽이려고 한 마음도[40] 납득이 간다.

집안의 빈곤은 그에게 또 하나의 한을 불러일으켰다. 그는 집안의 경제사정을 알면서도 부친에게 조르고 조른 끝에 12살이 되어 자기 집 사랑에 차린 서당에서 글공부를 시작할 수 있었으나 그것도 반년이 되기 전에 끝나 버렸다. 설상가상으로 부친이 다음 해에 졸도한 후 반신불수가 되었으니 글공부는 꿈도 꾸지 못하게 되어 버렸다. 그 후에 김구는 이곳저곳에서 서당공부를 몇 달씩 더 했으나 그것이 김구가 받은 정식 교육의 전부였으니 한이 맺힐 수밖에 없었다. 그는 영리했으므로 성인이 된 후에도 여러 사람으로부터 가르침을 받고 『대학大學』, 『사략史略』 등 고서들과 여러 가지 병서兵書들을 읽었으며 경세經世에 관한 가르침을 받기도 했으나 체계적으로 공부할 기회를 갖지는 못했다.

이처럼 불우한 처지에서 자라난 인물이 평등한 사회와 새로운 나라를 세우자는 기치를 들고 나섰던 동학당東學黨에 가입하여 접주接主가 된 것은 너무나 자연스러운 일이었다. 19세 때에 '아기 접주'로 700여 명의 포수들을 모아서 해주海州성을 공격했는데 그의 부하들은 7명의 왜군 병사들이 쏘는 총소리에 놀라서 혼비백산해버릴 만큼 바람잡이 군사에 지나지 않았다. 그리고 그는 백두산 구경에 나섰다가 압록강 북쪽에서 어느 의병부대에 들어가 강계江界성 공격에 참가하기도 했지만 그들도 오합지중烏合

39 김구, 앞의 책, p.155.
40 김구, 위의 책, p.25.

之衆이기는 마찬가지였다.

이처럼 인생의 갈 길을 찾아 방황하다가 1896년 3월 9일, 청년 김구는 쓰치다 조료土田讓亮를 만나 생애에 대전환기를 맞이하게 된다. 김구는 그를 일본 육군중위였다고 했고, 일본 자료에 따르면 쓰시마섬對馬島의 상인이었다는데[41] 문제는 그가 한복을 입고 한국인 행세를 하면서 일본 칼을 숨기고 있었던 것이다. 김구는 그를 국모 명성황후의 시해범이거나 공범자일 것이라고 단정하고 맨몸으로 대들어 그를 살해했다. 그리고 자신이 국모보수國母報讐를 하기 위해 쓰치다를 사형했음을 선포하고 집에 돌아가 체포되기를 기다려 2년간의 옥고를 치렀다.

만으로 아직 스무 살이 안 되었던 청년 김구[42]의 행동은 그가 동학 혁명이나 의병부대에서 보여준 바와 같이 앞뒤를 가리지 않는, 질풍노도의 행동형 성격을 가지고 있었음을 여실히 보여 준다. 그리고 그는 감정에 끌려 충동적인 행동을 서슴지 않는 인물이었다. 그러나 그가 자진하다시피 해서 들어간 인천감옥에서 그는 새로운 세계관을 갖고 폭력이 아니라 교육을 통해서 나라를 세우려는 새로운 인간으로 태어났다. 만일 나중에 105인 사건으로 알려진 이른바 데라우치寺內正毅 총독 암살음모 사건에 연루되어 혹독한 고문을 당하지 않았다면 김구는 영영 황해도의 교육자로 남았을 것이다.

김구가 인천감옥에서 존경의 대상이 된 것은 그가 '국모보수'의 정당성을 주장하고 신문을 하는 경무관을 포함한 관리들에게 고함을 지르면서 훈시를 했기 때문이다. 그는 옥중에서 독서를 할 기회를 얻었고, 죄수들에게 글을 가르쳐줄 수 있었으며, 죄수들은 물론 간수들을 위해서도 대서代

---

41 김구, 앞의 책, p.98 참조. 쓰치다의 이름은 조스케라고 읽을 수도 있지만 기스케讓亮였을 가능성이 크다.

42 김구의 생일은 양력으로 1876년 8월 29일인데 쓰치다를 살해한 날은 1896년 3월 9일이다.

書를 해주었고, 또 노래를 배웠다. 그런데 이 중에서 독서와 교육은 특히 김구에게 큰 변화를 불러일으켰는데 이승만의 경우와 매우 흡사하다.

그의 독서가 중요했던 것은 『세계역사世界歷史』·『세계지지地誌』 등 중국에서 발간된 책자와 국한문으로 번역된 서적을 읽음으로써 "그 눈이 움푹 들어가고 코가 우뚝 선 원숭이에서 멀지 않은 오랑캐들은 도리어 나라를 세우고 백성을 다스리는 좋은 법규(를 따르고 있어서) 사람답다는 느낌"을 가지게 되었기 때문이다.[43] 그는 후에 위정척사파衛正斥邪派의 골수분자였던 옛 스승을 만나서 논쟁을 하게 되는데 여기에서 그의 세계관의 도약을 알 수 있다.

> 어느 나라를 막론하고, 먼저 그 나라 사람들의 경국대강經國大綱을 보고 오랑캐의 행실이 있으면 오랑캐로, 사람의 행실이 있으면 사람으로 대우함이 옳을 것입니다. 우리나라의 탐관오리들이 비록 사람의 얼굴을 가졌으나 금수禽獸의 행실이 많으니, 이것은 참으로 오랑캐의 소행입니다. 또 지금은 임금이 스스로 벼슬 값을 매겨 팔고 있으니, 그것은 오랑캐 임금의 소행입니다. 내 나라 오랑캐도 배척을 못하면서 어찌 남의 나라 오랑캐를 배척할 수 있겠습니까? …… 제 소견에는 오히려 오랑캐에게서 배울 것이 많고, 공맹孔孟에게서는 버릴 것이 많다고 생각됩니다.[44]

김구는 이승만의 경우와 같이 감옥에서 죄수들을 가르치면서 교육의 필요성과 가치를 실감하고 교육만이 나라를 살리는 길이라는 결론을 내리게 되었다. 그는 그 후 수감 시절에 자기를 도와준 은인의 자식들의 교육으로 시작하여 자기 고향 마을의, 그리고 황해도 전체 아동들의 교육을 위해 분

43 김구, 앞의 책, p.116.
44 김구, 위의 책, p.178.

투하게 된다. 나중에는 황해도의 교육자들의 모임인 해서교육총회海西教育總會의 학무총감學務總監이 되었는데 그의 교육자 시절은 10년 후에 안명근安明根 사건으로 종말을 맞는다. 안명근 사건이란 안중근의 사촌인 안명근이 독립운동을 위해 모금하려고 했던 '강도사건'인데, 일제가 이 일을 계기로 이른바 데라우치 총독 암살사건을 조작해서 신민회新民會에 관여했던 많은 지사들을 질곡에 빠지게 한 105인 사건의 전주곡이다. 안명근은 김구를 찾아가 거사에 동참해줄 것을 요구했지만 김구는 준비를 더 할 것을 종용하며 만류했었다.[45]

1903년, 28세 때 기독교인이 되어서 "성경을 들고 교회당에서 설교하거나 교편을 들고 교실에서 학생을 교훈하였으므로, 하나하나 일마다 양심을 본위로 삼아서, '삿된 마음〔邪心〕'이 생길 때마다 먼저 자기를 자책하지 않고는 감히 다른 사람의 그릇됨을 탓하지 못하는 것이 거의 습관이 되었"던 그는,[46] 1911년 1월에 105인 사건으로 일본 헌병에게 체포되어 심한 고문을 당하고 5년 남짓한 기간 동안 징역을 살면서 '왜마倭魔'에 대한 복수심에 가득 차게 되었다. 특히 마지막 2년은 인천항 공사작업에 투입되어 "흙 지게를 등에 지고 10여 장丈(약 30미터)의 높은 사다리를 밟고 오르내려야" 하는, 그것도 다른 죄수와 쇠사슬로 허리를 마주 매고 사다리를 오르내려야 하는 작업이었으므로 "여러 번 떨어져 죽을 결심"을 할 만큼 힘든 시간을 보냈다.[47] 그는 한걸음 한걸음을 오르면서 '왜마'에 대한 복수를

45 김구, 앞의 책, p.217. 안명근은 "황해도 일대 부호들에게 금전을 나눠 거두어서 동지를 모으고, 전신 전화를 단절하고 각 군에 산재한 왜구矮軀(즉 일본인)들은 각기 그 군에서 도살하라는 명령을 발포하면, 왜병 대대가 도착하기 전 5일간은 자유 천지가 될 터이니, 더 나아갈 능력이 없다 하여도 당장의 분을 풀 수" 있겠다는 생각을 가지고 있었다. 물론 김구는 이러한 일을 조사관에게 말할 수가 없었다. 무조건 모른다는 말로 대하므로 여섯 번이나 정신을 잃을 때까지 고문을 당하고 유치장으로 돌아가야 했다.

46 김구, 위의 책, p.238.

47 김구, 위의 책, p.270. 김구는 사다리에서 투신할 경우 같은 쇠사슬에 매인 죄수도 죽어야

결심하고 결심했을 것이다.

그러나 1915년 8월에 '가출옥' 했을 때 그는 이미 40세(만 39세)였다. 그 후 기미년에 황해도 안악安岳에서 만세운동을 벌일 준비가 되었으니 와서 선창하라는 통지를 받았을 때 그가 택한 길은 그가 충동적인 청년으로부터 긴 안목으로 앞을 내다보는 성숙한 인간으로 변했음을 보여 준다. 그는 "독립은 만세만 불러서 되는 것이 아니고 장래 일을 계획 · 진행하여야 할" 것이라고 하면서 안악 고을로 향하지 않고 상하이上海로 발길을 옮겼다.[48]

(3) 김규식

앞서 밝혔듯이 김규식은 매우 불우한 어린 시절을 보냈으나 그의 '유예기간' 은 너무나도 평안했다. 그는 15, 16세 때부터, 즉 1896, 1897년부터 6년 동안 미국 동남부에 있는 버지니아Virginia주의 목가적인 환경에서 마음껏 공부하면서 많은 사람의 칭찬과 감탄 속에서 지냈다. 비록 고아가 되었지만 언더우드Horace G. Underwood 선교사의 보호를 받으면서 지낸 것이 전화위복이 되었는지도 모른다.

어린 김규식이 누구의 도움을 받고 유학길에 오르게 되었는지는 알려져 있지 않지만 그는 1897년 가을학기에 '로노크 대학 준비과정Preparatory Department of Roanoke College' 에 입학했다.[49] 준비과정이란 대학 학부에 입학하기 위한 고등학교 과정으로, 거기에서 그는 영어, 라틴어, 수학, 역사 그리고 상업수학 과목을 수강했다. 김규식은 언더우드 선교사 밑에서 영어공부를 해서 학업에는 지장이 없었던 모양으로 첫 학기에 평균 88.5

하므로 그가 애처로워서 자살을 할 수 없었다고 한다.

48 김구, 앞의 책, p.283.

49 필자는 1970년 로노크 대학을 방문하여 김규식의 성적표, 토론 동아리에서의 기록, 그리고 각종 대학 간행물들을 살펴보았다. 그 결과를 정리한 것이 필자의 『金奎植의 生涯』(신구문화사, 1974)이다.

점이라는 놀라운 점수를 얻었다. 당시 대학 전체의 학생 수가 181명이었는데 대부분의 학생들이 기숙사에서 기거했기 때문에 김규식은 그들과 친구가 되어 미국학생들과 다름없이 생활했으며, 두 번째 학기에 93.3점을 맞았고, 6월에 2등으로 졸업했다. 그리고 1898년 가을에 대학에 입학하여 1903년 6월에 졸업할 때까지 평점 92.2점을 유지한 모범생이었다.

그가 학과공부 외에 정성을 쏟았던 것은 '데모스테니언 문학회Demosthenean Literary Society'라는 학생들의 클럽이었다. 이 클럽의 주요 활동은 각종 문제에 대한 토론을 진행하고 주기적으로 공개 강연대회를 여는 것이었다. 그는 열심히 토론에 참여했을 뿐만 아니라 연락담당, 기록담당, 부회장 등의 직책을 맡기도 했으며 1902년 1월에는 클럽의 회장이 되었다. 특히 1900년 1월에 개최된 연설 경연대회에서 최고상을 받아 대학 잡지가 그에 관한 특집기사를 싣기도 했다. 그날의 연설 주제는 '낙관주의 : 인류문명의 비밀'이었는데 과연 그가 낙관주의자가 되었는지는 장담할 수 없다.

이러한 활동과 함께 그는 1900년부터 세련된 글도 발표하기 시작했다. 그해 5월 대학 잡지 『로노크 칼리지언*Roanoke Collegian*』에 2천 단어에 이르는 한국어에 관한 논문이 실렸고, 1902년 2월호에는 두고 온 고국이 잠자리에서 깨어나기를 염원하는 「동방의 아침」이라는 그의 연설 전문이 게재되었다. 두고 온 고국이 잠자리에서 깨어나기를 바라는 염원을 담은 글이었다. "잠자는 동방의 나라들아, 깨어나라! 광명의 왕국이 다시 번성하도록 하여라."[50] 한국어에 관한 논문은 영어와 불어, 독일어, 라틴어, 심지어 산스크리트어와도 비교하면서 쓴 글인데 백 년이 지난 오늘도 그만한 글을 발견할 수 없을 정도이다.

특히 그가 졸업하던 해인 1903년 5월호에 실린 「러시아와 한국문제」라

---

50 Kiusic Kimm, "The Dawn in the East," *The Roanoke Collegian*(February 1902), pp.89~92.

는 기사는 그가 한반도 주변 정세를 통찰력 있게 분석하고 있음을 보여 준다. 그는 러일전쟁이 임박했고 한국정부가 "천하고 무능하며 정직하지 못한 정부"라고 통박하면서, 한국은 음모와 역逆음모, 그리고 타성과 보수주의에 잠겨 있고 나라는 배반자들과 겁쟁이들로 가득 차 있다고 하면서 "불쌍한 한국이 지금이라도 깨어난다면 머지않아 드리워질 멍에를 벗어버릴 수 있을 텐데" 하면서 탄식했다.[51]

졸업식에서 김규식은 연설자 네 명 중 한 명으로 선발되어서 '러시아와 극동'에 관해서 연설했는데 다시 한번 러일전쟁의 결과를 예견하고 분석했다. 그 연설은 『로노크 칼리지언』뿐만 아니라 『뉴욕 선*New York Sun*』에 전문이 실린 명연설이다.

모든 상황으로 비추어볼 때 김규식의 로노크 생활은 정상적이고 즐거웠다. 학과공부와 토론 동아리에서 남들보다 뛰어났던 김규식은 과거에 가졌던 열등의식을 불식할 수 있었고, 세련된 논문들은 그의 앞날이 양양할 것임을 예고했다. 그러나 1904년에 그가 귀국했을 때 고국은 예상했던 대로 러일전쟁의 전쟁터가 되어 버렸고, 일본이 한국의 모든 것을 좌지우지하고 있었다. 그는 면밀하게 러일전쟁의 전개를 주시하고 있었으며, 1905년 뤼순항이 일본에 함락된 후에 『로노크 칼리지언』에 뤼순항의 함락을 크림 전쟁에서 세바스토폴의 함락과 같다고 보는 「근대 세바스토폴의 함락」이라는 논문을 기고했다.[52] 즉, 일본의 전승戰勝이었다는 말이다. 그리고 그는 포츠머스에서 강화회의講和會議가 있을 것이라는 소식을 들은 후 포츠머스로 가려고 상하이로 향했는데 그가 상하이에 도착했을 때에는 이

51 Kiusic Kimm, "Russia and the Korean Question," *The Roanoke Collegian*(May 1903), pp.218~232.

52 Kiusic Kimm, "The Fall of Modern Sevastopol," *The Roanoke Collegian*(May 1905), pp.97~99.

미 회의가 끝나 버렸다.[53] 우리는 그가 포츠머스로 가려고 했던 자초지종은 알지 못하지만 한국의 국권 회복을 위해 누군가가 파송했을 것으로 추측된다. 김규식이 상하이에 도착했을 때 이승만과 윤병구는 포츠머스에서 시오도어 루스벨트Theodore Roosevelt 대통령을 만났으나 물론 효과는 없었다.

서울에 돌아간 김규식은 언더우드 선교사를 도우면서 당시 서양학문을 가르치는 데 앞장섰던 서울 YMCA에서 학생부 담당간사로서 영어를 가르치는 한편 학생들을 지도했고, 배재전문학교에서 가르치면서 새문안교회의 장로로서, 전국주일학교 연합회의 간부로서, 또 장로교 경기 · 충청도 회의 서기로서 바쁜 세월을 보냈다. 그러나 그의 교육자로서의 생활도 1913년에 일단락을 지었다. 105인 사건 이후 한국인 엘리트에 대한 일본의 탄압이 갈수록 견디기 힘들 만큼 강해지고 있었기 때문이다. 그는 1918년에 친구에게 보낸 편지에서 "왜놈들이 하도 못살게 굴어서 모든 것을 집어치우고 새로운 길을 개척해 보기로 했다"고 했다. 이승만이 1912년에 고국을 떠난 것도 역시 같은 이유 때문이었다.

이처럼 김규식은 그의 '완충기'를 평온한 환경 속에서 지냈는데, 그가 '학자형'이라든가 사심이 없는 충실한 사람이었다든가 이상주의적인 인물이었다든가 하는 평은 그의 신체상의 조건과 그가 지내온 경력을 보건대 당연하다고 하겠다. 이승만도 미국에서 오랫동안 공부했지만 그는 김규식과 달리 이미 다양한 경력을 가지고 있어서 '학자형'의 인물이 될 수가 없던 반면, 김규식은 이승만과 전연 다른 길을 걸었다. 김규식은 맡은 일을 충실히 할 수는 있었지만 강하게 밀어붙이는 진취성은 없었다.

---

53 김규식이 몽고 우르가Urga에서 1918년 7월 12일 그의 학생시절의 친구 그린랜드J. Allen Greenland에게 보낸 편지. 포츠머스 조약은 1905년 9월 5일에 체결되었다.

(4) 여운형

앞에서 필자는 여운형이 다른 사람과 맞서는 것을 싫어하고, 남들에게 후하고, 성격이 좋고, 마음이 열린 폭넓은 사고를 하는 사람이었다는 평을 소개한 바 있다. 또 웅변에 능하고, 사교적이고, 활기에 찬 스포츠맨이었다고도 했다. 그랬기 때문에 그는 1920년대부터 한국 청년층의 존경과 경애의 대상이 되었고 해방 직후에는 정계의 중심인물로 떠올랐다. 그렇다면 여운형은 어찌하여 이러한 개성을 갖게 되었는가?

여운형과 반평생을 가까이서 같이 지냈고 사돈간이기도 한 이만규李萬珪는 여운형이 원래 성격이 급했는데 후천적으로 온화한 사람이 되었다고 했는데 설득력 있는 이야기라고 생각된다. 선천적으로 급한 성격을 가졌다고 생각되는 것은 그의 양친이 모두 급하고 강한 성격의 소유자였기 때문이다. 부친은 화를 자주 낸 데다 화가 나면 참을 줄을 몰랐다. 또 모친은 동네에서 '호랑이 마나님'이라고 알려질 정도로 성격이 강한 사람이었다. 따라서 이들은 때때로 격렬한 부부 싸움을 했는데 고함소리가 온 동네를 떠들썩하게 할 정도였다.

이러한 광경을 자주 목격한 여운형은 일찍이 부모의 싸움이 잘못된 것임을 알고 "자기는 저러한 우오愚誤(어리석은 잘못)를 범치 않으리라고 결심하기 위하여 때로는 손가락을 입에다 물고 입을 손으로 쥐고 폭발하여 나오는 격한 소리를 자제하였다"고 한다. 이만규는 이런 환경으로 인해 몽양의 성격이 급하면서도 인내와 자제력이 상하여 원만성을 띠게 되었다고 했다. 여운형의 부모는 일찍이 그의 급한 성격을 바꾸어 놓은 셈이다.[54]

그러나 젊은 시절에는 선천적인 성격이 드러났다. 그는 14세 때인 1900년에 미국과 영국 유학에서 돌아온 족숙族叔 여병현呂炳鉉의 영향으로 배

54 이만규, 『呂運亨鬪爭史』(총문각, 1946), p.5.

재학당培材學堂에 입학했으나 1년도 못 되어 그만두고 말았다. 그의 몸에 배어 있던 양반기질이 원인이었다. 학당에서는 일요일마다 학생들을 예배당에 출석시키고 이것을 어기는 학생은 교실에 남아서 한 시간 동안 자습을 시켰는데 소년 여운형은 이런 식의 '체벌'을 받아들일 수가 없었다.[55] 20세가 될 때까지도 여운형은 조상으로부터 물려받은 양반기질을 그대로 몸에 담고 있었는데 그가 받아야 했던 체벌은 양반의 체면을 여지없이 손상시켰다. 배재학당을 그만둔 여운형은 민영환閔泳煥이 설립한 흥화학교興化學校로 전학했다가 또 얼마 안 가서 "직업을 갖기 위해서" 관립 우무학당郵務學堂으로 전학했다고 하는데[56] 정확한 기록은 남아 있지 않다.

이 당시의 여운형의 기질을 나타내는 일화가 여럿 있지만 또 하나를 든다면 우무학당에 다니던 시절의 일이다. 우무학당의 모체라고 할 수 있는 통신원通信院이 일본인들의 손에 넘어가자 여운형은 "자기 동창인 우무학당 학생 20여 명을 모아 반대운동을 일으켰다"[57]는 것이다. 그런데 통신원이 일본인들의 관리로 넘어간 뒤에 여운형을 "우무국郵務局 기술관技術官으로 채용하겠다"는 통지를 받았다.[58] 그의 월급은 27원으로 당시로서는 "상당한 다액多額"이었는데 청년 여운형은 일본인들이 통신원을 가로챈 것을 반대하고 취임하기를 거절했다.[59] 그의 부친과 부친의 친구인 '이 진사李進士'가 취임할 것을 권고했는데 여운형은 이 진사를 역적이라고 통박하여 소동이 일어나기까지 했다고 한다. 이러한 일화를 볼 때 당시 여운형의 성격은 결코 온화하지 않았다. 이때가 1905년인데 아직 만으로 20세가

55 이만규, 앞의 책, p.12 ; 여운홍, 앞의 책, p.10.

56 여운홍, 위의 책, p.12. 여운홍은 '우체학교'라고 했는데 이만규는 우무학당이라고 했다(이만규, 앞의 책, p.14). "직업을 갖기 위해서"는 여운홍의 표현이다.

57 이만규, 위의 책, p.14.

58 이만규, 위의 책, p.11. 우무국 기술관은 지금의 우체국 전보 통신원이다.

59 이만규, 위의 책, p.11.

되기 전이다. 배재학당에 처음 나타났을 때 14세의 홍안紅顔 소년이었던 여운형은 서울에서 5년 남짓을 보낸 후 뚜렷한 정치의식을 가진 청년으로 변해 있었는데 그의 개성에는 변함이 없었다.

그러나 그는 성인이 되기 전에도 남을 공경했을 뿐만 아니라 온정을 베풀 줄 아는 사람이었다. 예를 들어 그는 20세 전부터 말을 타고 서울을 왕래할 때에 길가의 방죽에서 농부들이 점심을 먹고 있으면 먼지를 날릴까 또는 무례한 일이 될까 하여 반드시 말에서 내려 조심스럽게 지나다녔다. 또 20세부터 동리에 상사喪事가 나면 노예 상민常民의 일일수록 더 보살피며 양반과 동등하게 경야經夜도 해주고 수시收屍도 해주며 어떤 때는 상민 소년의 관을 자수自手로 들어다가 임장臨葬했다.[60] 필자는 여운형의 이러한 행동이 과연 부친의 부당한 행태, 특히 상민계급을 하대하던 행태에 대한 반응인지 또는 자기의 본성을 나타낸 것인지 단언할 수가 없다.

어쨌든 "남들에게 후하고, 성격이 좋고, 다른 사람과 맞서는 것을 싫어하고" 운운하는 성격은 후천적으로 형성된 측면이 강한데, 아마도 여운형의 기독교 입교, 특히 기독교 전도사로서의 경력이 그의 개성을 형성하는 데 큰 영향을 끼친 것으로 보인다.

이만규는 몽양이 "상동尙洞그룹의 인사들과 교제가 되어 교인이 되었다"[61]고 했는데 그렇다면 이때는 그의 학생 시절이었다. 그는 자기 고향인 양평군 묘곡妙谷 또는 묘골에 교회를 세웠는데 이것은 1906년의 일이다. 여운형 자신뿐만 아니라 "여씨의 문중이 잇따라 입교하니 교회가 설립되어 예배당을 세우고 학교를 설립하고 힘써 전도하니 교회가 점점 진흥하였다." 그런데 예수교 장로교 총회가 1928년에 발간한 『조선예수교장로회사기』는 같은 묘골에 사는 탁인한卓仁漢이라는 인물이 여운형 일가를 개

60 이만규, 앞의 책, pp.7~8.

61 이만규, 위의 책, p.15.

종시키는 데 가장 큰 역할을 한 것으로 기록했다.[62]

어쨌든 여운형은 기독교에 입교하여 집안에 모시고 있던 신주를 모조리 땅에 묻어 버리고 집안에 있는 '터주'니 '성주'니 '군웅'이니 하는 것들을 끄집어내어 깨끗이 불살랐다고 한다.[63] 참으로 대사변이었다. 동네의 선비들이 여운형을 책망하고 백안시한 것은 당연한 일이었다.

여운형은 교회를 세웠을 뿐만 아니라 양평군을 담당하고 있던 곽안련郭安連, Charles Allen Clark 선교사가 시무하고 있던 서울 승동교회勝洞敎會에서 약 7년간(1907~1910년, 1911~1913년) 조사助師 또는 전도사로 지냈다. 그가 만으로 22세 되었을 때부터이니 감수성이 강할 때였다. 여운형이 교역자敎役者의 한 사람으로 있었을 뿐만 아니라 나중에 평양신학교平壤神學校에 다니기까지 한 것을 보아 목사가 되려고 한 것 같다. 그는 1914년에 중국 유학에 필요한 소개장을 얻기 위해 찾아간 언더우드 목사에게 금릉대학金陵大學 신학부에 가겠노라고 말했다.[64]

불행히도 우리는 이처럼 진지했던 여운형의 종교적 측면에 대해서 연구해 볼 자료를 갖고 있지 않다. 그러나 이 기간 동안 여운형의 성격에 많은 변화가 있었으리라고 생각된다. 물론 기독교나 다른 종교의 교역자가 모두 온건한 개성을 가질 수는 없다. 그러나 우리가 나중에 알게 된 여운형의 원만한 성격에는 전도사로서의 경험이 다분히 영향을 끼쳤을 것으로 생각된다.

여운형은 온유한 면에서 이승만이나 김구와 매우 달랐으나 결단력을 가지고 행동을 취한 면에서는 그들과 매우 흡사했다. 부모의 삼일장을 지낸 그가 노비문서들을 태워 버리고 노비들을 해방시킨 것은 인근 양반들의

---

62 조선예수교장로회총회, 『朝鮮예수敎長老會史記』, 1928, p.148.

63 여운홍, 앞의 책, p.15.

64 이만규, 앞의 책, p.19.

반대를 불러일으킬 것이 명약관화했으나 그는 자기의 주장대로 행동을 취했다. 자기 집에 교회와 학교를 세운 일도 역시 그랬다. 또 그가 만 28세 되던 해인 1914년에 가산을 정리하고 중국 유학길에 오른 것도 보통 사람이 할 수 있는 일이 아니었다. 차남, 삼남이라면 본가에 모든 것을 맡기고 유학길에 오를 수 있었으나 여운형은 여씨 가의 장손이었다. 그는 확실히 결단력이 있는 행동파였다.

7. 맺음말

필자는 이 글에서 바스 등이 제시한 유형을 적용하여 해방 직후의 정치 지도사 4인의 개성을 분류해 보고, 이들이 어떤 과정을 거쳐 그러한 유형의 성격을 가지게 되었는가를 살펴보았다. 외세에 의해 주어진 해방공간이라는 특성상, 그래서 불안정하고 유동적인 해방공간이라는 특성상, 지도자의 개성이 역할을 할 여지가 많았다는 가정하에 이들의 개성형성 과정을 살펴봄으로써, 이들에 대한 예비지식이 해방공간의 사건들을 이해하는 데 도움을 줄 수 있으리라는 생각에서였다.

이승만은 타인의 생각이나 기대에 관계없이 자신의 목적을 추구하는 '자기지향형' 인간에 해당하며, 김구는 주어진 문제를 해결하기 위해 전력을 다하는 '임무지향형' 인간에 해당한다고 볼 수 있다. 그리고 여운형은 다른 사람들의 기대를 충족시키기 위해 전력을 다하는 '상호작용지향형'으로, 김규식은 후크가 말하는 '고결한 이상주의자' 개념을 적용하여 '선비형'으로 분류할 수 있을 것이다. 물론 이러한 틀이 이들의 사상과 행동을 설명하는 데 있어서 완벽하지는 않지만, 이들의 성격을 비교하는 데, 또 앞서 언급한 것처럼 이들이 연관된 해방 직후의 사건들을 이해하는 데 도움이 될 것이다.

4인의 지도자들은 모두 서양문명이 유입되기 시작한 구한말에 태어나서 음으로 양으로 서양문명의 영향을 받으며 성장하여 나중에 모두 기독교 신자가 되었고, 또 이들 모두 전통적인 조선사회의 주류가 아닌 주변계층 출신으로서 개혁주의적 이상이나 동학 교리, 그리고 기독교적 평등주의 원리를 추구하는 등 체제 변혁적인 성향을 가지고 있었다. 반면, 위에서 언급한 네 가지의 서로 다른 유형이 보여주는 것처럼 가정환경이나 유전적 · 체질적 요인 등의 영향과 유예기의 특정한 경험으로 인하여 각기 다양한 개성을 형성해 나갔다.

그렇다면 이들은 어떻게 해서 해방 직후의 격변기를 이끌어갈 지도자로 추앙받았는가? 그것은 4인의 지도자 모두 민족의 고난기를 살아가면서 나라의 독립을 위해 형용할 수 없는 모진 고생을 했기 때문이다. 이들은 모두 오랫동안 고국을 떠나서 망명생활을 해야 했는데 이승만, 김구, 여운형 등은 구한말의 감옥과 일제의 감옥에서 갖은 고생을 했고 뼈를 깎아내는 듯한 고문도 당해야 했다. 이들이 해방 직후에 민족의 지도자로 추대된 것은 당연한 일이라고 하겠다.

이들은 해방 직후 격변기에 자신들의 고유한 개성을 드러내며 협조도 하고 갈등도 하면서 민족의 살 길을 모색했다. 그러나 민족의 분단이라는 예상할 수 없었던 비극과 사상적인 분열로 인해 이들은 각자 지도자로서의 특유한 개성을 충분히 발휘해 보지 못한 채 암살당하거나(여운형과 김구) 북한에 납치되는(김규식) 비극을 맞이해야 했다. 한국 민족에게는 너무나 큰 손실이었다.

7 흉악한 정쟁의 마당에 쓰러진 호걸, 여운형

'실패한 정치인'에서부터 '기회주의자'에 이르기까지, 여운형에 대한 평가는 다양하다. 과연 우리는 여운형을 어떻게 평가해야 할 것인가? 이 글에서는 독립운동가로서의 여운형의 행적을 살펴본 다음, 해방 후의 정국은 소박하고 호방한 자유주의자 여운형이 나설 수 있는 장소가 아니었다고 분석했다. 좌익과 우익은 전쟁터에 나서는 군대처럼 완전히 준비를 갖춘 태세로 정쟁에 임했는데, 여운형은 그렇지 않았다.

1. 머리말

필자는 이 책의 앞 장에서 해방 직후 정치 지도자 네 명의 성격 형성과정을 고찰했는데, 이 글에서는 그중 한 사람인 몽양夢陽 여운형呂運亨(1886~1947)이 한국 근·현대사를 살아가면서 자신의 개성을 어떻게 발휘했고 또 때로는 정쟁의 와중에서 어떻게 좌절을 겪었는지를 살펴보려고 한다. 이를테면 이 글은 몽양 여운형의 궤적에 대한 단평短評이다. 그렇지만 이 글은 비단 한 인물에 대한 고찰에 머무는 것은 아니다. 여운형은 한국 근·현대사의 중요한 시기에 가장 뚜렷한 궤적을 그려온 인물 중 한 사람이었기 때문에 이 글은 여운형을 통해 격동의 한국 근·현대사를 들여다보는 글이기도 하다.

몽양 여운형은 그야말로 한국의 근·현대사가 낳은 호걸 중의 한 사람이었다. 호걸이란 지용智勇이 뛰어나고 기개와 풍모가 있는 사람을 말하는 것인데, 여운형은 여러 면에서 호걸이라고 할 수 있는 인물이었다. 그는 지용과 기개가 남다르게 뛰어나서 독립운동 선상에서 빛나는 공훈을 세웠고 그의 풍모와 인품은 많은 외국사람들을 압도하여 그들로 하여금 조선민족에 대한 존경심을 갖도록 했다. 1929년 상하이上海에서 일제의 경찰에게 체포되어 귀국한 그는 3년간의 옥고를 치른 후에 『조선중앙일보朝鮮中央日報』의 사장으로 재직하면서 많은 사람의 존경과 동경의 대상이 되기도 했다. 이러한 여운형은 해방을 맞이한 그날, 해방조선의 제1인자로 등장하여 기염을 올렸는데 궁극적으로 그가 주창했던 민족의 단합과 자주민주 노선은 실현되지 않았고 해방된 지 2년도 되기 전에 그는 폭한의 흉탄에 맞아 파란만장한 생애를 마쳐야 했다.[1]

그가 서거한 지 반세기가 지난 오늘, 몽양 여운형은 일반대중의 기억에서 사라져가고 있다. 후세의 학자들은 그를 '실패한 정치인'으로 단정하기도 하고, 기회주의자였다고 비난하기도 하고, 우왕좌왕하다가 희생당했다고 비판하기도 한다. 독립운동가로서 혁혁한 실적을 남겼고 해방 직후에 정치무대를 독점하는 듯했던 여운형은 어찌해서 이러한 평가를 받게 되었는가. 과연 우리는 여운형을 어떻게 평가해야 할 것인가. 필자는 이 글에서 여운형이 호걸이었다고 보는 이유를 설명한 후 이러한 질문들에 대답하려고 한다. 단적으로 말한다면 해방 후의 정국은 여운형같이 순진하고 호방한 호걸이 나설 수 있는 마당이 아니었다. 그 마당은 냉정하고 치밀한 정치인들의 잔혹한 싸움판이 되어버렸기 때문이다.

1 여운형은 1947년 7월 19일에 19세의 우익청년 한지근韓智根에 의해 살해되었다. 한지근의 배후에서 여운형 암살을 계획하고 지도했다고 알려진 김홍성金興成과 공모자 세 명이 1974년 2월에 '자수'했는데, 김흥성은 당시 27세로 고하古下 송진우宋鎭禹를 암살한 김인성金仁成의 형이었다. 김홍성은 그의 배후에 임시정부 행동대원 김영철, 우익 테러단체 백의사白衣社 대원 염동진 등이 있다고 했다(『동아일보』, 1974년 2월 5일, 7일).

2. 여운형의 풍채와 성격

필자는 호걸이 되는 조건 중의 하나는 '풍모가 있는 것'이라고 했는데, 여운형은 풍채 하나만으로도 많은 사람을 현혹했다. 어떤 잡지기자는 그를 다음과 같이 묘사했다.

> 연단에 올라선 여운형 씨는 첫째 그 풍채가 온 청중의 신임을 모았다. 육척장구六尺長軀의 서양인에서 보는 것 같은 완강한 체구. 게다가 카이젤 수염. 커다란 눈. 좌우로 활활 벋어나간 두 귀. 그 위에 시원스럽게 벗어 오른 면적 넓은 이마. 초初 인상에 그야말로 위장부偉丈夫란 든든한 감명을 던져 준다.[2]

또 다른 기자는 그의 용모에 대해서 다음과 같이 말했다.

> (여운형은) 위풍당당 대장부답지. 관병식觀兵式에 대장감으로 내놓았으면, 옛날 풍채 좋기로 유명했다는 이용익李容翊에 못지않았을걸. 그는 그 웅변雄辯이 없어도, 그 과거의 명예가 없어도 수염과 풍채와 스타일만 가져도 이름을 낼 분이야. 다년多年 상하이上海고 난징南京이고 있으면서 양복생활을 하였으니 그만치 옷 입는 것이 빈틈없이 자리 잡혔거든. 심훈沈薰이 장삿날 모-닝(코트) 입고 온 풍채는 참으로 훌륭했어.[3]

이러한 세간의 평판이 있은 지 반세기 후에 어떤 정치인은 자신이 어렸을 때 여운형에게 심취했던 경험담을 들려 주었다. 그는 황해도 은율殷栗

---

2 鷲公, 「呂運亨씨 演說評―半島의 雄辯家들」, 『三千里』 1934년 8월호, pp. 100~103(인용은 p.101에서).

3 卜惠淑, 「長安紳士淑女스타일漫評」, 『三千里』 1937년 1월호, pp.104~111(인용은 p.107에서).

의 한 지주의 아들로서 서울에 유학을 와 있었는데 서울운동장에 축구구경을 다니곤 했다고 한다. 거기서 콧수염을 기른 멋진 신사가 한쪽이 골인할 때마다 양쪽 팔을 번쩍 들고 환호성을 지르는 매력적인 모습을 보고 다른 이에게 저 사람이 누구냐고 물어보아 그가 몽양 여운형임을 알았다. 그래서 귀가하는 여운형의 뒤를 따라가서 휘문중학교 뒤에 있는 집을 확인하고 얼마 후 그 골목에서 하숙집을 찾았다. 혹시 여운형을 만날 기회가 있을까 해서였다. 그러나 그 골목은 비교적 부유한 동네여서 아무도 하숙을 치지 않는다고 했다. 그래도 시간이 날 때마다 그 골목에 가서 문을 두드려서 결국 하숙을 들었는데 그 집이 여운형의 측근인 홍증식洪增植의 집이었다고 한다.[4]

이처럼 그는 풍채 하나로도 사람들을 따르게 한 데다, 워낙 사람을 좋아하고 쾌활하며 운동을 즐겨서 청년들의 선망의 대상이었다. 신문기자로서 많은 지사志士들을 대했고 그들에 대한 인물평을 남긴 유광열柳光烈은 여운형에 대해 "지금의 조선인 식자識者 간에는 쾌활한 사람보다 침울한 사람이 더 많다. 그러나 씨는 언제 만나도 쾌활명랑하다"[5]고 했다. 해방 후에 평양에서 조선노동당 조직부장직을 맡고 있으면서 미소공동위원회에 참여했던 소련 출신의 박영빈朴永彬도 "여운형은 호방한 성격과 준수한 용모로 대중적 인기가 많았다. 그는 사람을 사로잡는 마력을 가지고 있는 듯했다. 우리는 첫 만남에서 가까워졌다.…… 그의 호탕한 성격이 마음에 들었다.……"[6]고 했다.

---

4 洪成徹 면담, 1992년 8월 15일. 홍증식은 1925년에 제1차 공산당 사건에 관여했다가 옥고를 치른 인물로 『동아일보』, 『조선일보』 등에서 영업국장을 지냈고 여운형이 『조선중앙일보』 사장으로 재직할 때에는 영업국장을 맡았다. 결국 홍증식은 홍성철을 여운형에게 소개해 주었고 청년 홍성철은 여운형의 집에 수시로 출입하게 되었다.

5 柳光烈, 「呂運亨論」, 『白光』 1937년 1월호.

6 박영빈, 「전 노동당 조직부장 박영빈이 본 여운형」, 『WIN』 1997년 8월호, p.149.

위의 몇 가지의 예에서도 알 수 있지만 여운형이 거짓이 없고 두려움 없이 자기 주장을 토로하는 인물이었다는 것은 그를 신문한 검사나 판사 앞에서의 발언을 읽어 보면 너무나 뚜렷이 나타난다. 일제 치하의 법정에서 많은 독립운동가와 사상운동가를 변호해온 김병로金炳魯에 따르면 법정에서 가장 인상 깊은 인물은 여운형과 채그레고리였다고 하는데[7] 그들이 자기 주장을 내세우고 굽히지 않는 자세로 일관했기 때문이다. 그리고 김병로는 "감옥생활에서 그의 인격과, 언어의 조리라든가, 체격이라든가를 보고 여운형 이상은 보지 못하였다"고 했다.[8] 김병로는 그 후에 대한민국의 초대 대법원장을 한 인물이다. 이처럼 여러모로 보아서 여운형이 호걸이었음은 틀림없다.

3. 독립운동가로서의 여운형

(1) 파리강화회의에 김규식 파견

이러한 여운형의 풍채와 기질은 그가 독립운동에 종사하는 과정에 많은 도움이 되었다. 독립운동가로서의 여운형의 경력은 제1차 세계대전이 끝난 1918년 6~7월에 시작하여 그가 상하이에서 체포된 1929년 7월까지의 11년간에 불과했지만 그의 활동은 너무나 드라마틱했다. 첫째로 그는 윌슨 미국대통령의 사절로 상하이를 방문한 크레인Charles Crane의 연설을 들은 후 톈진天津에 망명하고 있던 김규식金奎植을 불러서 파리강화회의에 파견하여 한국사람들의 독립에 대한 염원을 만방에 알렸다. 그리고 장덕수張德秀를 일본 도쿄와 국내에 보내서 해외소식을 전함으로써 국내에서 3·1운동을 일으키는 데 공헌했다. 또 시베리아와 만주 각지에 흩어져 있

7 「東西古今人物座談會」, 『東光』 1931년 12월호, pp.42~43.

8 위의 글, p.42.

던 옛 동지들과 만나서 독립운동의 앞길을 논의하여 그해 4월에 상하이 임시정부를 수립하는 산파역을 맡았다.[9]

여운형의 독립운동과 관련하여 여기서 짚고 넘어가야 할 중요한 사항은 여운형이 김규식을 파리강화회의에 파견한 것과 3·1운동 태동과의 관계이다. 3·1운동이 국내의 기독교계와 천도교계, 그리고 불교계의 지도자들의 주동으로 조직되고 진행되었다는 것은 잘 알려져 있는 사실이다. 그러나 이들이 어디에서 영감靈感을 받고서 그 엄청난 사업을 추진했는가 하는 문제는 재론의 가치가 있다. 필자는 이 점에 있어서 김규식이 상하이를 떠나기 전에 남긴 말을 새로이 음미하게 되었다. 그의 말이 그가 떠난 후에 장덕수를 통해서 국내의 지도자층에 전달되었기 때문이다. 물론 3·1운동이 태동하기 전의 일이다.

김규식이 상하이에서 파리에 가기로 결정하고 여러 가지 문제들을 토의하던 중 어떻게 하면 한국민족의 주장과 청원을 보다 더 효과적으로 전 세계에 선포할 것인가 하는 문제를 논했는데, 김규식은 다음과 같은 소견을 제출했다.

> 내가 떠나가기는 가되 세계 각국의 대표들이 내가 누군지 알 리가 없다. 지도상에 보더라도 조선반도는 쌀알만큼밖에 나타나 있지 않고, 코리아란 나라는 거의 알려지지 않았다. 내가 만일 정식 대표라면 회의석상에 좌석이 있고 발언권이 있겠지만 나는 방청인에 불과할 것이다. 그러니까 나는 가서 일제의 학정虐

9 여운형의 독립운동 시절에 관해서는 강덕상姜德相이 계간지 『三千里』(東京, 일본어)에 발표한 여운형에 관한 여러 논문에 의거했다. 강덕상은 1984년 봄호(통권 37호)부터 1987년 여름호(통권 50호)까지 여러 편의 글을 발표했는데, 이 글들은 방대한 양의 희귀한 자료들을 동원하여 섬세하게 분석한 거작巨作이다. 여운형의 3·1운동 전후 시절, 특히 임시정부에 관한 정보는 1984년 여름호(통권 38호)에 실린 「上海時代の呂運亨」, pp.140~147에서 인용했다. 강 교수는 이 글들을 기초로 해서 「呂運亨評傳 1, 朝鮮三·一運動」(東京 : 新幹社, 2002)과 「呂運亨評傳 2, 上海臨時政府」(2005)를 발간했다.

政을 폭로하고 선전하겠다. 그러나 나 혼자의 말만을 가지고는 세계의 신용을 얻기가 힘들다. 그러니까 신한청년당新韓青年黨에서 서울에 사람을 보내어 독립을 선언해야 되겠다. 가는 그 사람은 희생을 당하겠지만 국내에서 무슨 움직임이 있어야 내가 맡은 사명이 잘 수행될 것이고, 우리나라의 독립에 보탬이 될 것이다.[10]

필자는 김규식이 제출한 소견의 마지막 구절, 즉 "국내에서 무슨 움직임이 있어야 내가 맡은 사명이 잘 수행될 것이고, 우리나라의 독립에 보탬이 될 것이다"라는 말이 장덕수를 통해서 국내에서 3 · 1운동을 주동했던 인사들에게 전달되었고, 또 여운형을 통해서 임시정부를 조직한 해외의 독립지사들에게 전달되었다고 믿는다. 이처럼 여운형이 김규식을 파리강화회의에 파견한 것이 3 · 1운동의 태동과 국내외 독립운동의 기폭제가 되었다는 점을 생각해볼 때, 우리는 독립운동가로서의 여운형의 선각자적 안목과 능동성에 새삼 주목하지 않을 수 없다.

(2) 일본 수도에서의 독립운동 선전

김규식의 파리강화회의 파견에서만도 여운형의 능동성을 엿볼 수 있지만, 1919년 11월에 여운형의 도쿄 방문은 너무나도 극적이어서 많은 사람들을 놀라게 했고 여운형이라는 이름을 천하에 알리는 계기를 만들었다. 일본 제국주의의 본산인 도쿄에 나타나서 육군대신, 내무대신, 체신성遞信省 대신, 척식국拓殖局 장관을 만나서 조선독립의 당위성을 주장할 뿐만 아니라, 당시 일본의 자랑거리인 데이코쿠帝國 호텔에서 내외 각국의 신문기자들과 주요 인사들 앞에서 조선독립의 타당성과 필요성을 주장하는 일장

10 金淳愛 면담, 1970년 3월 15일. 이에 대해서는 필자의 『金奎植의 生涯』(신구문화사, 1974), pp.53~54를 참조.

一場 연설을 하였으니 세상이 놀라지 않을 수가 없었다.

일본정부가 여운형을 초빙한 의도는 여운형을 회유하여 독립운동을 포기하도록 하여 임시정부를 와해하려는 것이었지만 여운형의 생각은 정반대였다. 주어진 기회를 이용하여 조선사람의 입장을 밝히고 일본이 자아반성을 하도록 하자는 것이었다. 데이코쿠 호텔에서의 연설과 기자회견은 그에게 너무나 뜻밖에 주어진 기회였는데 그는 그 자리에서 "조선독립은 세계의 대세이기도 하지만 아시아의 평화에 불가결의 요건이고 또 신의 명령이기도 하다"[11]라는 주장을 폄으로써 모두를 놀라게 했다. 그날의 연설은 조선사람들이 독립을 요구하는 이유를 세계 방방곡곡에 알렸을 뿐만 아니라 일본 정국을 흔들어 놓았다.

(3) 모스크바 극동근로자대회

여운형이 세상의 이목을 끈 또 하나의 이벤트는 1921년 말부터 다음 해 봄까지의 모스크바 방문이다. 1922년 정월에 열린 '극동근로자대회極東勤勞者大會' 참가는 여운형 자신에게도 큰 영향을 끼쳤지만 그를 조선청년들의 존경과 동경의 대상으로 만드는 데 결정적인 역할을 했다. 우선 그는 그 대회에서 레닌을 만나 그의 민족주의운동 지지 노선에 대한 견해를 직접 들을 수 있었는데[12] 이 만남은 이후에 여운형의 사상 형성에 있어 주춧돌 역할을 했다. 그는 1918년 7월에 발표된 치체린Georgii V. Chicherin 소비에트 러시아 외무위원장의 중국관계 성명, 그리고 1919년 7월의 카라한

---

11 여운형의 도쿄에서의 연설에 대해서는 강덕상의 「1919年 冬, 東京での呂運亨」〔『三千里』 1985年 春季號(통권 41호), pp.172~185〕과 아울러 몽양 여운형 선생 추모사업회 편, 『여운형 노트』(학민사, 1994), pp.62~84를 참고하기 바란다. 『여운형 노트』는 안우식安宇植의 저작이다.

12 金俊燁, 金昌順 共編, 「呂運亨訊問調書」, 『韓國共産主義運動史』 자료 1(고려대학교 아세아문제연구소, 1979), pp.246, 334, 343, 349, 420 ; 姜德相, 「中國國民革命と呂運亨」, 『三千里』 1987年 春季號(통권 49호), p.166.

Lev M. Karakhan 부위원장의 성명에 감명한 후 볼셰비키 당에 공명共鳴하고 있었고, 임시정부와 볼셰비키 당과의 제휴의 필요성을 주장하기도 했는데[13] 레닌과의 만남으로 공산당에 더욱 접근하게 된 것이다. 치체린과 카라한의 성명은 볼셰비키 혁명정권은 과거 제정帝政러시아가 중국으로부터 탈취한 각종 이권을 포기한다는 것이었다. 여기에는 만주를 횡단하는 동청철도東淸鐵道가 포함되어 있어서 볼셰비키들이 참으로 자유와 평등을 추구한다는 이미지를 깊게 심어 주었다.[14]

4. 중국혁명의 일선에 나선 여운형

모스크바에서 돌아온 여운형은 침체된 독립운동을 회복시키려고 노력하였으나 별 효과를 얻지 못하자 중국혁명에 투신했다. 그는 1917년경부터 중국국민당의 영수領袖 쑨원孫文과 친밀하게 지냈는데,[15] 1925년에 발생한 이른바 5 · 30사건 후로 중국혁명에 적극 참가하게 되었다. 5 · 30사건이란 상하이 영국 조계租界경찰, 즉 영국인 거주지역을 관할하는 영국경찰이 불평등조약 반대 데모를 하는 중국학생들에게 발포하여 20여 명을 살해한 것을 계기로 폭발한 반제국주의 운동으로, 전국적으로 영국 상품과 상선을 배척하는 운동이 시작되어 다음 해 10월까지 이어졌다. 이 사건

13 姜德相, 앞의 논문, pp.162～165. 특히 p.165.

14 볼셰비키 정권은 1920년 9월에 중국에 대한 정책을 변경했다. 즉, 각종 이권을 포기하지 않고 중국과 새로운 조약을 체결하겠다는 것이었는데, 1924년에는 다시 동청철도를 장악했다. 일본이 만주를 장악할 경우 소련의 영토인 시베리아가 위협당하게 될 것이라는 이유를 내세웠다. 1929년에는 철도문제를 에워싸고 만주의 군벌 장쭤린張作霖정권과 전쟁을 치르기까지 했다.

15 「여운형 신문조서」, pp.304, 350. 여운형은 상하이에 있던 쑨원의 집에서 코민테른 대표 보로딘을 만났다고 했다(p.350). 강덕상은 「中國國民革命と呂運亨」에서 이 관계를 세밀히 다루었다.

은 중국의 민족주의 성장에 큰 역할을 한 사건으로, 여운형의 진술에 따르면 그는 중국국민당 대표 사오리쯔邵力子와 공산당 대표 취추바이瞿秋白 등과 운동의 방향에 대해서 일주일에 두세 차례씩 모여서 토의했다고 한다.[16] 즉, 평화적인 데모가 포격사건으로 확장된 후에는 국민당과 공산당이 배후에서 반제운동反帝運動을 조정한 것인데, 여운형은 소련대사 카라한과 역시 소련에서 파견한 고문관 미하일 보로딘Mikhail M. Borodin의 부탁으로 고문 역할을 하고 있었다.

여운형이 중국혁명에 적극 참여하게 된 것은 쑨원이 사망한 후이다. 쑨원은 1925년 3월에 사망했는데, 추도식에 참여한 여운형은 쑨원의 부인 쑹칭링宋慶齡으로부터 보로딘 부인을 소개받았다. 레닌이 파견한 보로딘 부부는 1923년 9월부터 국민당의 고문 역할을 맡고 있었다. 보로딘 부인은 여운형에게 중국혁명을 위해 노력해 달라고 부탁하면서 베이징北京에 있는 카라한 대사를 만나라고 했다.[17] 쑨원은 1923년부터 코민테른과 소련의 원조하에 중국공산당과 합작하여 중국 각처에서 세력을 장악하고 있는 군벌軍閥들을 상대로 혁명운동을 벌이고 있었다.

그렇게 되어 여운형은 1926년 1월에 국민당 제2차 대표대회에 국민정부 주석 왕징웨이王精衛의 초대로 참석하여 연설을 했고, 보로딘과 함께 왕에게 자문도 했다. 또 같은 해 12월에 국민당군이 양쯔강揚子江 중간지점에 있는 우창武昌[18]을 점령해서 축하대회를 열었을 때에는 모여든 군중 20만을 향해서 축하 연설을 하기도 했다.[19] 여운형의 중국혁명 참여는 1927년에 있었던 장제스蔣介石의 대대적인 공산당 숙청으로 끝이 났으나 장제

16 「여운형 신문조서」, p.256, 304.
17 「여운형 신문조서」, pp.255~256.
18 우창은 지금 우한武漢의 일부가 되었다.
19 「여운형 신문조서」, pp.257, 305.
20 「여운형 신문조서」, p.353.

스도 그 후에는 여운형을 찾아서 상의하기도 했다.[20]

여운형의 중국혁명 관여는 코민테른과의 경험과 더불어 그의 정치노선을 형성하는 데에 큰 영향을 끼쳤다. 그는 1925년 4월 카라한 대사를 처음 만났을 때 "중국공산당은 세력이 미약할 뿐만 아니라 중국의 공업이 발달하지 못하여 계급의식을 가진 노동자와 전위前衛분자가 근소僅少하므로 ……국민정부와 합작해야 하며, 러시아는 혁명군에 무기와 탄약을 공급해야 한다"[21]라고 했으며, 또 "공산주의는 일본같이 산업이 발달된 나라에서 실시해야 한다"라는 의견을 피력했는데,[22] 이러한 분석은 역시 후진국이었던 조선에도 해당되는 것이었다. 그리고 그는 소비에트 러시아와 코민테른이 중국혁명과 아울러 조선혁명에도 큰 도움이 될 것임을 확신하고 있었다. 그가 1921년에 고려공산당高麗共產黨의 취지와 강령이 무엇인지 알지도 못하는 상태에서 그 당에 참가한 것은 레닌 정권이 200만 원이란 거금을 조선민족운동을 위해 지원해 주었기 때문일 정도로[23] 여운형의 정치활동에서의 판단기준은 조선의 해방이었다. 그가 중국혁명에 참여했던 것도 중국의 혁명이 완성될 경우 조선 해방에 도움이 될 것이라는 판단 때문이었다. 당시 서구 각국의 일반 시민들 중에는 조선 독립에 동정적인 사람들이 없지는 않았으나 정권 차원에서 조선의 독립운동에 원조를 해준 나라는 소련을 빼고는 하나도 없었다.

5. 고국에서의 여운형

이처럼 독립운동에서 두각을 나타냈고 중국혁명에서도 특이한 존재로

21 「여운형 신문조서」, p.256.
22 「여운형 신문조서」, p.405.
23 「여운형 신문조서」, p.308.

활약했던 몽양 여운형은 1929년 7월에 상하이에서 일본경찰에게 나포되어 대전형무소에서 1932년 7월까지 3년간 옥고를 치렀고, 1933년 2월부터 1937년 10월까지 『조선중앙일보朝鮮中央日報』의 사장으로 추대되어 일했는데, 그의 경력과 인품은 독립을 원하고 '신사상新思想'을 갈망했던 조선 민중에게는 흠모의 대상이 아닐 수가 없었다. 특히 『조선중앙일보』 사장 시절, 『중앙』 잡지에 연재한 모스크바 기행문에서 트로이카, 즉 세 마리의 말이 끄는 눈썰매를 타고 엄동설한의 고비사막에서 야영하면서 몽고인들과 호흡을 같이한 일화, 시베리아 철도를 통해 러시아를 횡단한 얘기, 그리고 모스크바 극동근로자대회에 관한 회고 등을 실어 많은 독자들을 감동시켰다.

1936년 9월에 『조선중앙일보』는 손기정의 운동복에서 일장기를 지워버린 일 때문에 자진휴간한 후 결국 복간되지 않았고, 여운형은 결혼 주례와 스포츠 행사 참여 등으로 세월을 보내야 했다.[24] 그러다가 1942년 11월에 일본 헌병대에 체포되어 고된 고문을 당하고 또다시 감옥생활(다음 해 7월까지)을 해야 했는데, 이는 그가 도쿄에서 미군 폭격기의 공습을 직접 경험한 후 일본의 패배를 예언한 것이 발각되었기 때문이다. 일제의 경찰과 헌병대는 개인들 간의 대화 내용에도 치안유지법治安維持法 위반, 육해군형법陸海軍刑法 위반, 조선임시보안법朝鮮臨時保安法 위반, 안녕질서에 대한 죄 등의 명목을 달아 1년 징역의 형벌을 가했다. 여운형이 출옥한 다음 날 자택으로 그를 방문했던 안재홍安在鴻은 그날의 여운형의 모습을 너무나 처초凄楚, 즉 처참하고 쓰라렸다고 묘사했다. 여운형이 말하길, 일본헌병들이 자기를 때리고 매달지 못하는 대신, 여러 사람들이 번갈아 달려들면서

24 여운형의 신문사 사장 시절에 대해서는 鄭晋錫, 『인물한국언론사』(나남, 1995), 제8장 「독립 운동가 안희제, 여운형의 신문경영」을 참조하기 바란다. 정진석은 여운형이 『조선중앙일보』의 경영인으로 성공한 것으로 평가했다.

90여 시간 동안 의자에 묶어놓은 채 흔들고 잡아당기면서 눈 한번 못 붙이게 하는 건고문乾拷問을 했다고 한다. 여운형은 감옥에 넘어간 후에도 신경쇠약에 심하게 걸리어, 출옥할 때까지 한 번도 온수穩睡, 즉 깊은 잠에 들지 못했고, 출옥한 후 따뜻한 자택에서도 단잠을 못 잤다고 한다.[25]

6. 해방 후의 정국과 여운형

이처럼 독립을 위해 청춘을 바쳤고 온갖 고통을 당해야 했던 여운형이 일본의 항복 소식을 들었을 때의 기쁨은 상상이 되고도 남는다. 조국이 해방되었을 뿐만 아니라 갑자기 조성된 조국의 정치무대에서 제1인자로 등장하게 되었으니 그는 흥분할 수밖에 없었다.[26] 해방 직후, 즉 8월 15일부터 8월 18일 심야에 폭력배들에게 구타당해 병석에 눕기 전까지의 며칠은 아마도 여운형의 전 생애를 통해서 가장 기쁘고 보람 있는 나날이었을 것이다. 그러나 그 후의 2년은 그에게는 영광의 나날이 아니라 가시밭길이었다. 그리고 그는 해방된 조국에서 꽃을 피우지 못한 채 암살되고 말았다.

해방 후 여운형의 정치적 행적을 더듬어 보면 그는 조선건국준비위원회朝鮮建國準備委員會(이하 건준) 위원장으로 등장하여(1945년 8월), 조선인민공화국朝鮮人民共和國(이하 인공)의 간판인물로 활약하다가(같은 해 9월), 조선인민당의 당수(1945년 11월), 좌우합작위원회의 좌측 대표(1946년 7월), 근로인민당 위원장(1947년 5월) 등의 식책을 맡았다. 그는 특히 좌익정당들의 통합에 주력하였고 또 공산당을 포함한 좌익과 온건우파와의 합작, 즉

---

25 안재홍, 「몽양 呂運亨씨의 추억」(1947년 9월), 안재홍선집간행위원회, 『民世安在鴻選集』, 제2권(지식산업사, 1983), p.202.

26 필자는 「日帝末期 呂運亨과 日本」, 『新東亞』 1992년 6월호, pp.404~427 ; 『계간 사상』 2001년 가을호, pp.121~160(증보판)에서 왜 총독부가 여운형에게 치안을 맡기게 되었는가 하는 문제를 다루었다.

좌우합작에 심신을 바쳤는데 결국 그의 노력은 성과를 가져오지 못했다. 건준을 조직한 직후부터 우익인사들과의 관계가 소원해진 데다, 9월 6일에 상륙한 미군 당국은 인공과 더불어 대표자로 알려진 여운형을 오랫동안 배척했고, 12월에 귀국한 충칭重慶 임시정부는 그를 적대시했다. 그리고 그는 1947년 7월 17일에 암살되기 전에도 여러 차례 폭행을 당했는데 모두가 우익세력에 의한 것으로 알려져 있다.

여운형의 이러한 행적은 여러 가지 각도에서 분석할 수 있는데, 필자는 이를 좌익과의 관계와 우익과의 관계로 분석하려고 한다. 위에서 언급했지만, 여운형은 오랫동안의 중국에서의 경험을 통해서 쑨원 휘하의 국민당과 당시 코민테른의 지휘하에 있던 중국공산당과의 합작을 이상적인 형태로 보고 있었는데, 그가 한국에서 원했던 것도 그러한 형태의 좌우합작이었다. 즉, 민족주의 진영을 우선순위에 놓은 좌우합작이었다. 그러나 해방 후에 그는 우익인사들과는 거리를 두는 한편 공산당 출신의 동지들과 밀접한 관계를 유지하여 결국 실패한 정치인으로 남고 말았다.

그렇다면 왜 여운형은 해방 직후에 건준을 조직하는 과정에서부터 공산당원들과 밀접한 관계를 맺었는가? 왜 그는 그와 함께 건준을 시작했던 민세民世 안재홍安在鴻과 결별하면서까지 공산당 측에 기울었는가? 이것은 그가 해방 직후의 상황을 잘못 판단한 결과였다. 또 그가 가지고 있던 공산당에 대한 이미지와 해방 후의 현실은 크게 달랐다. 그리고 남들과 어울리고 융화하는 것을 중요시했던 그의 성격도 그의 행동에 영향을 미쳤다.

7. 1945년 8월의 여운형의 상황 판단

여운형 신문조서訊問調書를 포함한 여러 가지 어록을 보면 여운형은 해방 전 국제정세의 흐름을 놀랍게도 정확하게 판단하고 예측했다. 그런데 그는 왜 해방 직후의 상황을 잘못 판단했는가. 그의 상황 판단과 그의 행동에는 어떠한 인과관계가 있는가.

해방 직후의 정치사를 논함에 있어서 거듭 기억해 두어야만 하는 사항은 한민족의 해방이 한민족의 독자적 힘에 의한 것이 아니라 미국과 소련의 승리에 의한 것이었다는 사실이다. 따라서 한민족은 자체의 의사에 따라 겨레의 장래를 결정할 권리를 갖지 못했고 연합국의 결정에 따라야 했다. 그래서 해방 직후에는 연합국들의 의향과 결정을 올바르게 이해하는 것이 매우 중요했는데, 그것은 불가능한 일이었다. 당사자들인 미국과 소련이 한반도에 대한 결정을 내리지 않고 있었기 때문이다. 미국과 소련은 일본이 1946년에야 투항할 것으로 예측하고 있었고, 따라서 그들에게 지엽적인 지역인 한반도문제에 대해서는 결정을 내리지 않고 있었다. 일본을 패배시키는 것을 최상의 목표로 삼고 있던 미국이나 소련에게 한반도는 그리 중요하지 않았기 때문이다. 물론 8월 6일에 일어난 히로시마廣島 원자탄 투하로 인하여 전황이 갑자기 달라졌는데, 8월 15일 당일까지도 한반도의 장래에 대해 합의된 바가 없었다. 미국과 소련이 38선에 대해서 합의한 것은 워싱턴 시간으로 8월 15일, 서울 시간으로는 16일이었다.

이러한 상태에서 한반도의 장래에 대해서 혼돈에 빠져 있던 것은 일제 치하에서 극심한 정보통제를 받고 있던 국내인사들뿐만이 아니었다. 이승만李承晩은 일본과 미국이 교전상태로 들어간 1941년 말부터 워싱턴을 거점으로 하여 국제정세의 파악을 위해 모든 노력을 경주하고 있었지만 한반도의 장래에 대해서는 역시 아무것도 알 수 없었다. 이승만은 1945년 5월에 샌프란시스코에서 열린 유엔창립총회에서 루스벨트 대통령이 얄타회담(1945년 2월)에서 한반도를 스탈린에게 넘겨주었다는 말을 듣고 미국정부에 항의하며 '제정러시아 시절부터 한반도를 삼키려는 흉계를 꾸미고 있던' 소련을 공격하는 캠페인을 벌이기도 했는데, 사실 그런 합의는 없었다.

8월 15일 아침에 여운형을 만나서 일제의 항복 이후의 치안유지를 부탁했던 엔도 류사쿠遠藤柳作 총독부 정무총감政務總監은 여운형에게 아마도 17일 오후까지는 소련군이 서울에 도착할 것이라고 얘기했는데 이것은 그의 추측에 지나지 않았다. 엔도는 8월 9일에 나진羅津과 청진淸津 지방에 상륙한 소련군 부대가 일본군의 저항 때문에 남하하지 못하고 있었지만 일본이 항복한 상태에서는 급히 서울까지 내려올 것이라고 예측했던 것이다. 물론 당시 해방된 조선이 분단될 것이라는 생각은 아무도 하지 않았다. 따라서 소련군이 서울에 내려온다는 말은 해방된 조선이 소련의 통치하에 들어간다는 것으로 간주되고 있었다.

더욱이 8월 16일에는 소련군이 서울에 도착할 것이라는 풍문이 돌아서 수많은 서울 시민들이 '해방군 만세', '소련군 만세'를 부르면서 서울역에 운집했다. 이 소문은 서울뿐만 아니라 대전, 대구, 광주, 목포, 부산에까지 돌아서 같은 현상이 일어났다.[27] 여운형 자신은 서울역에 나가지 않았지만 소련군을 환영하는 연설문을 작성하고 그들에게 줄 선물을 준비하기에 바빴다. 이러한 과정을 통해서 한반도가 소련의 지배하에 들어갈 것이라는 인상이 더욱 깊게 심어진 것이다. 한반도가 38선에서 분단되고 남한에 미군이 주둔할 것이라는 소식이 알려진 때는 8월 20일 또는 24일경인데,[28] 여운형은 이미 그동안 되돌아갈 수 없는 길로 걸어가고 있었다. 즉, 그는 해방된 그날 엔도 정무총감을 만난 후 집으로 돌아가는 길에 서울파 공산당 출신의 정백鄭栢과 손을 잡고 건준을 건립했고, 또 며칠 후에 박헌영朴憲永이 서울에 나타난 후부터는 그와 그의 그룹과 밀접한 관계를 맺고 건

27 이날의 상황에 대해서는 필자의 「"8 · 15 미스테리" 蘇聯軍進駐說의 震源」, 『新東亞』 1991년 8월호, pp.430~437을 참조하기 바란다.

28 필자의 「呂運亨과 建國準備委員會」, 역사학회, 『歷史學報』 제134 · 135호 합집, 1992, pp.48~49를 참조.

준을 이끌어 나가고 있었다. 건준의 부위원장직을 맡고 여운형과 합작했던 안재홍은 이미 18일경부터 여운형의 이러한 경향을 보고 결별을 결정했다. 18일 밤늦게 여운형이 폭행을 당하고 양평에서 요양하고 있는 동안 부위원장 안재홍은 우익진영과의 합작을 위해 노력했으나, 교섭 결과를 여운형이 받아들이려고 하지 않자 건준을 떠나고 말았다. 이렇게 되어 건준은 공산당과 좌익세력이 전횡하는 일방적인 조직으로 굳어지게 되었다.

여운형이 공산당과 긴밀한 관계를 맺게 된 것은 해방조선이 소련군의 지배하에 들어갈 것이라고 생각했기 때문이다. 그는 미군이 남한에 상륙한 후에도 평양을 왕래하며 남북의 공산당의 협조관계를 유지하려는 노력을 계속했는데, 여기에는 여운형의 사상, 그리고 소련과 공산당에 대한 이미지가 강력히 작용했나. 따라서 그의 사상과 과거의 경험을 검토해야 할 필요가 있다.

8. 여운형과 소련, 그리고 공산당과의 관계

여운형이 그의 사상을 정리해서 기록 또는 발표한 것은 없으나, 1929년에 일제의 경찰, 검찰, 그리고 재판소가 작성한 신문조서에서 그의 사상을 잘 알 수 있다. 그는 마르크스의 이상에는 동조했으나 공산주의가 조선에서 실시되는 것은 불가능하다고 보았고, 특히 이를 계급투쟁이란 방법, 즉 폭력을 통한 혁명을 통해 이룩하는 것은 적합하지 않다고 보았다. 공산주의를 실행하려면 노동계급이 필요하므로 동양에서는 일본에서나 그것이 가능할 것으로 보았다. 그가 원하는 것은 조선의 독립이었는데, 그것을 위해서는 모든 진영이 합작해야 한다고 믿었고, 조선에서는 모두가 민족주의 노선을 따라야 한다고 믿었다. 그는 1921년에 레닌을 만났을 때에 그가 조선에서는 공산주의운동이 아닌 민족주의운동이 필요하다고 했기 때문

에 공산당이 조선에서도 중국에서처럼 국공합작國共合作 노선을 따를 것으로 믿고 있었다.[29]

여운형이 1921년에 상하이에서 고려공산당에 가입한 이유는 국제공산당의 노선이 조선의 독립을 원조하는 것이었기 때문이다. 그는 레닌이 중국에서 국민당을 지원하고 국민당과 합작하는 것을 보고 쑨원의 삼민주의三民主義는 마르크스주의를 중국의 현실에 맞추어 놓은 공산주의의 한 형태라고 생각했다. 따라서 몽양은 마르크스주의를 조선에 적용함으로써 민족의 독립, 민생의 보장, 민주주의 방법에 의한 정치를 이룩할 수 있다고 믿고 있었다. 즉, 그는 공산주의와 민족주의는 상호 협조적인 것이지 갈등하지 않는다고 생각했고, 한국에서도 중국과 같이 민족주의를 위주로 한 삼민주의가 실시되어야 한다고 믿었다.

9. 공산당의 변화와 여운형

여운형에게 비극이었던 것은, 그가 체험을 통해서 알고 있던 볼셰비키들, 그리고 소련의 공산주의체제가 그 후에, 특히 1930년대에 급격히 변해갔는데 외부에서는 변화의 성격이나 심도를 파악할 수가 없었다는 것이다. 레닌이 1924년에 사망한 후 스탈린이 권력을 장악하여 볼셰비키의 수뇌부가 교체되었을 뿐만 아니라 공산당의 체질이나 전술이 근본적으로 변해 버렸는데, 여운형은 자기가 체험을 통해 얻은 이미지만을 생각하며 공산당을 맞이했다. 물론 소련공산당의 변화 내지는 변질을 감지하지 못한 이는 여운형만이 아니었다. 일제시대에 공산운동에 관여했던 거의 모든 청년들이 그러하였다. 그들이 품고 있던 '사회주의 조국 소련'의 이미지

29 여운형의 사상에 대해서는 「여운형 신문조서」, pp.248, 268, 269, 349, 354를 참조.

는 연분홍색의 낭만적인 것이었는데, 소련은 포악한 일인 독재체제로 변해 버렸다. 그러나 소련은 '자본주의 국가들에 포위되어 있는 사회주의 국가 소련의 수호'란 신념에 기반하여 거의 완벽하게 봉쇄되어 있었으므로 조선 청년들의 소련에 대한 지식은 희박할 수밖에 없었다.

그렇다면 소련공산당은 어떻게 변했는가. 여러 가지 변화 중에서 중요한 대목을 든다면 첫째, 세계혁명을 지향한 이상주의적 단체였던 볼셰비키 당이 1928년경부터 '한 나라에서의 사회주의'라는 이념을 따라 전체주의 국가를 지향하게 되었다는 것이다. 경제면에서는 1921년에 실시한 신경제정책, 즉 비교적 자유스러운 시장경제체제를 폐기하고 농업을 집단화하고 모든 산업을 당이 관리하는 계획경제체제로 변환했다. 농업집단화 과정에서 허다한 수의 농민들이 살해된 사실은 밖에서는 알 길이 없었다. 정치적으로는 피의 숙청이 계속되었고 스탈린 독재하에서 비밀경찰이 전횡하는 공포의 체제로 바뀌어 버렸다. 처음에는 중산층 출신의 지식인과 기술자들이 숙청되다가 나중에는 스탈린과 오랫동안 혁명사업을 계속해 왔던 동지들마저도 대거 숙청되었다. 공포 사회에서 공산주의자들과 자유주의적인 민족운동자 간의 협조란 상상도 할 수 없는 일이었다. 우선 '자유주의적'인 인물이나 단체가 허용될 수 없었다.

둘째로 대외전략에도 큰 변동이 있었는데, 전 세계 무산계급無産階級의 혁명을 꿈꾸었던 볼셰비키는 소련이라는 국가의 영토와 이익을 수호하고 팽창하는 데에 주력하는 제국주의 국가의 통치자들로 변해 있었다. 1939년에 스탈린은 히틀러와 불가침조약을 체결한 후 폴란드 동부, 우크라이나, 백러시아, 그리고 발틱의 세 나라를 소련으로 흡수해 버렸다. 스탈린은 그 후 1941년부터 1945년까지 독일과 생사를 가르는 전쟁을 치러야 했는데, 소련이 1945년 8월 9일, 즉 미국이 히로시마에 원자탄을 투하한 지 3일 후에 일본에 선전포고를 한 것도 영토의 확장을 위한 것이지 사상이나 이념과는 관계가 없는 일이었다. 1945년 2월, 얄타회담에서 스탈린이 루스벨트에게 요구한 사항이 치체린과 카라한이 포기한다고 선언했던 만주에서의 이권이었다는 것을 보면 이 점을 잘 알 수 있다.

과연 여운형이 1920년대에 품고 있던 볼셰비키와 코민테른에 대한 이미지를 해방 후까지도 품고 있었겠는가 하는 질문이 제기될 수 있는데, 그럴 수밖에 없는 이유가 있었다. 스탈린은 병적이라고 할 정도로 소련을 밀폐해 놓았기 때문에 외부에서 소련에 대한 정보를 얻기가 매우 힘들었다. 또 일제 치하에서 언론보도가 극히 통제되어 있는 데다 보도내용도 믿을 만하지 못해서 여운형은 체험을 통해 얻은 이미지를 쉽게 포기할 수가 없었을 것이다. 그가 1946년 이른 봄에 자기 딸 둘을 모스크바로 보낼 정도로 여운형은 소련에 대해 낭만적인 이미지를 갖고 있었다. 모스크바 근교까지 임박한 독일군을 가까스로 물리치기는 했으나 전 국토와 모든 시설의 절반 이상이 파괴되어 전후 소련의 생활고는 형용할 수 없을 정도로 힘들었는데, 여운형은 그 땅에 어린 여식들을 유학 보낸 것이다.

10. 해방 후의 미소관계

여운형을 포함한 많은 한국인사들의 판단을 어긋나게 한 이유는 하나 더 있었다. 일본은 1941년에 자행한 진주만眞珠灣 공격을 계기로 미국과 싸우고 있었는데 1945년 8월 9일에 소련이 일본에 선전포고를 함으로써 미국과 소련은 명실공히 연합군이 되었다. 그러나 한국의 식자층은 이 두 국가 간의 복잡한 관계를 알 길이 없었다. 대부분의 지식인들은 해방 후에 북한과 남한을 갈라서 주둔한 미소 양군이 보여준 불협화不協和 양상이 일시적인 것이라고 생각했고, 따라서 1946년 봄과 다음 해 봄에 열린 미소공동위원회에 많은 기대를 걸었다. 이러한 기대는 한국에 파견되어 있던 미군정 요원들뿐만 아니라 미국 정부관료들도 가지고 있었다.

그러나 스탈린은 미국이 히로시마에 원자탄을 투하한 8월 6일 직후부터 미국을 가상 적국으로 간주하고 있었다. 그는 원자탄 투하를 소련에 대한 직접적인 위협으로 간주하여 격분했고,[30] 또 미국은 원자탄 독점을 이용하여 소련에 압력을 가하겠지만 소련은 이에 굴복하지 않을 것이라고 했다고 한다.[31] 그렇기 때문에 그는 제2차 세계대전이 끝나자마자 원자탄 개발에 박차를 가했으며, 9월에 열린 런던회의에서 번스James F. Byrnes 미국 국무장관이 강압적인 태도를 취하자 미국에 대항할 것을 결심했다. 소련이 원자탄 개발에 본격적으로 나선 시기가 독일과 일본이 패배한 직후였다는 사실을 특히 명심해 두어야 한다. 소련이 위협을 느끼지 않았다면 취할 수 없는 행동이었기 때문이다. 이러한 사태의 결과로 나타난 것이 스탈린의 1945년 9월 20일자의 한반도에 관한 지령이다. 그는 소련이 점령한 북한지역에 '부르주아 민주주의 정권을 수립할 것'을 극동군 사령관에게 지시했는데,[32] 이것은 미국과 교섭해서 전 조선을 다스리는 정부를 세우라는 것이 아니라 38선 이북에 '단독정권'을 수립하라는 것이었다. 이것은 남북분단의 고정화, 상치되는 체제의 양립을 의미했다. 이미 이러한 결정이 내려진 상황에서 여운형이 아무리 김일성金日成·김두봉金枓奉을 만나서 상의를 했다 해도 성과가 있을 수 없었는데, 당시 그는 이러한 사태의 진전을 알 길이 없었다.

30 Vladislav Zubok and Constantine Pleshakov, *Inside the Kremlin's Cold War: From Stalin to Khrushchev*(Cambridge: Harvard University Press, 1996), pp.42~43.

31 David Holloway, *Stalin and the Bomb*(New Haven: Yale University Press, 1994), pp.132~133.

32 『每日新聞』(東京), 1993년 2월 26일. 스탈린의 9월 20일자 지령에 대한 보다 상세한 논의에 대해서는 이 책의 제5장 「스탈린의 한반도정책, 1945」를 참조하기 바란다.

11. 여운형의 성격과 '인민공화국' 문제

해방 직후의 여운형과 조선공산당의 관계는 당시 상황의 불확실성과 그의 과거의 경험 등에 기반한 것이나, 여운형과 이른바 '인민공화국人民共和國'(이하 '인공')의 관계는 그것만으로는 설명되지 않는다. 왜냐하면 인공의 설립을 위해 모인 이른바 '전국인민대표대회'가 열린 9월 6일은 바로 미군이 인천에 상륙하기 전날이었고, 또 인공의 각료명단이 발표된 14일은 미군이 이미 남한지역의 통치권을 장악한 시기여서 '불확실성'은 이미 해소된 상황이었기 때문이다. 따라서 인공에 대한 결정은 그의 정치인으로서의 판단력을 엿볼 수 있는 중요한 요소이다. 그가 인공의 설립에 관여했을 뿐만 아니라 간판인물로 행세한 것은 그가 해방 후에 범한 가장 큰 과오였다.

인공이 여운형의 주장에 의해 만들어진 것이 아니라는 점은 확실하다. 왜냐하면 여운형의 측근임을 자처하던 인사들은 인공이 설립된 후에야 그 존재를 알게 되었는데, 너무나 뜻밖의 사태에 놀란 그들은 후에 이를 '자궁외 임신'이라고 표현하기까지 했다.[33] 모름지기 박헌영朴憲永, 최용달崔容達, 이강국李康國 등 오래전부터 여운형과 친분관계를 맺고 있던 조선공산당의 중진들이 여운형을 둘러싸고 인공의 필요성을 역설하고 설득한 것으로 보이는데, 여운형은 자신의 측근들과는 상의도 없이 즉흥적으로 결정을 내렸을 뿐만 아니라 이른바 '인민대표대회'에 참석해서 축하연설까지 한 것이다.[34] 그 후 그는 폭행을 당한 후 시골에서 요양할 때 인공 내각

---

33 건국준비위원회와 인민공화국에 대해서는 필자의 「呂運亨과 建國準備委員會」, pp.25~76 ; 「조선공산당과 인민공화국」(『한국현대사와 美軍政』, 한림대학교 아시아문화연구소, 1991), pp.79~113을 참조하기 바란다. 후자는 「人民共和國과 解放政局」이라는 제목으로 『한국사 시민강좌』 제12집(일조각, 1993), pp.15~45에 전재轉載되었다.

34 李萬珪, 『呂運亨鬪爭史』(총문각, 1946), pp.259~262.

명단의 발표를 보류할 것을 지시했으나 그의 의사는 묵살되고 말았다.[35] 그는 최소한 남한을 점령한 미군 측과 상의해야 한다고 생각하게 되었는데, 인공의 주창자들은 우선 정부를 만들어 놓은 후에 연합국과 협상해야 한다고 생각했다.

조선공산당의 독단적인 행동은 여운형을 난처한 입장에 빠뜨렸는데 그는 그 후에도 인공을 지지하는 대표인물로, 또는 간판인물로 자처하여 혹독한 대가를 치러야 했다. 우선 그는 '공화국' 칭호를 배척하는 미군정과 대립하게 되었다. 미국정부는 일본과 전쟁을 시작한 직후부터 중국정부의 요청이 있었음에도 불구하고 임시정부를 승인하지 않고 있었다. 임시정부가 국민의 선거를 거치지 않은 존재였기 때문이기도 했거니와 연합국들이 한국의 독립에 대한 결정을 내리지 않고 있었기 때문이었다.[36] 한국의 독립문제에 대해서는 소련과 협상을 거쳐야 했다. 그렇기 때문에 미군정은 '공화국'을 '공화당'으로 고칠 것을 누차 종용했으나 설득하지 못하자 이를 탄압하게 되었다. 같은 지역에 두 개의 정권이 양립할 수 없는 것은 분명한데 '인공'을 지지하는 세력이 계속 정부 행세를 하려고 했기 때문이다. 여운형은 또 중국 충칭에서 귀국할 길을 모색하고 있던 대한민국 임시정부를 지지하는 국내의 우익은 물론이고 백범白凡 김구金九를 위시한 이른바 '임정' 세력의 증오의 대상이 되었다. 인공은 임시정부의 정통성을 부인하는 것으로 간주되었기 때문이다.

민족주의의 기지하의 내동단결을 부르짖었던 여운형은 이처럼 인공의 간판인물로 등장해서 그의 행동범주를 과도하게 좁혀 버렸을 뿐만 아니라 겹겹의 장애물을 만드는 결과를 가져왔다. 물론 인공의 주인공인 공산당

---

35 이러한 사유에 대해서는 이만규, 앞의 책, pp.263~265를 참고하기 바란다. 이만규는 여운형의 사돈이자 측근으로 해방 전후에 여운형을 지켜보고 있었다.

36 이 문제는 이 책의 제2장 「열강의 한국 임시정부에 대한 태도, 1937~1945」에서 상세하게 다루었다.

도 너무나 비싼 대가를 치러야 했다. 맥아더 사령관의 통치하에 놓여 있던 일본에서는 일본공산당이 미군정의 비호를 받으며 급속히 번창해 나간 데 비해 조선공산당은 맥아더 원수의 부하인 하지 중장이 지휘하는 미군정과 대립을 거듭해야 했던 이유가 여기에 있다. 그렇다고 해서 북한을 점령한 소련군이 인공을 지지할 수도 없었다. 소련은 미국과 상의해서 한반도의 장래를 결정하기 전에는 독립을 승인할 수가 없었고 따라서 한국인들이 세운 정체불명의 인민공화국을 승인할 수가 없었다.

그렇다면 여운형은 왜 인공 창설에 가담했으며 본의와 다르게 인공의 간판인물 역할을 맡았는가? 인공을 주창한 옛 동지들의 체면을 세워주려고 하는 '동지애' 때문이었는가? 아니면 그들과의 협력관계를 손상하지 않으려는 의도였는가? 그렇지 않다면 몇몇 논객들이 지적한 대로 그의 '뇌동적雷同的' 인 성격 때문이었는가? 여운형과 가까이 지냈고, 건준과도 관계를 맺고 있던 김오성金午星은 여운형이 "너무 호인형이어서 친근자親近者의 조언에 지나치게 귀를 기울여 항상 정략에 동요가 생기며 어디까지나 배짱 있게 밀고 나가는 박력이 부족하다"[37]라고 했고, 어떤 이는 "뒤에서 와와 하면 거기에 몰려가는 사람이어서 여운형 씨는 잡는 사람이 쓸 수 있는 사람이다"라고 했다. 1930년대에도 "여운형은 동서남북 네 바람에 다 춤을 춘다"라고 혹평한 사람들이 있었다.[38] 이처럼 여러 논객들이 본 바에 따르면 그는 호인형이어서 남의 요청을 정면으로 거절하지 못하고, 가可와 부否를 명확히 하지 못하는 습성이 있었는데 여운형의 동생 여운홍은 "공산당에서는 형을 금도끼"라고 불렀다고 말했다. 즉, 보기는 좋은데 쓰지는 못하는 도구였다는 것이다. 그러나 여운형은 자기를 대신하여 송진

37 金午星, 『指導者論』(朝鮮人民報社, 1946), p.115. 여운형의 이러한 성격에 대해서는 그의 동생인 여운홍이나 측근 이란李欄 등 여러 사람들이 이구동성으로 같은 얘기를 했다.

38 「天下大小人物論評會」, 『三千里』 1936년 1월호, p.36.

우宋鎭禹를 위시한 우익 측과 교섭했던 안재홍의 절충안을 거역했으므로 '금도끼'라고 불리기에는 무리가 있는지도 모른다.

필자는 여운형이 인공의 간판 역할을 계속한 이유를 그의 '호인적'인 성격과 더불어 인공 문제의 심각성을 인식하지 못한 데 있다고 생각한다. 그가 누차 폭행을 당하고 일선에서 물러나야 했던 것도 그를 난처하게 만든 이유 중 하나이다. 만일 그가 병석에 누워 있지 않았더라면 각료명단은 발표되지 않았을 것이고 따라서 인공문제는 자연적으로 소멸되었을 것이다. 물론 여운형의 성격이 보다 더 강했더라면 어느 시점에서 과오를 인정하고 인공을 부정하거나 인공에서 이탈했겠지만 그는 그러지 못했다.

조선공산당은 그 후에도 계속해서 여운형의 성격 또는 경향을 십분 이용했다. 인공문제로 미군정과 갈등이 심해지고 있던 1945년 11월에 그는 독자적으로 조선인민당朝鮮人民黨을 조직했는데 아마도 조선공산당과 분리해야 할 필요를 느꼈기 때문일 것이다. 그러나 불과 6개월 후인 1946년 5월에 그는 자기가 당을 장악하고 있지 못하다고 말했다.[39] 즉, 그는 조선인민당마저도 공산당에게 가로채였다. 그리고 다음 해, 1947년 4월에는 정백鄭栢, 이영李英 등을 포함한 공산당의 대회파大會派, 즉 공산당을 박헌영의 '독재'에 맡겨두지 말고 당 대회를 열어서 결정하자는 박헌영 반대파들과 여운형의 옛 동지들이 연합하여 근로인민당勤勞人民黨을 만들었는데, 역시 결과는 같았다. 다음의 일화는 당시의 사정을 여실히 보여 준다.

근로인민당의 간부 부장 구소현具小然은 근민당의 제1차 간부 훈련 중 한 훈련생이 근민당과 남로당의 차이가 무엇이냐고 묻자, 근로인민당은 '볼셰비키'이고 남조선노동당은 '멘셰비키'라고 대답했다. 이 대답을 들

---

39 "Political Advisor in Korea (Langdon) to the Secretary of States," Seoul, May 24 1946, United States Department of State, *Foreign Relations of the United States*(이하 *FRUS*), 1946, vol. 8(Washington, D.C.: U. S. Government Printing Office), pp.686~688(at p.687).

은 또 다른 훈련생이 그렇다면 여운형 선생이 볼셰비키냐고 묻자 구소연은, "여운형 씨는 얼굴이 잘 생기고 말을 잘 해서 우리가 이용할 뿐이지, 그 사람이 무슨 이론이 있느냐? 우리 좌파가 영도하는 것이다"라고 답했다.[40] 여운형과 연합전선을 펴서 박헌영과 대항하려던 장안파長安派의 영등포 책임자로서는 참으로 솔직한 대답이었지만 근로인민당의 간부 부장으로서는 너무나 경솔한 발언이어서 결국 그는 당에서 출당되고 제명 처분을 받았다. 즉, 장안파 공산당에서도 여운형을 이용물로 간주하고 있었다.

애석하게도 여운형은 암살당한 후에도 정치세력들에게 이용당했다. 여운형이 암살당한 지 두 달 후 하지 사령관은 서울을 방문한 육군차관 드레이퍼William H. Draper, Jr.에게 보고하기를, 6월 말까지 북한 공산당은 여운형을 배반자라고 라디오에서 맹공격했는데 그가 죽은 후에는 그를 추도하는 성명을 발표하고 '위대한 애국자 여운형'을 살해한 자들에게 보복하겠다는 등 야단을 부렸다고 한다. 또 남한 공산당이 장례식을 가로채 가 여운형의 동생과 장례위원회가 자기에게 와서 불평을 하고 신랄하게 비난하고 갔다고 한다. 여운형의 장례식은 민주주의민족전선, 서울시 인민위원회 등의 좌익세력의 주최로 매우 성대하게 진행되었는데, 장례식은 일종의 세력과시를 위한 정쟁의 도구로 사용되었던 것이다. 그들이 이용한 여운형은 1946년 4월경부터 공산당과 손을 끊으려고 했고,[41] 또 8월에는

---

40 이란 씨 면담, 1989년 8월 11일.

41 "Political Advisor in Korea (Langdon) to the Secretary of States," Seoul, April 30 1946, *FRUS*, 1946, vol. 8, pp.662~664(at p.663). 몽양의 측근이었던 이동화李東華 씨도 같은 내용의 얘기를 필자에게 들려 주었다. "그 뒤에 여러 가지 경험을 하고 나서 몽양 선생 자신도 '독재의 코뮤니스트Communist들하고는 같이 일을 할 수가 없다' 이렇게 생각하게 됐는데, 어느 때쯤부터인가 하면 대체로 좌우합작운동을 시작한 조금 뒤부터일 겁니다. 1차 (미소)공위가 실패로 돌아가자마자 합작운동 초기에는 극좌 세력까지도 같이 협력하도록 하자는 그런 입장에 서 계셨던 것 같지마는 그러다가 조금 후에 경험을 하시고서는 '도저히 안 되겠다' 이렇게 생각을 하시고 합작운동에서 좌익 세력을 제외하려고 한 것이 확실하거든."(이동화, 1967년 3월 29일).

미군정에 박헌영을 체포하라는 부탁까지 했지만[42] 그는 그때까지도 평양의 김일성과 김두봉은 민족주의자들로서 박헌영의 반미적 노선에 반대하고 있다고 생각하고 있었다.[43] 김일성은 1946년 5월의 연설에서 '미제국주의'의 '총독정치'를 신랄하게 공격했고, 8월에는 남반부를 완전히 '해방'시켜야 한다는 연설을 했는데 여운형은 그 사실을 알지 못하고 있었던 것이다.

12. 맺음말

당대의 호걸 몽양 여운형은 성공한 정치인이 되지 못했다. 이유를 따진다면 호걸이었기 때문에 정치에 성공하지 못했다고 해야 할지도 모른다. 호방한 호걸은 의기意氣가 장壯하여 작은 일에는 마음을 두지 아니한다고 하는데, 여운형은 너무나 호방했다. 그렇기 때문에 그는 해방 후의 정쟁의 마당에서 성공할 수가 없었다.

건국준비위원회를 조직하던 그날, 여운형은 상상도 못했겠지만 해방 후의 정쟁의 마당은 흉악한 전쟁터가 되고 있었다. 미국과 소련이 새롭게 전개된 세계무대에서 대립하기 시작한 것도 놀라운 일이었지만 국내에서도 폭력투쟁이 다반사로 일어나고 있었다. 해방을 맞은 민족은 각종 세력이 충돌하는 세계, 즉 부딪치는 세계를 맞이했는데, 여운형은 싸울 태세를 갖추고 있지 않았다. 그렇게 여러 번 폭행을 당하면서도 자기의 신변보호책 하나도 강구하지 않았던 것을 보면 알 수 있다. 여운형은 어릴 때에 치열하게 싸우는 부모를 본 후 집안사람들이나 동지들 간에 싸우는 것을 매우

42 "Political Advisor in Korea (Langdon) to the Secretary of States," Seoul, August 2, 1946, *FRUS*, 1946, vol. 8, pp.722~723(at p.722).

43 Langdon to the Secretary of State, November 14, 1946, *FRUS*, 1946, vol. 8, pp.766~769(at p.768).

혐오했고, 절충과 화해를 신조로 삼았다고 하는데, 해방 후의 정국은 극단과 극단이 싸우는 전쟁터나 다름없었으니 여운형이 나설 곳이 아니었다.

이러한 전쟁터에서 공산당과 우익세력은 전쟁터에 나서는 군대와 마찬가지로 완전히 준비를 갖춘 태세로 임했는데 여운형은 그렇지 않았다. 그는 우선 해방 후에 뚜렷한 목표를 세우고 자기 나름대로의 조직체를 키우지 않았다. 아니, 못했다는 표현이 더 정확할 것이다. 그가 처음 시작했던 단체가 건국준비위원회라는 범민족적 단체였음을 기억해야 한다. 자기 자신을 위한 단체가 아니었다. 또 여운형 자신이 영도한 단체라고 할 수 있는 조선인민당의 정강政綱이나 정책성명을 보면 산만하다는 인상을 지울 수 없다. 이미 정국이 극우와 극좌로 갈라지기 시작한 상태에서 조선인민당은 '반동분자를 제외하고는 노동자, 농민, 소시민, 자본가, 지주까지도 포괄한 전 인민을 대표한 대중적인 정당'[44]임을 자처했기 때문이다. 그렇다면 무엇인가 독특한 점이 있어야 하는데, 왜 노동자와 농민들이 지상의 천국을 약속하는 조선공산당을 따르지 않고 조선인민당을 따라야 할 것인지에 대한 설명이 없었다. 여운형의 사상은 민주사회주의, 즉 민주주의적 방법을 통한 사회주의 사회의 건설이라고 요약할 수 있는데, 본인은 자기의 사상의 내용을 명료하게 정리하지 못하고 있었다.

무엇보다도 여운형은 유능한 심복들을 갖고 있지 못했다. 그가 믿고 의지했던 유능한 청년들은 대부분 잠복하고 있던 공산당원들이어서 그에게 충성하기보다는 공산당의 지시를 따랐다. 조선인민당이나 근로인민당의 경우도 그랬다. 그는 너무나 호방하여 남을 의심하지 않았다. 그리고 그는 당을 조직한 경험은 있으나 목표, 전략, 작전계획이 너무나 '호방'했기 때문에 여운형 자신이 동원할 수 있는 인원이나 자원은 거의 없는 상태였다.

---

44 심지연, 『人民黨硏究』(경남대학교 극동문제연구소, 1991), p.15.

반면, 그를 이용한 공산당은 목표와 전략을 뚜렷하게 세웠을 뿐만 아니라 날로 강해지는 조직을 갖추고 인원과 자원을 동원해서 세력을 팽창시키고 있었다. 여운형은 '공산주의를 이룩하기 위해서는 산업화와 노동대중이 필요하다'고 하는 마르크스주의의 원론적인 이론을 믿고 있었는데, 공산당은 그렇지 않았다. 공산당은 산업화나 노동자의 수와는 관계없이 단련된 요원들을 동원해서 수단을 가리지 않고 정권을 장악하는 것을 목표로 하는 레닌주의 또는 스탈린주의를 따르고 있었다. 공산당은 소박하고 호방한 자유주의자 여운형이 대항할 수 있는 세력이 아니었다.

남을 신뢰하고 패거리에 집착하지 않고, 눈앞의 정치적 이익보다 민족의 이익을 앞세워 나가려고 노력했던 몽양 여운형. 과연 그 같은 호걸이 2000년대의 대한민국의 정계에서는 성공할 수 있을까? 언젠가 그런 날이 오기를 바랄 뿐이다.

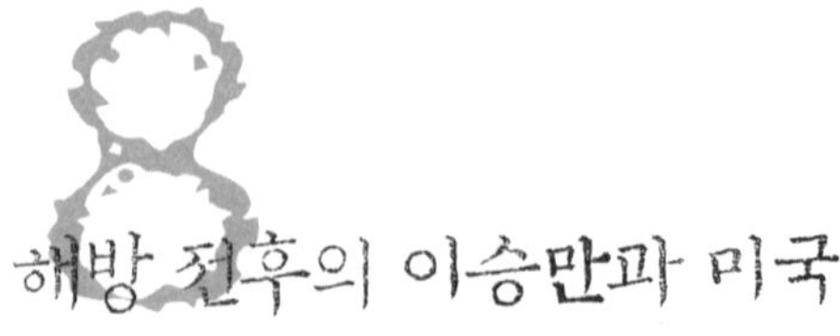

8 해방 전후의 이승만과 미국

1953년에 일어난 이승만의 반공포로 석방은 미국과의 관계에서 오랫동안 쌓여 왔던 강자에 대한 울분이 발로한 사건이었다. 이승만은 그전에 미국과의 관계에서 울부짖지 않을 수 없는 경우를 여러 번 당했기 때문이다. 그전의 사건들이 반공포로 석방 사건과 다른 점이 있다면 그때는 이승만이 취할 수 있는 행동 대안이 없었다는 것이다. 오랜 세월에 걸친 이승만과 미국의 관계는 한마디로 대결과 반목의 관계였다.

1. 머리말

한국전쟁 말기의 이승만 대통령과 미국정부의 충돌은 너무나 유명하다. 중국공산군의 끊임없는 인해공세人海攻勢에 기진맥진해졌고 조선반도에서의 전쟁을 더 이상 계속하는 것은 동유럽에서 일어날 수 있는 소련과의 대결에 불리할 것이라는 인식하에 미국은 한국전쟁을 조속한 시일 내에 마무리하려고 노력하고 있었다. 반면 이승만은 판문점에서 진행중인 휴전회담에 반대할 뿐만 아니라 전력을 다해서 회담을 사보타주sabotage하려고 했으니 미국대통령이 격분한 것은 당연한 일이었다. 작전명이 '에버레디Everready' 인 이승만 제거계획이 이러한 상황을 말해 준다. 미국 동맹국의 원수元首 이승만이 세계무대에서의 미국의 전략적 위치를 위태롭게 하고 있었으니 그런 비상수단이 고려될 만도 했다.

특히 아이젠하워Dwight Eisenhower 대통령을 놀라게 하고 격분시킨 것은 1953년 6월 18일에 추진된 이승만정권의 포로 석방이었다. 난항에 난항을 거듭하던 휴전회담은 막바지에 다다라 양쪽에서 수용한 포로교환 문제를 둘러싸고 논쟁을 거듭하고 있었는데, 특히 문제가 된 것이 4만 8천 명으로 추산되는 '송환불원送還不願' 포로의 취급문제였다. 북한에서 강제로 동원된 이른바 '조선인민군'의 병사들과 중국이 파송한 '중국지원병' 중에는 공산체제로 돌아가기를 거부하는 포로들이 많았는데, 미국이 이들을 중국과 북한으로 송환하거나 아니면 중립국으로 보내려 하자 이승만은 '당돌한' 조치를 취해 버렸다. 그는 한국군이 경비하고 있던 포로수용소에서 돌연히 2만 5천 명을 석방해 버렸는데 이 조치는 한국군을 통솔하고 있던 유엔사령관의 명령계통을 무시한 것일 뿐만 아니라 휴전회담을 사보타주한 것이었다.

이승만의 행동은 인도적인 차원에서 해석할 수도 있고 그의 투철한 반공사상의 견지에서 해석할 수도 있으나 필자는 이를 이승만이 오랫동안 품고 있던 강자에 대한 울분의 발로라고 해석한다. 북진통일을 부르짖었던 이승만은 전쟁을 '중도'에서 끝내려던 휴전회담에 극구 반대했고 미국이 공산진영과 협상하는 것조차 반대했는데, 유엔군이 공산주의를 반대하는 포로들을 환대한다면 모를까 이들을 다시 '마귀와 같은 공산당'의 소굴에 보냄으로써 질곡에 빠지게 하려는 행동을 용납할 수가 없었던 것이다.

필자가 이렇게 해석하는 이유는 이승만이 오랫동안 미국과의 관계에서 울부짖지 않을 수 없는 경우를 여러 번 당했기 때문이다. 이들 사건이 포로석방 사건과 다른 점이 있다면 그전에는 이승만이 취할 수 있는 대안이 없었다는 것이다. 그런데 1953년에는 그렇지 않았다.

1953년의 반공포로 석방, 그리고 강자에 대한 울분의 발로는 이승만이라는 개인 차원에서만이 아니라 미국과 한국의 전반적인 관계와 강약관계가 있는 여러 다른 나라들 사이의 관계를 고찰하는 데에도 유용할 것이다.

대한민국을 포함한 모든 국가 간의 관계에는 관심의 차이점, 문제 처리의 대안들을 고찰하는 데 있어서의 차이점, 우선순위를 선택하는 데 있어서의 차이점 등이 있어서 여러 가지 면에서 입장이 다를 수밖에 없어 마찰 내지는 갈등이 있기 마련인데, 특별한 고려가 없는 한 강자의 주장이 우위를 차지할 수밖에 없다. 그렇게 되면 약자는 그의 주장이 무시됨에 따라 불만을 품게 되고, 이것이 울분으로 변하고, 누적되다가 뜻밖의 방향으로 폭발할 수 있다.

이승만의 생애는 그가 1895년 4월에 서울에서 배재학당培材學堂에 입학한 후, 미국이라는 나라를 축으로 해서 전개되었다고 할 수 있다. 그는 배재학당에서, 그리고 한성감옥에서 미국을 숭상하는 광신자가 된 후 만 30세가 되기 전인 1904년 11월에 미국을 향해 떠났는데 1910년 10월부터 1912년 3월까지의 15~16개월을 빼고는 줄곧 미국에서 생활했다(그는 1920년 12월에 상하이上海에 도착하여 다음 해 5월 말까지 약 6개월을 중국에서 보냈다.) 그러니까 그의 나이 70에 1945년 10월 고국에 돌아올 때까지 40 성상星霜을 미국 본토와 하와이 군도에서 보낸 것이다. 그는 미국에 사는 동안 여러 차례 미국정부와 관계를 가져 왔고, 3 · 1운동 직후와 미일전쟁 발발 후에는 오랫동안 지속적으로 관계를 유지해 왔는데, 그와 미국 간의 관계를 단적으로 표현한다면 대결과 반목의 관계였다. 이승만은 줄기차게 미국정부, 특히 미국의 한반도정책을 반대했고, 국무부를 중심으로 한 미국정부에게 이승만은 혐오와 기피의 대상이었다.

다음에서는 먼저 이승만과 미국의 초기 관계를 살펴본 후 그가 어떻게 미국의 한반도정책에 반대하며 울분을 누적해 갔는지를 살펴보고, 주요 쟁점인 한국 임시정부의 승인 문제, 한반도 신탁통치 문제, 소련과 좌익세력에 대한 대응, 얄타회담에 대한 반응, 그리고 이승만의 귀국과정에서 발생한 미국과 이승만의 대립과 갈등을 분석함으로써 한미관계의 한 측면을 조명하고자 한다.

2. 이승만과 미국의 초기 관계

이승만이 처음 미국문명과 접촉하게 된 것은 배재학당에 입학한 1895년이었다. '야소교耶蘇敎'라는 사교邪敎의 선교사가 경영하는 학교에 대해, 그리고 선교사가 설립한 학교에서 공부하는 것에 대해 강한 거부감과 두려움을 느끼면서도 서양문명에 대한 호기심을 참지 못하고 입학한 이승만은 얼마 후에 미국 숭배자라고 할 수 있을 정도로 변신했다. 그것은 그가 그 '사교'를 믿게 되었기 때문이 아니라 1896년에 귀국한 서재필의 강의를 통해서 서양사람들은 정치적 자유를 즐기고 있다는 것을 배웠기 때문이다. 다음은 이 문제에 대한 이승만의 글이다.

> 내가 배재학당에 가기로 하면서 가졌던 포부는 영어를, 단지 영어만을 배우고자 하는 것이었다. 그러나 나는 그곳에서 영어보다 훨씬 더 중요한 것을 배웠는데, 그것은 정치적 자유에 대한 사상이었다. 한국사람들이 정치적으로 어떻게 억압받고 있었는지 조금이라도 아는 사람이라면 기독교 국가 시민들은 그들의 통치자들의 억압으로부터 법적으로 보호받고 있다는 사실을 생전 처음으로 들은 나의 가슴에 어떠한 변화가 있었던지 상상할 수가 있을 것이다. 너무나 혁명적인 것이었다. 나는 '우리나라에서도 그와 같은 정치적 원칙을 따를 수 있다면 얼마나 좋을까' 하는 생각을 하게 되었다.[1]

1 이승만의 수기, "Autobiographical Notes, 1912." 여기에서 이승만의 청년시절에 관한 것은 Chong-Sik Lee, *Syngman Rhee: The Prison Years of a Young Radical*(Seoul: Yonsei University Press, 2001)〔이정식, 『초대대통령 이승만의 청년시절』, 권기붕 옮김(동아일보사, 2002)〕에서 재인용한 것이다.

'정치적 자유'의 개념을 알게 된 이승만은 배재학당 내에 조직된 협성회協成會를 통해서, 그리고 독립협회가 주도한 만민공동회萬民共同會를 통해서 개혁운동의 일선에 나서고 되었고, 그 후에 한성감옥에서 5년 7개월이란 오랜 세월 동안 지옥살이에 가까운 수감생활을 하게 되었는데, 그는 그 기간을 통하여 더욱 강한 미국 신봉자가 되었다. 그는 감옥에서 신음하는 동안 독실한 기독교인이 되어 기독교가 '자유의 종교'라고 믿고 미국이 기독교의 구현이라고 인식하게 되었다. 그리고 그는 조국 한국의 독립과 '구원'을 기독교와 미국에 걸게 되었다. 다음은 이승만의 설명이다.

(감옥에 있던) 우리들 사이에서 의견의 일치를 본 것은 한국사람들 자신의 힘만으로는 침략국들의 군사력을 물리칠 수 없다는 것이다. 미국의 도덕적이고 물질적인 도움은 불가결한 것이라고 생각했는데, 그 미국의 주요 목적은 세계 전반에 민주주의와 기독교를 전파하는 것이라고 생각했다. 우리들 생각에는 기독교가 자유의 종교라는 것은 의심의 여지가 없었다. 성경은 진리를 가르치고 있으며 그리고 '진리가 너를 자유롭게 하리라'고 믿었다. 같이 있었던 사람들 모두가 우리 국민들의 갱생을 위해 기독교 교육을 전파하는 데 전력을 기울이자고 결의했다.[2]

감옥에서 해방된 이승만은 곧장 미국으로 향하여 러일강화회의에 참석 중인 시오도어 루스벨트Theodore Roosevelt 대통령을 만나기도 했고 조지 워싱턴 대학, 하버드 대학과 프린스턴 대학에서 학업을 마치고 정치학박사학위를 취득하는 등 미국이 '기독교의 구현'이라는 신심信心을 강화해 나가고 있었다.[3]

---

2 이승만의 비망록, "Connection or Relation between Missions and Korean Independence Movement"에서 인용.

3 Chong-Sik Lee, 앞의 책, pp. 113~127 ; 이정식, 『초대대통령 이승만의 청년시절』, pp.

그런데 이승만은 1924년에 들어서 "1882년에 체결한 한미수호조약은 한갓 어리석은 외교적 제스처에 지나지 않았고, 한국인들이 그 조약에 기대를 걸었던 것은 어리석고 순진한 탓이었다"[4]라고 말할 정도의 충격을 받았다. 1924년에야 이른바 '가쓰라-태프트 협약'의 내용이 알려졌기 때문이다.[5] 이미 알려진 바와 같이 1905년 당시 태프트William H. Taft 육군장관은 루스벨트 대통령의 딸 앨리스와 워즈워스James W. Wadsworth 의원을 수반하고 아시아 방문 길에 나섰는데, 그들은 도중에 호놀룰루에 들렀다. 이 기회를 이용하여 그곳 한국사람들은 군중대회를 성대하게 열고 1882년에 체결한 한미조약에 근거해서 루스벨트 대통령이 러일강화회의에서 한국의 독립을 알선해 주도록 요청하는 청원서를 채택하고, 윤병구尹炳求 목사와 이승만을 그 청원서를 대통령에게 전달할 사절로 선출했다. 호놀룰루의 한인 선교부를 책임지고 있던 와드먼John W. Wadman 박사가 태프트 장관과 접촉하여 대통령에게 보내는 소개장을 받았으므로, 이승만은 "태프트 장관은 한국사람들에 대해 대단히 동정적이었다"고 기술하고 있

230~243.

4 李庭植 편역, 「청년 이승만 자서전」, 『新東亞』 1979년 9월호. 고종의 총애를 받고, 한때 대장원경大藏院卿으로 있으면서 나라의 재정권을 장악한 이용익李容翊과 친한親韓 기자로 유명한 매켄지Frederic A. McKenzie가 러일전쟁 직전(1904년)에 가졌던 대화는 당시의 사정을 단적으로 보여 준다. "우리는 그의 사랑방 마루에 앉아서 시국을 토론했다. 나는 한국이 멸망하지 않으려면 개혁을 해야 한다고 역설했는데, 그는 미국과 유럽 나라들이 독립을 보장하고 있기 때문에 안전하다고 반론했다. '아니 그것을 모르시오? 힘으로 뒷받침되지 않는 조약은 아무 소용도 없다는 것을 모르시오? 당신이 그 조약들을 지키도록 하려면 그만한 노력을 해야 할 것이 아니겠소? 당신의 나라는 개혁을 하지 않으면 망하게 될 것이오'라고 나는 역설했지만 그는 '다른 나라들이 무엇을 하든 상관이 없소. 우리는 우리가 중립한다는 것을 선명宣明했고 우리의 중립을 존중하라고 당부했소'라고 고집했다. '미국은 약속했소. 무슨 일이 있든지 미국은 우리의 우방으로 남을 것이오'라고 말하는 것이었다. 그는 그의 입장을 굽히려고 하지 않았다."〔Frederic A. McKenzie, *Korea's Fight for Freedom*(New York: Fleming H. Revell Company, 1920), pp. 77~78〕.

5 1905년 7월에 작성된 이른바 가쓰라-태프트 간의 협의메모(the "agreed memorandum")는 데네트Tyler Dennett가 발굴하여 『커런트 히스토리*Current History*』 1924년 10월호에 처음 발표했다.

다.[6] 그러니 태프트가 일본이 한국을 병탄倂呑하는 것을 묵인하는 각서에 서명했음을 알았을 때의 충격은 대단했을 것이다.

태프트가 개인적으로 한국사람들에 대해 대단히 동정적이었는지는 모르겠으나, 미국의 관심은 보다 더 큰 국제판도에 있었다. 1900년대 당시 미국은 러시아 제국의 아시아 진출을 심히 우려하고 있었고, 일본은 러시아에 대항할 수 있는 유일한 나라였기 때문에 일본의 한국 병탄을 당연한 것으로 간주하고 있었다. 러시아 제국은 1896년에 체결된 러청비밀조약을 통하여 만주 동북쪽을 횡단하여 바이칼호와 블라디보스토크를 연결하는 동청東淸철도를 건설했고, 2년 후에는 다롄항과 뤼순항을 25년간 조차租借받기도 했으며, 동청철도와 두 항구를 연결하는 이른바 남만주南滿洲철도를 건설했다. 그리고 1899~1900년 간 북경에서 의화단義和團 사건이 일어나자 12만의 병력을 만주에 파견했다가 철병하지 않으려고 하여 저의를 노골적으로 드러냈다. 러시아의 만주 독점은 장차 중국 장악의 길로 나갈 것이 확연했기 때문에 미국으로서는 심각한 문제였고, 따라서 미국은 일본을 적극 두둔해야 했다. 하여튼 을사조약 전후에 고국의 병탄을 막기 위해 일선에 나섰던 이승만은 진실을 알게 된 후 미국이 한국을 일본에게 '팔아넘겼다'고 믿게 되었고, 그 후 미국의 한반도정책에 대해서 극심한 의구심을 품게 되었다.

3. 미국의 임시정부 승인 거부

이승만은 3 · 1운동 직후 역시 하와이 교민들의 지원을 받아 파리강화회의에 참여하려다가 여행권을 얻지 못해 좌절하고 울분을 터트린 일이 있

6 이승만의 수기에서. 『청년 이승만 자서전』에서 인용.

다.[7] 그러나 그와 미 국무부가 극심한 '대결관계'로 돌아서게 된 시기는 1941년 12월의 진주만 공격을 계기로 미국과 일본이 전쟁상태로 들어간 직후부터이다. 이승만은 일본의 패배가 당연하다고 생각했고 따라서 한국은 독립국이 되어야 하므로 미국은 충칭重慶에 있는 대한민국 임시정부를 승인해야 한다고 믿었다. 1942년 1월 2일 이승만은 국무부를 방문하여 임시정부의 승인과 대일전쟁에 참가하기 위한 무기원조를 요청했는데 미국의 생각은 달랐다. 국무부의 혼벡Stanley Hornbeck과 히스Alger Hiss는 현 시점에서 한국의 독립정부를 승인한다면 소련의 반감을 사게 될 것이고, 또 소련이 대일전쟁에 참여하지 않은 상황에서 이러한 문제에 대한 토론을 할 수도 없지만 소련의 관심 또는 이권을 무시할 수도 없다고 하면서 임시정부 승인을 거절했다.[8]

이승만은 그 후에도 끈질기게 임시정부 승인을 요청하여 국무부에서 유명인사가 되었다. 이승만과 임시정부 측은 1882년의 한미수호조약과 임시정부의 정통성, 그리고 한국사람들의 대일전쟁에서의 공헌 가능성 등을 들어서 임시정부 승인을 요청했지만, 미국은 미국대로 임시정부 승인이 불가능한 여러 가지 이유를 들어, 서로의 대립은 점점 더 심해졌다.[9]

미국에게 임시정부의 승인문제는 한국 문제인 동시에 국제적 문제였다. 당시 미국은 유럽에서만도 여덟 나라의 망명정권에 통용되는 일반적인 정

---

7 Chong-Sik Lee, *The Politics of Korean Nationalism*(Berkeley: University of California Press, 1963), p.103.

8 Robert T. Oliver, *Syngman Rhee: The Man Behind the Myth*(New York: Dodd, Mead and Company, 1955), p.178. 이날의 면담에 대한 기록은 아직 발견되지 않고 있다. 이승만의 임시정부 승인 요청에 대한 국무부의 1942년 2월 7일의 서신은 United States Department of State, *Foreign Relations of the United States*(이하 *FRUS*), 1942, vol. 1(Washington, D.C.: U. S. Government Printing Office), p.862에 기재되어 있다.

9 이 문제에 대해서는 이 책의 제2장 「열강의 한국 임시정부에 대한 태도, 1937~1945」에서 상세하게 다루었다.

책원칙을 세워야 했는데, 루스벨트 대통령이 세운 기본 원칙은 정부의 건설에 앞서서 국민투표가 실시되어야 한다는 것이었다. 즉, 망명정부가 아무리 많은 사람의 지지를 받고 있더라도 정부로서의 정통성이 없기 때문에 국민투표가 있기 전에는 연합국들이 이를 승인해서는 안 된다는 것이다. 그런데 대한민국 임시정부는 프랑스나 폴란드의 망명정부에 비교할 때 미약하고 문제점이 많았다. 국무부에서 중국통으로 잘 알려진 혼벡은 한국사람들이 아직 자치할 능력이 없다고 말했고, 국무장관 헐Cordell Hull은 한국의 독립운동가들이 대립을 계속하고 있으며, 국내와의 연락이 거의 없는 상태라고 평가하는 등 국무부 관리들의 임시정부에 대한 인식은 매우 부정적이었다. 물론 미국이 임시정부 승인을 하지 않은 가장 큰 이유는 루스벨트 대통령이 제시한 원칙을 충족하지 못했기 때문으로 여겨지는데, 하여튼 이승만의 임시정부 승인 요청으로 인해 미국과 이승만의 관계는 날로 악화되었다.

4. 미국의 신탁통치정책

혼벡의 발언이 있기 두 달 전, 1942년 2월 10일에 국무부 관리 랭던William R. Langdon은 한국사람의 대부분이 문맹이고 빈곤하며 정치적 경험이 없다는 점을 들어 한국은 당분간 열강의 보호를 받고 지도를 받아야 하며 한국은 중국과 소련의 이익이 교차하는 곳이므로 미국은 중국·소련과 상의한 후에 한국문제에 대한 정책을 수립하여야 한다고 주장했다.[10] 열강의 보호와 지도의 필요성은 그 후 신탁통치로 연결되는데 랭던은 신탁통치안의 창안자라고 할 수 있을 것이다. 그는 1914년부터 평생을 외교관으로 일

10 James Irving Matray, *Reluctant Crusade: American Foreign Policy in Korea, 1941~1950*(Honolulu: University of Hawaii Press, 1985), pp. 8~9.

본과 만주(안둥安東, 선양瀋陽, 다롄大連)에서 보냈고, 1933년부터 1936년까지 서울에서 총영사로 지냈기 때문에 국무부 내에서는 한국을 누구보다도 잘 아는 아시아 전문가였다. 아이러니하게도 그는 해방 후인 1945년 12월부터 다음 해 9월까지 하지John R. Hodge 중장의 정치고문으로 서울에 파견되어 신탁통치를 반대하는 전보문을 국무부로 보낸 일이 있다.

루스벨트 대통령은 1943년 3월에 신탁통치안을 미국의 정책으로 채택했으며, 이 결정은 다음 달 4월 7일 『시카고 선*Chicago Sun*』지에 보도되었는데 이에 대해 이승만이 격분했음은 물론이다. 그는 15일에 루스벨트 대통령에게 신랄한 어조의 항의문을 보냈다. 한국사람들은 독립을 원하는 것이지 신탁통치를 원하지 않는다, 미국은 1905년에 일본의 한국 병탄을 허용함으로써 한국사람들이 30여 년 동안이나 고초를 겪어야 했는데, 만일 미국의 정치가들이 한국의 독립을 허용하지 않는다면 미국 자체가 '장차 더 큰 환난을 당하게 될 것'이라는 내용이었다. 그리고 그는 소련의 야욕을 상기시키고, 지금 소련은 '소비에트 조선공화국the Soviet Republic of Korea'을 설립할 계획을 세우고 있다는 정보가 있는데 그러기 전에 빨리 대한민국 임시정부를 승인해야 한다고 주장했다.[11]

5. 이승만과 미국과 소련

1942년 1월의 국무부에서의 면담과 위의 편지에서 알 수 있듯이 이승만은 소련의 한국 점령에 대해 매우 염려하고 있었는데, 1945년 초에 들어서면서 이승만은 미국이 한반도를 소련에게 넘겨줄지 모른다는 우려에 사로

11 Sandusky, 앞의 책, pp. 89~90, citing Rhee's letter to President Franklin D. Roosevelt, May 15, 1943, *FRUS*, 1943, vol. 3, p.1093. 임시정부는 17일자로 반대성명을 발표했고, 임시정부 외교부장 조소앙의 항의문은 22일에 미 국무부에 전달되었다(*FRUS*, 1943, vol. 3, p.1091).

잡혔다. 그해 4월 4일 이승만은 당시 시라큐스Syracuse 대학 교수인 올리버Robert T. Oliver에게 '미국은 한국을 소련에 팔아넘기지 말라'는 주제로 팸플릿에 실을 글을 청탁했다. 그는 올리버에게 요셉의 형들이 요셉을 애급에 팔아넘겼던 것처럼 미국이 어떤 '폭력적 국가a bully power'를 유화宥和시킴으로써 세계평화를 이룩하겠다는 의도로 한국을 소련에게 넘겨버릴 경우, 미국은 약소국가에 불의를 가져온 대가를 치르게 될 것이라는 요지로 글을 써달라고 부탁했다. 이승만은 오래전부터 미국이 팽창세력인 일본을 유화시키기 위해 한국의 병탄을 묵인했기 때문에 결국 진주만 공격을 받게 되었다고 주장했는데, 이번에는 그러한 과오를 범하지 말라는 것이었다. 그는 신문들이 소련이 전후 몽고, 만주 및 한국을 장악할 것이라고 보도하고 있다면서[12] 미국의 대한민국 임시정부 승인 거부에 극심한 의구심을 품고 있었다.

사실 이 당시 미국정부는 소련이 일본 패배 이후에 한반도를 장악하는 것을 불가피한 일로 보고 있었다. 일본이 패배한 후 소련이 동북아시아 대륙에서 지배적 위치를 차지하게 될 것은 명약관화하고 따라서 소련이 그 지역을 마음대로 할 것이 아니냐는 것이 육군성 장성들의 견해였다. 태평양지역에서 대일전쟁의 총지휘관이었던 맥아더Douglas MacArthur의 생각도 같았다. 그는 그가 일본 본토를 공격하기 전, 소련이 반드시 북쪽에서 공격을 시작해야 한다고 주장했는데, 어차피 소련은 전쟁이 끝나면 만주와 한국을 장악할 터인데 영토를 위한 대가라도 지불토록 해야 할 것이 아니냐는 태도였다.[13] 국무부의 극동국장 혼벡도 소련의 만주, 몽고, 한반도 점령은 불가피한 일이라고 생각하고 있었다.[14]

---

12 이승만의 1945년 4월 4일자 서한에서 인용.

13 Matray, 앞의 책, p.34, citing Herbert Feis, *The Atomic Bomb and the End of World War II*(Princeton: Princeton University Press, 1966), p.13.

1942년에 중국정부가 미국에게 제공한 정보는 이러한 선입감을 강화시켰다. 쑹쯔원宋子文 외교부장이 루스벨트 대통령을 만난 1942년 4월 8일에 수교手交한 메모[15]에서 "소련은 오랫동안 극동군 내에 두 개 내지 세 개의 조선인 '연대'를 조직하고 있으며, 소련이 대일전쟁에 참전할 경우 이들을 한반도에 파견할 것"이라고 한 것이다.[16] 거의 같은 시각 중국정부 외교부 부부장副部長(차관) 역시 미국대사를 만나서 소련에는 두 개의 조선인 '사단'이 있으며 장차 이들은 한국을 공격하는 데 이용되고 또 어떤 종류의 정부를 설립하는 데 사용될 것이라고 말했다. 그 후 미국과 중국에서는 소련이 두 개의 조선 '사단'을 가지고 있다는 것이 정설이 되었다.[17] 두 개의 조선 사단을 훈련시키고 있다는 것은 소련이 한반도를 장악하고자 하는 명확한 의도를 갖고 있다고 해석될 수밖에 없었다.

50여 년이 지난 오늘날의 관점에서 볼 때 중국정부의 정보는 크게 빗나간 것이었다. 조선 연대聯隊 또는 조선 사단師團이란 말은 김일성 등이 소속했던 '88저격여단狙擊旅團'에 관한 정보에 기초한 것이었는데 그 여단의

14 Matray, 앞의 책, p.24.

15 이날의 면담에서 중국 외교부장은 한국 임시정부의 승인을 제안하기도 했다.

16 *FRUS*, 1942, vol. 1, pp. 868~869.

17 *FRUS*, 1942, vol. 1, p.869. 충칭 주재 미국대사 고스는 1943년 10월 18일자로 이승만이 그에게 보낸 편지내용을 보고하면서 '사단들'에 대해서 언급했다(1943년 12월 6일자의 전보. *FRUS*, 1943, vol. 3, p.1095). 국무부는 모스크바 주재 대사관에 이에 대한 조사를 의뢰했는데, 당시 모스크바 주재 공사 케넌George Kennan은 1945년 2월 20일자의 전보에서 이들 사단의 흔적이 전연 없으며 연해주 지방에 있던 한인들은 모두 1937년에 서부지역으로 이동되었으며 극동지방에서 이러한 사단이 조직될 가능성은 매우 희박하다고 보고했다(*FRUS*, 1945, vol. 6, p.1026). 그러나 1945년 7월, 육군장관 스팀슨Henry L. Stimson은 트루먼 대통령에게 제출한 서한에서 소련은 한 개 또는 두 개의 한국인 사단을 훈련하고 있고 그들은 한국에서 사용될 계획으로 알고 있다고 했다.〔The Secretary of War (Stimson) to the President, July 10, 1945, *FRUS*, 1945, vol. 2, The Conference of Berlin(The Potsdam Conference), (Washington D.C.: U.S. Govenment Printing Office, 1960), p.631, cited in Masao Okonogi, "Shifting Strategic Value of Korea, 1942~1950," *Korean Studies 3* (Honolulu, 1979), pp.49~80, at p.57〕.

총 인원수는 천여 명이었고, 그중 동북항일연군東北抗日聯軍 출신은 600~700명이었다고 하는데, 한국인은 그중 200명 내외에 불과했을 것이다.[18] 그럼에도 불구하고 정규군 두 개 사단, 즉 2만여 명의 조선인 대부대가 있다고 잘못 알려진 것이다.

이러한 상황에서 미국은 임시정부를 승인할 수가 없었다. 이는 중국정부가 주중대사 고스Clarence E. Gauss를 통하여 대한민국 임시정부의 승인을 다시 요청했을 때[19] 헐 국무장관이 대통령에게 제출한 의견서에 정확히 나타나 있다. 중국정부는 소련이 자기 측의 조선인들을 동원하여 또 하나의 임시정부를 만드는 것을 방지하기 위해 대한민국 임시정부의 승인을 원하는 것 같은데, 중국이 임시정부를 승인하면 오히려 소련이 중국이 막으려는 방향으로 나아갈 수 있으므로 문제가 더 복잡해질 수 있다는 것이었다.[20] 미국정부는 한반도문제로 소련을 자극하는 것은 불필요하다고 보았고, 따라서 중국·소련·미국 3국이 협조하여 신탁통치를 실시하는 쪽으로 움직였다. 어차피 한반도는 소련의 영향권에 들어갈 것이라는 선입견도 있었겠지만, 무엇보다도 중요한 것은 소련과 협력해서 일본을 패배시키는 것이었다. 따라서 국무장관은 5월 1일에 고스 대사에게 보내는 장문의 전보에서 미국은 중국이 임시정부를 승인하는 것에 대해 관여할 수는 없으나 승인을 하더라도 장차 일어날 수 있는 국제문제들을 감안하여 잠정적인 승인을 하는 것이 어떻겠느냐고 제언하였고, 미국 자체는 이미 발표한 바 있는 '해방운동'들에 대한 입장을 견지할 것이라고 했다.[21] 그리고 그 후 국무부는 중국이 임시정부를 승인하기 전에 꼭 미국과 상의하도

18 이 당시의 사정은 和田春樹, 『金日成と滿洲抗日戰爭』(東京 : 平凡社, 1992), pp. 320~329를 참조.

19 *FRUS*, 1942, vol. 1, p.872.

20 Secretary of State to the President, April 29, 1942, *FRUS*, 1942, vol. 1, p.873.

21 *FRUS*, 1942, vol. 1, pp. 873~875.

록 누차 당부했다.

이승만은 당시 이러한 내용을 알 수 없었겠지만 미국의 불투명한 태도에 참을 수 없을 만큼 '분노'를 느끼고 있었다. 그는 1945년 4월 9일자의 메모에서 "국무부 관리들은 일본사람들로부터 들은 말을 기초로 해서 한국사람들을 평가하고, 한국사람들을 힘이 없고 가치가 없는 존재로 생각하고 있는데 그것이 문제이다. 따라서 그들은 한국사람들을 유순하고 감정이 없고 뼈대가 없는 인간들로 취급하고 있다"라는 말로 시작해서 "만일 미국의 정치가들이 또다시 한국을 다른 나라의 억압 속으로 돌려보낸다면……유엔이 한국을 하나의 억압자로부터 또 다른 억압자에게 밀어 보낸다면……" 하는 문장으로 이어가고, 끝에서는 "나는 더 이상 쓰면 안 되겠다. 나는 이런 불의와 모욕을 생각하기 시작하면 나 자신을 자제할 수가 없다. 나는 화가 나서 어쩔 줄을 모르겠다"라고 맺고 있다.[22]

6. 이승만의 '공산세력'과의 합작거부

이승만과 미국의 갈등은 좌익세력과의 합작문제에서도 적나라하게 나타나고 있다. 이승만은 미국이 대일전쟁을 선포한 1941년 12월 직후부터 미국의 임시정부 승인을 당연한 일로 생각했고 줄곧 임시정부 승인을 요청해 왔다. 그런데 미국정부는 이 요구를 거부할 뿐만 아니라 거부의 주된 이유로 한국사람들이 단합하지 않는 것을 들었다. 문제는 국무부에서 이승만에게 단합하라고 한 상대가 한길수韓吉洙였다는 것이다. 이승만의 입장에서 보면 이러한 종용은 임시정부에 대한 모욕이었다. 임시정부의 대표가 "과거 일본의 스파이였고, 중국에 있는 공산분자들과 연관을 맺고 있

22 1945년 4월 9일자 메모.

는 한길수"와 합작한다는 것은 있을 수 없는 일이었다.[23] 자기가 대표로 있는 대한민국 임시정부는 3·1운동이 일어난 직후 조직된 조선민족의 정부 기관인데 어떻게 한길수와 같은 불평분자들과 같은 수준에다 놓고 단합을 하라 말라 할 수 있느냐는 것이 이승만의 논리였다. 후에 알려진 일이지만 한길수는 미국이 임시정부를 승인하는 것을 적극 반대하고 있었다.[24]

이승만과 한길수와의 관계, 그리고 이승만과 대한인국민회大韓人國民會 계열 인사들과의 관계는 따로 연구할 필요가 있는 복잡한 문제이지만, 이승만이 한길수를 '공산분자들과 연관을 맺고 있는' 인물로 규정하고, 나아가 그가 공산분자라고 낙인을 찍은 것에 주목할 필요가 있다. 한길수는 충칭에 있는 김규식金奎植이 관여한 중한민중동맹단中韓民衆同盟團의 대표라고 자처했으며, 김규식, 김원봉金元鳳 등과 관계하고 있는 것으로 알려져 있었는데,[25] 이승만은 이들을 공산분자라고 여기고 있었다. 즉, 이승만은 좌익세력과 연관을 맺고 있는 모든 인물을 공산분자라고 규탄했다. 1939년 말경 독립지사들이 중국국민당 정부를 따라 충칭에 모여 각 단체의 통일을 의논하고 있을 때 미국에 있는 이승만은 백범白凡 김구金九가 김원봉과 단합하는 것을 극도로 반대하면서 만일 백범이 김원봉과 같이 일한다면 김구와의 관계도 끊어버리겠다고 했다.[26] 이 일만 보아도 이승만의 반공 신념이 얼마나 강했는지를 알 수 있다.

이승만이 한길수와 공산당 간에 관계가 없다고 생각했더라도 어차피 한길수는 임시정부 승인을 반대했기 때문에 합작은 이루어질 수가 없었을

---

23 이승만의 1945년 4월 4일자 서한.

24 한길수의 행각에 대해서는 Sandusky, 앞의 책, pp.65~91 참조. 국문요약은 이정식, 「남북의 분단과 그 현실」, 『한국사 시민강좌』 제5집(일조각, 1989), pp.109~134(특히 pp.113~114).

25 한길수가 이 당시 김규식과 연관을 맺고 있었는지는 알려져 있지 않다.

26 Sandusky, 위의 책, p.343. 김원봉은 국민당 첩보기관의 원조를 받고 있었지만 공산운동에도 관여하고 있었다.

것이다.[27] 이 당시에 이승만은 공산당이나 '공산분자'(또는 회색분자)와는 합작을 할 수 없을 뿐만 아니라 합작해서는 안 된다고 확신하고 있었다. 이 문제는 이승만의 정치노선을 이해하는 데 있어서 매우 중요하다. 왜냐하면 그는 공산주의를 반대한다는 것과 한국의 독립을 쟁취하는 것을 동일시하고 있었기 때문이다. 다행히 이승만은 이 문제에 대해서 여러 차례 긴 글을 써놓았으므로 우리는 그의 논리를 충분히 가려낼 수가 있다.

이승만이 공산당과 이른바 용공분자들을 배척한 이유는 다음의 몇 가지로 요약된다. ① 그는 모든 나라의 공산당을 독자적인 주체성이 없는 소련의 도구로 보았다. 물론 소련의 목표는 모든 나라들을 공산화하는 데 있다고 보았다. ② 그는 공산당의 목적은 수단을 가리지 않고 정권을 장악하거나 혁명을 일으키는 데 있다고 보았고, 공산당은 정권을 장악할 때까지 선동과 교란작전을 계속할 것이므로 그들과 협조관계를 이루는 것은 불가능하다고 보았다. 따라서 임시정부가 공산당과 연합 내지 단합하라는 것은 소수분자에게 거부권을 부여하는 것이나 다름없는 것이라고 보았다. 미국의 말대로 공산당과 단합하려면 공산당을 만족시켜야 할 터인데, 공산당은 정권을 장악하기 전에는 만족할 수가 없으므로 결과적으로는 공산당에게 항복하기 전에는 미국을 만족시킬 수 없다는 논리였다.

필자가 참조한 글 중에 이승만이 소련과 다른 나라들의 공산당에 관해 기술한 최초의 글은 1944년 말 또는 1945년 초, 그리스에서 내전이 치열하게 벌어지고 있을 때의 것이다.[28] 그리스는 1941년부터 나치 독일의 지배를 받다가, 1944년에 영국군의 상륙작전을 계기로 11월에 독일군을 소

27 이승만이 1945년 4월 4일자로 올리버에게 보낸 서한. 미 국무부는 한인사회의 분열 때문에 임시정부를 승인할 수 없다고 했으나 만일 미국에 있는 모든 한국인들이 똘똘 뭉쳐 있었더라도 미국은 임시정부를 승인할 수가 없었을 것이다.

28 그리스에서 공산당과 정부 간의 내전이 시작된 때는 1944년 12월 4일이고 휴전으로 내전이 끝난 때는 다음 해 1월 15일이다. 이승만이 타이프를 쳐서 쓴 글에는 날짜가 적혀 있지 않다.

탕했다. 그러나 12월 3일에 공산당이 주도한 데모에서 사상자가 나왔고, 그 다음 날부터 정부군과 공산당 간에 포격전을 포함한 대규모의 내전이 전개되었다. 막강한 병력을 가진 영국군이 정부군 측에 서서 다음 해 1월 15일에 휴전이 이루어졌으나, 미국정부는 해방된 지역에서의 강대국들의 중립을 주장하면서 영국의 정책에 반기를 들었다.

이승만은 그리스에서 런던과 워싱턴 사이의 정책갈등의 배후에 있는 실제적인 세력은 소련이라고 믿었다. 그리고 공산당은 소수분자에 불과하지만 소련의 지시와 원조를 받고 있기 때문에 충분한 재력과 무기를 가지고 빈곤 대중 속에서 혁명을 위한 선전 · 선동과 게릴라 전투를 벌일 수 있으며, 공산당은 파리, 바르샤바, 충칭 등 지역에 상관없이 똑같이 행동한다고 보았다. 그리고 그들은 정권을 장악할 때까지 선동을 계속할 것이라고 보았다. 이러한 상황에서 영국은 합법적인 정권을 지지했고, 동시에 소련이 소수의 선동자를 통해서 그리스정부를 지배하려는 획책을 멈추어야 한다고 주장했지만, 미국은 영국의 제국주의적인 야욕을 염려할 뿐만 아니라 '우리를 위해 싸우고 있는 위대한 동맹국', 즉 소련의 반감을 사는 것을 우려하고 있다고 생각했다. 그리고 그리스 공산당을 조정하는 손은 보이지 않는 반면 영국의 병력은 그리스 사람들의 내정에 간섭하는 것으로 비쳐지고 있다고 평가했다.

따라서 이승만은 미국의 중립정책, 즉 'hands-off policy'는 올바르지 않다고 보았다. 소련의 정신적 · 물질적 지지를 받는 공산당들의 책동은 민중 속에서 일어나는 정상적인 정치투쟁인 양 보이지만, 사실은 가장 위험한 개입이기 때문이다. 만일 소련의 개입 없이 정당들이 자주적으로 정부를 수립하도록 할 경우 민의를 대표하는 다수파는 좌익을 포함한 소수파와 상의해서 문제를 해결할 수 있을 터인데, 공산당의 경우는 그렇지 않다는 것이다. 만일 미국이 영국에게 그리스에서 철수할 것을 강요한다면 결국 공산당의 승리로 끝날 것이라는 생각했다. 또 이승만은 중국에서도 합법적인 정부가 선동자들에게 양보하면 할수록 정부의 입장은 약화될 것이라고 보았다. 그는 편의를 위한 방편적 정책, 유화정책 또는 성급한 평화는 또다시 전쟁을 가져오게 된다고 결론지었다.

위에서 인용한 글은 출판을 위해서 쓴 글이 아니고 자기의 생각을 정리해 놓은 메모이다. 이 당시의 미국의 분위기를 감안할 때 이 글이 발표되었다고 해도 주목받지는 못했을 것이다. 이승만이 지적한 대로 미국은 독일, 일본과의 싸움에서 승리하는 것이 지상 목표였고, 전쟁을 수행하는 과정에서 소련은 반드시 필요한 맹우盟友였다. 따라서 미국은 소련을 자극하는 어떠한 언동도 삼가야 했다. 그러나 1945년 초반부터 소련은 동유럽의 모든 점령지역에서 공산당을 통한 정권 장악에 주력했고, 공산당이 선거에서 소수의 지지밖에 받지 못한 경우에도 막무가내였다. 미국은 소련의 이러한 처사에 항의했으나 효과가 없었다. 그리고 이승만이 메모를 적은 동기가 된 그리스의 경우 영국은 국력의 한계 때문에 그곳에서 병력을 철수하고 손을 뗄 수밖에 없었는데, 1946년에 다시 내전이 치열하게 전개되었고, 소수파 공산당에 의한 정권 장악의 가능성이 점점 커지자 트루먼 대통령은 1947년 3월 그 유명한 '트루먼 독트린'이란 반공 연설을 발표하고 그리스와 터키에 대한 원조를 시작했다. 이승만으로서는 참으로 아이러니한 일이었다. 그가 견지해온 주장이 현실이 되었기 때문이다.

7. "미국은 얄타에서 한반도를 소련에게 넘겨주었다"

이승만의 미국에 대한 분노와 국무부 측의 이승만에 대한 혐오 내지 기피 현상은 1945년 5월 샌프란시스코에서 열린 유엔창립총회에서 절정에 달한다. 유엔창립총회는 제2차 세계대전이 끝날 무렵에 전후 국제질서를 재구성하는 모임이었기 때문에 이승만은 임시정부의 참여를 간절히 원했고, 국무부에 여러 차례 참여권을 주장했지만, 미국은 이를 허락하지 않아 결국 이승만은 사적私的 기관의 대표로서 방청할 수밖에 없었다. 그런데 그가 회의장 근처에서 얻은 정보는 그를 흥분시키고도 남는 것이었다. 그가 소련 측의 정보를 획득하기 위해 고용한 러시아인 구베로Emile Gouvereau가 루스벨트가 얄타회담(1945년 2월)에서 한반도를 소련에게 넘겨주었다는 정보를 갖고 왔기 때문이다.[29] 이 정보를 접한 이승만에게는 정보의 진위를 가릴 겨를도 없었다. 자기가 오랫동안 품고 있던 의구심이 '적중'했기 때문이다. 이승만은 "만일 1905년에 우리에게 구베로가 있었다면 시오도어 루스벨트는 한국을 팔아먹을 수가 없었을 것이다. 당시 우리는 세계 지도자들이 얼마나 부패했는지를 알지 못했기 때문에 속수무책이었으나, 지금 우리는 이 사실을 캐냈으므로 세계의 양심이 남아 있는지는 모르지만 그것이 깨어날 때까지 싸워야 한다"[30]고 했다. 그리고 그는 행동에 나섰다. 트루먼 대통령에게 항의전보를 보냈고,[31] 미국 국회 상 · 하원의 외교분과 위원장들과 미국의 신문재벌 허스트William Hearst에게 전보를 보내는 등 대대적인 선전에 나섰다. 1905년의 가쓰라-태프트 협약에서 받은 울분과 진주만 폭격 후에도 임시정부 승인을 거부하며 공산당과 합작하라고 하던 미국정부에 대한 반감 등 사무쳤던 모든 감정이 구베로가 제공한 정보로 터져버린 것이다. 그는 전보에서 을사조약乙巳條約 건에 대한 미국의 배반과 임시정부를 부인하는 미국의 근시안적 정책을 공격하면서 "미국사람들이 이 일을 저지하지 못하면 미국의 청년들은 또다시 15년 후에 3차 대전에서 싸워야 될 것"이라고 경고했다.[32]

29 이승만이 샌프란시스코에서 워싱턴 사무실에 보낸 편지, 1945년 5월 11일자.

30 위의 편지글.

31 트루먼 대통령에게 보낸 서한은 *FRUS*, 1945, vol. 6, pp. 1028~1029에 수록되어 있다.

32 5월 13일에 허스트에게 보낸 전보에서 인용.

나중에 확인된 일이지만, 얄타회담에서 한국문제가 잠시 언급되기는 했으나 루스벨트나 스탈린이 한국에 관해 합의한 바는 하나도 없었다. 그래서 터무니없는 이승만의 공격을 받은 미 국무부는 6월 5일에 이승만의 주장이 사실무근임을 밝혔으나[33] 이승만은 믿지 않았다. 그는 7월 21일에 트루먼에게 다시 서한을 보내, 그렇다면 미국 대통령과 영국 수상, 그리고 소련 수상은 한국에 대한 모든 비밀협정을 부인하는 공동성명서를 발표해 달라고 요구했다.[34]

이승만은 예측하지 못했겠지만 구베로의 '정보'와 이승만의 속단은 이승만 자신은 물론 그가 대표한 임시정부에 막중한 영향을 끼쳤다. 그가 유엔 총회장에서 배포했던 전단들이 소련 외상이자 소련 측 수석대표인 몰로토프Vyacheslav M. Molotov의 수중에도 들어갔기 때문이다. 사실무근의 정보를 가지고 소련을 공격했으니 몰로토프가 노여워한 것은 당연한 일이다.[35] 충칭에 있는 임시정부는 5월 26일에 얄타에서의 밀약설은 사실무근이라는 성명을 발표하여 이승만과 거리를 두려고 했으나[36] 소용이 없었다. 이 일이 있은 후 임시정부에 호의적이던 소련대사관은 임시정부를 멀리하게 되었고 소련은 이승만과 임시정부를 적대적인 단체로 규정해 버렸다. 해방 후 1946년 3월에 서울에서 열린 미소공동위원회 모임에서 소련은 이승만, 김구 등을 비민주적인 인사라고 규정하고 배척했는데, 이 같은 태도는 이미 1945년 5월에 샌프란시스코에서 결정된 것이었다.

미국정부의 입장에서 보아도 이승만은 임시정부 승인문제를 가지고 집

---

33 *FRUS*, 1945, vol. 6, pp.1029~1030.

34 *FRUS*, 1945, vol. 6, pp.1031~1032.

35 소련의 이승만에 대한 태도에 대해서는 김성보, 「소련의 한반도정책과 북한에서의 분단질서 형성, 1945~1946」, 역사문제연구소 편, 『분단 50년과 통일시대의 과제』(역사비평사, 1995), pp. 49~94(특히 p.58 각주) 참조.

36 *FRUS*, 1945, vol. 6, p.1029, footnote.

요하게 대들고, 또 한길수 등과의 협조를 아무리 종용해도 항거하고, 심지어 사실무근의 소문에 근거해서 항의할 뿐만 아니라 공식 해명을 했는데도 불구하고 터무니없는 요청을 서슴지 않고 계속하는 등, 거추장스러운 인물이었다. 특히 일본과의 최종 전투를 준비하며 소련의 참전을 필수 요건으로 삼고 있던 미국에게 이승만의 근거 없는 공격은 참으로 견디기 어려웠을 것이다. 국무부 내에서 이승만에 대해서 어떠한 얘기가 오고 갔는지는 알려져 있지 않지만, 그가 혐오와 기피의 대상이었음은 틀림없다.

8. 이승만의 귀국

해방 전 이승만과 국무부 간의 알력은 일본의 패배 후 이승만의 귀국과정에도 적지 않은 영향을 미쳤다. 일본의 패배가 확정된 후 이승만은 그와 친근한 관계를 맺고 있던 굿펠로M. Preston Goodfellow 대령의 도움을 얻어서 귀국준비를 서둘렀는데, 국무부가 그의 귀국을 저지했기 때문이다. 이미 잘 알려진 대로 이승만은 굿펠로 대령의 도움을 얻어 미 여권국으로부터 여행증서(외국인 여행증서였을 것이다)를 받고 또 군사지역으로 지정되어 있던 한국에 입국하려고 극동사령부(즉 맥아더 사령부)로부터 입경入境 허가서를 받아 출발을 서두르고 있었는데, 국무부는 이승만의 허가서에 '고급 집정관High Commissioner'이 귀국한다는 표현이 있음을 발견하고 정정을 요구했다.[37] '고급 집정관'이라는 직위는 임시정부 국무위원회

37 일본과장은 9월 24일에 극동국장 빈센트John C. Vincent에게 보낸 메모에서 이승만의 입경허가서에 "귀국하는 고급 집정관"이라는 표현을 고쳐야 한다고 이승만에게 알려주었다고 한다. *FRUS*, 1945, vol. 6, p.1053, footnote. "Dr. Rhee is described in his military permit for entry into Korea as 'High Commissioner to the United States returning to Korea' and Colonel Sweeney of J[oint] C[hiefs of] S[taff] indicated last Friday that the permit would be changed to read 'Korean national returning to Korea' or any other phrase the Visa Division cared to use," (895.01/9-2445) *FRUS*, 1945, vol. 6, p.1053.

주석 김구, 외무부장 조소앙의 명의로 1941년 6월 4일자로 이승만에게 부여된 '주미외교위원장駐美外交委員長'이라는 직함을 번역한 것인데 임시정부에 관한 문구가 없고 그대로 '고급 집정관'이라고 했으므로 오해의 여지가 있었다. 이승만이 귀국준비를 한 것은 8월 하순이었는데 이 문제가 생긴 것은 9월 23일이었다.[38] 결국 이승만은 그러한 표현을 삭제한 여행문서를 재발급받았다. 그러자 이제는 점령지역의 민간인 여행문제를 취급하는 국무부 교통국에서 맥아더 사령부로부터 미군 점령지역인 오키나와 또는 도쿄를 경유하는 것을 허가한다는 서한과 경유지에서 서울까지 미군 비행기로 보내 준다는 서한을 받아와야만 항공사에서 비행기표를 팔 것이라고 했다. 물론 여비는 자부담이었다.[39] 이 당시 미국 서해안에서 오키나와나 도쿄까지는 민간여객기가 있었던 듯하나 도쿄 또는 오키나와부터 서울까지는 군용비행기 이외에 교통수단이 없었다. 전쟁이 끝난 직후라 선박여행도 할 수 없었을 것이다. 굿펠로 대령은 합참본부의 스위니 Sweeney 대령에게 두 가지 서류를 얻기 위해 맥아더 사령부에 전보를 쳐줄 것을 요구했는데, 스위니는 국무부의 요청이 있기 전에는 그런 전보를 칠 수 없다고 거절했다. 이미 스위니는 8월 하순에 굿펠로의 부탁을 들어주었다가 제재를 받은 상태였다. 굿펠로는 여권국장에게도 부탁했으나 역시 거절당했다.

절망에 빠진 이승만은 10월 1일에 쓴 메모에서 국무부 내 친공親共·친일親日분자들이 그의 여행을 막고 있다고 힐난했다. 이들이 바로 "한국을 소련의 영향권 내에 두기로 한 스탈린과의 비밀협정을 추진한 자들인데

38 8월에 수속을 할 당시 이승만은 미국장교가 동반해줄 것을 요청했으나 국무부는 그럴 경우 미국이 임시정부를 인정한다는 인상을 줄 것을 우려하여 요청을 거부했다(*FRUS*, 1945, vol. 6, p.1053, footnote). 이승만은 그의 귀국에 관해 일어났던 일을 1945년 10월 1일자 메모에 자세하게 기록해 두었다.

39 이승만의 10월 1일자 메모.

이들은 친공분자들(만)을 한국에 보내려 하고 있다"라고 했다.[40] 해방된 지 6주일쯤 지나 워싱턴에서 쓴 메모에는 환희의 흔적은 보이지 않고 사무친 증오와 울분만 담겨 있었다. 문서상으로는 증거가 남아 있지 않으나 국무부가 스위니 대령에게 이승만이 귀국하는 데 따른 문제점들을 지적했을 가능성이 농후하다. '고급 집정관' 문제로 국무부와 스위니 대령 간에 연락이 있었다는 기록은 남아 있다.[41] 그리고 공식적으로 국무부는 이승만의 귀국을 반대하지 않는다는 기록도 남아 있다.[42]

울분과 절망감에 휩싸인 채 당황하던 이승만에게 기적과 같은 일이 일어났다. 메모를 쓴 며칠 후에 그와 일면식도 없는 미국 육군장교가 느닷없이 나타나 그의 귀국을 재촉했고 그를 서울로 보내준 것이다. 이승만이 서울에 도착한 것은 10월 16일이었다. 오랜 후에 미 국무부는 이승만이 어떻게 귀국했는지를 알기 위해 온갖 조사를 해보았지만 해답을 찾지 못했다.[43]

이승만을 10월 중순 서울로 보내준 곳은 육군성 소속 '군사정보처 워싱턴 출장소Washington Branch, Military Intelligence Service'였다. 워싱턴 출장소는 육군성 군사정보처와 해군 및 기타 정보기관들과 정보를 교환·조정하는 역할을 담당하는 기관으로서, 합참본부로부터 워싱턴에 있는 이승만이라는 한국인을 찾아서 서울로 보내라는 전보를 받고 그대로 실행한 것이다. 당시 이 명령을 받고 이승만을 서울로 보낸 킨트너William Kintner 대령은 이승만이 워싱턴의 매사추세츠 가Massachusetts Street에 살고 있었다는 것 외에는 왜 자기 상급기관에서 그 명령을 하달했는지 전혀 내막을 모

---

40 이승만의 10월 1일자 메모.

41 *FRUS*, 1945, vol. 6, p.1053, footnote.

42 The Acting Secretary of State to the Ambassador in China (Hurley), September 21, 1945, *FRUS*, 1945, vol. 6, p.1053, footnote.

43 Bruce G. Cummings, *The Origins of the Korean War*(Princeton: Princeton University Press, 1981), p.511. Cummings cited Warren S. Hunsberger report on "US Involvement in the Return of Syngman Rhee to Korea," September 2, 1949.

른다고 말했다.[44] 아마 당시 킨트너 대령은 '케이조'('경성'의 일본식 발음)라고 불리었을 '서울'이라는 곳이 어디에 있는지도 잘 몰랐을 것이다.

9. 이승만은 어떻게 서울로 돌아올 수 있었는가?

1945년 10월 16일 이승만의 귀국은 해방 후 국내정치는 물론 대미관계와 대소관계에까지 영향을 끼친 중요한 사건 중 하나였다. 만일 당시에 이승만이라는 독특한 인물이 등장하지 않았더라면 해방 후 한국정치 판도는 많이 달라졌을 것이다. 따라서 미 국무부가 그처럼 혐오했던 이승만이 어떻게 서울로 돌아올 수 있었는지는 해방 후의 정치사를 이해하는 데 있어서 흥미로울 뿐만 아니라 중요한 질문이다.

앞에서도 살펴본 것처럼 1945년 종전 당시 미 국무부와 육군성이 이승만을 싫어하고 있었음은 널리 알려진 사실이다. 이승만은 오랫동안 국무부와 관계를 맺었지만 친근감보다 혐오감을 주었고, 진주만 공격 이후 접촉한 육군성도 이승만이 상대할 인물이 못 된다는 결론을 내리고 있었다. 이승만은 육군성과 육군정보처가 활용할 수 있는 한국청년들을 훈련하는 협약을 맺고 미국 전역에 사는 한국청년들을 모집했는데 그는 이를 미국의 임시정부 승인문제와 결부하려 해 육군성으로부터 문제인물로 찍혔다. 그 후에 중앙정보국으로 발전한 특무처特務處, Office of Special Services는 이승만을 강하게 배척했다. 그런데 갑자기 미국이 이승만을 귀국시키고

44 킨트너 대령은 후에 필자와 같은 펜실베이니아 대학University of Pennsylvania의 정치학과에서 동료교수로 20여 년간 함께 근무했는데 그 당시의 일을 누차 말해준 바 있다. 후에 이승만이 대통령이 되었으므로 이 우연한 이벤트를 자랑으로 삼고 누차 반복했다. 필자는 정확을 기하기 위해 1984년 1월 24일에 다시 면담을 했다. 그는 이승만이라고 하는 사람을 찾아서 서울로 보내라는 명령을 받고 한 장교를 시켜서 수소문해 매사추세츠 가에 있는 사무실에서 이승만을 찾아내 서울로 보냈다고 한다. 그 외에 구체적인 사항은 전혀 몰랐다. 당시 킨트너 대령은 출장소의 행정관Executive Officer으로서 부소장 격이었다.

미군정이 그를 민족의 지도자로 환대하였으니 앞뒤가 맞지 않는다.

일부 수정주의학자들은 미국이 제국주의적 야욕을 채우기 위해 한국을 분단했고, 북한에 수립된 공산정권을 격퇴rollback하기 위해 제국주의 침략의 앞잡이 이승만을 귀국시켜 그로 하여금 단정單政 수립을 서두르도록 했다고 주장한다. 또 미 국무부는 이승만을 반대했지만 '이승만은 맥아더와 하지 중장, 그리고 굿펠로 대령과 협잡하여 국무부의 정책을 배반하는 음모'를 꾸며서 귀국했다는 주장도 있다. 최근에 『우남 이승만연구』를 발표한 정병준鄭秉峻은 맥아더의 약속일지appointment book에 나타난 이승만과의 대면에 관한 기록을 발견한 후 종전의 음모설에 새로운 설을 첨가했다. 그의 주장은 이승만의 행적뿐만 아니라 그와 미군정과의 관계, 그리고 임정과의 관계를 이해하는 데에도 중요한 것이므로 정확한 분석이 필요하다. 정병준의 주장은 다음과 같다.

이승만은 중경에 가서 김구와 함께 전후 계획을 수립한다는 데 합의했었지만 (1) 임정에 대한 견제 의식 내지 대항 의식을 갖고 있었기 때문에 중경에 가지 않고 마닐라 경유의 길을 택했다. (2) 마닐라를 택한 것은 당시 맥아더가 그곳에 있었기 때문이다. (3) 이것은 그가 맥아더가 만나는 데 집착했기 때문이다. (4) 맥아더가 동경으로 옮겨가자 이승만은 동경 경유의 길을 택했다. (5) 맥아더가 이승만의 귀국에 결정적인 영향력을 미쳤다. 이승만과 하지, 맥아더, 그리고 동경 주재 정치 고문 애치슨 간에 긴밀한 회합이 있었고, 이 회동은 미군정이 수립해 놓은 정치 계획안과 관련해 매우 중요한 의미를 지나기 때문이다. 또한 이승만은 귀국하는 일개 한국인에 불과했는데, 맥아더는 그를 동경에 불러들여 두 차례나 만났고, 이승만과 만나게 하려고 급히 하지를 동경으로 불러들였다. 이는 전무후무한 일이었다.[45]

45 정병준, 『우남 이승만연구』(역사비평사, 2005), p.441.

그러나 위에서 인용한 이승만의 1945년 10월 1일자 메모는 위의 가설이 근거 없는 것임을 보여 준다. 그 메모에 따르면 그가 충칭重慶으로 가지 않은 이유는 '중국국민당이 임시정부를 귀국시키지 않고 붙잡고' 있다고 믿었기 때문이다. 그래서 자기가 중국에 들를 경우 역시 그런 신세가 될까 하여 중국을 피했다. 그리고 그가 마닐라로 가는 길을 택했다가 도쿄를 경유하게 된 것은 여객기 사정으로 경유지를 선택할 자유가 없었기 때문이다. 그리고 맥아더가 이승만을 만나게 된 것은 아래에서 보듯이 주한미군 사령관 하지 중장이 이승만의 한국 송환을 갈망했기 때문이다. 하지는 이승만을 이용하여 남한의 정국을 평정하려고 했으므로 이승만을 맥아더에게 소개했을 것이다. 정병준은 이승만이 맥아더를 만나고 싶어 했다는 데에 특별한 정치적 의의를 붙이고 있지만 이 당시 맥아더는 일본을 패배시킨 영웅으로 여겨졌던 인물이었으므로 삼척동자라도 만나고 싶어 했다. 정병준은 맥아더가 특별히 하지를 불러왔다고도 했는데 그 앞쪽에서는 업무 연락 차 도쿄에 왔다고도 했다. 또 정병준은 맥아더가 이승만을 두 번 만났다고 강조하고 있지만 두 번째는 출국 인사차였다고 하니 강조해야 할 이유는 없다. 첫 번째 만남이 얼마나 길었는지도 모르고 또 내용에 대한 기록이 없는 상태에서 왈가왈부하는 것은 무리가 있다. 또 정병준은 "이승만과 하지, 맥아더, 그리고 도쿄 주재 정치 고문 애치슨 간에 긴밀한 회합이 있었"다고 했지만 이승만이 애치슨을 만났다는 기록은 제시하지 않았다. 이승만이 없는 미국인들끼리의 회합과 이승만을 연관지을 수는 없다. 그리고 맥아더는 "이승만을 위해 '연합군 최고사령부의 이 대령Colonel Rhee이 전쟁부의 굿펠로 대령에게' 보내는 전문을 전쟁부(즉 육군본부)에 보내"도록 했다고 하는데[46] 후버도서관Hoover Institution Library에 있

46 p.441. 1945. 10. 12, 굿펠로 문서철에서 인용했다고 한다. 필자는 이승만이 도쿄에서 굿펠로 대령에게 보냈다는 전보를 검토하기 위해 굿펠로 문서를 보관하고 있는 후버 도서관에 복

는 굿펠로 문서철에는 그런 문헌이 포함되어 있지 않다. 즉 그 문헌은 환상의 산물에 지나지 않는다.

실지로 맥아더는 제2차 세계대전 말기까지도 한반도를 전략적 가치가 전연 없는 곳이라고 보았고, 소련의 한반도 장악을 당연하게 여겼을 뿐만 아니라 1948년에는 한반도를 미국의 방위선에서 제외할 것을 주창하다시피 했는데[47] 왜 그가 정부정책을 어기면서까지 이승만에 관한 음모에 가담했을까? 어불성설이다. 물론 이러한 터무니없는 주장이라도 확실한 증거가 제시된다면 검토해야 하지만, 수정주의자들의 주장은 억측에 근거한 매도에 불과하다.[48]

이승만이 10월 중순에 귀국길에 오르게 된 것은 하지 중장이 끈질기게 이승만의 귀국을 요청했기 때문이다. 하지는 서울에 도착한 직후인 9월 13일자로 맥아더 사령부에 한국 정계의 혼돈상황을 보고하면서 이승만과 충칭 임시정부의 귀국을 고려해줄 것을 요청했으며, 24일에도 같은 요청을 했다.[49] 국무부가 서울에 파견한 정치고문 베닝호프H. Merrell Benninghoff도 그의 첫 번째 보고서(9월 15일)에서 하지의 요청에 동의한다고 했다.[50] 이들이 이승만의 귀국을 요청한 이유는 9월 13일자의 하지 사령부의 「일일 정보보고서Periodic Report」 제3호를 보면 알 수 있다. 즉, "지금까지 타진한 모든 사람들에 의하면 과거 이승만 박사가 영도했고 지금 충칭에 있

사본을 보내줄 것을 요청했다. 그러나 기록보관인assistant archivist 메릴린 칸Marilyn B. Kann 씨는 1988년 7월 26일자 회신에서 서류함을 샅샅이 찾아보았으나 1945년 10월 13일자의 전보는 찾을 수 없었다는 회답을 보내 주었다.

47 맥아더와 케넌 사이에 있었던 이 문제에 대한 회담의 기록은 제5장 「스탈린의 한반도 정책, 1945」에서 다루었다.

48 필자는 「이승만은 미 정보기관의 문관대령이었나」, 『신동아』 1990년 2월호에서 이 문제를 검토한 바 있다.

49 *FRUS*, 1945, vol. 6, p.1049.

50 *FRUS*, 1945, vol. 6, p.1053.

는 대한민국 임시정부가 돌아오면 한국사람들의 사기와 정치행동은 크게 안정될 것이라고 한다. 특히 (미)군사정부가 이들의 협조를 얻는다면 더욱 그럴 것이다. 시간이 지남에 따라 대부분의 한국사람들은 이승만을 한국의 쑨원孫文으로 여기고 있는 것으로 보인다."[51] 잘 알려졌듯이 쑨원은 중국의 혁명 거두로서 국부國父로 추앙받아온 인물이다.

이 당시 하지 사령부의 정보보고서들을 보면, 정보원들이 타진한 인사들은 거의 모두가 우익 측 인사들이었지만, 이승만은 남한 전 지역의 좌우익 세력 모두가 지지하는 존재였다. 9월 14일에 조선인민공화국朝鮮人民共和國의 내각명단이 발표되었는데 여기에서도 이승만은 대통령으로 지명되었다. 귀국 후 이승만과 인민공화국의 관계를 볼 때 아이러니한 일이지만 인민공화국 내각 발표는 하지가 이승만을 데려오는 데 직접적인 계기가 되었다. 왜냐하면 그의 특별보좌관 윌리엄스George Z. Williams가 남한 각지를 순회하고 돌아와서 이승만을 속히 귀국시켜야 한다고 보고했기 때문이다. 왜 윌리엄스는 이승만의 귀국을 역설했는가.

하지 중장은 9월 8일에 인천에 상륙한 날, 인천부두에서 한국말을 구사하는 해군중령 윌리엄스를 우연히 발견하고 즉시 자기의 특별보좌관으로 임명했다.[52] 인천에서 태어나 충남 공주公州에서 자란 윌리엄스는 서울 중앙청의 하지 중장 집무실 바로 옆방에 자리를 잡은 지 며칠 후에 쌍발 비행

51 "All informants consulted to date state that the Korean Provisional Government, now in Chungking and formerly led by Dr. Sung Man Lee, would greatly stabilize the Korean people's morale and political activity by their presence in KOREA, particularly if their services were utilized by the military government. More and more it appears that Sung Man Lee is considered by the great majority of Koreans as the 'Sun Yat Sen' of KOREA." G-2 Periodic Report, #3, 9/13/45.

52 윌리엄스 중령은 하지 중장 휘하의 육군부대를 수송한 함대 사령관 킹Ernest J. King의 군의관이었다. 오키나와에서 갑자기 한국으로 파견된 하지는 일본말을 하는 일본 2세 통역들을 데리고 있었으나 한국말을 하는 통역은 한 명도 없었다. 오키나와에서 투항한 일본군 포로들 중에는 한국청년들이 끼어 있었으나 이들은 영어를 할 줄 몰랐다.

기를 타고 대전, 광주, 대구, 부산 등 남한 일대를 돌아다녔다. 일본 2세 통역들을 통해 만들어진 정보보고서에만 의지할 것이 아니라 자기 눈으로 각지의 사정을 직접 봐야겠다는 생각에서였다. 미군장교가 불쑥 나타나서 한국말로 대화를 시작했으니 가는 곳마다 시민들이 운집할 수밖에 없었고 열띤 대화가 이루어지곤 했는데 시민들의 관심의 초점은 '왜 우리 대통령 이승만 박사를 빨리 데려오지 않느냐,' '이승만 박사가 미국에 있다고 하는데 왜 데려오지 않느냐'는 것이었다. 윌리엄스는 이러한 민심을 하지에게 보고했고 하지는 혼돈상태에 빠져 있던 정국을 수습하기 위해 이승만을 보내줄 것을 상부에 요청했다.[53]

윌리엄스가 가는 곳마다 이승만이 화젯거리가 된 것은 조선인민공화국 내각명단 발표가 큰 이슈였을 뿐만 아니라 이승만이 대통령으로 지명되었기 때문이다. 이때만 하더라도 일반 대중에게는 좌익도 없고 우익도 없었다. 미군정과 조선공산당 간의 갈등도 없었다. 대중은 해방과 독립을 동일시하고 있었고, 조선인민공화국이 새로운 국가의 정부임을 의심치 않았다. '이승만 대통령'의 귀국을 바란 것은 우익뿐만 아니라 좌익을 포함한 국민 전체였다. 국민들이 대통령 이승만의 귀국을 바라고 또 그 후 그가 귀국했다는 소식을 들었을 때 환호로 답한 것은 너무나 당연하다. 실지로 '이승만 대통령'의 귀국을 간절히 바란 것은 우익세력보다도 인민공화국을 선포한 좌익세력이었을지도 모른다. 자기들이 뽑아 놓은 대통령이 빨리 귀국해야만 인민공화국이 출범할 수 있었기 때문이다. 그들에게는 이승만이라는 이름이 풍기는 위광威光이 필요했다. 훗날 이승만과 공산당,

53 매릴랜드 주 로크빌Rockville에서 1988년 6월 20일 윌리엄스와의 면담. 필자는 윌리엄스 의사를 소개해 주신 현봉학玄鳳學 박사께 심심한 사의를 표한다. 오래전부터 윌리엄스 가와 친분을 유지한 현 박사를 통해 윌리엄스와 면담할 수 있었다. 윌리엄스 중령의 양친은 충남 공주에서 오랫동안 선교활동을 했으며 영명학교永明學校를 세워서 조병옥趙炳玉, 이묘묵李卯默 등을 키웠고, 윌리엄스 중령은 인천에서 출생했다.

하지와 이승만이 대립한 것을 생각하면 참으로 아이러니한 일이다.

10. 왜 이승만이었는가?

왜 인민공화국의 내각을 '조각'한 인물들이 이승만을 대통령으로 삼았는가 하는 질문은 하지 중장의 이승만 송환요청과 직접적인 관계가 없을지 모르지만 그 후의 한국 정계와 밀접한 관계가 있으므로 짚고 넘어가는 것이 좋겠다. 어떤 학자는 당시 이승만이 국내에서 알려져 있지 않았다고 했는데 일리가 있는 말이다. 당시의 청년들이 1914년, 즉 31년 전에 망명길에 오른 칠순 노인을 알 리가 없었다. 그러나 그들의 선배 세대, 즉 사회의 중견을 이루고 있던 40대 선후의 세대와 그전의 세대에게 이승만이란 이름은 생소하지 않았다. 1932년 3월 1일자 『조선일보』를 보면 「만주문제에 대하야—이승만 박사 강연방송」이라는 제목이 달린 기사의 오른편에 이승만이 서서 방송하는 사진이 나와 있다. 신문 4단에 해당하는 가로×세로 약 15×20센티미터 크기의 사진에는 양쪽에 세운 방송 마이크 앞에 서있는 이승만과 두 명의 서양사람이 앉아 있다.[54] 이 당시만 하더라도 총독부는 이승만에 관한 기사를 허용했던 것이다. 같은 신문의 1935년 1월 9일자에는 굵고 큰 활자(18포인트 정도)로 「在米數十年만에 歸國하자 警察에—李承晚, 徐載弼氏等과 親타고—入京한 李容稙氏引致」라는 제목이 달린 3단 기사가 실렸다.

『조선일보』, 『동아일보』는 말할 것도 없고 각종 잡지에 빈번히 이승만에 관한 글이나 그의 글이 실렸다. 1932년에 잡지사 '삼천리三千里'가 발간한 『平和와 自由』라는 책자(김동환 편집)에는 이승만의 글, 「조선 청년에게 要

54 『조선일보』, 1932년 3월 1일. 이 기사를 찾아서 보내준 조인원趙仁源 박사에게 사의를 표한다.

함」이 실려 있는데 이 책의 제4쇄가 1935년에 출판된 것을 보면 독자들에게 인기가 높았던 것 같다. 『삼천리』 잡지는 1937년 1월에 이승만의 약력을 실었는데 아마 이것이 마지막으로 실린 이승만 관련 기사인 것 같다.

1919년에 이른바 '문화정치'가 실시된 후에 『개벽』, 『삼천리』, 『혜성』 등 당시 지식인들이 애독하던 잡지에는 이승만에 관한 기사가 심심치 않게 나왔다. 1940년대 초엽에도 이승만의 이름이 지도층 인사들 간에 오고 갔다. 예로 미일전쟁이 발발한 후 도쿄에 있던 여운형呂運亨은 이승만의 독립운동에 관한 방송 소식을 들었고,[55] 1943년에는 서울방송국의 기사가 단파로 이승만의 활동을 포함한 미국 소식을 듣고 허헌許憲, 송진우宋鎭禹 등에게 알렸다가 관련 인물들이 혹독한 처벌을 받았다.[56]

11. 이승만 귀국 후의 첫 연설

16일에 귀국한 이승만은 20일에 열린 환영회 석상에서 영어와 한국말로 연설했는데, 이 연설의 내용은 미 국무부, 그리고 소련에 대한 선전포고나 다름없었다. 그는 왜 38선에서 한반도가 분단되었느냐는 질문을 제기했을 뿐만 아니라 "우리나라는 두 조각으로 분단된 상태에서 한쪽은 또 다른 통치자 밑에서 노예로 남게 될 것입니까"라는 공격적인 질문을 던졌다. 이것은 소련의 '야욕'을 공격하는 말이 확실했다.[57] 국무부는 귀국 후의 이승만

---

55 필자의 「일제말기의 여운형과 일본」, 『계간 사상』 2001년 가을호(통권 49호), pp. 121~160. 특히 p.159.

56 송남헌宋南憲 씨도 이 사건에 연루되어 고초를 당했다며 필자와의 면담에서 누차 언급했다. 심지연 지음, 우사연구회 엮음, 『송남헌 회고록 : 김규식과 함께한 길』(한울, 2000), pp.37~47.

57 "We want to know whether the American force came only for the sake of liberation of liberty loving people to get their country back as General Hodge has stated, or are we going to be divided half and half, one part to remain in slavery to another master?"

의 반소적反蘇的 언동에 대한 『뉴욕 타임스*New York Times*』지의 보도를 접하고 즉각적으로 문제를 제기했다. 17일자의 존슨Richard J. Johnson 기자의 보도에 따르면, 이승만은 하지 중장의 손님으로 서울에 도착했으나 소련의 정책에 대해서 적의에 찬 얘기를 했다고 하는데, 국무부는 하지에게 국제문제에 대한 이러한 언동은 미국이 소련과 교섭을 시작할 때 문제를 복잡하게 만들기 때문에 이승만에게 주의를 시키라고 지시했다.[58] 그러나 이승만이 이러한 요청을 받아들일 리가 없었다. 그는 자기를 오랫동안 도와준 올리버에게 자주 "나는 내가 공식석상에서 말을 조심해야 한다는 것을 잘 알고 있소. 그러나 당신이 알다시피 나는 일생을 선동자로 보내 왔기 때문에 도저히 변할 수가 없소"[59]라고 했다. 그와 국무부의 격투는 미국에서와 마찬가지로 계속되었다. 단지 투쟁의 무대가 달라졌을 뿐이었다.

12. 맺음말

이승만과 미국정부의 갈등은 숙명적인 것이었는지도 모른다. 그가 대표했던, 또는 대표한다고 생각했던 한국의 입지가 미국의 그것과 달랐기 때문이다. 다른 열강들과 경쟁하면서 세계전략 속에서 자국의 행동순위를 결정하는 강대국 미국과 동아시아 대륙에 붙어 있는 한반도 백성의 이익이 부합한다는 것은 기적에 가까웠다. 예를 들어, 앞에서 우리는 시오도어 루스벨트 대통령의 대일정책을 언급했는데, 미국이 제정러시아의 동양 진출을 경계한 것은 당연한 일이었고 이 정책은 한국사람의 입장에서 볼 때에도 수긍할 수 있는 것이었다. 단, 루스벨트는 일본이 러시아를 제지하는

G-2 Weekly #7, (October 30, 1945), enclosure 1.

58 Department of State, Telegram Sent, Oct. 25, 1945, 3 p.m. To: Supreme Commander For The Allied Powers, Tokyo, For Atcheson, Political Adviser. 740.00119/ 10-2545.

59 Oliver, 앞의 책, p.28.

과정에서 약소민족이 당하는 고통에 대해서는 관심이 없었을 뿐만 아니라 일본이 러시아를 제지한 이후에 일어날 일들에 대해서도 안목이 없었다. 루스벨트의 뒤를 따른 하딩Warren G. Harding이나 윌슨Woodrow Wilson 대통령은 일본의 야욕을 경계했고 일본을 제지하려고 했으나 이미 기정사실이 된 일본의 한국 병탄까지 문제 삼을 만한 정치역량이 없었다. 윌슨의 이상주의적 경향은 잘 알려져 있지만 윌슨이 1900년경에 루스벨트 대신 대통령이 되었다면 과연 그가 루스벨트와 판이한 대일정책을 취했을지는 의문이다. 임시정부 승인문제, 신탁문제, 공산당과의 합작문제의 경우도 역시 마찬가지였다. 당시 미국의 주요 관심이 무엇이었는지를 생각해 보고, 또 미국이 처했던 국제적인 환경을 고찰해 보면 미국의 위정자들이 취한 태도와 정책은 그들 자신의 이익을 확보하는 데 있었음을 알 수 있다.

그러나 1942년부터 이승만의 소련 공격은 미국에게 심각한 문제였다. 미국은 원자폭탄 제조에 성공한 1945년 7월까지 소련의 대일전쟁 참여를 승리를 위한 불가결의 조건으로 믿고 있었기 때문이었다. 이러한 상황에서 한국의 독립을 보장하기 위해 소련을 견제하라고 하는 이승만의 주장을 귀담아 들을 수 없었다. 7월에 열린 포츠담회의에서 원자탄 프로젝트의 성공 소식을 들은 트루먼 대통령이 소련이 참전하기 전에 대일전쟁을 끝낼 수 없을까 하는 문제를 논의한 것으로 보아 미국 정치인들도 이승만의 주장에 동정적이기는 했을 것이다. 그러나 전쟁을 승리로 끝맺는 것을 지상 목표로 삼고 있던 미국 지도자들은 이승만의 반소적인 언동을 받아들일 수는 없었다.

해방 후에도 사정은 같았다. 미국으로서는 소련을 제외하거나 반대하고 한국문제를 처리할 수가 없었다. 이미 북한을 점령한 소련에게 일방적인 철수를 요구할 수도 없었고, 또 한국문제로 인해 전반적인 대소관계를 악화시키는 것도 바람직하지 않았다. 1945년 9월 미 국무장관 번스James F.

Byrnes는 동유럽 문제를 에워싸고 소련에 강압적인 태도를 취했는데, 결과적으로는 승전국들 간의 관계를 악화시킨 것 외에 얻은 것이 없었다.[60] 한국문제에 대해서 미국으로서는 국제적인 협조정책을 취하는 길 외에는 방법이 없었는데, 이승만의 언동은 국제협조에 장애물이 되었다. 냉전 악화로 미국은 1947년 3월에 트루먼 독트린을 선포했지만 한반도에서는 소련과 타협을 통해서 문제를 해결해 보려는 노력을 계속했다. 그래서 미국은 끈질기게 미소공동위원회의 재소집을 요청했고, 이를 위해 이승만, 김구 등 우익세력을 견제하는 정책을 썼다. 그렇지만 1947년 5월에 개최된 제2차 미소공동위원회는 아무 성과도 없이 같은 해 7월에 결렬되고 말았다.

필자는 서두에서 국가 간의 관계에는 관심의 차이점, 문제 처리의 대안들을 고찰하는 데 있어서의 차이점, 우선순위를 선택하는 데 있어서의 차이점 등이 있어서 여러 가지 면에서 입장을 달리할 수밖에 없다고 했는데 우방국가 간의 외교도 역시 마찬가지이다. 우방국들 간의 관계가 적대적 국가들과의 관계와 다른 점은 차이점을 타협해 나가면서 순조롭게 해결하려는 태도일 것이다. 그러나 숙명적이었는지는 모르나 이승만과 미국 사이에는 타협할 수 없는 장애물이 너무나 많이 놓여 있었다. 항상 약자의 입장에 놓여 있을 수밖에 없던 이승만이 반공포로 문제를 계기로 울분을 터트린 것에서 우리가 어떠한 교훈을 얻을 수 있을지는 생각해볼 문제이다.

60 Robert L. Messer, *The End of an Alliance: James F. Byrnes, Roosevelt, Truman, and the Origins of the Cold War*(Chapel Hill: University of North Carolina Press, 1982)

해방정국과 좌우합작

이정식 · 김은순*

좌우합작운동은 미소공동위원회의 재개와 성공을 통해 통일임시정부를 수립해야 한다는 국내 추진세력의 의도와, 이들을 내세워 온건 좌우세력을 규합하고 미군정에 대한 지지를 획득하겠다는 미국의 의도가 맞물려 추진되었다. 그러나 좌우합작운동은 온건 좌우세력의 단합이라는 단계에서부터 험난한 과정을 겪어야 했고, 결국 실패로 끝났다. 미국정부 내에서의 한국경제 부흥계획 취소가 실패의 큰 요인이기도 했으나 소련군정의 적극적인 반대도 크게 작용했다.

1. 머리말

여운형呂運亨과 김규식金奎植을 중심으로 한 좌우합작운동은 한국 현대사에 관심을 갖는 사람이라면 마땅히 짚고 넘어가야 할 사안이다. 이 '운동'은 해방 후에 있었던 중대한 정치적 이벤트 중의 하나이기도 했거니와 '좌우합작左右合作'이라는 명칭으로 진행된 것이어서 우리 민족의 정신사精神史의 한 측면으로서도 관심을 기울여야 할 사안이다. 그리고 좌우합작운동은 미국의 한반도정책의 일환으로 추진된 것이어서 해방 직후 미군정美軍政의 통치 방향을 이해하는 데 있어서 필수적인 사안이 아닐 수 없다. 좌우합작운동은 이처럼 여러 가지 각도에서 분석하고 평가할 수 있는데, 그만큼 다양한 해석을 낳았다.

---

* 고려대학교, 경희대학교 NGO대학원 졸업. 경희대학교 정치학과 박사학위과정.

당시 미국의 한반도정책을 분석하는 데 있어서 혹자는 남조선과도입법의원南朝鮮過渡立法議院의 설치를 들어 이를 미국이 남한만의 단독정부를 사전에 계획하고 있었다는 증거로 보거나 최소한 그러할 의도가 있었다고 '추측'하기도 한다. 또 어떤 학자는 좌우합작이 왜 실패했는가를 구명하는 데 있어서 남한에서의 좌익과 우익의 대립이 실패원인이었다거나 미군정의 좌익탄압 혹은 좌익분열 기도가 좌우합작의 성패에 영향을 끼쳤다고 보기도 한다. 또한 좌우합작의 성격을 놓고 통일민족국가 건설을 위한 주체적 대응이라고 보는 입장과 미국 측의 의도에 휘말리고 이용된 비주체적 운동이었다고 보는 입장이 팽팽하게 대립하기도 한다.

이처럼 좌우합작운동은 다양한 시각에서 평가되어 왔는데, 좌우합작운동의 성격과 실패의 원인을 총체적으로 분석하기 위해서는 김규식 · 여운형으로 대표되는 국내 추진세력의 동기, 미국의 추진동기, 좌우합작의 실천과정, 소련의 좌우합작에 대한 태도, 미소관계의 추이에 따른 미국의 한반도정책의 변화 등을 종합적으로 고찰해야 할 것이다. 이 글에서는 이러한 몇 가지 차원에서 좌우합작운동을 고찰하고자 한다.

2. 여운형 · 김규식과 좌우합작

(1) 제1차 미소공동위원회의 결렬

한반도문제가 국제적인 사안으로 공식 거론된 것은 1943년의 카이로회담과 1945년 2월의 얄타회담이었는데 독일, 이탈리아, 일본으로 구성된 추축국樞軸國들과 싸워 오던 연합국의 수뇌들은 얄타회담에서 한반도에 신탁통치를 실시한다는 막연한 합의밖에 내린 것이 없었다. 종전 이후 12월 27일에 미국 · 소련 · 영국의 외상外相들은 모스크바 3상회의三相會議에서 한반도에 4개국(미국 · 소련 · 영국 · 중국)에 의한 최고 5년간의 공동신탁통치를 실시하기로 결정하고, 한반도를 분할 · 점령한 미국과 소련의 점령사령관에게 신탁통치 실시에 대한 모든 복잡한 문제를 맡기게 되면서 한반도문제는 미국과 소련의 수중에 들어가게 되었다. 양측 대표들은 3상회의의 결정에 따라 미소의 예비회담(1946년 1월 16일~2월 5일)을 거쳐 1946년 3월 20일에 정식회담인 제1차 미소공동위원회美蘇共同委員會(이하 미소공위)를 서울에서 개최하게 된다. 그런데 그 중요한 모임은 근본적인 타결을 보지 못한 채 5월 7일을 기하여 무기 휴회라는 형식으로 끝을 맺고 말았다.

이미 잘 알려진 바와 같이 미소공위에서 문제가 된 것은 미소공위의 한국인 협의대상이었는데, 소련의 주장은 모스크바 3상회의 결정에 반대하는 모든 정당 · 사회단체를 협의대상에서 제외하자는 것이었다. 미소공위가 개최되기 전 소련군이 점령한 북한에서는 반탁反託운동이 허용되지 않았으나, 남한에서는 1946년 1월 3일을 기하여 찬탁贊託으로 입장을 표변한 좌익과, 신탁통치를 받아들이는 것은 즉시 독립을 부정하는 것이라고 여긴 우익이 치열한 대립을 벌이고 있었기 때문에, 반탁을 주장하는 우익을 협의대상에서 제외하자는 소련의 주장은 미소공위의 결렬을 예고한 것이나 다름이 없었다. 미소관계의 악화를 우려한 미국은 미소공위 개최 하루 전인 3월 19일에 미군정 자문기관인 '남조선대한국민대표민주의원南朝鮮大韓國民代表民主義院(이하 민주의원)' 의장 이승만을 의장직에서 끌어내리고 김규식을 의장대리로 앉히는 조치를 취한 후에 미소공위에 임했는데, 미국은 미국대로 '의사표현의 자유'를 이유로 소련의 주장을 받아들이지 않음으로써 미소공위는 결렬되고 말았다. 소련은 북한의 우익 지도자인 조만식을 연금하고(1946년 1월 5일) 토지개혁법을 공포(1946년 3월 5일)하는 등 공산혁명共產革命을 추진하는 상태에서 회담에 임했고, 소련에 의한 폴란드의 공산화를 경험한 바 있는 미국으로서는 북한이 이미 폴란드와 같은 상태가 된 상황에서 남한마저 그렇게 할 수 없다는 입장을 견지하면서도 뚜렷한 방향을 잡지 못하고 회담에 임했다. 양측은 기본 노선에서 한 치도 물러서지 않았고 여기에 남한의 좌익과 우익의 신탁통치를 둘러싼 갈등까지 가세했으니 회담은 결렬될 수밖에 없었다.

좌우합작에 대한 움직임이 알려진 것은 이처럼 암담하고 막막한 때였다. 3상회의 결정 이전부터 분열되어 있던 남한의 좌익과 우익은 3상회의 결정 발표를 기하여 잠시 단합하는 듯했는데, 좌익이 찬탁으로 입장을 표변함에 따라 찬탁세력과 반탁세력으로 완전히 분열되어 버렸다.[1] 우익진영과 좌익진영은 각각 '민주의원'(1946년 2월 14일)과 '민주주의민족전선民主主義民族戰線'(2월 15일)을 결성하여 한 치의 양보도 없이 팽팽하게 대립하고 있었다. 이런 상태에서 일부 지도자들이 좌우합작을 추진한다는 소식이 들려 왔으니 온 겨레는 한 가닥 희망을 가지지 않을 수 없었다. 그것도 보통의 지도자들이 아니라 해방된 그날부터 민족을 대변해온 몽양夢陽 여운형呂運亨과 임시정부의 부주석으로 귀국한 우사尤史 김규식金奎植이 주도한다니 더욱 그러하였다.

(2) 여운형과 좌우합작의 단서

그렇다면 좌우합작은 어떻게 시작되었는가? 좌우합작은 제1차 미소공위 결렬 직후 미소공위 재개를 일차 목적으로 삼고 미국정부의 지시와 지원하에 여운형과 김규식의 주도로 추진되었다는 점은 이미 알려진 사실이다. 그러나 과연 누가 어떻게 좌우합작이라는 발상을 하게 되었는지에 대해서는 자료가 부족하여 단언할 수가 없다. 좌우합작의 발상자는 여운형이었을 가능성이 짙지만, 미군정 정치고문관 랭던William R. Langdon과 테이어Charles W. Thayer일 가능성도 많다. 여운형을 좌우합작운동의 발상자

1 해방 후 남한에서의 좌우대립과 모스크바 3상회의 결정을 둘러싼 정국에 대해서는 이 책의 제3장 「미소갈등과 남한에서의 좌우대립」에서 상세하게 다루었다.

로 볼 수 있는 근거는, 랭던과 테이어가 1946년 5월 24일에 미국 국무부로 보낸 전보문에 여운형이 김규식과 접촉했다는 말이 들어 있기 때문이다. 두 사람의 정확한 접촉 날짜는 적혀 있지 않다. 나중에 좀더 자세히 논의하겠지만 그 전보문에는 좌우합작에 대한 두 고문관의 제안이 들어 있는데, 이 제안은 랭던과 테이어가 발상한 것일 수도 있지만 그 전보문을 작성하기 전에 있었던 여운형과 김규식의 대화를 반영한 것이거나 그 대화에서 착상한 것일 수도 있다.

또 이 당시에 중국에서 일어나고 있던 국공합작國共合作이 좌우합작을 착안하는 데 영향을 미쳤음을 고려해야 한다. 뒤에서도 논하겠지만 미국이 남한에서 좌우합작을 추진하기로 한 것은 중국에서의 국공합작과 궤를 같이하는 것이었는데, 남한의 지도자들도 국공합작에 관한 소식을 당연히 들어 알고 있었을 것이고 이에 대해 생각하는 바가 있었을 것이다.

분명한 사실은 국내 인사 중에서 여운형이 제일 먼저 좌우합작을 염두에 두고 움직였다는 것인데, 여운형이 좌우합작을 발상하게 된 이유는 쉽게 추측할 수 있다. 여운형은 사상으로 보나 성격으로 보나 온건 좌익으로서 극단적인 좌익 또는 극단적인 우익과 쉽게 융화될 수 없는 인물이었다. 여운형의 측근인 이만규李萬珪가 "여운형은 처음부터 좌우익의 분열을 방지하려고 노력하였다. 국내에 있는 우리 민족의 좌익세력과 국제적으로 밀려오는 좌익발전에 눈이 어두운 우익지사들과 좌익혁명가 중 소아병적小兒病的 과격분자와는 사상의 거리가 너무 멀고, 개인으로도 서로 접촉이 없고, 서로 이해도 없고, 만나기 전에 불신과 의심만을 가졌기 때문에 합작하기가 어려운 것이다. 이에 중간 역할이 여운형 자신의 사명이라고 자각하였다"라고 한 것은 정수精髓를 짚은 말이다.[2]

2 李萬珪, 『呂運亨鬪爭史』(총문각, 1946), p.205.

이처럼 여운형은 중간 역할을 자신의 사명으로 여기고 있었으면서도 해방 직후 몇 달의 극히 중요한 기간을 극좌익인 박헌영朴憲永파에 이용당해 자기 나름의 길을 걷지 못하고 있었다. 특히 조선건국준비위원회朝鮮建國準備委員會가 조선인민공화국朝鮮人民共和國을 '설립'했을 때부터 그랬다. 여운형은 조선인민공화국의 설립을 반대하면서도 그 대표직을 맡음으로써 미군정과 임시정부의 오해와 반목을 사왔고, 임시정부 각료들이 귀국한 후에는 조선인민공화국과 임시정부를 동시에 '해소'하여 한국사람의 통일을 이룩해야 한다는 주장을 하면서도 그 의사를 관철하지 못하고 있었다.[3] 여운형은 자기가 주도하는 온건 좌익세력과 극렬 좌익인 공산당과의 연합전선을 통하여 좌익의 극렬화를 방지하고 따라서 민족의 분열을 막아 보려는 노력을 기울였으나 결국 실패했던 것이다.

극좌익인 공산당의 책동으로 조선건국준비위원회가 해소된 후 여운형은 조선인민당朝鮮人民黨을 창립하여(1945년 11월) 뜻을 같이하는 지사志士들과 대중을 조직하려 했으나 집요하게 파고드는 공산당 프락치 때문에 조선인민당은 여운형이 구상했던 방향에서 빗나가 공산당의 외곽조직같이 되어 버렸고, 결국 여운형 자신도 이제는 당을 움직일 수 없다는 결론을 내리고 있었다. 5월 24일자의 랭던 · 테이어 전보문에 이같이 기록되어 있는 것으로 보아, 여운형이 이같이 생각한 것은 5월 24일 이전이다.[4] 여운형은 그해 4월 19일부터 25일까지 평양을 방문하여 김일성金日成, 김두봉金枓奉 등과 만나서 대담을 하기도 했으나 같은 때 미군정 당국은 그가 박헌영 계열의 남조선공산당과는 거리를 두려 노력하고 있다는 정보를 가지고 있었

3 이 두 가지 점에 대해서는 이만규, 앞의 책, pp.263~271에, 여운형의 조선인민공화국 반대에 대해서는 이 책의 제3장 「미소갈등과 남한에서의 좌우대립」에 언급되어 있다.

4 United States Department of State, *Foreign Relations of the United States*(이하 *FRUS*), 1946, vol. 8(Washington, D.C.: U.S. Government Printing Office), p.687.

다.[5] 당시 북조선공산당이 발표한 연합전선에 관한 성명들과 박헌영계 공산당의 주장 등을 비교해 보면 여운형의 평양 방문과 그의 박헌영에 대한 태도의 차이를 쉽게 이해할 수 있다.

이처럼 몇 달 동안의 그의 노력은 실패로 돌아갔으나 미소공위가 결렬된 상태에서 속수무책으로 방관만 할 수는 없다. 여운형의 또 다른 측근이었던 이동화李東華는 여운형이 좌우합작운동에 나선 이유를 다음과 같이 피력하고 있다.

> 당시의 정세 아래서는 미군정과 대립하여서는 아무 일도 할 수 없을 것이 분명하였을 뿐 아니라, 어떠한 방법에 의해서든 간에 첨예화한 좌우익의 대립을 완화시켜 정치적 안정을 이룩해야 할 간절한 필요를 느끼고 있던 미군정도 좌우합작을 환영하지 않을 수 없는 처지에 있었다. 또 당시와 같이 격화된 좌우익 대립의 상황에서는 한국의 통일은 이루어질 수 없을 것이 명백하였으므로 여운형은 양극단을 제외한 좌우익 세력을 총망라하여 통일민주정부 수립을 위한 기초를 닦아야 하리라고 생각하였기 때문이었던 것이다.[6]

이처럼 여운형은 자신이 6월 11일에 분명히 밝혔듯이, "미소공위 재개에 노력하고 완전한 임정臨政이 수립될 때까지 군정에 협력해야" 한다는 생각으로, 그리고 "진정한 통일정부는 좌우합작에서 수립될 것이고, 결코 좌나 우나 단독으로는 수립하지 못할 것"이라는 생각으로 좌우합작에 임

5 *FRUS*, 1946, vol, 8, p.678. 몽양이 평양을 방문한 다음 날인 4월 20일부터 21일까지 좌익의 통합단체인 '민주주의민족전선' 제2차 대회가 서울에서 개최되었다. 몽양은 평양 방문의 이유를 들어 자신이 의장으로 있는 이 단체의 중요한 대회에 참가하지 않았다. 평양에 간 몽양은 김일성에게 "(박헌영이) 우리의 인민당에 공산당 프락치를 심어 당 내부문제를 간섭한다"고 하면서 박헌영을 비난했고, 조선공산당이 좌익진영의 통일을 저해하며 반탁진영에 대한 공산당의 투쟁노선이 과격하다고 비판했다〔중앙일보 특별취재반, 『秘錄 · 조선민주주의인민공화국』 하권(중앙일보사, 1993), p.117〕.

6 李東華, 「夢陽 呂運亨의 政治活動(하)」, 『창작과 비평』 1978년 가을호, p.133.

하게 된다.[7]

(3) 김규식과 좌우합작

시국을 우려한 여운형이 온건세력이 단결하여 사태를 이끌어 나가야 하지 않겠냐고 하며 오랜만에 접촉해 왔을 때 우사 김규식도 역시 같은 심정이었을 것이다. 김규식이 백범白凡 김구金九와 함께 32년 만에 고국에 돌아온 것은 1945년 11월 23일로서 신탁통치에 관한 소식이 들려왔을 때는 임정 일진一陣이 아직 여독도 풀기 전이었다. 그 후에 있은 치열한 반탁운동, 송진우宋鎭禹의 암살(1945년 12월 30일), 좌익과 우익의 극렬한 충돌을 보며 지식인 김규식은 극한투쟁보다도 현실을 타개해 나갈 수 있는 대책을 강구하는 방향으로 나아가고 있었다. 모호한 점이 많이 내포된 모스크바 3상회의 결의문을 읽어 보고, 신탁통치를 반대한다는 기본 입장은 견지하면서도 우선 3상회의에서 결정된 제1항인 임시정부의 수립을 서두를 필요가 있다고 생각하고 있었다. 강대국들이 인정하는 임시정부가 수립되어야 그들과 협상도 할 수 있고 신탁문제도 민족자결주의民族自決主義에 따라서 해결할 수 있을 것으로 생각했기 때문이다.

따라서 김규식은 미소공위에 많은 기대를 걸었고, 미소공위가 개최된 3월 20일에는 '미소공위가 반드시 성공해야 한다'는 내용의 성명을 발표하기도 했다.[8] 미소공위 결렬이란 소식이 들려왔을 때 그도 역시 크게 실망하고 조국의 앞날을 염려하지 않을 수 없었으나, 그가 좌우합작운동에 나서기까지는 여운형과의 접촉, 그리고 미군정과 이승만의 적극 권고가 작용했을 정도로 그는 좌우합작에 대해 매우 소극적이었고 좌우합작이 성사되리라는 희망을 크게 가지지는 않았다. 김규식의 부인 김순애金淳愛 여사

7 鄭時遇 편, 『獨立과 左右合作』(삼의사, 1946), p.28.

8 『서울신문』, 1946년 3월 21일.

에 따르면 이승만이 찾아와서 좌우합작운동에 나설 것을 종용했을 때 김규식이 "나는 능력도 없고 자신도 없으며, 또 되지 않을 것도 알고 있다"고 한 것으로 보아 그는 처음부터 좌우합작에 대해서 크게 기대를 걸지는 않았다.[9]

그러나 미군정이 이승만을 통해 끈질기게 종용하자 김규식은 결국 좌우합작에 승낙하게 되었는데, 이때 "이것이 독립을 위한 제1계단이요, 이 단계를 밟지 않으면 둘째 계단인 독립을 할 수 없다면 내가 희생하겠다"라고 했다. 김규식의 비서를 지낸 송남헌宋南憲이 "후일 국토의 양단兩斷과 민족의 영구분열을 방지하기 위해 평양에 김일성을 만나러 가서 협상을 시도한 것과 같은 명분에서 나섰던 것"이라고 말한 바 있듯이,[10] 김규식은 독립정부를 세우기 위해서 자신의 존재와 경력과 모든 것을 희생하겠다는 생각으로 좌우합작운동에 참여했다.

이처럼 김규식은 미국과 소련의 협상에 민족의 운명이 달려 있기 때문에 민족문제에 대해 현실적으로 대처해야 한다는 생각을 가진 한편으로 좌우합작의 성사 가능성은 희박하지만 자신이 희생하겠다는 명분에서 좌우합작에 임하게 되었는데, 그가 좌우합작에 나서게 된 데에는 온건 우익 인사로서의 사상적 기반도 작용했을 것이다. 하지 중장의 정치고문으로 미군정을 대표하여 좌우합작을 전담했던 버치Leonard Berch 중위가 김규식을 좌우합작의 우익 측 대표로 지목한 것도 '민주의원'에서 김규식이 보여준 민주주의적인 사상과 온후한 포용력을 높이 샀기 때문이었다.

이상에서 살펴본 바와 같이 남한 내의 좌우합작 추진세력, 즉 여운형과 김규식이 좌우합작에 나서게 된 동기를 종합하면, ① 최종 단계로서의 독

---

9 김규식이 좌우합작에 참여하게 된 자세한 내막과 이상에서 논의한 김규식에 관한 것은 이정식, 『金奎植의 生涯』(신구문화사, 1974), pp.124~142를 참조하기 바란다.

10 송남헌, 『韓國現代政治史』 제1권(성문각, 1980), p.296.

립국가의 수립, ② 독립국가 수립을 위한 전 단계로서의 미소공위의 성공, ③ 미소공위의 성공을 위한 미군정에의 협조 불가피, ④ 협조 방안으로서의 온건 좌우세력 총망라라고 할 수 있다. 그런데 뒤에서 살펴보겠지만 독립국가 수립이라는 궁극적인 목적으로 가는 도상途上은 너무나 험난했다. 소위 중간파는 이미 분열될 대로 분열되어 있던 좌익과 우익의 협공을 받아 첫 단계인 온건 좌우세력 총망라조차도 이뤄낼 수 없었으니 좌우합작 추진세력의 원대한 포부와 달리 좌우합작운동은 그 출발에서부터 난항을 겪게 된다.

3. 미국과 좌우합작

앞서 지적한 대로 좌우합작에 대한 발설은 여운형이 미소공위가 결렬된 후 김규식을 만났을 때 했을 가능성이 짙지만, 이 구상을 적극적으로 추진한 것은 미군정의 정치고문관들이었다. 여운형과 김규식과의 첫 접촉 후에 원세훈元世勳을 포함한, 약간 확대된 모임이 열린 것은 5월 25일인데 원세훈은 그 모임에 대하여 다음과 같이 말했다.

> 우리의 일을 가장 걱정하는 외국인이 여운형, 허헌許憲 양씨와 나와 김규식 박사가 회견을 할 필요가 있다고 역설하는 말을 듣고, 나는 그에게 이 회견의 요청이 여 · 허 양인兩人으로부터 온 것인가, 혹은 당신이 거중居中 알선하는 것인가 함에 대하여 씨는 여 · 허 양씨의 요청이라면 요청이나 나의 알선이라면 나의 알선이라고 하겠다고 대답하였다.[11]

그리고 원세훈은 여운형과 황진남黃鎭南(여운형의 비서 겸 통역), 버치, 김

11 『동아일보』, 1946년 5월 29일, 국사편찬위원회 편, 『자료 대한민국사』 제2권(1969), p.674.

규식이 모인 장소에서 인사말로 "나는 당신에게 부끄럽소. 우리 일을 우리가 못하고 외국인의 알선으로 이같이 함은 대단히 미안하오"라고 했다고 한다.[12] 이 말에서 알 수 있는 것은 좌우합작에 대한 발상을 누가 처음 했든 간에 이를 추진한 것은 미국이었다는 점이다. 그렇다면 미군정 당국은 왜 좌우합작운동을 추진하게 되었는가. 그 동기를 알기 위해서는 미국이 처하고 있던 국제적 환경을 살피고 당시 미국의 한반도정책을 살펴보아야 한다.

미군정의 남한 통치기간은 다음의 세 단계로 구분할 수 있다.

1. 제1단계 : 1945년 9월부터 다음 해 5월까지의 혼돈기간
2. 제2단계 : 1946년 5월부터 다음 해 중엽까지의 좌우합작 시절
3. 제3단계 : 한국철수 결정(1947년 9월)과 단독정부의 수립

제1단계인 혼돈기간은 오리무중 속에서 한국정치를 정돈하고 방향을 잡기 위한 모색기간이라고 규정지을 수 있다. 이 기간 동안 미국은 소련과의 협조방책을 모색하는 한편, 미군정은 이승만 · 김구 등을 중추로 하여 질서를 잡아보려고 했다. 그러나 소련과의 협상은 성사되지 않았고, 또 이승만 · 김구 등을 비호하는 정책은 소련을 자극할 뿐만 아니라 남한의 미군정 지역에서도 사태를 수습하는 데 도움이 되지 못했다. 미국은 1946년 2월경부터 초기정책을 재검토하기 시작했는데, 5월에 미소공위가 결렬되자 제1단계의 정책을 포기하고 좌우합작을 모색하게 된다.

(1) 미국의 한반도정책과 신탁통치의 '필요성'

미국이 좌우합작을 모색하고 추진하는 시기인 제2단계는 미국의 한반

12 『동아일보』, 1946년 5월 29일.

도정책의 기조가 신탁통치를 실시하기 위해 소련과의 교섭을 계속하면서 중국에서의 사태 전개를 관망하는 시기에 해당한다. 따라서 미국이 좌우합작을 추진하게 된 배경을 알기 위해서는 두 가지 측면을 모두 살펴보아야 한다.

해방 전후의 미국의 한반도정책에서 소련과의 협조관계의 성립은 중요한 위치를 차지하고 있었다. 미소공위의 성공, 즉 신탁통치의 실현은 미국에게 필요했다. 왜냐하면 미국은 한국을 소련에게 넘겨줄 수는 없었지만, 미국의 전략상 한반도는 중요한 존재가 아니었으므로 재정적 또는 군사적 투자를 할 의사가 없었다. 따라서 미국은 이러한 투자 없이 외교적인 방법으로 소련의 한반도 독점을 막아보려고 했는데 그 방법이 신탁통치였던 것이다.

신탁통치안은 과거 1899년에 미국이 중국에 대해 선포했던 '문호개방정책Open Door Policy'의 전통을 밟은 것이다. 당시 중국에서 미국은 실력이 강한 일본, 그리고 러시아를 비롯한 서양나라들이 중국을 분할하여 독점하려 할 때 실력행사를 할 수도 없고 그러할 의사도 없었으므로 '중국의 문호개방'이라는 도덕적인 정책을 선포함으로써 중국의 자립을 연장하는 동시에 미국의 상업시장을 확보했다. 물질 또는 병력의 투자 없이 외교적인 방법으로 미국과 중국의 이익을 보호한 성공적인 예였다.

해방 후의 한국도 중국의 경우와 흡사했다. 제2차 세계대전 도중 미군 총참모부나 극동지방의 총수總帥 맥아더Douglas MacArthur 등은 소련이 극동전쟁에 개입할 경우 만주滿州(둥베이東北지역)와 사할린, 그리고 한반도를 점령할 것이라는 생각을 가지고 있었고, 미국으로서는 그를 막을 방법도 없거니와 그렇게 해야 할 필요성을 느끼지 않고 있었다. 당시 미국의 최고 목표는 최소한의 희생으로 될수록 빠른 시일 내에 일본을 패배시키는 것이었는데 미군의 한반도 상륙은 이 목표 수행에 도움이 되지 않는 일이었기 때문이다.

그러나 국무부에서는 소련이 한반도를 독자적으로 점령하여 소비에트화하는 것은 만주에서의 중국의 위치와 더 나아가 일본의 위치를 위협할 것이므로 미국에 불리한 일이라고 믿고 있었다. 따라서 어떻게 하면 미국이 상당한 병력, 그리고 재정적 투자를 하지 않은 상태에서 소련이 한반도를 독점하는 것을 막을 수 있고 소련과 중국 간의 갈등을 지양할 수 있을지를 궁리하여 나온 구상이 신탁통치안이었던 것이다.[13]

만일 한반도를 미국 · 소련 · 중국 · 영국 4대국의 공동감독하에 둘 수가 있다면 소련에게는 4분의 1의 권한밖에 부여되지 않는 동시에 한국은 (신탁통치라는 형태에서이기는 하지만) 자체의 독립을 유지할 수 있을 것이라는 구상이었다. 루스벨트Franklin D. Roosevelt 대통령이 40년간의 신탁통치를 얘기하게 된 동기는 아마도 오랫동안 소련과 중국, 그리고 미국의 정치적 갈등을 원만히 해결하기가 힘들 것이라는 견지에서 나온 것인지도 모른다. 물론 한국사람들 스스로 통치할 능력이 없다고 하는 편견도 다분히 작용했다.

이처럼 미소공위의 성공은 미국에게 필요한 것이었으나 그 회의는 '의사표현의 자유' 문제를 둘러싸고 결렬되고 말았다. '의사표현의 자유'라는 추상적인 표현을 썼지만 실제로는 이승만 · 김구 주도하의 우익세력의 처우문제에 대한 갈등이었다. 미국은 군정 제1단계에서 이승만과 김구를 중심으로 한국 정계를 '정돈'하려고 했는데(1946년 2월 임시정부 계열의 비상정치회의 최고정무위원들을 민주의원으로 선정한 것이 좋은 예이다), 소련은 이승만과 김구를 받아들일 수 없었다. 폴란드에서의 우익 숙청, 그리고

13 이러한 점에 대해서는 오코노기와 마트레이가 세밀히 입증한 바 있다. Masao Okonogi, "Shifting Strategic Value of Korea, 1942~1950," *Korean Studies*, vol. 3(Honolulu, 1979), pp.51~52 ; James Irving Matray, *Reluctant Crusade: American Foreign Policy in Korea, 1941~1950*(Honolulu: University of Hawaii Press, 1985).

1946년 초 북한에서의 우익세력 숙청이 보여준 바와 같이 소련은 우익의 제거를 기본 방침으로 삼고 있었다.

미국이 좌우합작을 모색하게 된 데에는 이처럼 소련과의 관계 유지를 통한 신탁통치의 실시정책이 난관에 처하자 온건 좌우세력을 내세워 미소공위를 재개해야 한다는 측면이 있었고, 중국에서의 사태 전개가 매우 유동적이었던 측면도 있었다. 한반도가 아시아대륙의 일부이기 때문에 한반도의 전략적 가치는 중국에서의 상황에 따라 변동하기 마련이었는데, 중국에서는 치열한 내전이 계속되고 있었다. 좌우합작이 토론된 시기는 트루먼 대통령Harry S. Truman이 마셜George C. Marshall 대장을 중국에 특사로 파견하여 국공합작을 통해 사태를 정돈하려던 시기였다. 트루먼 대통령은 중국사태를 중요시하여 그가 가장 신임하는, 아니 경외하는 마셜 장군을 1946년 1월에 중국에 파견했다. 마셜 자신이 초안했다고 하는, 트루먼이 마셜에게 준 지령은 마셜로 하여금 '중국 각 정당의 대표들로 구성되고 국민당國民黨이 주도적 역할을 하는 합작정부合作政府 또는 연합정부聯合政府를 설치하라'는 것이었다. 동시에 그는 '중국 전체를 위한 종합적이고 공평한 경제원조안을 작성하라'는 지시를 받았다.[14] 결국 마셜의 노력은 실패로 끝나게 되지만, 어쨌든 남한에서의 좌우합작은 중국에서 일어나고 있던 국공합작과 긴밀한 연관성을 갖고 있었다.

(2) 국무부의 '2 · 28 초안'

미국정부가 이승만 · 김구 지지 정책에 대해 회의를 느끼기 시작한 것이 언제인지는 확실치 않으나 국무부는 1946년 2월 28일에 육군성에 보낸 「맥아더 장군에게 보낼 메시지의 초안」이란 문헌에서 "김구집단과 소련에

14 Eleanora W. Schoenebaum, "George C. Marshall," in Schoenebaum, *Political Profiles: The Truman Years*(New York, Facts on File, 1978), p.363.

게 지배되는 집단에 관여되어 있지 않고 확고한 진보적인 프로그램을 추진할 지도자들"을 찾아내는 노력을 해야 한다고 했다.[15]

이 문헌은 진보적인 프로그램의 내용에 대해서도 언급하고 있는데, 이러한 진보적인 지도자들은 "네 가지 자유(언론의 자유, 종교의 자유, 궁핍으로부터의 자유, 공포로부터의 자유)와 아울러 대다수의 한국사람들이 원하고 있는 토지개혁과 재정개혁을 강조하는 진보적인 프로그램을 세밀하게 작성하도록 권장해야 할 것"인바, 그 목적은 "지금 공산주의적 프로그램이 자기에게 가장 유익하다고 생각하는 사람들을 이 새로운 프로그램으로 당겨오기 위함"이라고 하였다.[16]

국무부는 또 이 문헌에서 이승만·김구를 멀리할 것을 주장했다. "그들이 해외 망명객이었다는 배경, 그들이 중국국민당의 비호를 받고 있는 것 같다는 사실, 그리고 국무부가 여러 해 동안 이승만과 불만족스러운 경험을 했다는 사실들 때문에 우리는 김구나 이승만에 대해 편파적 호의를 보이지 않아야 한다"고 했다.[17]

(3) 랭던·테이어의 5·24 제안

2월 28일자의 초안이 서울에 발송되었는지는 알 수 없으나 국무부에서 서울에 파견되어 있던 정치고문관 랭던과 테이어는 5월 24일에 거의 같은 내용의 제안을 워싱턴으로 보냈다. 이 장문의 전보문은 미군정이 당시 남한의 정세를 어떻게 파악하고 있었는지를 알 수 있는 자료일 뿐만 아니라 후에 미국정부의 좌우합작 추진에 관한 기본 방침의 토대가 되었기 때문

15 Proposed Message to General of the Army Douglas MacArthur Drafted in the Department of State (Copy transmitted by the Department to the War Department on Feb 28, 1946) as a suggested message to be sent to SCAP, *FRUS*, 1946, vol. 8, p.645.

16 *FRUS*, 1946, vol. 8, pp.645~646.

17 *FRUS*, 1946, vol. 8, p.645.

에 여기에서 소개할 필요가 있다.

우선 랭던과 테이어는 소련의 한반도정책이 유고, 불가리아, 루마니아 등 유럽에서의 정책과 대동소이하다고 하였다. 즉, 소련은 미군이 남한에 주둔하고 있음에도 불구하고 한반도 전체를 통하여 공산당이 지배하는 세력하고만 통일전선을 구축하려고 한다는 것이다.[18] 하여튼 랭던과 테이어는 미국은 소련이 한국을 소비에트화하는 것을 반대한다는 의지를 확고히 해야 하며, 지금 공산당이 온건한 애국자들 사이에서 인기가 없음을 이용하여 온건한 애국자들이 남한에서의 위치를 공고히 하는 것을 도와주며 그들이 북쪽(의 획책)에 저항하도록 권장해야 한다고 했다.[19]

민주세력 또는 온건세력을 어떻게 강화하느냐 하는 문제에 있어서 랭던과 테이어는 민주세력이 행정에 직접 참여하도록 하고 점차적으로(미군의 인원이 축소됨에 따라) 책임을 맡도록 해야 한다고 했다. 즉, 군정 참여에서 민정 이양으로 전환해야 한다는 말이다. 이러한 과정을 위해서는 '모든 민주적 정당들의 참다운 합작true coalition of all democratic parties(또는 연합)'을 이룩해야 하는데, 이러한 합작을 이룩하기 위해서는 "한국이 영구적인 독립을 획득하는 길은 우선 남쪽에서 독립적인 정당들이 단합된 연합체로서 군정에 참여해야 한다는 것을 설득해야 한다"고 했다. 또 이처럼 단합된 세력은 앞으로 북쪽과의 통일을 이룩하는 데에도 도움이 될 것이라는 점을 지적해야 한다고 했다. 랭던 · 테이어 안이 2 · 28 초안과 다른 점은 "온건 지도자들"이란 개념을 "민주적 정당들의 연합"으로 구체화하고 군정 참여라는 방법을 제시한 것이다.[20]

또한 미군정의 정치고문관들은 온건 민주세력의 합작이 다분히 가능하

18 *FRUS*, 1946, vol. 8, p.686.

19 *FRUS*, 1946, vol. 8, p.686.

20 *FRUS*, 1946, vol. 8, p.686.

다고 보았는데, 이는 지금까지 굳게 단합된 듯이 보였던 좌익진영 내에서 분열의 기운이 있었기 때문이다. 랭던과 테이어는 2월 15일에 구성된 '민주주의민족전선'(의장 여운형, 허헌, 박헌영, 김원봉金元鳳, 백남운白南雲)은 극소수의 공산 프락치가 지배하는 집단으로서, 참가단체들이나 개인회원에게는 발언권이 전연 없는 상태라고 하면서 이 '전선'의 의장이며 조선인민당의 당수인 여운형마저도 자기 당의 집행위원 중의 두 사람이 공산당원이며 자기는 당을 움직이지 못하게 되었다는 말을 했다고 보고했다.[21] 또 여운형 자신은 신탁통치보다도 한국의 즉각적인 독립을 원하지만 공산당의 압력에 못 이겨 신탁지지를 표명했다고 술회했다고 보고했다.

이러한 사태는 다분히 좌우합작의 가능성을 높여 주는 것으로 보였다. 미국은 많은 수의 진정으로 애국적이며 진보적인 한국인들이 '민주주의민족전선'에 참여하고 있기는 하나 이들은 자기의 주장을 내어놓고 말하지 못하는 처지에 있다고 보았고, 공산당 자체는 인민의 지지를 받지 못하고 있다고 보았다. 공산당의 일방적인 지배와 공산당 휘하의 노동조합과 농민조합들의 테러행위와 기타 불법행위, 그리고 북한에서의 소련군의 약탈이 좌익전선을 약화시켰다는 것이다. 그리고 정판사精版社 위조지폐 사건과 미소공위에서의 소련의 주장은 좌익전선 내에서 동요를 일으킬 것으로 관망했다. 또 좌익진영 내에는 미국이 궁극적으로 소련의 한국 지배를 막지 못할 것이라고 추정하고 참여한 기회주의 분자들도 있기 때문에 미국이 적절한 정책을 추진한다면 많은 자들이 공산당이 지배하고 있는 '민주주의민족전선'을 이탈할 것으로 보았다. 미군정 고문관들에게 특히 고무적인 것은 좌익세력의 거물로 알려진 여운형이 동요한 나머지 김규식과 접촉했다는 것이다. 당시 김규식은 미군정의 자문기관인 '민주의원'의 부

21 *FRUS*, 1946, vol. 8, p.687.

의장이었으며 우익으로 간주되고 있었다.

이러한 견지에서 두 고문관들은 하지 중장의 명의로 한국인으로 이룩된 비행정내각非行政內閣, Non-Administrative Cabinet과 입법기관의 수립을 제안했다. 이 기관들은 군정사령관의 권한하에서 존재하며 통일된 '임시정부'가 수립될 때까지 법을 제정하고 집행하는 기관으로서, 어디까지나 잠정적인 것이라고 규정지었다.[22]

두 고문관들은 이승만과 김구에 대해서도 언급했는데, 김구는 자기의 불찰로 인해 정계에서 밀려나 버렸으며 미군정은 그를 거의 무시하다시피 한다고 했다. 이승만의 경우, 하지 중장은 그를 장차 설립될 임시정부에서 필수적인 인물이 아닐 뿐만 아니라 바람직한 존재도 아니라고 생각하지만, 그가 민수적 분사들 사이에서 전국적으로 알려진 인물 중 하나이기 때문에 그를 무시할 수는 없는 상황이라고 보고했다.[23]

(4) 국무부의 6 · 6 지령

국무부 점령지역 담당 차관보 힐드링John H. Hilldring 소장은 5월 22일에 국무장관 번스James F. Byrnes, 육군장관 패터슨Robert P. Patterson과의 대화에서 한국문제에 관한 계획안을 곧 제출하겠노라고 했으므로 좌우합작을 포함한 여러 가지 구상을 하고 있던 것으로 보인다. 그가 6월 6일에 맥아더를 통하여 하지 중장에게 보낸 지시문은 5월 24일자의 서울전보를 기초로 한 것으로서, 좌우합작을 통하여 그리고 입법기관을 통하여 미소공위의 진전을 촉구하라는 내용이었다. 이 지시문은 좌우합작운동의 헌장과 같은 역할을 한 기본문헌이다.

좌우합작, 그리고 입법기관과 한국인으로 구성된 행정기구에 대한 내용

22 *FRUS*, 1946, vol. 8, p.688.

23 *FRUS*, 1946, vol. 8, p.688.

은 5 · 24 제안과 거의 동일하므로 여기에서 반복할 필요가 없으나, 한국에서의 개혁이 필요한 이유에 대한 부분은 미국정책을 이해하는 데 도움이 되는 조목들이다.

이 지시문에 따르면 한국인의 군정 참여, 좌우합작, 그리고 모든 개혁안의 목적은 소련에게 압력을 가하여 미소공위를 성공리에 마무리하는 것이었다. 힐드링은 경제개혁을 지시하면서 "미국정책에 대한 한국인들의 지지를 얻음으로써 미국이 소련과 교섭을 할 때 미국 입장을 더욱 강하게 하자는 것"이라고 하였고,[24] 또 소련과의 합의를 가져오는 방법은 한국사람들의 여론으로 소련의 입장을 변경시키는 것이라고 했다.[25] 그리고 미국정책에 대한 한국여론의 지지를 획득하는 과정에서 소련과의 합의를 이룩하기 위한 광범위한 지반을 구축하는 것도 똑같이 중요하다는 것을 잊지 말아야 한다고 했다.[26]

소련에게 압력을 가하고 소련과의 합의를 얻기 위한 좌우합작 또는 한국사람의 군정 참여라는 전제조건은 좌우합작이나 군정 참여의 방향을 설정하는 데 극히 중요한 것이었다. 왜냐하면 힐드링은 우선 남한에서의 선거 또는 행정요원 선정과정에서 공산당을 포함한 '모든' 정당이 포함되어야 하며,[27] "정쟁의 소용돌이의 중심이 되어온 어떤 인물들이 잠시 정계에서 은퇴할 것을" 요구했기 때문이다. 힐드링의 글은 이들 '반소적反蘇的 지도자들'에 관한 문제가 미소공위의 결렬에 크게 작용했음을 지적하고 이런 조건을 정당화했다.[28]

24 *FRUS*, 1946, vol. 8, p.697.
25 *FRUS*, 1946, vol. 8, p.698.
26 *FRUS*, 1946, vol. 8, p.698.
27 *FRUS*, 1946, vol. 8, p.698.
28 *FRUS*, 1946, vol. 8, p.698.

4. 좌우합작의 실천과정

위에서 본 바와 같이 좌우합작운동에서 '좌'와 '우'의 개념은 극좌와 극우를 제거한 '온건 좌'와 '온건 우'만을 지칭하는 극히 제한된 것이었고, 미군정이나 여운형 · 김규식이 지향한 첫 단계의 목적은 온건세력을 총망라하여 단합하는 것이었다. 한국인사들은 이 단합된 세력을 구축함으로써 '통일민주정부 수립을 위한 기초를 닦는다'는 목표를 세웠는데, 미국의 목적은 이보다 더 광범위한 것으로 남한에서의 정치적 성공을 이룩함으로써 소련에 압력을 가하여 미소공위에서 미국의 입장을 관철하자는 것이었다. 이 정책이 성공하기 위해서는 ① 중간좌우의 정치세력이 단합하여, ② 입법기관 설립에 참여하고, ③ 민주적 개혁안을 세워 실천함으로써, ④ 일반 대중이 미국정책을 적극 지지하게 되어, ⑤ 소련이 압력을 느껴 미소공위에서 미국의 주장에 따르게 하는 것이었는데, 참으로 거창한 계획이었다고 하지 않을 수 없다.

이러한 거창한 계획은 실현 가능성이 있는 것이었는가, 아니면 하나의 꿈에 불과했던 것인가? 실현의 가능성은 다분히 있었다. 5월 24일자의 랭던 · 테이어의 제안에서 볼 수 있듯이 좌익진영에는 다분히 기회주의적인 요소들이 많았고(우익진영의 경우에도 마찬가지였다), 또 좌익세력 내에서의 분열이 표면화되어 가는 과정이었으므로 미국이 한국에서 확고한 의지를 보이고 경제 · 교육 등 제반 개혁안을 뒷받침하는 재정적 원조를 할 수 있었다면 온건세력의 단합도 쉽게 이루어졌을 뿐만 아니라 많은 인물이 극단적인 좌익 · 우익 진영을 떠나 온건적 중심세력으로 모여들었을 것이다.

이 '거창한 계획'의 첫걸음은 온건좌우의 정치세력을 규합하는 일이었는데, 중추적 역할을 한 여운형과 김규식은 오래전부터 막역한 동지들이었다.[29] 김규식은 우익으로 알려져 있고 여운형은 좌익으로 알려져 있었으나 양자의 사상체계나 앞으로 구축해야 할 정치·경제체계 면에서는 별 차이를 찾아볼 수 없을 정도로 흡사했다. 김규식이 1946년 10월에 그를 방문한 미국기자 게인Mark Gayn에게 밝혔듯이 그는 주요 산업의 국유화와 농지개혁, 그리고 사회보장을 주장했다.[30] 그가 난징南京에 있던 시절에 참여한 민족혁명당民族革命黨의 강령을 보더라도 그는 상당히 좌익적인 노선까지도 수용할 수 있었다. 민족혁명당의 강령은 제9조에서 '토지의 국유화와 농민에 대한 토지분배'를 말하고 있다.[31] 여운형의 경우는 해방 초기의 건국준비위원회의 정강을 보더라도 김규식의 선을 넘지 않고 있었다. 그리고 신탁통치 문제에 대해서도 위에서 언급한 바와 같이 여운형도 즉시 독립을 원하기는 했으나 공산당과의 연합전선을 유지하기 위해, 그리고 소련과의 관계를 고려하여 모스크바 3상회의 결정을 지지하고 있었다.

이처럼 좌우합작의 한 축인 미국정부의 적극적인 의지가 개입되고 다른 한 축인 여운형·김규식을 중심으로 단합 노력이 결부된다면 좌우합작은 성사될 가능성이 있었다. 그러나 양측의 의도가 결실을 맺으려면 양측의 중추적 역할을 통해 '모든 민주적 정당들의 참다운 합작'이 이루어져야 했는데, 문제는 합작에 적극적인 일부 인사와 미군정을 제외하고는 정국을 주도하는 세력들이 합작에 냉소적이거나(우익의 경우), 합작을 저지하기 위한 투쟁을 일삼았다는 데(좌익의 경우) 있다. 김규식 세력을 제외한 우익 측

29 그들은 중국에 망명하기 전부터 안면이 있었던 것 같지만 긴밀하게 행동을 같이한 것은 3·1운동 직전에 여운형이 톈진天津에 있던 김규식을 난징으로 불러와 파리강화회의에 파송한 때부터이다. 또 1921년에 여운형과 김규식은 나용균羅容均과 함께 셋이서 몽고의 사막을 건너 모스크바의 약소민족대회에 참가했다. 여운형이 1929년에 상하이에서 일본경찰에 체포되어 고국으로 호송되어 와서 옥고를 치르면서 연락이 단절되었으나 동지임에는 변함이 없었다. 김규식은 1881년생이며 여운형은 1886년생으로 형님, 아우 하는 사이였다.

30 Mark Gayn, *Japan Diary*(New York: William Sloane, 1948) pp.357~358.

31 이정식, 앞의 책, p.105 참조.

은 미국의 한반도정책과 상반되는 주장을 계속한 반면 좌익 측의 합작저지 투쟁은 소련의 지령에 의한 것이어서 문제가 더욱 심각했고, 중간파의 의지만으로는 이러한 상황을 돌파하기가 어려웠다.

좌우합작운동의 '좌 · 우' 간의 세부적인 교섭과정은 이미 다른 저서에서 논의한 바 있으므로[32] 거듭하지 않으려 하며, 여기서는 좌우합작 추진과정에서 핵심적인 네 가지 측면, 즉 좌우합작 7원칙, 좌우합작을 둘러싼 좌우대립, 과도입법의원, 그리고 좌우합작의 성패에 중대한 영향을 미친 소련의 좌우합작에 대한 태도를 중심으로 고찰하겠다.

(1) 좌우합작 7원칙

앞서 언급한 5월 25일의 모임을 필두로 하여 몇 차례의 모임이 있었으나 좌 · 우익 진영은 신탁통치 문제를 둘러싸고 대립을 계속하였고, 이런 와중에서도 7월 10일에는 여운형과 김규식을 각각 좌 · 우측 대표로 하는 좌우합작위원회左右合作委員會가 구성되었다.[33] 좌우합작위원회가 몰두했던 일은 합작원칙의 규정이었는데 이 문제는 10월 4일에 '합작 7원칙' 합의라는 형태로 낙착되었다. 그 이전인 7월 27일에 좌익인 '민주주의민족전선'이 합작 5원칙을 발표했고, 그 직후인 7월 29일에는 우익인 '민주의원'이 8원칙을 발표했는데, 좌우합작위원회가 합의한 합작 7원칙은 좌익의 5원칙과 우익의 8원칙을 절충하려는 노력 끝에 나온 것이다.

따라서 합작 7원칙은 형식상으로는 좌우합작운동의 최초의 가시적 성과물로 비춰질 수 있는 것이었다. 강만길姜萬吉은 합작 7원칙 발표시기까지를 남북한과 좌우익을 망라한 합작운동으로서의 성격을 지닌 시기로 설

32 이 점에 대해서는 이정식, 앞의 책, pp.143~158을 참조하기 바란다.

33 좌우합작위원회 대표단 명단은 다음과 같다(정시우 편, 앞의 책, pp.40~41).
우측 대표 : 김규식, 원세훈, 안재홍, 김붕준, 최동오.
좌측 대표 : 여운형, 허헌, 정노식, 이강국, 성주식.

정하는 등[34] 7원칙이 가지는 의미를 나름대로 높이 사고 있다. 물론 최초의 합의라는 점에서 7원칙은 분명 상징성을 가지고 있으나, 7원칙 자체가 좌우익의 동의하에 발표된 것이 아니었을뿐더러 7원칙이 발표되기 전에 이미 좌우합작은 그 본연의 역할과 성격을 상실한 상태였다. 뒤에서 자세히 살펴보겠지만 8월에 여운형이 좌익진영의 3당 합당에 반기를 들면서 그동안 견지해온 형식적인 좌익대표라는 이름조차 상실했기 때문이다. 따라서 여운형은 좌경左傾한 우익인사라고 규정하는 것이 정확하다. 1946년 8월 이후의 좌우합작은 오히려 우익좌파의 합작운동이라고 부르는 것이 타당하며, 처음에 미군정이 시도했던 좌우합작과는 성격이 전혀 다르다.

좌익진영에서 고립되어 세력이 약해진 여운형이 우익 측 대표단과 합의한 7원칙은 다음과 같다.

1. 조선의 민주독립을 보장한 3상회의 결정에 의하여 남북을 통한 좌우합작으로 민주주의 임시정부를 수립할 것.
2. 미소공동위원회 속개를 요청하는 공동성명을 발표할 것.
3. 토지개혁에 있어 몰수, 유조건有條件 몰수, 체감매상遞減買上 등으로 토지를 농민에게 무상으로 분여分與하며 시가지의 기지 및 대건물을 적정 처리하며, 중요산업을 국유화하며 사회노동법 및 정치적 자유를 기본으로 지방자치제의 확립을 속히 실시하며, 통화 및 민생 문제 등을 급속히 처리하며 민주주의 건국과업 완수에 매진할 것.
4. 친일파, 민족반역자를 처리할 조례條例를 본 합작위원회에서 입법기구에 제안하여 입법기구로 하여금 심리審理 결정하여 실시케 할 것.
5. 남북을 통해 현 정권하에 검거된 정치 운동자의 석방에 노력하고 아울러 남·북·좌·우의 테러 행동을 일체 즉시로 제지토록 노력할 것.

34 강만길, 「좌우합작운동의 경위와 그 성격」, 송건호·강만길 편, 『한국민족주의론 II』(창작과 비평사, 1983), pp.102~103.

6. 입법기구에 있어서는 일체 그 권능과 구성방법, 운영 등에 관한 대안을 본 합작위원회에서 작성하여 적극적으로 실행을 기도할 것.
7. 전국적으로 언론, 집회, 결사, 출판, 교통, 투표 등 자유가 절대 보장되도록 노력할 것.[35]

7원칙에 대하여 좌익과 우익에서 반대론이 나오자 김규식은 해명서를 발표했는데, 이 해명서는 7원칙을 이해하고 아울러 좌우합작위원회를 이해하는 데 많은 도움이 된다.[36]

신탁통치 문제에 대해서

'3상회의 결의에 의하여……' 운운하는 문구 중에 신탁통치를 언급치 아니하였다 하여 탁치託治를 지지한 것처럼 대의소괴大疑小怪하는 듯하나. 그러나 그들은 3상회의 결의를 다시 숙독연구熟讀硏究하는 것이 좋을 것이다. 그 결의 제3항에 의하면 신탁문제는 우리 임시정부가 수립된 후에 그 정부와 미소공동위원회 쌍방이 검토 제안하여 4국의 동의를 얻은 후 미소 양 정부가 결정하게 되었다. 그러므로 새로 되는 우리 정부의 구성분자의 여하에 따라서 탁치의 실시여부가 결정되게 될 것이요, 우리는 미소공동위원회가 속개되리라고 믿으나 만일에 안 된다면 탁치문제는 근본적으로 거양擧揚할 것까지 없을 것이다.

토지문제에 대해서

토지문제에 대하여는 첫째 국유國有·국영國營, 둘째 경자유전耕者有田, 셋째 유조건 몰수(생활에 필요한 자작농 토지는 제외), 체감매상遞減買上을 당하는 자의 생계 고려, 넷째 대지주의 재생방지再生防止 등으로서 원칙을 삼은 것인즉 세목細目에 이르러서는 장래에 실시할 때에 적절하게 작량作量 처리할 수 있는

35 『동아일보』, 1946년 10월 8일.
36 『동아일보』, 1946년 10월 13일.

것이다. 시가市街 기타 건물에 대해서도 우리의 주장하는 정신은 매일반이다. 여하간 장래에 입법기관이 성립된 뒤에 우리의 노력으로써 그 기관이 위에 말한 여러 가지 원칙을 심의결의하고 법을 제정한 뒤에야 비로소 구속력이 발생할 수 있는 것이다.

그러므로 그전에는 우리 좌우합작위원회의 공동의견이 될 것뿐이니 미리 기우를 가지지 말고 먼저 냉정히 연구함이 당연할 것이다. 그러면 양해하기 그렇게 어렵지 아니할 것이다. 다시 말할 것은 토지안土地案에 있어 우측의 일소부분一小部分에서 반대하나 이는 오해다. '몰수沒收'는 적산敵産 및 재산을 말함이오, '유조건 몰수'는 구왕궁舊王宮, 사원, 기타 공공사업기관에 소유된 토지의 매매를 제한하여 그 기관관리자의 불찰로 자본가에게 매도치 못하게 할 것이니, 어떤 경우에는 국가가 그 토지를 소유하고 다른 경우에는 납세 또는 유사한 수입으로 이를 대신 불하할 필요도 있다. '체감매상'은 지주의 생활을 보장할 것 외에 대지주의 토지를 현가現價에 비율적으로 체감하여 정할 것인바, 소지주는 그 할인이 비교적 적을 것이다.

'무상분여無償分與'는 농민에게 소유권은 있으나 매매와 상속에서는 국관國管(국가관리)하야 대지주가 다시 일어나지 않게 하자는 말이다. 그러나 일체를 입법기관에서 정할 것이니 지금 이 문제로 반대는 착오다. '국가부담이 과다케 된다'는 염려는 실제 통계숫자를 가지고 따질 문제요, 이러한 부담에 대한 방법이 없는 국가는 건설의 목표가 아니다.

친일파문제에 대해서

7원칙 중에 친일파, 민족반역자는 입법기관에의 참여를 불허할 것을 주장하였다. 따라서 행정기구에 있어서도 반역분자를 포용하는 것은 절대로 불허할 것이나 건국사업에 공헌이 있는 자에 한하여 채용하는 것이 무방하다고 인정한다.

이처럼 모스크바 3상회의 결정의 테두리 안에서 임시정부를 세우고, 지주의 생계와 형편도 참작해주는 토지개혁을 하고, 친일파를 정치에서 제거하겠다는 7원칙은 이지적이고 중용의 정신을 받아들인 것이라고 할 수 있다.

(2) 좌우합작을 둘러싼 좌우대립

그러나 이러한 원칙으로 새로운 정치세력을 구성한다는 것은 또 다른 문제였다. 잘 알려진 바대로 해방 직후에 등장한 공산당은 막강한 조직력을 가지고 있었다. 공산당은 도시와 농촌의 지식분자, 학생층, 노동자들을 입당시키는 한편, 노동조합, 학생동맹, 여성동맹, 문인동맹 등 각종 외곽단체들을 조직하고 있었다. 또 농촌에서는 농민조합, 청년동맹들을 통해 대다수의 열성분자를 장악하고 있있다. 미군정 고문관 제이콥스Joseph E. Jacobs는 1947년 9월에 "최소한 30퍼센트의 한국사람은 국제공산당國際共產黨(코민테른) 계열의 좌익을 따르고 있다"고 한 바 있다.[37]

우익은 우익대로 비상국민회의, 대한독립촉성국민회 등을 통하여 각계각층을 장악하고 있었다. 우익세력의 이승만에 대한 추종은 절대적이고 삼정직이어서 어떠한 정치적인 이론이나 논쟁으로 움직일 수 없을 정도였다. 우익은 좌우합작위원회의 3상회의의 결정에 대한 태도를 신탁통치 인정이라고 공격했는데, 이에 대한 김규식의 대답은 우익세력이 납득할 수 없는 것이었다. 또 우익진영에서 압도적인 위치를 차지하고 있던 지주세력은 좌우합작위원회의 토지문제에 대한 주장을 받아들일 수가 없었다. 원세훈 등 16명의 한민당 중앙위원과 270여 명의 당원이 1946년 10월에 한민당을 이탈함으로써 한민당에 일대변동을 일으켰는데, 이는 좌우합작위원회에 대한 우익의 반발에 연유한 것이다.[38]

---

37 *FRUS*, 1947, vol, 6, p.805.

38 『동아일보』, 1946년 10월 12일 ; 『조선일보』, 1946년 10월 12일, 12월 7일.

물론 좌우합작위원회에 참가한 인사들 중에는 안재홍安在鴻같이 자기가 영도하는 정당을 가지고 있는 사람도 있었으나 그 정당의 실력은 공산당이나 이승만 계열의 그것과 비교가 되지 않았다. 좌우합작위원회 대표단 중에서 가장 강한 조직체를 가진 인사는 조선인민당 당수인 여운형이었는데, 그의 조선인민당 내에서의 위치는 이미 그 자신이 말한 바와 같이 굳건하지 못했다. 공산당은 여운형이 좌우합작운동에 참여할 태도를 밝히자 여러 가지 형태로 파괴공작에 나섰다. 그리고 북한에 있는 조선공산당과 신민당新民黨(연안파延安派)의 합당(1946년 7월 29일)은 남한에서의 이른바 '3당 합당' 운동을 일으키게 하여 여운형의 위치를 더욱 연약하게 만들었을 뿐만아니라 여운형이 다른 문제에 대해 신경 쓸 여지를 없애 버렸다.

미군정의 정보에 따르면 박헌영은 평양에서 돌아온 7월 22일 전까지는 좌우합작운동에 대해 거의 중립적인 태도를 취했으나, 그 이후에는 극력 반대의 태도를 확연히 하고 여운형에게 "미국의 노름에 끼어들지 말라"고 했으며, 좌우합작운동은 또 하나의 실패작이 될 것이며, 남측 좌익세력이 북측 세력과 합하여 굳게 뭉치면 남측에서의 우익반동은 금방 없어질 것이라고 했다고 한다. 여운형은 지금 자기는 좌우합작운동에 깊이 관여하고 있어서 일을 끝내기 전에는 그만둘 수 없다고 대답했다고 한다.[39]

랭던에 따르면 여운형과 박헌영이 어느 날의 모임에서 서로 극도의 적개심을 드러낸 것 같으며, 여운형이 "미국의 프로그램의 성공을 위해서는 박헌영을 이 시점에서 처치해 버리지 않으면 안 된다"고 하였고, 7월 29일에 있을 정판사사건 재판에 연관해서 그를 체포할 수 없을 것인가를 타진했다고 한다.[40] 여운형은 박헌영의 체면이 손상되면 지금 박헌영과 자기

---

39 랭던의 보고서, 1946년 8월 2일(*FRUS*, 1946, vol. 8, p.722).

40 *FRUS*, 1946, vol. 8, p.722. 영어 원문은 다음과 같다. "Some deep fear or mortal enmity of Pak must have come to the surface in this encounter as Lyuh hinted to us it was

사이에 놓여 있는 많은 노동자, 농민 및 청년층의 상당 부분을 자기편으로 끌어올 수 있을 것이라고 했다.[41] 그러면 왜 스스로 박헌영의 좌우합작 반대획책을 폭로하지 않느냐는 질문에 대해 여운형은 그렇게 되면 노동자, 농민, 청년층이 혼돈에 빠져 좌우합작운동에 장애가 올 것이라고 했다. 여운형은 이처럼 공산당의 반대가 좌우합작운동에 미칠 수 있는 타격의 중대성을 알고 있었기 때문에 미군정이 개입하여 박헌영을 처치해줄 것을 요구하면서도 한편으로는 정국의 혼란을 우려했다. 이에 대해 미군정은 정치적 탄압을 위해 정판사사건 재판을 이용할 의도가 전혀 없으며 여운형 스스로 싸우되 좌우합작에 대한 지원은 계속하겠다고 답변했다.

과연 공산당은 치열한 반대공작에 나섰다. '민주주의민족전선'은 의장단 5명 중 여운형과 김원봉이 반대했으나 5원칙을 그대로 발표했다.[42] 공산당은 그 후에도 여운형의 거동과 관계없이 5원칙을 계속 주장했다. 이런 뜻에서 5원칙은 다시 음미할 만한 가치가 있다.

1. 조선의 민주 독립을 보장하는 3상회의 결정을 전면적으로 지지함으로써 미소공동위원회의 속개 촉진운동을 전개하여 남북통일의 민주주의 임시정부 수립을 매진하되, 북조선 민주주의민족전선과 직접 회담하여 진국적 행동통일을 기할 것.
2. 토지개혁(무상몰수, 무상분여) 및 중요 산업의 국유화, 민주주의적 노동법령 내지 정치적 자유를 위시한 민주주의 제 기본과업 완수에 매진할 것.
3. 친일파, 민족반역자, 친파쇼, 반동 거두들을 완전히 배제하고 테러를 철저히 박멸하여 검거 투옥된 민주주의 애국지사의 즉시 석방을 실현하여 민주주의적 정치운동을 활발히 전개할 것.

---

essential to the success of the American program that Pak be dealt with drastically at this juncture, perhaps jailed by some juggling of the counterfeit trial due July 29."

41 *FRUS*, 1946, vol. 8, pp.722~723.

42 *FRUS*, 1946, vol. 8, p.723. 나머지 세 명은 박헌영, 허헌, 백남운이다.

4. 남조선에 있어서도 정권을 군정으로부터 인민의 자치기관인 인민위원회에 즉시 이양토록 기도할 것.
5. 군정 고문기관 혹은 입법기관 창설에 반대할 것.[43]

다시 말하면 신탁통치를 무조건 지지하고, 북한에서 시행한 형식의 토지개혁을 하며, 인민위원회가 정권을 가지며, 장차 수립하게 될 입법기관, 즉 과도입법의원을 반대한다는 것이었다. 뒤에서 자세하게 언급하겠지만 5원칙 중에서 네 번째와 다섯 번째는 그 이후인 9월에 스탈린Joseph Stalin이 슈티코프T. F. Shtykov에게 내린 지령의 내용과 정확하게 일치하는 것으로, 이는 5원칙 발표 시기부터 본격화된 공산당의 좌우합작 반대책동이 소련의 지령에 의한 것이었음을 보여 주는 대목이다. 당시 남한의 공산당은 스탈린-슈티코프 미소공위 소련 측 대표(연해주 군관구 군사평의회 위원)-로마넨코 소련군정 민정청장으로 이어지는 명령체계를 따르고 있었다.

공산당이 여운형의 반대를 무시하고 5원칙을 밀고 나가자 여운형은 '민주주의민족전선'에서 탈퇴하고 동시에 인민당 당수직도 내놓았는데(8월 13일) 여운형은 또 이른바 3당 합당 문제를 에워싸고 곤욕을 치르게 된다. 3당 합당이란 평양에서 연안파의 신민당이 제안한 형식을 취하여 북조선노동당北朝鮮勞動黨이 창립되었으니, 서울에서는 조선인민당이 제안하여 조선공산당과 조선인민당, 그리고 백남운이 위원장인 신민당이 합하여 남조선노동당南朝鮮勞動黨을 만들자는 것으로, 3당 합당의 의도는 남한의 좌익세력을 공산당의 명령계통하에 두자는 것이었다. 다시 말해서 조선인민당을 흡수해 버리자는 것이었다. 조선인민당 중앙위원회는 8월 16일에 48 대 31(50명 기권)로 합당을 결정했다. 여운형이 당수직을 내놓지 않고 투쟁했더라면 50명의 기권자들이 어떻게 움직였을지 흥미로운데, 하여튼 여운

43 『서울신문』, 1946년 7월 27일, 국사편찬위원회 편, 『자료 대한민국사』 제2권(1969), p.958.

형은 조선인민당에서 소수파를 이끌고 다시 신민당의 백남운과 공산당 대회파大會派인 반 박헌영파와 합세하여 사회노동당社會勞動黨을 10월 16일에 창당하여 9월 5일에 3당 합당의 형식을 취한 남조선노동당과 대립하게 된다.[44]

서울에서의 박헌영계와의 투쟁도 투쟁이지만 그보다 중요한 것은 여운형 세력의 조직 재정비와 단속이었을 것이다. 그러나 공산당이 9월 23일에 시작한 철도종업원 총파업을 계기로 극한투쟁에 돌입하여 대구폭동 또는 '10월 인민항쟁' 등 각처에서 혼란을 일으켜 전국이 마비되자 정상적인 정치활동은 불가능해졌다. 테러사건 등 많은 곡절을 겪은 후 여운형은 12월 4일에, 지도자의 자리에서 물러나 여생을 민주진영의 한 병졸로서 건국사업에 바칠 것을 맹서한다는 내용의 비통한 성명을 발표하고 좌우합작 등 정치 일선에서 물러날 것을 표명했다.[45] 그 후에도 여운형은 정치에 관여하기는 했으나 좌우합작의 일선에는 나타나지 않았다.

결국 좌우합작위원회는 약세화된 여운형 계열과 한민당을 탈퇴한 원세훈 계열, 국민당의 안재홍 계열, 그리고 군소정당과 사회단체밖에 규합하지 못한 채로 좌익과 우익의 협공대상이 되었다. 좌우합작운동의 목적을

---

44 소련은 남한에서의 3당 합당에도 깊숙이 관여했는데, 3당 합당 논의가 한창이던 8월의 소련 문헌은 아직 알려지지 않았지만 9월 이후의 상황은 슈티코프의 비망록이 발굴되면서 윤곽이 드러나게 되었다. 슈티코프는 3당 합당이 여운형·백남운·강진姜進 등의 반발로 난항에 처한 시점인 9월 10일에 "김두봉(북로당 위원장)을 호출"하여 "남조선 3당 합당 문제 및 지원대책에 대해 의견을 교환"했으며, 9월 19일의 비망록에는 "백남운은 사직서를 제출했다. 분파주의자들은 북조선의 압력과 관련하여 잠잠해졌다"고 적고 있다. 또 김일성이 슈티코프에게 올린 보고내용을 그대로 옮긴 듯한 10월 22일의 비망록에는 "김두봉은 백남운에게 왜 좌우합작에 동조했으며, 왜 북조선의 지시를 이행하지 않는가를 물었다"고 하고, 김일성이 강진에게 3당 합당 결렬의 모든 책임이 당신에게 있다고 비판하면서 당신은 미국인들에게 커다란 도움을 주고 있다고 말한 내용도 적혀 있다. 이러한 내용들은 좌우합작 시기에 남한의 공산당이 소련의 명령체계에 따라 움직였음을 다시 한번 입증하는 것이다〔중앙일보 현대사연구팀, 『발굴 자료로 쓴 한국현대사』(중앙일보사, 1996), pp.244, 252〕.

45 『조선일보』, 1946년 12월 5일, 『자료 대한민국사』 제3권(1970), pp.982~983.

통일민주정부 수립을 위한 기초로서의 온건세력의 총망라라고 한다면 그 결과는 그리 만족할 만한 것이 못 되었다.

(3) 남조선과도입법의원

비록 온건좌우를 규합하는 데 성공하지 못했지만 미군정은 남조선과도입법의원南朝鮮過渡立法議院(이하 입법의원)을 세워 민주적 개혁을 실시하며 동시에 한국사람들을 군정에 참여시켜 민정 이양의 방향으로 움직이려고 했다. 그래서 하지 중장은 1946년 8월 24일에 결정된 군정법령 제118호를 10월 13일자로 선포하게 된다. 군정법령 제2조에 규정한 입법의원의 목적은 "임시 조선민주정부의 수립을 기하며 정치적, 경제적 및 사회적 개혁의 기초로 사용될 법령 초안을 작성하여 군정장관에게 제출할" 기관으로 되어 있는데, 이러한 입법의원을 설립하게 된 이면에는 앞서 말한 민정 이양 외에도 여러 가지 이유가 있었을 것이다. 북한에서는 이미 1946년 2월에 '북조선임시인민위원회'라는 기구를 통해 인민이 '참정參政'한다는 형식을 취하고 있었기 때문에 이에 대응한다는 측면도 있었고, 소위 통역정치通譯政治로 남한을 다스리는 데 있어서 한계가 분명한 점도 있었다.

분명한 점은 좌우합작위원회가 군정법령을 초안하는 데 깊숙이 관여했고, 45명의 관선의원官選議員 전원을 추천했으며, 김규식이 입법의원의 초대의장으로 취임하는 등 입법의원이 좌우합작의 연장선상에 위치한다는 것이다. 여기서 짚고 넘어가야 할 것은 입법의원의 설립과 민정장관民政長官 안재홍의 임명 등을 들어 "미국이 미소공위가 끝내 결렬될 것에 대비하여 단선 실시·단정 수립으로 나갈 수 있는 정치적 토대를 만든" 것이라고 평가하거나,[46] 또는 "미국이 좌우합작을 통한 과도입법기구 설치안을 마련

---

46 전상인, 「이승만과 5·10 총선거」, 『이승만과 미국』(연세대학교 출판부, 2000), p.448.

하던 바로 그 시점에 오히려 국내에서는 남한만의 단독정부 수립 논의가 크게 부각되었다"는 점을 들어 "미군정이 남한만의 정부 수립도 배제하지 않았다"고 '추측'하는[47] 학계 일각의 가설이다. 그런데 이러한 가설은, 이 당시 미국정부가 한반도의 전략적 가치에 대한 합의는 물론 심의조차 하지 않은 상태였고, 1947년에 들어와 미국이 중국에서 손을 떼기로 결정한 이후에 한국문제를 검토하기 시작했는데, 이때 미국이 남한 독립의 위험성을 강조했던 것과는 부합하지 않는다.

한국문제를 검토하라는 지시가 언제 내려졌는지는 알 수 없으나, 국무부, 육군성, 해군성의 '한국문제특별공동위원회Special Interdepartmental Committee on Korea'는 1947년 2월 25일자로 미국이 장기적인 계획을 세우고 남한에 경제원조를 제공해야 한다는 요지의 보고서 초안을 마무리했다. 이 보고서는 단독정부 수립에 대해서 부정적이었는데, 그 이유에 대해서는 "미국이 남한의 독립을 승인하는 것은 한국의 복지보다도 한반도 전체를 소련과의 협조에 관심이 있는 부류의 통제하에 두라는 신호로 받아들여지게 될 것이라"고 했다.[48] 다시 말하면 남한을 독립시키는 것은 한국의 공산화를 의미한다는 것이다.

오히려 공동위원회가 초안한 보고서의 전반적인 기소는 좌우합작위원회를 중심으로 한 온건세력을 뒷받침해 주는 것이었다. 공동위원회는 한국의 우익세력만으로는 공산당 세력을 막을 수 없다는 결론을 내리고, 온건세력을 중심으로 한 체제에서 남한의 경제가 자립할 수 있는 기반을 만들어감으로써 소련에게 압력을 가하여 미소공위에서 타협을 이끌어내자

47 정용욱, 『해방 전후 미국의 한반도정책』(서울대학교 출판부, 2003), pp.242~244.

48 *FRUS*, 1947, vol. 6, p.612. 단정 수립이 미국의 공식적인 정책으로 채택되기 전까지의 미국정부의 단정 반대 입장에 대해서는 이 책의 제11장 「이승만의 단독정부론 제기와 그 전개」에서 상세하게 다루었다.

는 입장을 가지고 있었다. 결국 남한에 경제원조를 제공해야 한다는 제안은 수락되지 않았지만, 어쨌든 입법의원 설립을 전후하여 하지 중장은 미소공위를 재개하기 위해 소련 측과 서한을 주고받았고, 미소 간에 고위급 · 실무자급의 접촉이 이루어지는 등 이때까지도 미국정부는 미소공위를 재개하여 신탁통치를 실시해야 한다는 방침을 고수하고 있었다. 입법의원이 1947년 1월에 우익이 주장해 오던 반탁을 결의하기는 했지만 미군정이나 좌우합작세력이 이에 반대했음은 물론이다.[49]

따라서 입법의원은, 비록 초기의 목적에서 벗어나 있기는 했지만, 미국의 좌우합작 추진의도를 완전히 벗어나지는 않는 형태로 여전히 좌우합작의 연장선상에 위치하고 있었다. 입법의원이 좌우합작의 연장이라는 점은 좌우합작위원회의 입장에서 보더라도 분명했다. 입법의원이 미군정의 예속기관이라는 좌우의 비판 속에서도 김규식이 입법의원 의장직을 수락한 것은 미군정의 힘을 이용하여 자주독립정부를 수립해야 한다고 생각했기 때문인데, 이는 김규식이 입법의원 개회사 겸 의장 취임사에서 "우리의 운명을 우리로서 자정自定하는 데 매진할 것"이라고 밝힌 데서도 엿볼 수 있다.[50]

입법의원 선거는 미국의 계획대로 진행되었다. 군정법령 선포에 따라 10월 17일부터 11월 말까지 각처에서 입법의원 선거가 실시되어 45명의 민선의원을 선출하고 또 좌우합작위원회가 추천한 관선의원 45명을 임명했는데, 좌우합작 5원칙으로 이미 입법의원을 반대한 공산당은 입법의원 선거를 반대하고 나섰다. 한편 우익은 지방을 포함한 군정청 각 기관을 장악하고 있었으므로 쉽게 민선의원 자리를 장악할 수 있었으나[51] 좌우합작

49 하지 중장은 1월 24일에 반탁결의안 통과에 대한 특별성명을 통해 유감을 표명했다〔『동아일보』, 1947년 1월 25일, 『자료 대한민국사』 제4권(1971), pp.124~125〕.

50 『과도입법의원 속기록』, 1946년 12월 12일.

51 *FRUS*, 1946, vol. 8, p.763.

위원회가 주도권을 쥐고 관선의원들을 추천했을 때 맹공격을 가했다.[52]

소련군 점령하의 북한에서 이미 '무상몰수無償沒收·무상분배無償分配'의 원칙하에 토지개혁을 종결한 상황에서(1946년 3월 30일에 끝냄) 공산당이 반대하는 좌우합작위원회가 주도하는 입법의원을 통하여 각종 개혁을 실시함으로써 미군정의 지지를 얻자는 구상은 그럴듯하게 보일지는 모르나 현실과는 너무나 거리가 멀었다. 위에서 지적한 대로 극좌나 극우가 좌우합작위원회의 개혁안에 반대함은 물론이거니와 문제는 그보다 더 근본적인 데에 있었다.

당시 남한 주민의 대부분이 원하는 것은 나날이 겪는 극심한 생활고와 전반적인 혼란으로부터의 '해방'이었다. 막대한 양의 원조 없이는 해결이 불가능할 정도로 남한의 경제사정은 날로 악화되고 있었다. 이런 상황에서 미군정의 정책이 남한의 주민들에게 호소력을 가지기 위해서는 남한의 경제를 위한 장기계획이나 투자가 이뤄져야 했다. 그러나 미군정은 해방 후 1년간의 혼돈기간을 통해 갈 곳을 잃고 방향 없이 표류하는 배 모양 갈팡질팡하며 민생고를 더욱 악화시킬 뿐이었다. 미국은 소련의 세력팽창을 막아 보겠다는 소극적인 목표로 남한을 점령한 후, 중국에서의 사태의 진전을 기다리며 앞날을 관망하는 태도를 취하고 있었기 때문에 치안유지와 소련과의 교섭 외에는 이렇다 할 정책이 없었다. 최소의 경비를 가지고 가능한 한도의 안정유지를 도모한 것이 당시 미국정치의 전부였다. 이렇듯 남한에 내한 미국정부의 소극정책은 국내 정치세력의 극단적인 대립을 더욱 부채질했고, 미국의 위신을 날로 저하시켰을 뿐만 아니라 민심을 더욱

52 이승만은 입법의원 선거에서 자신이 이끌던 대한독립촉성국민회가 대승하자 매우 만족했고 따라서 선거를 주도했던 하지 중장에게 호의적이었다. 그러나 12월 초 그는 미국 정계에서 로비하기 위해 도미한 후에 하지가 임명한 45명의 관선의원 명단을 보고 대노하여 미국 국회의원들과 다른 관리들을 만날 때마다 하지를 공산주의자라고 매도했다. 이때 하지는 중간파 요인들을 관선의원으로 임명함으로써 좌우의 균형을 잡으려고 했다.

흉흉하게 만들어 공산당이 세력을 확장할 수 있는 기회를 제공했다.

서울에서 이처럼 침체된 분위기를 접해온 랭던은 8월 23일의 전보를 통해 국무부의 6월 6일자의 지령이 현실과 너무나 동떨어져 있음을 지적하고, 미국정부는 신탁통치 관리국인 영국과 중국이 미소 양국에 한국 임시정부 수립에 대한 조속한 조치를 취할 것을 촉구하여 미소 양국이 다시 회담을 열 수 있도록 영국과 중국을 설득하라는 제안을 보냈다. 자기 자신이 5월에 좌우합작을 제안했으나 실제로 일을 시작해 보니 상황이 너무나 절망적이었기 때문이다.[53]

입법의원 문제는 따로 연구해야 할 만큼 중요한 과제이지만, 입법의원이 개혁에 대한 별다른 성과를 이루지는 못한 것으로 보인다. 여운형이 관선의원 피선을 수락하지 않고 정계의 일선에서 거의 은퇴하다시피 한 상태에서 김규식이 입법의원을 이끌어가는 한편, 미군정 수뇌부와 경찰문제, 친일파문제, 식량매상 또는 공출문제, 신탁통치문제, 남북교류문제 등 여러 가지 현실문제에 대한 건의와 토론을 계속했지만 눈에 보이는 성과는 이루지 못했다.

이렇게 된 이유는 여러 가지가 있겠지만 일본의 경우와 비교해 보면 다음과 같다. 미국은 일본을 점령한 후 일본에서 군국주의적 요소를 말소한다는 목표를 세우고 대수술을 했는데, 이는 전쟁이 진행되는 동안 미국에서 오랫동안 거론되고 준비되어 왔으며, 단시일에 진행되지도 않았다. 또 일본에서는 전승한 점령사령부의 명령으로 개혁이 강행되었다. 반면에 한국에서는 입법의원의 결정에 의해서 개혁을 진행하기로 했으므로 개혁의 성격과 진행과정에 차이가 나지 않을 수 없었다. 또한 중간파를 중심으로 실질적인 개혁을 이룩하기 위해서는 재정적 원조가 필수적이었으나, 원조

53 랭던의 전보는 *FRUS*, 1946, vol, 8, pp.726~729.

여부에 대한 토의만 무성하다가 원조가 실현되지 않은 상태에서 미국정부가 한반도를 포기하기로 결정해 버림으로써 입법의원을 통한 개혁은 이룩될 수 없었다. 이외에도 입법의원 내에서 여전히 좌우대립이 계속되었고, 의장 김규식과 민정장관 안재홍에게 실권이 이양되지 않았으며, 의원들의 민주주의에 대한 경험이 부족했다는 점 등을 실패의 원인으로 지적할 수 있다.

좌우합작위원회가 공식해체를 선언한 것은 1947년 12월 15일이지만, 입법의원 시기에 이르러 여운형이 빠진 좌우합작위원회는 애초의 구도에서 거의 벗어나 온건우파만의 세력으로 변질되다시피 하여 이미 기능을 상실한 상태였다. 1947년 6월에는 좌우합작위원회를 확충하고 10월에는 '민족자주연맹民族自主聯盟'을 발족했지만, 확대된 좌우합작위원회나 민족자주연맹은 '중간파 세력의 형성'이라는 의미를 부여할 수 있을지 몰라도 좌우합작위원회와는 전혀 성격을 달리하는 우중좌右中左 세력의 연맹체에 불과했다. 온건세력을 총망라하여 통일임시정부 수립의 기초를 닦겠다는 계획은 이처럼 실패로 기록되고 말았다.

(4) 소련의 좌우합작에 대한 태도

좌우합작 추진과정에서 빼놓을 수 없는 것이 바로 소련의 개입이다. 미국정부는 중국에서의 사태 전개에 따라 한반도의 전략적 가치를 결정한다는 다분히 소극적인 정책을 취하고 있었고, 좌우의 협공으로 인해 중간파는 지지기반을 넓히지 못하고 속수무책일 수밖에 없었는데, 여기에 소련의 적극적인 개입이 가세했으니 좌우합작운동은 그야말로 사면초가 상태에서 근근이 명맥을 유지해 나갔다.

좌우합작이 추진되어 가는 과정에서 소련과 소련군정하에 있는 북한이 취한 태도는 좌우합작의 성패에 직접적이고 결정적인 영향을 끼쳤다고 할 수 있다. 좌우합작은 그 시작부터 미소관계를 전제로 했는데, 미국이 소극적인 정책으로 일관한 반면에 소련군정은 제1차 미소공위 개최 전부터 북한의 우익지도자 조만식을 연금하여 우익 숙청을 단행하고 북조선임시인민위원회의 설립과 토지개혁을 통해 남한의 우익세력 및 미국과의 대립전선을 분명히 하는 등 적극적인 정책을 펴고 있었기 때문이다. 다시 말하면 이러한 정세에서 추진된 좌우합작은 남한에 국한된 성격의 문제가 아니었다는 것이다.

소련은 좌우합작 시기 전반에 걸쳐 직접적으로 개입했다. 미소공위 소련 측 대표이자 북한정권 수립과정의 막후 실력자였던 슈티코프는 1946년 9월 26일의 비망록에 스탈린의 지령을 요청한 후 소련군정 민정처장 로마넨코Andrei A. Romanenko에게 다음과 같은 지시를 하달했다고 적고 있다. "남조선 좌우합작을 추진하지 말 것. 미군정이 남조선에서 추진하려고 하는 정부에 참여하지 말 것. 왜냐하면 이것은 중앙정부의 수립을 앞당길 것이기 때문이다."[54] 여기서 '미군정이 남조선에서 추진하려고 하는 정부'는 입법의원을 말하며, '중앙정부'는 남한만의 단독정부를 의미한다. 또 그 이후에 박헌영이 로마넨코를 방문하여 입법의원 선거에 어떻게 대

54 중앙일보 현대사연구팀, 앞의 책, p.259. 이 지령은 당시 북한을 방문한(9월 23일~30일) 여운형에게 어떤 답변을 주어야 할지에 대해 슈티코프가 스탈린에게 요청한 지 이틀 만에 내려진 지령이다. 그렇다면 여운형은 소련과 어떤 관계에 있었다고 보아야 할 것인가? 중앙일보 현대사연구팀은 소련군정이 좌우합작에 반대한다는 입장을 여운형에게 전달하기로 했으면서도 그에 대한 신뢰 여부를 검토했다고 한다. 이는 여운형이 과연 그런 지시를 수용할지 소련군정이 의문을 가졌음을 의미한다. 또 소련군정이 여운형을 회유하기 위해 노력한 것을 보면 당시 여운형이 일방적으로 소련군정의 지시를 받는 관계가 아니었다고 하고 있다(같은 책, pp.264~265). 이런 판단은 여운형이 북한 방문을 마치고 돌아온 뒤의 행동을 보면 보다 명확해진다. 여운형은 10월 4일 기자회견을 갖고 "입법기구에 대해서는 북조선에서 반대하고 있다"고 밝히고서도 기자회견 당일 김규식 측과 합의한 합작 7원칙에는 입법기구 문제를 포함시켰다. 여운형과 북조선노동당의 입법기구를 둘러싼 이견에 대해서는 중앙일보 특별취재반, 앞의 책, pp.155~156 참조.

응하고 어떤 노선을 취해야 하는지 물었다면서 로마넨코가 이에 대한 지령을 요구하자 슈티코프는 '민주주의민족전선'이 다음과 같은 강령과 선언을 원칙으로 삼고 행동해야 한다고 하며, "권력은 일제의 억압으로부터 조선이 해방된 역사적 시기에, 권력공백의 시기에 (인민의 창의에 의해) 창출된 권력기구인 인민위원회로 이양되어야 한다"는 강령을 하달했다.[55]

앞에서도 언급했듯이 좌우합작에 대해 중립적 입장을 취하던 박헌영이 7월 22일에 북한을 방문하고 돌아온 뒤부터 좌우합작 반대의사를 명확히 했고, 7월 27일에 '민주주의민족전선'이 발표한 5원칙의 일부가 위의 지령과 똑같은 점으로 미루어 슈티코프의 좌우합작 반대 지령은 박헌영이 7월에 북한을 방문했을 때 이미 내려진 것으로 보인다. 어쨌든 박헌영이 이끌던 남한의 좌익계열이 좌우합작을 반대하고 입법의원 선거를 전면 거부한 배경에는 이처럼 소련의 구체적이고 직접적인 지령이 있었다.

박헌영이 북한 방문을 마치고 돌아온 시점에 신전술新戰術이라는 극력투쟁전술로 방향을 전환한 것도 소련의 좌우합작 반대지령의 맥락에서 이해할 수 있다. 소련은 신전술의 첫 시도인 9월 총파업과 뒤이은 10월 폭동에 대해 자금까지 지원하며 배후에서 조종하여 좌우합작운동의 진로에 막대한 타격을 입혔다. 슈티코프의 비망록에 따르면 9월 9일에 "박헌영은 당이 사회단체들을 어떻게 지도해야 하는지를 문의"했고, 이에 대해 슈티코프는 로마넨코를 통해 테러와 압제에 반대하는 대중적인 시위와 항의를 조직할 것을 9월 11일과 16일, 두 번에 걸쳐 지시했다. 그리고 총파업이 진행되고 있던 28일에는 "500만 원을 요청하고 있다. 200만 원을 지급"하라고 지시했다. 이러한 자금 지원 및 배후조종은 10월 폭동으로도 이어져 10월 폭동이 계속된 약 3개월 동안 소련군정은 남조선 투쟁기금으로 300

55 중앙일보 현대사연구팀, 앞의 책, pp.260~261.

만 원과 39만 원, 그리고 122만 루블을 조선공산당에 보냈다.[56]

어떤 학자는 남한의 공산당이 좌우합작에 적극 참여했더라면 자체 역량을 강화하고 미군정의 좌익탄압도 저지할 수 있었을 것이라고 하여 좌익의 문제를 남한에서의 문제, 그것도 미군정과의 문제로 바라본다. 물론 공산당이 미군정의 정책을 적극 이용했어야 했다는 논리는 옳지만 위에서 살펴본 것처럼 당시 남한의 공산당이 자주성을 가지지 못했다는 점을 고려해야 한다. 북한에서 이미 공산혁명을 추진하고 있던 소련의 지령과 자금지원에 의한 폭력전술은 결과적으로 남한에서의 공산당의 입지 축소를 낳았으며, 신전술의 전개로 인해 "좌우합작을 촉진할 만한 환경이 될 수 없었고", "조선공산당의 정치투쟁이 사실상 불법화되는 계기"[57]가 되어 미군정의 극좌익에 대한 태도를 자초했다.

여기서 주목할 것은 소련군정이 좌우합작과 좌익의 입법의원 참여가 미군정의 지위를 강화할 것이라고 보고 이를 저지하기 위해서 미소공위를 신속히 재개해야 한다고 판단했다는 것이다.[58] 소련은 미소공위 결렬 책임이 미국에 있기 때문에 공위 재개에 적극성을 보여서는 안 되며 협의조건에 대해서도 종전의 입장을 고수해야 한다는 방침을 정하고, 1946년 6월 초 서울 주재 소련총영사관을 전격적으로 폐쇄하는 강경한 입장을 취했었다.[59] 미국은 평양에 미국영사관을 개설할 수 있게 하든가 아니면 서울 주재 소련영사관의 폐쇄를 요구했는데 소련은 평양에 미국영사관을 열어줄 의사가 없었던 것이다.

그런데 슈티코프는 9월 중순에 미소공위의 재개를 고려하며 모스크바

56 중앙일보 현대사연구팀, 앞의 책, pp.236~237, 242.

57 김남식, 「좌우합작」, 『해방 5년사의 재조명』(국토통일원, 1987), p.228.

58 田鉉秀, 「蘇聯의 美蘇共委 대책과 韓國臨時政府 수립 구상」, 金容燮교수 停年紀念 韓國史學論叢 3, 『한국 근현대의 민족문제와 新國家建設』(지식산업사, 1997), p.577.

59 전현수, 위의 논문, p.575.

로 보고서를 보내고 있었고, 9월 말 여운형이 평양을 방문한 시점에 소련군정과 북로당은 미소공위를 신속히 재개한다는 입장에 서있었다. 미소공위 재개에 적극성을 보이는 것을 미국에 대한 양보로 간주했던 슈티코프가 공위 재개를 고려한 것은 주목할 만한 변화이다. 소련군정이 정책을 전환한 동기는 미소공위 결렬 이후 조성된 남한의 좌익운동 정세에 따른 것이었다. 좌익진영의 강화정책은 북한에서는 비교적 쉽게 진행되었지만 남한에서는 여운형 · 백남운 · 강진 등의 반발로 무수한 갈등을 야기하며 좌익진영의 분열로 귀결되었다. 소련군정이 여운형을 설득하기 위해 그를 평양으로 불러들였을 때 여운형은 좌익정당의 합당에 강하게 반발하며 좌우합작과 좌익의 입법의원 참여를 주장했다. 그 이유는 미군정이 좌익정당의 합당을 미군정에 반대하기 위한 것으로 보고 이에 반대하고 있어서 합당이 이루어지면 노동당이 불법화될 것이며, 따라서 미소공위 재개가 요원한 일이라면 좌우합작을 추진하여 미소공위를 신속히 재개하고 입법의원에 참여해서 우익의 고지 선점을 막아야 한다고 생각했기 때문이다.[60]

여운형이 이러한 논리를 펴면서 소련에 미소공위의 신속한 재개에 나서줄 것을 요청하자 소련은 여운형을 소련군정의 주위에 묶어두기 위해 그에 대한 소련의 신뢰를 강조하고 미소공위의 신속한 재개를 약속했다. 이때 여운형은 미소공위 사업이 아무런 결실을 맺지 못한다 해도 미소공위가 재개되어 소련대표단이 서울에 와 있다는 사실 자체가 좌익의 활동을 크게 고무할 것이라고 말하고, 소련군정이 반대하면 좌우합작이나 입법의원 참여를 추진하지 않고 좌익정당을 통합시키는 데 노력하겠다고 약속했는데, 이러한 여운형의 답변이 소련을 움직인 것이다. 이에 따라 미군정의 지위를 강화할 좌우합작에 의한 입법의원 창설 기도를 저지하고 좌익진영

60 전현수, 앞의 논문, pp.577~578.

을 강화하기 위한 미소공위 재개 전술이 등장했다.[61] 나중에 미소공위가 재개되었을 때 슈티코프는 자신의 비망록에서 미소공위 재개의 긍정적인 효과가 "소련대표단이 (서울에) 더 오래 남아 있음으로써 우리 친구들의 입장을 강화한 것. 소련대표단이 정부 수립을 위해 실질적으로 노력하고 있음을 보여준 것"이라고 하여 미소공위를 재개한 소련의 의도를 여실히 보여 주었다.[62]

이상에서 살펴본 바와 같이 좌우합작운동이 미군정의 지위를 강화할 것이라고 판단한 소련은 남한의 공산당에게 좌우합작을 저지하라고 지령을 내리고 미소공위 재개로 정책을 전환할 정도로 좌우합작을 저지하기 위해 총력을 기울였다. 소련의 개입으로 인해 좌우합작운동을 둘러싼 정국은 좌우합작 추진세력의 범위에 국한되지 않고 미소대립의 영향권으로 확장되었던 것이다.

5. 미국의 한반도정책의 변화

지금까지 살펴본 것처럼 미군정은 여운형과 김규식을 통하여 미군정에 대한 한국사람들의 지지를 얻기 위해 노력하고, 여운형과 김규식은 이러한 기회를 통하여 온건세력의 단합을 기도했다. 그러나 소련의 개입과 극심한 좌우대립 등으로 인하여 결과적으로 침울한 상황을 벗어나지 못하고

---

61 전현수, 앞의 논문, pp.578~579. 위에서도 언급했듯이 여운형은 서울에 돌아온 직후에 좌우합작 7원칙에 합의함으로써 소련의 의도와 상반된 행동을 취했다.

62 중앙일보 현대사연구팀, 앞의 책, p.286. 소련은 이 같은 긍정적인 효과를 고려하여 미소공위 재개를 시도했지만 슈티코프의 표현대로 "협의에 참여해야만 하는 정당과 관련된 근본적인 문제들을 해결하지도 않은 채", 즉 이승만 · 김구 등과 같은 반동분자들에 대하여 미국 측과 합의점을 찾지 못한 채 미소공위를 재개했다는 점에 대해서는 "부정적인" 것으로 보고 있었다. 그렇다고 미소공위를 성급하게 결렬시키면 "우리의 우방진영에 대한 타격"이 예상된다고 전망하는 등 미소공위를 둘러싸고 소련은 딜레마에 빠져 있었다〔「슈티코프 비망록」, 1947년 7월 30일, 8월 2일, 중앙일보 현대사연구팀, 위의 책, pp.286~287〕.

미소의 해결을 기다리게 되었는데, 워싱턴에서는 또 다른 차원에서 한국에 대한 정책을 검토하고 있었다. 트루먼 대통령은 1946년 7월에 한국에서의 소련과의 대항을 전반적인 사상적 대항으로 보고 '극동에서의 미국 정책의 성패가 한국에 달려 있다'는 주장에 동조하였고, 또 육해군 및 국무부의 합동위원회는 1947년 2월에 한국이 소련에게 넘어가서는 안 된다는 결론을 내렸지만, 같은 해 4월에 육군장관 패터슨은 조속한 시일 내로 한국에서 철수할 것을 주장하고 나섰다. 육해군 및 국무부의 합동위원회도 8월에 이르러서는 이 입장을 지지하게 되었고 10월에는 미국정부의 정책으로 채택되어 한국문제는 유엔에 상정되고 말았다.[63] 결국 미국은 한국을 극동의 방위선상에서 제외하고 손을 떼고 나가게 된 것이다.

왜 미국은 한국에서 갈팡질팡하다가 한국을 포기해 버렸는가. 여기에는 두 가지 이유가 있었다. 첫째는 중국에서 일어난 사태이고, 둘째는 유럽에서의 사태였다. 중국에서의 마셜 대장의 국부國府·공산진영의 절충 실패는 미국으로 하여금 한국을 포기하게 했고, 미국은 폐허가 된 유럽의 공산화를 저지하기 위해서 '마셜 플랜Marshall Plan'을 실시하여 막대한 자원을 투입하게 됨으로써 한국같이 미국의 전략상 주변국가적 가치밖에 없는 곳에 투자할 수 없게 되었다.

서울에서 좌우합작안을 제의한 랭던이 이 당시 미국의 정책을 말하면서 '표류의 정책a policy of drift'이라는 말을 쓴 일이 있는데 이는 당시의 미국 정책을 참으로 정확히 묘사한 것이다. 실시로 당시 미국은 한국에 대해 확고한 정책을 세우지 못하고 있었다.[64] 왜 미국이 한국에서 '표류'하고 있었

63 이러한 변화는 John Lewis Gaddis, "Korea in American Politics, Strategy and Diplomacy, 1945~50," in Yonosuke Nagai and Akira Iriye (eds.), *The Origins of the Cold War in Asia*(New York: Columbia University Press, 1977), pp.277~298에 자세히 분석되어 있다.

64 *FRUS*, 1946, vol. 8, pp.728~729.

느냐 하는 질문에 대해, 미국이 일본을 패배시키기 위한 전쟁 중에 한국이 중요한 위치를 차지하지 못했다, 역사적으로 한반도는 미국에게 중요하지 않았다, 독일과 일본의 항복 후 미국이 관할해야 할 일이 너무나 많았다 등의 대답을 할 수 있다. 그러나 가장 중요한 요소는 한반도가 아시아대륙에 매달려 있는 지리적 조건 때문에 한반도의 정세만을 따질 수가 없었고, 중국에서 일어나는 사태 여하에 따라 한반도의 전략적 가치가 결정될 수밖에 없었다는 것이다.

앞에서도 언급했듯이 중국에서는 내전이 계속되고 있었고, 이에 따라 중국사태를 중요시한 트루먼 대통령이 마셜을 특사로 파견하여 중국사태를 수습하기 위해 노력하여 초기에 상당한 진전을 보았다. 1946년 1월에 그는 국부군國府軍과 공산군共產軍의 휴전을 이룩했고, 이어서 정치협상회의라는 정치회담을 성사시켜 모든 것이 순조롭게 진행되는 듯했다. 그러나 마셜이 잠시 미국에 돌아간 동안(3월 중순부터 4월 중순) 소련군의 철수와 아울러 공산군이 창춘長春을 점령하여 전투가 재개되었고, 마셜이 돌아온 후 또 휴전협정이 맺어지기는 했으나 사태는 매우 유동적이었다. 결국 마셜은 1947년 1월에 중국에서 손을 떼고 워싱턴에 돌아갔다. 그리고 그는 대통령에게 "만일 미국이 장제스蔣介石를 돕고자 한다면 중국정부를 전적으로 맡아서 관장하여야 할 것이며…… 그렇게 한다면 미국은 장차 손을 뗄 수 없을 계속적인 부담을 각오해야 한다"고 보고했다.[65] 즉, 중국에서 장제스를 지원하는 것은 불가능하다는 결론이었다.

한국에서의 좌우합작운동은 마셜이 중국에서 사태 수습에 노력 중이던 시기에 제안된 것으로, 미국이 중국에서 손을 뗄 수밖에 없다는 결론이 내려졌을 때 미국의 수뇌부가 한국에 대해 어떠한 결론을 내렸겠는지는 명

65 Schoenebaum, 앞의 논문, p.363.

약관화했다. 미국정부의 한반도정책과 중국에서의 사태가 어떠한 연관성을 맺고 있었는지는 앞서 인용한 국무차관보 힐드링의 '한국독립의 필요성'에 관한 말에서 볼 수 있다.

힐드링은 미국의 한국에서의 궁극적 목적은 독립이며, 그 이유는, 한국의 독립은 한국사람들에게 중요한 것은 물론이거니와, 극동지역에서의 정치적 안정을 강화하는 데 필요하기 때문이라고 하였다. 한국의 독립이 극동의 정치적 안정을 강화하는 데 필요한 이유는, 일본이나 소련에 의한 한국의 지배는 중국의 만주 통치를 위태롭게 하여 강하고 안정된 중국을 창설할 가능성이 약해지며, 강하고 안정된 중국이 없이는 극동에서의 영구적인 정치적 안정을 이룩할 수 없기 때문이라고 주장했다.[66] 힐드링은 앞서 지적한 루스벨트 대통령의 관점을 그대로 따르고 있다.

1947년 4월에 육군성은 한국의 방위는 불가능하다는 결론을 내렸다. 이러한 상태에서 한국에 대한 거액의 원조는 기대할 수 없었다. 1946년과 1947년에는 5년간 5억~6억 달러의 경제 원조를 할 것을 토의했으나 이러한 계획은 실현되지 않았고 미국은 한국에서 철수하기로 결정했다.

6. 맺음말

이상에서 살펴본 바와 같이 좌우합작운동은 미소공위의 재개와 성공을 통해 통일임시정부를 수립해야 한다는 국내 추진세력의 의도와, 이들을 내세워 온건 좌우세력을 규합하고 미군정에 대한 지지를 획득하겠다는 미국의 의도가 맞물려 추진되었다. 그러나 좌우합작운동은 미군정과 국내

66 Memorandum by the Assistant Secretary of State for Occupied Areas (Hilldring) to the Operations Division, War Department, Washington, June 6, 1946, sent to Gen. MacArthur in telegram War 90716, June 7, for forwarding to Gen Hodge in Korea, *FRUS*, 1946, vol, 8, p.697.

추진세력의 원대한 목표의 첫 단계, 즉 온건 좌우세력의 단합이라는 단계에서부터 험난한 과정을 겪어야 했고, 통일임시정부 수립이나 미군정에 대한 지지 획득이라는 목표에 비춰볼 때 결국 실패로 끝났다.

물론 불완전한 형태로나마 좌우합작 7원칙을 발표하고 입법의원을 출범시켜 민족 앞에 가로놓인 일들을 논의했다는 점에서 어느 정도는 성과를 거두었다고 할 수도 있다. 미국의 입장에서 보면 미국 목표의 둘째 단계인 한국인의 행정 참여도 순조로이 진행되어 당시 군정장관이던 아놀드 Archbald V. Arnold 소장은 10월 19일에 국무부에 들렀을 때 "한국인들이 자기 일을 관리(또는 처리manage)하는 재능과 능력이 상당함을 느끼게 되었다"고 하였다.[67] 그러나 민주적 개혁안을 세워서, 한국인으로 구성된 행정부가 이를 실천함으로써, 일반대중이 미군정책을 적극 지지하게 될 셋째, 넷째, 다섯째 단계는 첫째, 둘째 단계와는 차원이 다른 그야말로 원대한 일이었다.

개혁안을 세운다는 것은 물론 조선시대부터 내려온 사회의 부조리, 그리고 일제시대에 더욱 악화된 한국사회의 모든 부조리를 시정하고 민주주의적 원칙에 따라 국민이 수긍할 수 있는 제도를 이룩하기 위한 계획을 세운다는 뜻인데, 좌우합작위원회의 좌익과 우익이 다투어온 문제들이 바로 이것이다. 즉 토지문제, 주요산업의 관리문제 등이 가장 큰 주제였다. 이러한 제반 개혁을 진행하기 위해서는 경제를 안정시키고 민심을 수습하기 위한 재정적 뒷받침이 필요했는데, 이러한 뒷받침은 제공되지 않았다. 좌우합작의 주동적 추진체라고 할 수 있는 미국의 정책이 바뀜으로써 남한의 개혁이 포기되었기 때문이다. 이러한 상황 속에서 중간세력이 규합하여 개혁을 단행할 수는 없었다.

---

67 *FRUS*, 1946, vol, 8, p.743. "He had been impressed with the real ability and talent the Koreans had developed in managing their own affair."

이처럼 미국정부의 소극적인 정책과 정책의 변화로 인해 미국이 의도한 목표는 이루어지지 못했는데, 냉정하게 고찰해 보면 실패의 근원은 첫 번째 단계에 있었다. 온건 좌우세력의 규합이 제대로 진행되어야 그 다음 단계의 목표를 온전히 달성할 수 있다는 측면에서 본다면 좌우합작운동은 첫 단계마저도 불완전한 형태로 귀결되었기 때문이다. 중간파는 좌익과 우익의 협공을 받아 정국을 헤쳐 나가기에는 벅찬 상황이었고, 특히 좌익의 경우 소련의 지원을 업고 좌우대립을 더욱 악화시켰는데, 이러한 과정이 제1단계에서부터 막대한 영향을 미침으로써 좌우합작운동은 첫 단계에서부터 실패를 예고했던 것이다.

1948년의 남북협상

이정식 · 김은순*

이른바 남북조선 제정당 · 사회단체대표자 연석회의와 그 후에 개최된 '4김 회담'은 소련군정이 오랫동안 준비해 왔던 각본에 따라 준비되고 진행된 것이었고, 북한에 수립될 정권에 정통성을 부여하기 위한 노력의 일부였다. '연석회의'가 채택한 결의문은 멀리 모스크바에 있는 소련공산당 정치국이 결정해서 내려 보낸 것이었다. 소련 수뇌부는 남쪽 지도자들의 통일에 대한 염원을 냉전을 위한 도구로 비하해 버렸다.

1. 머리말

'1948년의 남북협상'이라 했을 때 떠오르는 것은 백범白凡 김구金九의 정도正道를 가야 한다는 비장한 일성一聲이다. 1948년 3월 20일에 『신민일보新民日報』 사장에게 한 말이다.

> 우리는 현실적이냐 비현실적이냐가 문제가 아니라, 그것이 정도正道냐 사도邪道냐 하는 것을 명기해야 하는 것입니다. 비록 구절양장九折羊腸일지라도 그것이 정도라면 그것을 택해야 하는 것이요, 진실로 이것만이 인도인 것이니, 여기에 있어서는 현실적이냐 하는 것은 전혀 문제 외의 문제일 것입니다. 외국의 간섭이 없고 분열 없는 자주독립을 전취하는 것은 민족의 지상명령에 복종할 따름입니다. 우리가 망명생활을 삼십여 년이나 한 것도 가장 비현실적임을 알

* 고려대학교, 경희대학교 NGO대학원 졸업. 경희대학교 정치학과 박사학위과정.

면서도 민족의 지상명령이므로 그것을 택한 것입니다.[1]

이러한 주장은 그 당시뿐만 아니라 그 후에도 많은 사람의 심금을 울렸고, 1948년의 이른바 남북협상회의[2]가 백범 김구와 우사尤史 김규식金奎植 등의 주도로 성사된 것이고, 양 김 씨가 원했던 '남북지도자회의' 였다는 인상을 주었다. 그러나 근년에 발굴되어 공개된 소련문헌은 이러한 관점이 실제에서 많이 빗나간 것임을 보여주고 있다. 이른바 '남북조선 제정당 · 사회단체대표자 연석회의南北朝鮮 諸政黨 · 社會團體代表者 連席會議' 와 그 후에 있었던 '4김 회담'(김구 · 김규식 · 김일성金日成 · 김두봉金枓奉)은 소련군정이 오랫동안 준비해 왔던 각본에 따라 준비되고 진행된 것이었고 북한에 수립될 정권의 정통성을 확보하기 위한 노력의 일부였다. 소련군정은 '4김 회담'을 허락하기는 했으나 그 회담의 내용 역시 세밀하게 관리했을 것으로 보인다.[3]

남북협상회의가 남쪽의 지도자들이 주도한 것이었다는 주장을 뒷받침

---

1 嚴恒燮 편, 『金九主席 最近言語集』(삼일출판사, 1948), p.14.

2 '남북협상회의'는 1948년 4월 19일~26일에 열린 '남북조선 제정당 · 사회단체대표자 연석회의' 와 4월 27일~30일에 열린 '남북조선 제정당 · 사회단체지도자 협의회' 및 소위 '4김 회담'(김구 · 김규식 · 김일성 · 김두봉)을 총칭하는 것이다. 남북협상이라는 명칭에 대해서는 이견이 많다. 서중석은 실제 '협상'할 수 있는 공간이 크게 제약되어 있었으므로 남북협상보다는 '남북지도자회의'라고 부르는 것이 더 적절할 것이라고 하고〔「좌우합작과 남북협상」, 『한국사 시민강좌』 제12집(일조각, 1993)〕, 도진순은 '남북연석회의'라는 명칭을 사용한다〔『한국민족주의와 남북관계』(서울대학교 출판부, 1997)〕. 이 글에서는 관례화된 용어가 쉽게 폐기되기 어렵다는 점에서, 그리고 당시 남한의 모든 언론들이 남북협상이라는 명칭을 사용했다는 점에서 기존의 명칭을 사용하기로 한다.

3 물론 4김 회담은 김구와 김규식이 북행한 이후에 북측에 요구하여 이루어진 것이어서 엄밀하게 말하면 소련의 '사전' 각본에는 없었다. 그러나 북한을 점령한 소련이 북조선인민위원회 위에 군림하여 북한지역에서 일어나는 모든 일을 관장하고 있었다는 점, 그리고 레베데프가 상부의 지시에 따라 치밀하게 남북협상회의를 준비했다는 점으로 미루어볼 때 소련이 4김 회담의 전 과정도 관리했을 것이다. 따라서 4김 회담은 넓은 의미에서 소련의 사전 각본에 포함된다고 할 수 있다.

할 수 있는 증거는 다분히 있었다. 남북협상은 '남북 정치지도자 간의 정치협상'이라는 형태로 남측의 김구와 김규식이 먼저 제안하고 이 제안에 대한 북측의 답신이 도착하면서 본격적으로 진행되었으며, 무엇보다도 두 사람이 참석하지 않았다면 성사되지 않았을 것이기 때문이다. 또 남북협상이 소련과 북한지도부의 의도에 따라 진행되었다고 하기에는 남북협상 추진과정에서 나타난 김구·김규식의 지도자로서의 고뇌의 무게를 가볍게 여길 수 없기 때문이다.

그러나 우리는 1948년 2월 16일의 김구·김규식의 제안과 한 달 남짓 후인 3월 25일에 보내온 북측의 답신 사이에는 깊은 단절이 존재했으며, 실질적인 남북협상은 북측의 '변형된' 답신에 따라 진행되었다는 점에 주목한다. 북측이 '제안'한 모임은 형식이나 내용에 있어서 남쪽의 양 김 씨가 제안했던 것과 성격이 달랐다. 그리고 또 중요한 것은 북쪽의 김일성과 김두봉의 답신 아닌 답신은 그들의 의사를 표시한 것이 아니라 소련군정의 레베데프Nikolai G. Lebedev 민정청장의 치밀한 계획과 세부적인 지시에 따라 이루어졌다는 사실이다. 여기에서 '답신 아닌 답신'이라고 한 이유는 북측의 '답신'은 남쪽의 제안에 대한 '답신'이 아니라 새로운 제안이었기 때문이다. 레베데프 소장은 연해주 군관구 정치담당 부사령관이자 미소공동위원회 소련 측 대표인 슈티코프T. F. Shtykov 대장의 휘하에 있었다.

4월 23일, 즉 남북조선 제정당·사회단체대표자 연석회의(이하 대표자 연석회의)가 사실상 끝난 날, 레베데프는 슈티코프에게 이 회의가 "성공적으로 끝마친 것을 축하하는 군중대회를 개최하겠다고 건의했다"고 그날의 비망록에 적고 있다.[4] 이른바 대표자 연석회의는 끝났으나 남쪽에서 온 김구나 김규식은 아직 북한 측의 양 김 씨, 즉 김일성·김두봉과 '진지한' 대

4 「레베데프 비망록」 19, 『부산일보』, 1995년 3월 17일. 군중대회는 슈티코프의 승인을 받아 4월 25일에 개최되었다.

화도 하지 않은 상태였다. 김구는 대표자 연석회의 기간 중 22일에만 참석하여 인사말을 했을 뿐이고, 김규식은 이 회의에 아예 참석조차 하지 않았으며 25일에 열린 김일성이 주최한 환영만찬에서 "이 만찬회에 참석하는 것이 양심에 거리낀다. 우리는 아직까지 아무것도 하지 않았는데 우리에게 전도금前渡金을 주는 형식이다"[5]라고 하였다. 남측의 두 '주역'의 사정이 이러할진대 왜 레베데프는 "성공적"이라는 표현을 했는가? 그의 발언은 남쪽의 양 김 씨의 참여와 관계없이, 그리고 그 후에 있었던 4김 회담과는 관계없이 대표자 연석회의가 잘되었다는 의미였는가? 레베데프가 "성공적"이라는 표현을 써서 슈티코프에게 보고했다는 것은 남북협상회의를 통해 소련의 목적을 달성했음을 뜻하는데 그렇다면 남북협상에서 소련이 얻고자 했던 것은 무엇이있는가?

남북협상의 성격은 이러한 질문에 대한 해답을 추구하는 과정에서 명확해질 수 있다. 그리고 남북협상에 대한 평가 역시 이러한 질문에 대한 해답을 바탕으로 해서 이루어져야 한다. 그러나 그동안 남북협상에 관한 연구는 주로 김구·김규식의 관점에서 진행되고 평가되어 왔다. 김구·김규식이 북측의 저의를 의심했음에도 불구하고 북행을 감행한 것은 통일민족국가를 수립해야 한다는 민족주의 이상의 발현이었음을 높이 평가해야 하며, 그래야만 남북협상의 역사적 성격과 위치를 정확하게 파악할 수 있다는 것이다. 이러한 평가의 이면에는 외세에 의한 분단 고착화 과정에서 우리 민족이 무력했던 것만은 아니었다는 민족적 자부심이 자리하고 있으며, 한편으로는 김구·김규식의 행동이 냉전적, 반공 이데올로기적 시각에 의해 폄하되고 이용되어 왔다고 여기고 이에 대한 비판의 차원에서 남북협상을 민족주의 이념의 맥락에서 자리매김하려는 사고가 자리하고 있다.

5 「레베데프 비망록」19, 『부산일보』, 1995년 3월 17일.

당시 두 지도자의 통일민족국가 수립을 향한 의지와 민족에 대한 충정 자체를 부인하는 사람은 물론 없을 것이다. 분단의 현실화라는 운명에 순응하지 않고 이를 넘어서려고 했던 시도 자체를 역사적 결정론의 시각에 입각하여 무의미했던 것이라고 재단할 수는 없다. 그러나 이러한 평가 이전에 우리는 좀더 근원적인 문제, 즉 소련은 왜 남북협상이라는 '형식'을 필요로 했던가를 고찰해야 한다. 그래야만 남북협상의 성격과 역사적 위치를 파악할 수 있으며, 남북협상이 오늘의 남북관계에 시사하는 바를 이끌어낼 수 있는 것이다.

2. 남북협상의 배경

(1) 미소갈등에 따른 한반도문제의 유엔 이관

남북협상이 열린 1948년 새해는 유엔 한국임시위원회 위원단의 남한 입국(1월 8일, 11일)으로 시작되었다. 1948년에 이르러 미소관계는 돌이킬 수 없을 정도로 완전히 동결되어 버렸고 양 진영의 타협에 의한 한반도문제 해결은 사실상 불가능하게 되었다. 1948년의 정세는 직접적으로는 1947년 10월에 미국이 한반도문제를 유엔에 이관하면서 조성된 정세였는데, 미국이 이러한 조치를 취하게 된 것은 중국과 유럽의 사태에서 기인했다.

이 문제에 대해서는 이미 다른 장에서 상세히 논했으므로 재론하지 않는다.[6] 1947년 4월부터 미국정부는 남한지역에서 미군을 철수할 것을 논의하고 있었는데, 이러한 논의는 소련의 양군 동시철수 제안을 받아들이는 형식으로 마무리되었다. 즉, 미소공동위원회 소련 측 대표 슈티코프 대장은 9월 24일에 미소 양군이 한반도에서 동시에 철수하고 조선사람들로

6 이 당시 미국의 한반도정책에 대해서는 이 책의 제4장 「해방 직후 미국의 한반도정책」을 참고하기 바란다.

하여금 자신들의 힘으로 정부를 수립하도록 하자고 제의했고, 유럽문제에 전력해야 했던 미국은 이 제안을 받아들여 남한을 극동 방위선상에서 제외하고 손을 떼기로 결정했다. 미국이 남한에서 손을 떼기 위한 방편이 바로 한반도문제의 유엔 이관移管이었다. 다시 말해서 남한에서 손을 떼고 철수하기 위해서는 남한의 독립이 필요했고 그래서 유엔을 이용하기로 한 것이다.

이처럼 미국의 한반도정책이 변화함에 따라 미소 간의 현안문제로 다뤄지던 한반도문제는 1947년 10월을 기점으로 유엔에 넘어갔다. 당시 친미국가들이 압도적으로 우세하던 유엔은 11월 14일, 한반도 전역에 걸쳐 인구비례에 의한 총선거를 실시할 것과, 선거를 촉진하고 감독하기 위한 9개국으로 구성되는 유엔 한국임시위원회(이하 유엔 한위)를 설치하자는 미국의 제안을 43 대 9(기권 6)로 가결했다. 이때 미국은 선 정부수립 후 외군철수를 주장했으나 소련은 선 외군철수 후 정부수립을 내세웠다.

소련 측에서는 ① 한국문제는 미국과 소련이 1945년 12월에 열린 모스크바 3상회의三相會議의 결정에 준하여 미소 양국이 해결해야 할 문제이며, ② 미소 간에 공동위원회가 열려 여러 차례 모임을 가졌으나 피차 합의를 볼 수 없으므로, ③ 미소 양군이 한국으로부터 동시에 철수하여, ④ 한국사람들이 스스로 한국문제를 해결하도록 해야 한다고 주장하며 유엔 총회가 한국문제를 취급하는 것을 극력 반대했다. 그들은 유엔 한위의 설립은 한국인민의 자주권 행사와 상반되는 것이므로 한위 설립을 반대한다고 하였다.[7]

소련의 입장은, 한국문제는 한국의 '민주적'인 인민들이 '자주적'으로 해결해야 한다는 것이었다. 서울에서 열렸던 미소공위에서 문제가 된 사

7 소련의 공식입장은 *Soviet Union and the Korean Question*(London: Soviet News, 1950)에 명시되어 있다.

항은 어느 인사나 단체가 '민주적'이냐는 것이었는데, 이번에도 소련은 미국정부가 비민주적이고 반동적인 소수의 인물과 단체들만을 옹호하기 때문에 미소 양군이 철수하고 '민주적'인 인민들이 자기의 정부를 '자주적'으로 설립하도록 해야 한다는 것이었다. 소련의 기준에서 볼 때 '민주적'인 인민은 모스크바 3상회의의 결정(즉 신탁통치)에 전적으로 찬성하는 인사나 단체, 즉 공산당세력이고, 신탁을 반대하는 인사나 단체는 반민주세력이기 때문에 반민주세력은 장차 세워질 한국 임시정부에 참여할 수 없다고 하여 그들의 정치적 권리를 박탈해야 한다고 여겼다.

하여튼 소련은 미소 양군이 한국을 점령하고 있는 동안 열리는 선거는 한국인민의 자주권을 침해하는 것이라는 이유로 유엔 감시하에 있을 선거를 배척했고, 따라서 유엔 한위가 1948년 1월에 남한에 도착하여 38선 이북의 소련점령군 사령부에 입경入境 허가를 요청했으나 이를 허락하지 않았다. 소련의 입경 거부로 인해 유엔은 '가능한 지역에서의 총선거'라는 명목으로 남한지역에 한한 이른바 단독선거를 1948년 5월 10일 전에 치를 것을 결정했다. 유엔은 2월 26일, 남한에서의 총선거를 31 대 2(기권 11)로 가결했다.

이러한 일련의 과정들을 보면 의문스런 부분이 있다. 소련은 1947년 9월 24일에 미국에 미소 양군 동시철수를 제안했고, 미국도 이를 받아들이는 형식을 취했는데, 미소 양군 동시철수 방법을 둘러싸고 왜 미국은 유엔에서 선 정부수립 후 외군철수를 주장했고 소련은 선 외군철수를 주장하게 되었는가 하는 점이다. 이에 대한 해답은 다음에서 볼 수 있듯이 9월 24일에 소련이 제시한 미소 양군 동시철수안의 저의를 미국이 간파했기 때문이다.

소련의 미소 양군 철수안이 공산진영에 유리한 것은 두말할 필요도 없었다. 소련은 이미 북한에 상당한 병력을 양성하고 있었고, 또 소련은 북한의 인접국가여서 언제든지 병력을 파송할 수 있는 데 비해, 미군은 일단 철수를 하면 파병하기가 힘들 것이기 때문이다. 지리적 문제도 있지만 미국의 해외파병은 복잡한 정치적 절차를 필요로 했다. 따라서 미국은 소련이 이 제안을 하지 않는 것을 이상하게 여기고 있을 정도였다. 예상대로 소련이 동시철수안을 제안해 오자 미국은 소련의 분명한 저의를 제지하여 남한을 미국의 세력권 안에 두면서 동시에 미군이 철수할 수 있는 방책으로 유엔을 이용하기로 한 것이고, 유엔에서도 선 정부수립 후 외군철수를 주장하게 된 것이다. 만약 소련의 요구대로 선 외군철수를 감행한다면 남한이 무정부 상태에 빠져 미국이 국제적인 비난을 받게 될 것이었기 때문이다.

한편, 소련의 한반도정책의 강령적 원칙은 한반도가 소련을 공격하기 위한 기지가 되는 것을 막고, 한반도에서 소련의 정치경제적 이해를 보장해줄 좌익정부를 수립하는 데 있었다. 소련은 모스크바 결정의 정확한 실천이라는 원칙하에 반탁세력의 미소공위 협의 참가를 저지하기 위해 끊임없이 '조건을 제기하는' 정책을 취해 좌익이 우위를 점하는 정부를 수립해서 반제反帝 반봉건적半封建的 개혁을 실천할 것을 계획했다.[8]

그리고 무엇보다도 중요한 것은 소련은 남북한의 재통합을 바라지 않고 있었다는 점이다. 그 명확한 증거는 스탈린이 1945년 9월 20일, 소련군 점령지역에 '부르주아 민주주의 정권을 수립' 하라고 내린 지령이다. 그것은 미국과의 협상 결과에 관계없이 북한지역에 단독정부를 세우라는 것이었다.[9]

아이러니하게도 스탈린의 지령은 미국이 유럽문제에 전력하도록 한 원

8 田鉉秀, 「蘇聯의 美蘇共委 대책과 韓國臨時政府 수립 구상」, 金容燮 교수 停年紀念 韓國史學論叢 3, 『한국 근현대의 민족문제와 新國家建設』(지식산업사, 1997), pp.589~590.

9 스탈린의 9 · 20지령이 한반도 분단고착화에 미친 영향에 대해서는 이 책의 제5장 「스탈린의 한반도정책, 1945」를 참조하기 바란다.

인이 되어 미국이 한반도문제에서 손을 떼게 만들었다. 즉, 소련은 스탈린이 세운 원칙하에 소련이 점령한 동유럽 지역에서 공산정권을 속속 수립해 나갔는데, 미국은 이러한 공산정권의 확산을 방지하기 위해 '마셜 플랜'을 통해 소련과의 대결의 강도를 높여 갔고, 이러한 대결의 여파가 한반도문제에도 그대로 밀어닥친 것이다. 이렇듯 스탈린의 지령은 남한 단독선거가 결정되는 과정에 직·간접적으로 영향을 미치게 되었다.

이상에서 살펴본 것처럼 한반도문제의 유엔 이관과 남한에서의 단독선거 결정은 소련과 미국의 한반도문제에 대한 전략적 차이에서 비롯된 것이었다. 일본군의 무장해제를 위해 잠정적으로 설치된 38선은 바야흐로 하나의 국경으로 변해 갔다. 한반도의 분열이 영구화되어 가는 태세가 명확해진 것이다.

(2) 남북협상의 국내 환경

이러한 상황에서는 좌익과 우익을 막론하고 한국사람 모두가 합심하여 어떤 해결책을 미소 양국에 제출했다면 모를까 그 외에는 미소 간의 대립을 해결할 길이 없었는데, 해방 후의 국내정세도 역시 양극화 상태에 있었으니 사태를 수습하는 데 도움이 될 수 없었다. 그런데 북한과 남한의 정세는 미소의 점령정책의 차이로 인해 양상을 달리하였다.

1946년 2월에 이북에서는 북조선 임시인민위원회가 설립되었고 이것이 1947년 2월에는 북조선 인민위원회로 변하여 실질적으로 38선 이북 전역을 통치하는 공산정권이 수립되었다. 소련점령군 당국은 그 인민위원회 위에 군림하여 정치적 방향을 설정하고, 반反공산세력을 제거·통제함으로써 이북 전역을 공산화하려는 만반의 준비를 갖추게 되었다.

반면, 38선 이남에서는 미군정이 직접 통치를 시행하여 38선 이북과는 상이한 사태를 만들어 놓았다. 미군정은 1946년 2월에 남조선대한국민대표민주의원南朝鮮大韓國民代表 民主議院을 설립하고 같은 해 12월에 남조선과도입법의원南朝鮮過渡立法議院을 민선 및 관선의원으로 구성하기는 했으나, 이 두 기관은 모두가 미군정의 '자문기관'에 지나지 않았고, 1947년 2월 미군정의 민정장관民政長官으로 임명된 안재홍安在鴻도 실권이 전연 없는 존재였다.

이러한 상태에서 북한지역은 공산당이 확고히 장악했으나 남한 내에서는 심한 사상적 분열이 있었다.[10] 해방 직후 공산당을 위시한 좌익세력의 우익단체나 인사들에 대한 태도, 특히 해외에서 돌아온 노혁명가들에 대한 태도는 온건했다. 그러나 1946년에 이르러서는 우익인사 전반을 반동분자, 친일파, 민족반역자로 규정하고 공산당노선에 추종하지 않는 모든 인사들과 단체들을 적대시하게 되었다. 그리고 우익 측에서는 공산주의자들과 그들에게 동조하는 모든 세력을 소련의 앞잡이로 규정했다. 이것은 1946년 1월 3일 이후에 조선공산당朝鮮共產黨이 신탁통치 반대에서 모스크바 3상회의 결정 지지라는 노선으로 표변한 후부터 민족진영에서 공산주의자와 신탁통치 지지자들을 민족반역자로 규정했기 때문이다.

공산당은 또 해방 초기에는 미국을 한국 해방의 은인인 연합국의 일원이라고 찬양하였다. 그러나 그 후에 와서는 미국을 제국주의자로 단정하고 미군정을 적대시하기 시작했다. 공산당은 아무 준비도 없이 한국에 상륙한 미군정 당국의 여러 가지 과오를 제국주의 침략자들의 계획적인 소행이라고 선전함으로써 급격히 조장된 국민들 간의 민족주의적 사조를 이용하여 득세하기에 힘썼다.

이승만李承晩이 주장한 남한 단독선거는 이러한 상황에서 나왔다.[11]

---

10 남한에서의 좌우대립에 대해서는 이 책의 제3장 「미소갈등과 남한에서의 좌우대립」에서 상세하게 다루었다.

11 이승만이 단독정부론을 주장하게 된 배경과 동기에 대해서는 이 책의 제11장 「이승만의 단독정부론 제기와 그 전개」를 참고하기 바란다.

1945년 말엽에 시작한 유고슬라비아에서의 우익 탄압, 1946년 6월에 폴란드에서 있었던 국민투표에 대한 공산당의 조작과 우익 탄압, 1946년에 있었던 터키에서의 미소 충돌 등 일련의 사건들에 대한 소식을 들으며 이승만은 미소 협력의 불가능함을 확신하게 되었고, 1947년 8월에 열린 선거에서 소수(20%)의 득표를 한 헝가리 공산당이 소련점령군의 비호를 받아 정권을 강점한 사태를 전해 듣고 소련이나 공산당과의 타협의 위험성을 실감하게 되었다. 그리하여 이승만은 1946년 6월부터 가능한 지역에서의 선거를 주장하게 되었고 1946년 12월에는 도미하여 미국정부의 수뇌부에 설득공작을 시도했다. 그 후(1947년 4월) 귀국해서도 계속 공산당과의 합작의 불가능성과 남한지역에서의 선거의 필요성을 설득하는 광범위한 운동을 전개했다.

이와 같이 미소 냉전이 극한으로 치닫고 국내 정국마저도 좌·우 양극으로 분열되어 수습의 기미가 전혀 보이지 않자 남한 내의 일부 우국지사들 사이에는 민족의 영원한 분열을 막고 남북 간의 지도자들이 허심탄회한 대화를 나눔으로써 외세의 간섭을 제거하고 자주적 힘으로 통일과 독립을 이룩해야 한다는 기운이 풍미하게 되었는데, 이러한 감정이 이른바 '남북협상'을 성립시킨 동기이다. 김구와 김규식이 남북 정치지도자 간의 정치협상을 제의한 때는 남한만의 단독선거가 결정되기 직전인 2월 16일이었지만, 단독선거는 결정만 안 났을 뿐이지 충분히 예견되었고 분단은 기정사실로 되어 가는 상황이었다.

3. 소련·북한과 남북협상

위에서도 언급한 것처럼 남북협상의 단서는 김구와 김규식이 2월에 서한 형태로 제안한 남북 정치지도자 간의 정치협상이었다. 그러나 실질적인 남북협상은 내용과 형식이 변형되어 제시된 북측의 답신에 따라 이루어졌는데, 변형된 답신의 내용은 북한을 점령한 소련점령군 사령부의 지시에 의한 것이었다. 따라서 소련과 북한이 남북협상을 변형된 형태로 제시하게 된 이유와 그 과정을 먼저 살펴보는 것이 순서일 것이다.

(1) 2월의 서한과 3월의 답신

김규식·김구는 평양의 김일성과 김두봉에게 각각 서한을 보냈는데, 한 통은 유엔 한위를 통하여 모스크바를 경유해서, 또 한 통은 서울 주재 소련대표부를 통해서 전달되었다고 한다.[12] 양 김 씨가 김일성에게 보낸 서한의 요지는 다음과 같다.

1. 우리 민족의 생존과 멸망을 결정하며 국토의 영원분열과 완전통일을 판가름하는 최후의 순간에 민족국가의 자유독립을 위하여 45년간 분주치력奔走致力한 애국적 양심은 수수방관은 허하지 않는다는 것.
2. 아무리 외세의 제약을 받고 있는 우리의 현실일지라도 우리의 일은 우리가 해야 할 것이라는 것.
3. 남북의 정치지도자가 정치협상을 통하여 통일정부 수립과 새로운 민족국가의 건설에 관한 방안을 토의하자는 것.
4. 북쪽에 있는 여러 지도자들도 동일한 의향을 가질 줄 믿는 데서 우선 남쪽에 있어서 남북정치협상을 찬성하는 애국정당 대표회의를 소집하여 대표를 선출하려 한다는 것.[13]

송신 경위로 봐서 양 김 씨의 서한이 전달되지 않았을 리는 만무하지만 북측에서는 오랫동안 아무런 반응도 보이지 않았다. 그러던 중 북측은 3

12 宋南憲 씨 면담, 1966년 12월 17일.

13 『조선일보』, 1948년 4월 1일 ; 『새한민보』, 1948년 4월 하순호, p.10.

월 25일 평양방송을 통하여 북조선노동당北朝鮮勞動黨, 조선민주당朝鮮民主黨(당수 최용건崔庸建), 천도교청우당天道敎靑友黨 및 6개 사회단체 명의로 「남조선 단독정부 수립을 반대하는 남조선 정당단체에게 고함」이라는 제목의 소위 '초청장'을 남로당, 한독당, 민주독립당 등 17개 단체에 발송한다고 알렸다. 이 '초청장'은 양 김 씨의 2월 16일자 서한에 대해서는 언급하지 않고, 다만 미국에 대한 공격과 대표자 연석회의를 제의한 것에 불과했다. 이 '초청장'은 "우리 조국을 노예화하며 분열하려는 제국주의의 정책은 계속되고 있습니다"라는 극단적인 성명으로 시작하여 미국과 유엔한위를 공박하고, 소위 남북협상에 대하여 다음과 같이 제안했다.

> 북조선 정당 · 사회단체의 지도자인 우리들은 남조선 단독선거를 반대 투쟁하는 남북조선의 모든 민주주의 정당 · 사회단체 대표자 연석회의를 금 4월 14일 평양시에서 개최할 것을 제의합니다. 우리들은 이 회의에서 국내 정치정세를 심의하여 우리 국토를 양단하고 민족을 분열하려는 반동과 온갖 책동기도를 파멸시키고 조국의 통일과 독립을 추진시키며 세계 자유애호 인민들의 일전으로 조선의 통일민주주의 독립국가 건설을 추진시키는 것을 공동목적으로 협력하는 데 구체적 계획을 채택할 것을 엄숙히 제의합니다.

그리고 이 성명은 남한의 단독선거를 반대하고 있는 남로당, 한독당, 민주독립당 등 17개 정당과 사회단체를 지명하여 초청하였다.[14] 이처럼 일방적인 통고를 발송한 북측은 김일성, 김두봉의 연서連署로 3월 25일자로 김규식과 김구에게 다시 서한을 발송했는데, 이것은 3월 27일에 서울에 도착했다. 이 서한의 요지는 다음과 같다.

14 『새한민보』, 1943년 4월 하순호, pp.10~11.

1. 2월 16일자 우리의 서한을 받았다는 것.
2. 해방된 지 2년 반이나 지나도록 우리가 남북으로 분열되어 완전한 통일독립 국가가 되지 못한 것이 유감이라는 것.
3. 북조선은 자기 손으로 자기 운명을 개척할 수 있으나 남조선 주권이 미국사람에게 있기 때문에 정신상, 물질상 곤란을 받는다는 것.
4. 이에 대하여는 모스크바 3상회의 결정과 미소공위 사업을 반대한 이들에게 책임이 있다는 것.
5. 금차今次 유엔의 결의, 더욱 유엔 소총회의 행동은 찬성할 수 없다는 것.
6. 소련이 유엔총회에 제의한 바와 같이 양 주둔군 철퇴, 조선대표 참가, 그리고 조선문제 해결은 순전히 남북조선인에게 맡겨서 자의자처自意自處하자는 것.
7. 미국의 주장으로 소련의 제의가 부결되고 유엔위원단 감시하에 이 선거를 실시하려는 것은 찬성할 수 없다는 것.
8. 우리의 일은 우리가 해결하려는 본지本旨에서 남북조선의 소범위의 지도자 연석회의를 1948년 4월 초에 평양에서 소집할 것을 동의한다는 것.[15]

여기에서 우리가 볼 수 있는 것은 남측의 서한과 북측의 방송 및 서한 사이에 많은 차이가 있다는 것이다. 가장 중시해야 할 것은 회담의 성격이 전혀 다르다는 점이다. 남측의 제안은 남북 정치지도자 간의 정치협상인데 비하여 북측은 소범위의 지도자 연석회의와 남북조선의 모든 민주주의 정당·사회단체 대표자 연석회의로 세분화하고 있다. 남한 인사들이 구상한 회담은 어디까지나 진지한 의견을 교환하기 위한 구수회담鳩首會談이었지 이런저런 연석회의가 아니었다. 그리고 북측에서 양 김 씨에게 보낸 서한의 내용과 3월 25일의 방송 내용에도 많은 차이가 있다. 방송 내용은 과격한 언사로 미국을 공격하는 데 주력한 것이었고, 또 미국을 배격하기 위

15 『조선일보』, 1948년 4월 1일.

하여 소위 대표자 연석회의를 열자고 하는 것이었으나 양 김 씨에게 보낸 서한의 내용은 미소공위를 배격한 남한 인사들을 책망하기는 했으나 비교적 온건한 편이었고, 또 서한의 내용도 양 김 씨의 주장과 거의 합치했다. 이것은 북측이 방송과 서한을 통해 이중정책을 씀으로써 선전 효과를 노리는 동시에 남한 인사들을 회유하여 평양에서 열리는 대표자 연석회의에 유인하기 위한 술책이었다.

이러한 북측의 이중정책이나 양면작전을 김규식과 김구가 간파하지 못한 것은 아니었으나 남북회담을 최초에 제의한 양 김 씨로서는 진퇴양난에 처하게 되었다. 뒤에서도 논하겠지만 김구와 김규식은 자신들의 특사를 북으로 보내 상황을 파악하고, 또 김규식은 회담 조건으로 5원칙을 제시하는 등 북측의 진의를 다각도로 타진한 끝에 결국 북행하기로 결정했다.

이상에서 살펴본 바와 같이 남측의 서한과 북측의 답신은 내용 면에서나 형식 면에서 전혀 차원이 달랐으나, 이른바 남북협상은 북측의 답신에 적힌 내용과 형식에 따라 준비되어 통보되었고, 김구와 김규식은 냉가슴 앓는 심정으로 이에 응하게 된 것이다. 그렇다면 왜 이러한 사태가 발생했는가? 왜 3월 말이 되어서야 답신이 도착했으며, 그것도 변형된 형태로 도착했는가? 소련과 북한의 동기는 무엇이었는가?

(2) 소련과 북한의 대책

남측의 제안이 있은 지 열흘 후인 2월 26일에 남한만의 단독선거가 결정되면서 사태는 급박하게 돌아가고 있었고 서한에 대한 답신마저 없자 남한 인사들은 초조해하고 있었는데, 북측은 서울에서 활동하고 있는 정치공작원 성시백을 통해 상황을 즉각 보고 받고 그들대로 대책을 준비하고 있었다. 북조선노동당(이하 북로당)은 2월 18~20일에 걸쳐 정치위원회 확대회의를 열고 김구 · 김규식의 제안의 배경이 무엇이냐에 대해 집중적으로 논의했다. 회의에서 허가이許哥而 등 소련파는 김구 · 김규식의 제안이 미군정의 '입김'에 의한 것이라고 주장했고, 김두봉 · 최창익崔昌益 등 연안파延安派는 '미국의 작용을 무시할 수는 없으나 김구 · 김규식의 애국적 결단'을 중요시해야 한다고 주장했으며, 김일성 · 김책金策 등 빨치산파(갑산파甲山派)는 연안파를 지지하는 입장을 폈다. 회의의 대세는 김구 · 김규식의 제의에 호응하자는 것이었으나 결론을 내리지 못하고, 대남연락부장 임해林海를 서울로 급파하여 남측의 진의를 조사한 후 2월 25일에 임해의 보고를 토대로 남측의 제안이 애국적 결단이라는 평가를 내렸다.[16]

위에서 언급한 북로당 대책회의 내용은 북한 노동당 고위관리를 지낸 서용규(가명)의 증언인데, 이때의 대책회의는 남측의 저의가 과연 무엇인지를 논의하는 수준의 자리였던 것으로 보인다. 왜냐하면 이후에 김일성이 김구에 대해 취한 태도는 서용규의 증언과는 다른 측면이 있고, 북측은 3월 10일까지만 해도 남측의 제안에 어떤 대응을 취할 것인지 결정을 내리지 못하고 있었던 것으로 보이기 때문이다. 「레베데프 비망록」에 따르면 3월 10일 김일성은 김구의 제안에 답할 필요가 있는가라는 태도를 취했는가 하면, 12일에는 김구는 "어리석은 인간"이기 때문에 반드시 만날 필요가 있고 설득할 수 있다고도 말했다. 이것은 북측이 김구를 계속 저울질하고 있었음을 보여 준다. 또 12일에 김일성과 김두봉은 김구를 놓고 논쟁을 벌였는데, 김일성은 김구가 실제로는 단독선거에 찬성하므로 참석자 명단에서 빼자고 하고, 김두봉은 무엇 때문에 항상 김구를 욕하느냐고 하면서 자신이 김구를 설득하겠다고 맞섰다.[17] 그 후 김일성의 김구에 대한 태도는 꼭 참가시켜야 한다는 쪽으로 변했는데 그것은 다음에서 보게 되

16 중앙일보 특별취재반, 『秘錄 · 조선민주주의 인민공화국』 하권(중앙일보사, 1993), pp.325~327.

17 「레베데프 비망록」 15, 『부산일보』, 1995년 3월 3일. 김두봉은 남북협상 기간 중에 김구와 자주 식사를 한다고 하여 소련의 의심을 샀다.

는 것처럼 김구에 대한 소련의 태도를 따랐기 때문이었다. 「레베데프 비망록」에 의거해서 본다면 남북협상에 대한 구체적인 일정과 참석대상에 대한 논의가 시작된 것은 3월 17일부터이다.

여기서 우리가 주목해야 할 것은 슈티코프가 모스크바 결정에 대한 김구의 반대 입장, 즉 김구의 반탁反託 입장을 비판하여 이를 남측에 보낸 답신내용에 반영했으면서도 김구를 남북협상에 꼭 참석시켜야 한다고 강조했다는 점이다. 즉, 레베데프가 슈티코프에게 "김구와의 관계에 대해 우리들의 선동노선에 대하여" 지령을 요청하자 슈티코프는 3월 10일에 레베데프에게 다음과 같이 지시했다. "신문사설에 다음과 같이 논할 것 : 한국문제에 관한 모스크바 결정에 대해서 김구가 취했던 입장은 결국 지금까지 통일정부 수립과 한국 통일을 이루지 못하게끔 만드는 결과로 귀결됐다. 바로 이 점을 상기시킬 것. (미소)공동위원회에서 소련대표단이 얼마나 옳았는가에 대해 언급할 것."[18] 김구에 대한 이러한 태도는 남측에 답신을 보낸 직후인 3월 27일까지도 계속된다. 즉, "남북대표자연석회의는 모스크바 결정을 바탕으로 한다. 누가 미소공위를 결렬시켰으며 어떤 결과를 초래했는가. 벌써 정부 없이 3년을 보냈다. 모스크바 결정이 시행됐더라면 상황은 달라졌을 것이다. 정부가 수립됐을 것이다."[19] 그런데 슈티코프는 4월 8일에는 "김구를 꼭 회의에 참석시킬 것"이라고 지시를 내렸다.[20] 4월 8일의 지시는 김구와 김규식이 북행해서는 안 된다고 하는 남측의 기류를 보고 받고 특별히 점검한 것으로 보이는데, 어쨌든 그 이후로도 소련 측과 김일성은 김구가 올 때까지 회의를 연기해야 한다며 김구의 '참석 필요성'을 유난히 강조했다.

---

18 「레베데프 비망록」 15, 『부산일보』, 1995년 3월 3일.
19 「레베데프 비망록」 16, 『부산일보』, 1995년 3월 7일.
20 「레베데프 비망록」 16, 『부산일보』, 1995년 3월 7일.

슈티코프와 김일성의 김구에 대한 태도는 이처럼 이중적이었는데 그 이유는 무엇이었는가? 왜 그들은 김구를 비판하면서도 김구의 참석을 필요로 했는가? 위에서 볼 수 있는 것은, 하나는 미소공위에서 그동안 견지해 온 소련의 노선이 옳았다는 것이다. 이 말은 곧 미소공위의 결렬책임이 미국에 있으며, 따라서 분단의 책임도 미국에 있다는 뜻이다. 다른 하나는, 분단의 책임이 미국에 있고 따라서 소련의 노선이 옳았음을 입증해야 되는데, 김규식과 달리 반탁을 주장하며 소련의 노선에 정반대의 입장을 취했던 김구가 북행한다는 것은 결과적으로 소련의 노선을 정당화하는 행동이 된다는 것이다. 왜 그런가에 대해서는 뒤에서도 논하겠지만, 북한 측이 뒤늦게 변형된 답신을 보내게 된 가장 큰 이유는 남북협상을 북한 공산정권의 정통성을 확보하기 위한 발판으로 삼기 위해 제반 준비가 필요했기 때문이었는데, 그들이 북한체제의 정통성을 확보하기 위해 추진해온 통일전선전략상 김구의 참석은 반드시 필요했다.

소련군정과 북한지도부는 3월 17일에 북로당 중앙위원회 특별전원회의를 열어 대표자 연석회의의 예비회담 격인 '소범위 남북지도자 연석회의' 남측 초청 대상자를 검토하기 시작해 3월 24일에 남북협상의 일정과 절차를 결정했다. 남측 초청 대상자를 선정하는 것에서부터 대표자 연석회의의 일정과 절차에 이르기까지 모든 사항을 소련군정의 레베데프 민정청장이 지휘했다.[21] 3월 24일의 특별전원회의에서 레베데프가 김일성에게 지시한 내용을 보면, "남북한 정세보고는 김일성파, 김두봉파, 허헌許憲파 3개 그룹 대표가 한다. 의견을 교환한 뒤 정치정세에 대한 결정을 채택한다"라고 하여 회의의 진행방향을 미리 계획해 놓았고, 첫날 회의는 어떻게 하고 둘째 날 회의는 어떻게 하라는 등 세부지침을 마련해 놓고 있었다.

---

21 「레베데프 비망록」 15, 『부산일보』, 1995년 3월 3일 ; 「레베데프 비망록」 16, 같은 신문, 1995년 3월 7일.

소련군정과 북한지도부는 보고사항에 대한 토론시간까지 15분으로 지정하는 등 세밀한 준비를 마친 연후에 그 다음 날로 남측에 방송을 하고 답신을 보냈다.[22]

(3) 공산정권의 정통성 확보 전략

왜 소련군정과 북한지도부가 자신들의 의도대로 모든 준비를 마친 후에 답신을 보냈는가는 먼저 그들의 통일전선 정책과 관련해서 분석해야 할 것이다. 슈티코프와 김일성이 김구의 참석 필요성을 유독 강조한 것도 이 맥락에서 이해할 수 있다.

8 · 15 해방 후 소련점령군의 비호를 받아 정권을 장악한 공산당은 처음부터 통일전선이란 전략을 취했다. 그들은 공산당 기구를 급속도로 조직 · 육성 · 확대하는 동시에 비非공산 인사들을 종용하여 조선민주당, 천도교청우당 같은 소위 우당友黨들을 건립시켰다.

이러한 우당들은 공산당에 여러 가지 이점을 주었다. 이들은 공산통치자들이 각 지방에 있는 비공산단체에 침투하기 용이하도록 도와주었다. 또 대내적으로는 공산정권의 정당성을 부식扶植하는 데, 대외적으로는 소련점령군의 '민주성'을 선전하는 데 유리한 상황을 만들어 주었다. 물론 우당 내에서 비공산주의자들의 자율적인 행동은 허용되지 않았다. 천도교청우당만 하더라도 위원장인 김달현金達鉉이 당원들의 일거수일투족을 공산당에 보고했다.

그들은 북조선임시인민위원회北朝鮮臨時人民委員會나 인민위원회의 간부진에도 비공산당원을 포함시킴으로써 북한에서의 집권기관이 공산당의 독재정권이 아니라는 것을 선전하기에 급급하였고, 소련군 사령부와 그

22 「레베데프 비망록」 16, 『부산일보』, 1995년 3월 7일.

지시를 받아 움직이는 공산당의 모든 시책들이 민의에 의하여 행해진 것이라는 것을 강조함으로써 북한지역의 권력체제에 정당성을 부여하기 위해 세심한 노력을 기울여 왔다. 북한과 남한에서 조직된 소위 '민주주의민족전선'이란 단체 역시 통일전선전략의 한 표현이었던 것이다.[23]

이러한 견지에서 볼 때 남북협상은 그동안 여러 형태로 나타난 통일전선전략에서 가장 중요한 계기였다. 오랜 역사를 통하여 서울이 한반도의 수도였던 만큼 평양에 세워질 정권에 정통성을 부여한다는 것은 쉬운 일이 아니었다. 해방 이후 모스크바 3상회의 결정 발표 후 남북한에서 공산당정책은 극도로 배타적이며 좌익소아병적인 것이었고, 따라서 '민주주의민족전선'만으로는 민족을 대표한다는 주장을 내세우기가 너무나 빈약했다. 특히 1946년 1월에 조선민주당 당수인 조만식曺晩植이 연금된 후 중앙 및 지방간부들이 대거 월남하였으므로 비공산세력의 동조가 더욱 필요해졌던 것이다.

이러한 상황에서 반공적 입장으로 정평 있는 남한의 저명한 정치지도자들과 평양에서 대표자 연석회의를 갖는다는 것은 공산주의자들에게 그들의 입장이 '전 조선 인민의 전폭적인 지지'를 받고 있다고 선전할 수 있는 황금 같은 기회였다.[24] 그들이 제안한 회담의 공식명칭인 '남북조선 제정당·사회단체대표자 연석회의'를 보더라도 북한이 남북협상에 통일전선의 의미를 부여하는 것을 얼마나 중요시했는지를 알 수 있다.

이처럼 북한이 제안한 남북협상은 북한의 통일전선전략의 실상이 무엇인지를 잘 드러내는데, 김구·김규식의 제안이 있은 직후에 발생한 북조

23 이상의 논의에 대해서는 Robert A. Scalapino and Chong-Sik Lee, *Communism in Korea*, I (Berkeley: University of California Press, 1973), pp.350~381을 참조하기 바란다. 국역본은 한홍구 옮김, 『한국공산주의운동사』 II(돌베개, 1986), pp.399~486(제5장 「소련 후견 하의 북한 공산주의」).

24 김학준, 「분단구조의 고착화」, 『해방의 정치사적 인식』(대왕사, 1990), p.232.

선청우당 사건이 이를 증명한다. 북조선청우당은 위에서 언급한 바와 같이 공산당의 통일전선전략에 필요한 우당이었다. 그런데 "서울 천도교 중앙에서는 1948년 3·1절 기념행사를 기하여 북한에서 소군정蘇軍政에 반대하고 유엔감시하 남북한 총선거 수용을 주장하는 시위를 전개하라는 지시를 북한 천도교 측에 보냈다."[25] 그러나 북조선청우당 위원장인 김달현이 김일성에게 보고하면서 계획이 탄로나 북한 전역에서 172명이 체포되었다. 슈티코프는 천도교와의 관계를 어떻게 할 것인가에 대해 "조만간 분리이탈이 있을 것이다. 명칭은 남겨둘 필요가 있으나 우파는 축출해야 한다"고 말해 통일전선전략의 실상을 여실히 보여 주었다.[26] 도진순都珍淳은 북조선청우당 사건이 북한지역 내 민주기지를 다지는 작업에 대한 예상치 못한 반대운동이라고 평가하고, 남측의 서한에 대한 답신이 늦어진 이유 중의 하나가 2월 말~3월 초 소련군과 북한의 지도부가 이 문제의 처리에 주력했기 때문이라고 본다.[27]

북한의 정통성 확보 전략과 관련하여 고려해야 할 다른 사항은 북한 이 북한지역에 독자적인 정권을 수립할 헌법을 마련했으나 분단정권을 추진한다는 비난을 우려한 소련의 지시에 따라 헌법 시행을 보류하기로 했다는 점이다. 1947년 11월 14일, 유엔이 한국문제에 대해 유엔 감시하의 남북한 총선거와 이를 위한 유엔 한위 설치를 결의하자 북한은 조선임시헌법을 제정하여 이에 따라 정부를 수립하겠다는 의지를 표명했다.[28] 이에 1947년 11월 18일에 열린 북조선인민회의 제3차 회의는 「조선임시헌법 제정에 관한 결의」를 채택했고, 1948년 2월 7일 북조선인민회의 제4차 회의에서 임시헌법제정위원회가 작성한 헌법초안이 제출되어, 2월 10일 「조

25 정해구, (레베데프 비망록에 대한)「전문가 해설」, 『부산일보』, 1995년 2월 28일.

26 「레베데프 비망록」 14, 『부산일보』, 1995년 2월 28일.

27 도진순, 『한국민족주의와 남북관계』(서울대학교 출판부, 1997), pp.232~233.

28 정해구, (레베데프 비망록에 대한)「전문가 해설」, 『부산일보』, 1995년 2월 17일.

선임시헌법초안」이 발표되었다.[29] 그런데 「레베데프 비망록」에 따르면 소련은 이미 1월 14일에 미국의 분단계획을 폭로하기 위해 당분간 북한에서 헌법 시행을 보류하고, 신헌법에 의한 선거는 남한보다 늦은 시기에 실시한다는 방침을 정해놓고 있었다.[30] 이것은 내부적으로는 단독정부를 수립할 기반을 준비하되 남한의 선거가 끝난 후에 헌법을 시행하여 분단의 책임을 면해 보겠다는 의도였다. 그렇지 않을 경우 북한정권의 정통성은 확보되지 않을 것이기 때문이다.

헌법문제가 아니더라도 북한이 단독정부를 준비했다는 것은 이른바 조선인민군朝鮮人民軍의 창설에서도 알 수 있다. 유엔소총회가 남한만의 단독선거를 결의하기 전인 1948년 2월 8일, 북한은 정규군인 조선인민군을 창설했는데 정권수립 이전에 정규군대를 창설한다는 것은 드문 예로서, 이것은 북한이 단독정권의 수립을 향해 단계적인 절차를 계속해서 밟아왔음을 의미한다.[31]

이처럼 소련과 북한은 공산정권의 정통성을 확보하기 위한 전략으로 남북협상을 이용하기로 했고, 이에 따른 논의와 제반 준비를 위해 답신을 늦췄다. 공산당 측이 남북협상회의를 어떻게 이용했는지는 김일성이 1948년 7월 9일 소위 '조선민주주의 인민공화국 헌법실시에 관하여'라는 제목으로 북조선인민회의 제5차 회의에서 행한 보고에서 엿볼 수 있다.

---

29 서동만, 『북조선사회주의체제성립사, 1945~1961』(선인, 2005), p.209. 2월 12일자 『서울신문』은 북조선 임시헌법제정위원회가 2월 10일에 「조선임시헌법초안」을 발표했다고 보도했다〔국사편찬위원회 편, 『자료 대한민국사』 제6권(국사편찬위원회, 1973), pp.280~281〕 이러한 보도가 있자 서울에서는 북한에서 3월에 인민공화국이 수립될 것이라는 풍문이 자자했다. 1948년 2월 16일자 기록에 따르면 김구는 "우리 강토의 일각에서 지역적 정부가 수립되는 것은 3천만의 민의가 아니며 남북통일 정부수립에 매진해야 한다"고 강조했고 김규식과 안재홍 등도 미확인 보도이지만 "민족통일을 분열시키는 일이 없기를 바란다"고 말했다〔최영희, 『격동의 해방 3년』(한림대학교 출판부, 1996), p.447〕.

30 「레베데프 비망록」 11, 『부산일보』, 1995년 2월 17일.

31 김학준, 앞의 글, p.231.

이 연석회의에 모인 조선의 대표자들은 자기 대열이 천만여 명의 당원과 맹원을 망라한 정당들과 사회단체들을 대표하였습니다. 이 연석회의에는 좌익중간파 및 다수 우익정당과 사회단체들의 대표들이 참가하였습니다. 남조선 단독선거를 반대하는 인민들의 강력한 합의의 목소리와 조국의 통일과 독립을 위한 인민들의 완강한 투쟁은 일부 동요하던 우익지도자들까지도 (비록 그들이 끝까지 남북연석회의 원칙을 고수하리라고 믿기는 어렵지만) 인민들의 요구를 지지하는 정당한 길에 들어서지 않을 수 없게 하였습니다.

남북연석회의에서 토의된 모든 문제들에 대한 회의 참가자들의 완전한 의견일치는 전체 인민이 조국의 분열과 남조선의 식민지적 예속을 한결같이 반대한다는 것을 뚜렷이 보여 주었습니다. 남북연석회의는 남조선에서 반동세력이 인민대중 속에 자기의 기반을 가지고 있지 못하며 인민대중으로부터 고립되어 있다는 것을 보여 주었습니다.[32]

즉, 김일성은 중간파 인사들과 좌익인사들의 남북협상회의 참여는 공산당노선의 정당성을 입증하는 것이라고 하였고, 남북협상의 결정이야말로 전체 인민의 의사를 대표한 것이며, 이 결정에 상반되게 설립된 대한민국 정부는 국민의 지지를 받지 못하는 것이며, 따라서 이북에 설립된 공산당 정권만이 정당하다는 논조였다.

4. 김구 · 김규식과 남북협상

남북지도자 회담의 필요성이 서울에서 논의된 것은 1947년 3월경[33]부터

32 『김일성 저작집 4』(조선로동당출판사, 1979), pp.373~374.

33 자료가 불충분하여 정확을 기하기는 힘드나, 필자가 조사한 바로는 1947년 3월 13일에 사회민주당의 장 선전국장이 기자들에게 표명한 것이 남북지도자회의의 필요성을 처음 주장한 것으로 생각된다. 장 선전국장은 기자단에게 "우리의 독립 전취를 위하여 우리로서는 통일노

지만 남북협상의 구체적인 준비는 1948년에 시작되었다. 당시 민주독립당(당수 홍명희洪命熹)의 총무부장 겸 정치부장이었고 홍명희의 측근이었던 유석현劉錫鉉에 따르면[34] 남북협상이 열리기 약 2개월 전(1948년 2월경)에 월북한 전 신민당(남한) 당수 백남운白南雲이 비밀리에 월남하여 홍명희를 만났다고 한다. 백남운은 "지금 파리에서 국제연합UN 회의도 있고 하니 우리가 남북통일이 되어 가지고 대하여야지 남북이 갈라져서는 안 될 것이다. 그러니 남북협상을 해서 통일정부를 수립하도록 하자"고 했다고 한다. 이 이상 어떤 언질이 있었는지는 알 수 없으나, 하여튼 홍명희는 백남운의 제의에 동조하여 김규식에게 연락을 취하였고, 김규식은 또 김구의 동의를 얻었다고 한다.

김규식의 비서였던 송남헌宋南憲은 백남운의 역할에 대해서는 모르고 있었고 남북협상의 단서는 민족자주연맹民族自主聯盟(이하 민련) 상임위원

력이 절대적인 민족적 지상목표이므로 남북지도자 연석회담, 인사교류 등의 급속한 자율적 실현이 있어야 할 것을 강조한다"라고 말했다(『조선일보』, 1947년 3월 14일).

이후 제2차 미소공위가 열린 5월 21일에 좌우합작위원회의 좌측 대표인 박건웅朴建雄이 역시 북한 인사와의 협상준비가 되어가고 있음을 시사했다. 그는 "본 합작위원회는 본래의 사명이 공동위원회의 재개에 있었으니 공동위원회가 재개되는 이때에 있어서 전 민족의 일치합작으로써 합작단결운동을 확대 강화할 것, 특히 북조선 지도자들과 합석하여 일체의 문제를 협상하기로 하고 그 실현문제를 관계방면과 협의 중이다"라고 말했다(『동아일보』, 1947년 5월 22일). 그 후 1947년 10월에 사회민주당은 다시 "외국의 간섭 없이 조선의 통일독립 정부 수립을 위한 방법으로 ㉮ 남북요인회담 ㉯ 총선거로 통일정부를 수립하자 함은 우국적이며 민족 자주적인 주장이다"라고 발표했다(『조선일보』, 1947년 10월 24일).

그러나 역시 남북협상의 중심세력은 김규식을 중심으로 한 민족자주연맹이었다. 남로당 대표는 1947년 10월 27일 기자회견 석상에서 "민족자주연맹을 중심으로 한 중간 순수 우익정당에서는 남북요인의 회담을 제의하고, 이로 자주적인 통일 독립운동을 도모하고 있는데, 이 같은 행동통일은 현하 정국타개를 위한 적절한 조치이다. 이러한 원칙적 투쟁에 적극 가담한다"라고 말했다(『조선일보』, 1947년 10월 29일). 김규식 자신도 자기가 남북회담의 선두 역할을 했음을 시사한 바 있다. 그는 서울 필동 호국역경원護國譯經院에서 1948년 4월 3일에 열린 통일독립운동자협의회 결성식에서 "남북회담은 내가 먼저 말을 꺼낸 것이다. 그리고 몇몇 연락원을 보낼 예정이다"라고 하였다(『새한민보』, 1948년 4월 하순호).

34 유석현 씨 면담, 1969년 11월 10일.

회에 있었다고 회고하고 있다. 즉, 소련점령군이 유엔 한위의 38선 이북 시찰과 이북지역에서의 활동을 거부했을 때 민련에서 남북 간의 회합의 필요성이 토의되었고 김규식은 이 상임위원회의 결정에 찬동하여 김구도 설득했다는 것이다. 이에 따라 김규식과 김구는 김일성에게 서한을 보내 묻기를 "지금 유엔 한위의 입북을 거절했다고 하는데, 그쪽에서는 앞으로 통일방안에 대해서 어떤 생각을 가지고 있는가. 그것을 우리와 더불어 만나서 의논을 할 수 없는가"라고 했다 한다. 김일성에게 보낸 서한이 바로 2월 16일의 서한이다.[35]

(1) 김규식의 동기

김규식을 남북협상으로 이끈 것은 현실과 타협하지 않는 그의 자주사상自主思想이었다. 김규식의 사고와 행동을 좌우한 사상적 기초는 순수한 자주주의自主主義였던 것이다. 김규식의 굳센 자주사상은 아마도 그가 1919년에 파리강화회의에 대표로 출두한 후 오랫동안 한국 독립운동가의 일원으로서 외교운동을 해오면서 체험한 쓰라린 경험을 바탕으로 한 것이었을 것이다. 그는 제1차 세계대전의 전승국인 연합국들의 대표들과 만난 바 있고, 그 후에 미국에 가서 구미위원회歐美委員會의 위원장으로 활약했다. 또한 1921년에는 모스크바에서 열린 동방약소국회의東方弱小國會議에도 참석했으며, 그 후 1940년대에 이르러 임시정부 부주석으로 취임하여 외교에 밝은 인사로 알려져 왔다. 그러나 그의 오랫동안의 외교활동에는 시원스러운 결과가 없었다. 강국들은 자기 나라의 실리를 찾기에 급급했고, 동방의 은자국隱者國으로 알려진 한국사람들의 애원을 들을 겨를조차 없었다.

이러한 체험이 그로 하여금 1948년 4월 3일의 통일독립운동자협의회

35 송남헌 씨 면담, 1966년 12월 17일, 1969년 10월 17일.

결성식에서 "일 · 중전쟁에 우리는 얼마나 협력하였는가. 그 후에 온 것이 독립이냐 하면 오로지 단정單政뿐이었다", "그들이 언제 우리의 독립을 바라고 원조하였는가"라고 외치도록 만든 것이다. 김규식이 지적한 그들은 미국이나 기타 연합국을 말하는 것이었다.[36]

김규식의 이러한 자주사상은 1948년 3월 12일에 김구金九, 김창숙金昌淑, 조소앙趙素昂, 조성환趙成煥, 조완구趙琬九, 홍명희洪命熹 등의 인사들과 같이 단정단선單政單選 불참을 표명한 소위 공동성명에 여실히 나타나 있다. 이 성명의 주요한 부분은 다음과 같다.

> 통일과 독립은 우리 전 민족의 갈망하는 바다. 그러므로 우리 문제를 우리 민족에게 자결自決하라 하넌 통일독립 이외에 다른 말을 감히 입 밖에 낼 자가 없으련만 우리 문제가 세계문제의 일소환一小環으로 국제적 연관성을 가졌고 현 세계의 양대 세력인 미소 양국의 분할 점령한 바가 되었고, 또 미소 양국이 문제 해결의 일치점을 얻지 못한 까닭으로 남에서는 가능한 지역의 총선거로 중앙정부를 수립하려 하고, 북에서는 인민공화국 헌법을 제정 선포한다 하야 남북이 분열 각립各立할 계획을 공공연하게 떠들게 되고 목하 정세는 실현 일보 전에까지 이르게 되었다.
>
> 미소 양국의 군사적 필요로 일시 설정한 소위 38선을 국경선으로 고정시키고 양 정부 또는 양 국가를 형성케 되면 남북의 우리 형제자매가 미소전쟁의 전초前哨를 개시하야 총검으로 서로 대할 것이 명백한 일이다. 우리의 민족의 참화慘禍가 이에서 더할 것이 없다. ……

36 미국이나 기타 국가에 대한 김규식의 불신은 매우 컸다고 한다. 김규식의 측근이었던 강원룡姜元龍에 따르면 김규식은 독립운동 시절에 한국 독립운동가들에 대한 미국의 태도를 일일이 역사적으로 열거하며 미국은 믿을 수 없다고 강조했다고 한다. 김규식의 소련에 대한 증오 역시 상당했다. 1948년 4월 3일에 같은 석상에서 김규식은 다음과 같이 말했다. "소련은 약소민족의 독립이니 해방이니 하며 외몽고를 그 연방에 흡수하였고……"(『새한민보』, 1948년 4월 하순호, p.9.)

우리 문제가 국제적 연관성을 무시하고 해결될 것은 아니로되, 우리 민족적 견지를 울고불고하여 미소의 견지에 추종하여 해결하려고 할 것은 본말과 주객이 전도된 부적당하고 부자연한 일이니 부적당 부자연한 일은 영구 계속하는 법이 없다. 우리 문제를 미소공위도 해결 못 했고 국제연합도 해결 못 할 모양이니, 이제는 우리 민족으로 자결하는 길밖에 없을 것이다. 우리 몇 사람은……반쪽 강토에 중앙정부를 수립하자는, 가능한 선거에는 참가하지 아니한다. 그리고 통일 독립을 위하여 여생을 바칠 것을 동포 앞에 굳게 맹세한다.[37]

김규식은 또 '역사에 대한 책임'을 논하기도 했다. 김규식은 미군정의 하지John R. Hodge 중장과 이승만, 김구와 만난 1948년 2월 22일에 "조국의 분단이 결정되는 이때에 우리가 최후의 노력을 기울이지 않는다면 역사는 우리를 역적이라고 규탄할 것"이라고 했는데, 이승만은 자기가 역사에 대한 책임을 질 터이니 염려 말라고 했다.[38] 김규식의 태도는 다분히 선비적이었다.

(2) 김구의 동기

김규식과 보조를 같이한 김구 역시 김규식과 많은 공통점을 지니고 있다. 그러나 김구의 동기는 김규식의 경우와 약간 다른 점을 지니고 있다고 생각된다. 즉, 김규식은 외국의 비호나 보호를 배척하고 한국민족의 자주적인 행동을 주장했지만, 김구의 경우는 그보다도 오히려 민족에 대한 의리감이나 책임감이 더욱 강하다고 생각된다. 그리고 다음 인용문에도 나오는 것처럼 김구가 "이북 사람인 나로서는 이북 동포를 구하기에 사력을 다할 것"이라고 한 대목을 간과할 수가 없다. 김구는 황해도 안악安岳 출

37 『새한민보』, 1948년 4월 초순호, p.9 ; 『조선일보』, 1948년 4월 13일 ; 『동아일보』, 1948년 4월 13일.

38 이승만이 올리버Robert T. Oliver에게 보낸 편지. 1948년 2월 22일자.

신으로 고향에 대한 애착이 많았고, 상하이上海에서 귀국한 후에도 친지들을 찾아 만나면서 "그리운 출생지인 고향은 소위 38선 장벽 때문에 돌아가 보지도 못"한다며 한탄하곤 했다.[39] 과연 김구가 이북의 동포들이 공산치하에서 고생한다고 생각했는지는 알 수 없으나, 단선을 반대하고 남북협상을 제안하게 된 데에는 고향에 대한 애착이 작용했을 가능성도 다분히 있다.

김구는 1948년 3월29일 건국실천원양성소建國實踐員養成所 창립 1주년 기념식에 보낸 치사에서 다음과 같이 말했다.

> 그러나 이북 사람인 나로서는 이북 동포를 구하기에 사력을 다할 것이며 이북의 인사와 동포를 제쳐놓고 남한만의 단선은 절대 반대하겠다. 38선 취소, 남북통일이란 말은 나의 일관한 주장이다. 여러 사람이 나에게 와서 그 방책이 뭐냐고 질문할 때에 나는 어떤 묘한 구체적 방안을 일러줄 수는 없으나, 이것은 오로지 나의 양심이 지시하는 지상명령이다. …… 38선 이북을 내놓고라도 반쪽 정부를 내세우자는 사람들은 남북통일 정부수립의 주장은 공염불이니 관용론이니 비방하지마는, 기독교인들은 천당에 가본 일이 없고 예수를 보지 못했지만 예수의 이름으로 하나님 앞에 기도를 드리고 그분의 뜻대로 행하면 천당에 꼭 갈 수 있다고 믿는다. 우리의 오천년의 역사를 통하여 우리나라는 독립국이고 자유민임을 확신하는 것이니 우리의 주장은 공염불이 아니라 삼천만 동포의 일관한 신조이며 민족절대명령이다.[40]

우리는 이 글의 서두에서 김구가 1948년 3월 20일에 『신민일보』 사장에게 했던 말을 인용한 바 있는데, 그 말에도 나타난 것처럼 김구가 강조하고 반복하여 사용한 용어는 '정도正道', '민족의 지상명령'과 '양심'이다. 그

39 김구, 도진순 주해, 『백범일지』(돌베개, 1997), pp.409~421(인용은 p.410에서).

40 엄항섭 편, 앞의 책, pp.35~36.

는 이러한 소신으로 30여 년 간 독립운동을 계속하였으며, 해방 이후에도 이러한 요소들을 그의 행동기준으로 삼아 왔다.

임시정부의 역사나 김구가 걸어간 길을 보면 그가 누구보다도 책임감과 의리감이 강한 인물이었다는 것을 알 수 있다. 임시정부가 1921년경에 분열된 후부터 많은 곡절을 겪었다는 것은 모두가 아는 사실이다. 1945년 8월 조국이 해방된 후 임시정부 각료로서 귀국한 여러 인사들 중 대부분은 중도에 이탈하여 임시정부의 테두리 밖에서 독립운동을 계속하거나 생계를 유지했다. 시종일관 임시정부의 명목을 유지해온 인물을 꼽는다면 역시 김구이다. 복잡다단한 해외운동에서 임시정부의 명목을 지속한 것만으로 애국심을 측정할 수는 없으나, 김구의 두드러진 불요불굴성不撓不屈性은 그의 책임감과 의리감을 잘 보여 준다. 물론 민족에 대한 의리감이나 책임감이 김구가 남북협상을 추진하는 데 직접적 계기가 된 것은 아닐 것이다. 그러나 그의 굳센 의리감과 책임감이 그를 민족분열 영구화 반대의 길로, 그리고 남북협상의 길로 이끄는 역할을 한 것은 틀림없다.

(3) 중간파와 김구 세력의 규합

잘 알려진 바와 같이 1948년 초의 남한 정계는 정국의 향배를 놓고 크게 단정세력과 단정반대세력으로 나뉘어 있었다. 단정세력은 이승만을 필두로 하는 한민당 세력이었고, 단정반대세력은 다시 두 부류로 나뉘어 있었다. 김구의 한독당 및 김규식의 민족자주연맹을 중심으로 한 남북협상 추진세력과, 남북협상을 찬성하되 김구 · 김규식 세력과 달리 소련과 북한의 입장을 추종하는 좌익진영이 그것이었다.

흑백논리에서 보면 분단이 눈앞에 닥친 상황에서 단정반대 및 통일민족국가를 건설해야 한다는 주장에 반대하는 단정세력은 반통일분자나 민족분열세력으로 매도되기 마련이다. 그러나 해방 3년사를 이렇게 간단하게 흑백논리로 가를 수는 없다. 이승만 세력의 노선이 결과적으로 단독정부 수립으로 귀결되었다고 할지라도 그것이 곧 민족분열을 원한 데서 비롯된 것이 아니라 당시 공산주의자들의 소아병적 행태와 미소 냉전의 의미를 정확하게 포착한 데서 비롯되었기 때문이다. 김구와 김규식이 3월 31일에 공동성명을 내고 남북협상에 참여하겠다고 밝히자 이승만은 다음과 같이 자신의 현실인식의 단면을 드러냈다. "남북회담 문제는 세계에서 소련정책을 아는 사람은 다 시간 연장으로 공산화하자는 계획에 불과한 것으로 간파하고 있는데 한국 지도자 중에서 홀로 이것을 모르고 요인회담을 지금도 주장한다면 대세에 몽매하다는 조소를 면키 어려울 것이다. 더욱이 이번 북한에서 온 회한回翰 내용이 발표와 같다면 이것은 소련 목적을 성원聲援하는 이외에 아무 희망도 없는 것을 다 알 수 있는 것인데 될 수 없는 일을 가지고 국사에 방해되는 것을 생각지 못한다면 우리는 더욱 낙심합니다."[41] 이처럼 이승만의 남북협상 반대는 국제정세의 흐름을 포착한 지극히 현실적인 노선에서 비롯된 것이었으며, 나아가 현실에 근거하지 않는 이상과 명분은 결국 소련의 목적에 이용되는 의도하지 않은 결과를 가져올 수 있음을 경고하는 것이었다. 그러나 이승만도 양 김 씨가 북한의 지도자들을 만나러 가는 것에 대해서는 반대하지 않았다. 난 그는 이를 위해 5월 10일에 예정된 총선거를 연기하거나 취소해야 된다는 양 김 씨의 주장을 단호히 배척했다.[42]

김구와 김규식도 자신들의 북행이 정치적으로 이용될 수 있다는 우려를 하지 않은 것은 아니지만 '희망적인 전망'을 완전히 버리지는 않은 채로 남북협상에 임했다. 그들이 희망적인 전망을 가지게 된 데에는 뒤에서 논하게 될 '공산주의에 대한 오판'이 자리하고 있었는데, 여기에는 남북협상

---

41 『동아일보』, 1948년 4월 2일. 송남헌, 『한국현대정치사 1』(성문각, 1980), p.454에서 재인용.
42 이승만이 올리버에게 보낸 편지. 1948년 2월 12일자.

을 성원하고 지지하는 세력들의 요구도 있었다.

먼저 남북협상을 주도한 세력을 살펴보면, 가장 중심세력은 김규식을 중심으로 한 민족자주연맹이었다. 1947년 10월 20일에 천도교 강당에서 결성대회를 가짐으로써 조직된 민련은 같은 해 12월 15일에 해체를 선언한 좌우합작위원회左右合作委員會와 중간파 제정당諸政黨 및 사회단체의 집합체였다. 소위 좌우편향을 배제한다는 중간정당, 정치단체들이 1947년 중엽부터 민주주의독립전선民主主義獨立戰線, 미소공동대책협의회美蘇共同對策協議會, 시국대책협의회時局對策協議會, 좌우합작위원회 등의 협의체들을 통하여 꾸준히 운동을 벌여 오다가[43] 1947년 말경에 유엔 한위의 내한을 계기로 규합한 것이다. 민련의 설립 동기는 좌우가 분열되고 남북이 점차 멀어지는 상황에서 중간진영이 먼저 단결하여 좌·중·우를 한데 뭉치게 하여 민족통일을 기하자는 것이었다.[44] 민련은 15개 정당과 25개 단체를 망라한 연합단체로서, 김규식 외에 홍명희, 이극로李克魯, 원세훈元世勳, 여운홍呂運弘, 안재홍 같은 인사들이 포함되어 있었다.

당시의 중간파세력은 정치경제정책에 있어서 극단을 배척하고 온건을 주장하며 국민 상호 간의 균등한 권리를 주창한 온건세력이라고 할 수 있다. 좌우익이 극단적인 감정에 좌우되어 행동하는 데 반하여 소위 중간파 인사들은 이성에 호소하고 불편부당한 행동을 주장하는 이상주의적인 선비형 인사들이었다. 따라서 극도로 격분한 감정적인 분위기 속에서 중간세력은 좌우 양쪽으로부터 협공을 받았으며, 대중적 기반을 갖지 못했다. 그러나 민련은 당시의 지식층으로부터 상당한 호응을 받았으며, 또 그들의 호응은 김규식을 비롯한 중간파 정치인들의 운동에 많은 자극을 주었다.

중간파인 민련 세력에 김구를 중심으로 한 한국독립당韓國獨立黨 세력이

43 『조선일보』, 1947년 8월 13일, 1947년 9월 5일 등 참조.

44 『동아일보』, 1947년 10월 3일.

규합되면서 하나의 남북협상 추진세력이 형성되었다. 김구는 이승만과 함께 반탁노선을 견지하고 이승만의 단정노선에 대해 때로는 애매한 태도를 보였으며, 좌우합작운동 등 중간파 활동과는 일정한 거리를 두고 있다가 1948년에 단선단정 반대를 표방하면서 중간파인 김규식 세력과 제휴하게 되었다. 이러한 김구의 노선 변화에는 여러 가지 이유가 있겠으나 앞서 언급한 것처럼 무엇보다도 민족분단의 위기가 현실화되는 국면에서 민족에 대한 그의 오랜 의리감이나 책임감이 작용하였을 것이다.[45]

남북협상세력이 북행을 감행하게 된 가장 큰 동기는 1948년 4월 18일에 발표된 문화인 108명이 연서連署한 남북협상 지지성명이었다. 당시의 김규식 측근인사들에 따르면 남북협상을 주창한 김규식은 자기 자신의 북행에 대하여 마지막 순간까지 주저했으나, 문화인들의 성명을 듣고 북행을 결심했다고 한다.[46]

108인은 성명에서, "조국은 지금 독립의 길이냐, 예속의 길이냐, 통일의 길이냐, 분열의 길이냐 하는 분수령의 절정에 서있다. 이같이 막다른 순간을 당하여 식자적識者的 존재로 자처하는 우리는 민족의 명예를 위하여, 또는 문화인의 긍지를 위하여 민족대의民族大義의 명분과 국가 자존의 정로

---

45 김구가 남북협상의 추진의사를 밝힌 시기가 이승만과의 정치적 결별 직후라는 사실을 들어 김구의 노선 변화가 정치적 이해관계에서 비롯되었다는 주장도 있다. 즉 김구는 이승만 진영이 자신의 진영과의 통합의사를 표명했음에도 불구하고 총선에 대비해 독자적인 조직개편을 단행하고, 이승만의 주요 지지 세력인 한민당이 장덕수 피살사건의 주요 혐의자로 자신이 이끄는 한독당을 지목함으로써 이승만 진영과의 통합이 결렬되자 단정노선에의 동의라는 종래의 입장을 즉시 철회하게 되었다는 것이다〔이동현, 「남북협상(1948)의 추진 의도」, 박영석 교수 화갑기념논총 간행위원회, 『한국사학논총 下』(탐구당, 1992)〕.

46 김규식의 부인 김순애金淳愛 여사도 김규식이 북행을 결심하는 데 자극을 준 것으로 보인다. 김규식이 북행하기 전 원세훈이 김규식에게 이북에 가면 시베리아에 유배될지도 모르니 양피 두루마기나 든든히 해입고 가자고 하자 김규식이 머뭇거렸는데, 이때 김순애는 "내가 과부가 되고 아이들은 고아가 되면 그만 아니냐? 지금 남북협상 한다 해놓고 안 가면 지도자의 입장이 뭐가 되겠느냐?"라고 했다고 한다〔조규하 · 이강문 · 강성재, 『남북의 대화』(고려원, 1987), p.406〕.

正路를 밝혀 진정한 민족적 자주독립의 올바른 운동을 성원코자 하는 바이다"라고 시작한 후, 3·1운동을 회고하고, 미소 양군의 분주分駐를 되살피고, 모스크바 결정 또는 미소공위 회의를 거쳐 남한의 '단정 또는 단선'을 논하고, 국토양단과 민족분열의 비애와 그 분열이 가져올 수 있는 민족상호 간의 혈투를 따진 뒤 다음과 같이 결론짓고 있다.

우리의 지표와 우리의 진로는 가능·불가능의 문제가 아니라 가위可爲·불가위不可爲의 당위론인 것이니 올바른 길일진대 사력을 다하여 진군할 뿐일 것이다.

인사人事를 다하여 완수를 기할 뿐일 것이다. 협상 자체에도 애로의 난점이 중중重重하거니와 사위四圍의 이모저모에도 저해의 요운妖雲이 묵묵한 실정이매 성패成敗와 이순利純이 예단豫斷될 바가 아니다. 역도逆睹키 어려운지라, 그러므로 더욱더 유진무퇴有進無退의 용기와 노력으로써 일로 직진할 것이니 선두先頭와 후속後續의 진열을 정제整齊하여 일사불란一絲不亂으로 전진할 뿐일 것이다.

선진先陣의 남북 지도자여! 후군後軍의 육속陸續을 믿고 오직 전진하시라! 참된 자유와 자주! 참된 민의와 민주! 역사의 순류順流를 향하여 드높게 북을 올리자! 탁치託治 없는 완전한 자주독립! 자력주의自力主義의, 민주주의 젊은 새 나라를 수립하기 위하여 첫째로 미소 무력의 제압을 부인하자! 양군의 동시 철퇴를 실제적으로 가능케 할 기본토대를 짓기 위하여 우선 우리는 우리 자신의 체제를 단일적으로 정비하자!

이 길은 오직 남북협상에 있다. 남북통일을 지상적 과제로 할 정치적 합작에 있다. 남북 상호의 수정과 양보로써 건설되는 통일체의 재발족에 있다. 이번의 협상운동을 지지하고 성원하는 우리의 염원과 의욕도 여기에 있는 것이다.[47]

47 『새한민보』, 1948년 4월 중순호, pp.14~15 ; 『세계일보』, 1948년 4월 29일 ; 朴洸 편, 『陣痛의 기록』(평화도서주식회사, 1948), pp.3~7.

선언문의 내용은 김규식이나 김구가 역설한 바와 크게 다른 점이 없다. 그러나 108명의 대표적인 문화인들이 연서했다는 점, 또 그 호소문이 명문이었다는 점에서 남북협상의 필요성을 역설하던 양 김 씨나 기타 인사들의 마음을 충동하기에 족했을 것이다.

이처럼 김규식을 둘러싼 인사들이나 '세력'의 영향이 컸을 것은 물론이거니와 남북협상을 주동한 양 김 씨도 오랫동안의 중국생활을 통하여 중국에서 일어나는 정세에 관심을 가졌으며, 또 그 정세의 영향을 받았으리라는 것도 생각할 수 있다. 실제로 해방되기 전인 1943년에 임시정부는 이미 중국의 국공합작國共合作의 영향을 받아 중국 국민정부의 종용으로 좌우합작을 이룬 바 있다. 또한 1945년에 일제가 항복한 후에도 국공 간의 내전이 계속되다가 마셜 장군의 종용으로 국공협상이 진행되었던 것을 중국통인 임시정부 요인들이 지나쳤을 리가 없다. 이처럼 과거 중국에서 독립운동가들이 좌우익 연립전선을 결성한 경험과 중국에서 국공이 협상을 위해 노력했다는 사실이 대다수의 임시정부 요인들로 하여금 남북협상을 지지하도록 한 중요한 요인이었을 것이다.

또 한 가지 요인을 들자면 남한에서 해방 후 2년간의 정치과정에 대한 반응이다. 김구나 김규식을 포함한 임시정부 요인들은 귀국할 때 커다란 포부를 가지고 있었다. 임시정부가 과도입법의원에 제출한 헌법초안을 보더라도 그들은 해외에서—특히 중국에서— 돌아온 인사들이 한국의 지도권을 장악해야 한다는 데 의심을 품지 않았다. 그러나 그들이 귀국한 후의 상황에서는 집권할 가능성이 없었다. 이러한 상황에서 남북협상을 통해서 새로운 출발점을 찾아보고자 하는 막연한 기대와 소망을 가졌을 것이다.

(4) 공산당에 대한 기본자세

서중석은 김구 스스로 남북협상이 성과를 거두리라고 믿지 않았음에도 불구하고 김구의 남북협상에 임한 민족적 대의는 분명하다고 평가하고 있다.[48] 즉, 어차피 실패할 줄 알면서도 대의를 위해 '갔다'는 행위 그 자체에 의미를 두고 있다. 그러나 남북협상을 주창한 지도급 인사들이나 이를 적극 지지한 배후인물들은 대부분 남북협상에 대해 희망적인 전망을 가지고 있었고, 결국 이것이 문제가 되었다. 이 희망적인 전망은 어떠한 사고를 토대로 했던 것인가. 이 문제는 1948년의 남북협상과 장차 남북협상을 통한 통일의 가능성을 논하는 데에서 중요한 문제이다. 여기에서 중요한 점은 당시의 인사들이 공산당에 대하여 어떤 인식을 가지고 있었는가, 또는 어떠한 기본적 자세를 가지고 있었는가 하는 점이다.

남북협상을 지지하는 데 있어서 남한에서 가장 주동적 역할을 한 김규식이나 김구는 철저한 반공주의자들이었다. 또한 그들 주변에서 남북협상을 지지한 문화인이나 기타 인사들도 급진적인 프롤레타리아 혁명을 주창하는 철저한 공산주의자는 아니었다. 물론 그 당시 반대세력에서는 김규식이나 기타 지지세력을 공산주의자 혹은 친공주의자라고 비난했지만, 그들이 반공산주의자였다는 증거는 많다.

김규식의 측근이었던 강원룡姜元龍은 김규식이 다음과 같이 얘기하는 것을 들은 바 있다고 한다.

> 내가 알기에는 공산주의라는 것은 천하에 몹쓸 것이고, 특히 한국에서는 공산주의를 받아들이면 안 된다. 내가 만주나 러시아에서 러시아 사람을 많이 사귀어 보았는데, 러시아 사람들은 원래 대단히 선량한 사람들이다. 그러나 레닌이 일어나서 공산혁명을 일으킨 후에는 러시아 사람들이 대단히 잔인해졌다. 이것은 왜냐하면 결국 공산당이 잔인하고 가혹한 것이기 때문이다. 옛날 알바니아

48 서중석, 「김구노선의 좌절과 역사적 교훈」, 이수인 편, 『한국현대정치사 1』(실천문학사, 1989), p.364.

에서 공산혁명을 할 때에 하룻밤에 만 명을 죽인 바가 있는데, 결국 공산주의라는 것은 이렇게 잔인한 것이다. 그런데 한민족은 내가 알기에는 상당히 잔인한 민족이다. 그러니 공산주의만 되면 러시아 정도가 아닐 것이고 더욱더 잔인해질 것이다. 그렇기 때문에 한국에는 공산주의가 들어오면 안 된다. 또 공산주의에 한번 빠진 사람은 거기서 나올 수 없다.[49]

김구의 공산당에 대한 태도는 『백범일지白凡日誌』에 그가 기록한 바 있다. 1920년에 임시정부 국무총리였으며 고려공산당高麗共產黨을 조직한 이동휘李東輝가 김구에게 공산혁명을 같이 하자고 하며 김구의 의향을 물었다. 이에 대하여 김구는, "우리가 공산혁명을 하는 데는 제3국제공산당의 지시와 명령을 안 받고도 할 수 있습니까?" 하고 반문했다. 이동휘가 고개를 흔들며 "안 되지요" 하자 김구는 강경한 어조로 "우리 독립운동은 우리 대한민족 독자의 운동이요, 어느 제삼자의 지도나 명령에 지배되는 것은 남에게 의존하는 것이니 우리 임시정부의 헌정에 위배되오. 총리가 이런 말씀을 하심은 대불가大不可니 나는 선생의 지도를 받을 수가 없고 선생께서 자중하시기를 권고하오"라고 대답했다.[50] 그 후에도 김구는 공산주의자나 좌경한 인사들과 합작하기를 계속 거절하였으며, 반공적인 자세를 굽히지 않았다.

(5) '민족은 주의主義를 초월한다'

그러면 이와 같은 반공주의자들이 어찌하여 공산주의자들과의 협상이 가능하다고 생각했는가? 여기에서 가장 중요한 사상적 근본은 '민족은 주의主義를 초월한다'와 '지금 민족 앞에 놓인 문제가 너무나 크다'는 것이었

49 강원룡 씨 면담, 1969년 12월 12일.
50 김구, 『백범일지』(朝鮮印刷會社, 金信 발행, 1947), pp.280~281.

다. 김구는 평양으로의 출발을 앞둔 4월 15일 밤, 경교장京橋莊 출입기자단을 초대하여 만찬회를 베푼 석상에서 이렇게 말했다.

> 공산주의나 여하한 주의를 가진 것을 불문하고 외각外殼을 벗기면 동일한 피와 언어와 조상과 풍속을 가진 조선민족이지 이색민족이 아니므로, 이러한 누란累卵의 위기에 처하여 동족과 친히 좌석을 같이 하여 여하한 외부의 음모와 모략이라도 이를 분쇄하고 우리의 활로를 찾지 않으면 아니 되겠다. 그러므로 나는 외국인의 유혹과 국내 일부인의 반대를 물리치고 남북회담에 참가키로 결정하였다. …… 나는 여하한 모욕과 모략이 있더라도 이를 무릅쓰고 오직 우리의 통일과 독립과 활로를 찾기 위하여 피를 같이한 동족끼리 마주앉아 최후의 결정을 보려고 결연히 가려다. 민족의 정기와 단결을 위하여 생사를 불문하고 피와 피가 통한 곳으로 활로를 찾으려고 나는 결연히 떠나련다.[51]

또한 한독당의 조소앙은 북행에 앞서 「남북동포에게 고함」이라는 성명을 발표했는데, 그중에 다음과 같은 구절이 있다.

> 남북을 걸친 우리 애국자들이 공통한 호소와 정견定見과 방침을 백지 위에 새로운 원칙을 세워 남북 대중과 우방정부로 하여금 이의 없이 집행케 하자는 것. …… 남북 인사로서 한국 전체의 의사를 대표하며 집행할 만한 최고 권위의 기구로서 대大교섭을 전개하며 대내협조를 진행하여 철병수속撤兵手續, 총선거, 정부조직화, 치안 등 문제로 토의할 것. …… 이상은 남북 양방에 공통한 염원이므로 회담의 기본과제로 된 것으로 믿고 이를 타결함에는 서로 양보하며 절충하여 민족 전체의 의견을 반영하는 데에 노력할 뿐이요, 남방이니 북방이니 모당모파某黨某派니 하는 편견과 국집局執에서 벗어나고자 결심하는 바이다.[52]

---

51 『새한민보』, 1948년 5월 중순호, p.8.
52 『새한민보』, 1948년 5월 하순호, p.8.

이처럼 그 당시 남한에서 남북협상을 주창하고 지지하는 인사들은 이북의 실정을 남한에서 자기들이 처한 형편과 같은 것으로 분석했다. 즉, 남한의 인사들은 김일성과 김두봉을 비롯한 이북 집권층의 인사들을 과거 자기들이 접촉했던 '다소 좌경한 민족주의자'로 간주했고, 또 이북에서 표방하는 공산주의를 크게 구애할 필요가 없는 하나의 '표방'으로 간주했다. 따라서 그들은 피를 같이한 동족이란 말을 즐겨 썼고, 또 백지로 환원한다는 것을 전제로 하였다.

김규식은 과거 중국에서 김원봉金元鳳이 경영하는 민족혁명당民族革命黨의 간부훈련소 교수직을 맡은 바 있다. 그러나 김규식은 김원봉을 공산주의자로 보지 않았고, 다만 진보적인, 즉 좌익 색채를 가진 민족주의자로만 보았다. 김규식은 김원봉을 공산주의가 무엇인지 모르고 잘못 길든 사람이라고 보았다고 한다.[53] 김규식의 김일성에 대한 인식은 확실히 알 수 없으나 김규식과 김구가 연서하여 김두봉에게 발송한 1948년 2월 16일자 서한을 보면 다음과 같은 구절이 있다.

> 과거 충칭重慶과 옌안延安 간에서 민족의 이익을 위하여 성견成見을 버리고 지역의 남북과 파벌의 이동異同을 불문하고 조국의 독립을 위하여 분투하자던 전함電函의 내왕을 중제重提하여서 피차의 통일공작을 적극 추진하자.[54]

또한 당시 민족자주연맹 선전국장이던 김붕준金朋濬은 「남북정치협상의 의의」라는 4월 9일자 글에서 "북의 김백연金白淵(김두봉) 역시 수십 년 나와 더불어 전전하던 동지요, 김일성 역시 연소한 분인 듯하나 그가 일찍이 남북만주에서 민족해방을 위하여 투쟁한 과거를 돌보아 우리 민족 운명의

53 강원룡 씨 면담, 1969년 12월 12일.

54 『새한민보』, 1948년 4월 하순호, p.10 ; 『조선일보』, 1948년 4월 1일.

엄숙한 이 순간에 서서 허심탄회하게 대할 것으로 깊이 믿어마지 않는 바이다"라고 하였다.[55]

(6) 공산주의를 오판한 배경

해외에서 귀국한 망명자들이 이북으로 귀국한 공산수뇌자들을 다소 좌경한 민족주의자라고 보았던 것도 무리는 아니다. 김두봉 역시 과거에는 한글학자로서 국수주의자로 알려진 바 있고, 공산주의를 신봉하였다고는 하나 철저한 볼셰비키로 볼 수는 없었다. 아마도 김규식이나 김구는 김두봉이나 기타 이북의 수뇌들을 김원봉과 유사한 인물들로 인식할 수밖에 없었을 것이다.

과거 일제하 국내에서 민족운동이나 사상운동에 관련하거나 동조했던 소위 문화인들이 공산당에 대해 몹시 희망적인 또는 아전인수 격의 분석을 내렸던 것도 이해할 수 있다. 과거의 많은 인텔리들은 공산당에 관련했다고는 하나 민주사회주의자에 가까운 소위 좌경한 인텔리였고, 남한에 체류한 문화인들의 동료였다. 그들은 볼셰비키적인 공산당원이 되지 못했고 민족주의적 색채가 농후한 인물들이었다. 그들은 공산주의나 마르크스주의를 독립을 찾기 위한 하나의 방편으로 이용하려 했다고 볼 수 있다. 따라서 남한의 중간파나 소위 문화인들은 이러한 과거의 동료들을 통하여 이북에 군림한 공산정권을 분석했을 것이다. 이미 38선 이북에서 공산통치의 쓰라린 경험을 얻고 월남한 많은 인텔리들이나 기타 인사들이 이러한 견해가 잘못된 것임을 역설했겠지만, 그것은 소위 피난민들의 감정적인 편견으로밖에 받아들여지지 않았을 것이다. 월남인사들의 경험담이 수리되기에는 너무나 사태가 복잡했던 것이다.

---

55 『새한민보』, 1948년 4월 하순호, p.16.

한국전쟁을 겪은 세대의 안목으로 보면 남북협상을 지지한 정치인들이나 문화인들의 공산정권과 공산당에 대한 견해가 너무 단순하고 순진했다고 할 수 있겠으나, 우리는 그 원인을 세밀히 검토하지 않으면 안 될 것이다. 일제 치하에서 성장한 문화인이라면 누구나 마르크스-레닌주의에 대한 상식 정도는 있었다. 그러나 매우 밀폐된 일제치하의 조건 밑에서 습득한 공산주의에 대한 지식은 매우 한정적이었는데, 특히 공산당이 프롤레타리아트Proletariat의 전위前衛라는 것이나 그 전위의 임무에 대한 지식이 희박했고, 따라서 사회민주주의와 공산주의조차 정확히 구별할 수 없을 정도였다. 마르크스-레닌주의에 대한 정확인 이해가 있었다면 박헌영의 조선공산당이 표방한 소위 '부르주아 민주주의 혁명'의 실체가 프롤레타리아트의 전위인 공산당에 의한 계급혁명이었다는 점을 간파했을 것이다.

또 그들은 공산치하의 소련의 상태, 즉 스탈린주의 치하의 실태는 알 도리가 없었고, 일제 정부가 보도하는 스탈린주의의 잔인성은 하나의 선전으로밖에 받아들이지 않았을 것이다. 이러한 상태에서 그들이 해방 후 이북에서 소련의 영도하에 실행된 소위 '민주개혁' 이나 '통일전선' 의 정체를 파악한다는 것은 불가능한 일이었고, 허가이 북로당 조직부장을 통한 조직 · 교육과정에서 북한의 당이 어떻게 조직되었고 어떠한 노선을 따랐는지도 모를 수밖에 없었다. 단적인 예로 남북협상파는 물론이고 일부 조선공산당 세력을 제외한 남한의 인사치고 김일성의 연설들을 직접 듣거나 연설문을 읽어본 사람은 극히 드물었다.

그리고 남북협상을 추진한 인사나 지지한 인사들은 소련군정과 소위 '북조선인민위원회' 와의 관계를 전혀 몰랐다. 예를 들어 이른바 '4김 회담' 의 전제는 북쪽의 양 김, 즉 김일성과 김두봉이 자주적으로 결정권을 가진 사람들이라는 것이었는데 실제로는 정반대였다. 북한은 법적으로도 엄연히 소련군정 치하에 있었거니와 스탈린은 모든 공산주의자들의 영수

領袖였고 그가 지도하는 소련공산당의 지령은 불가침不可侵이었으며, 소련은 노동계급의 조국이었다. 이것은 공허한 이론이 아니라 스탈린이 무력이나 폭력을 통해 강요한 질서였다.

이상에서 남북협상파들이 공산주의를 오판한 배경을 살펴보았는데, 이것은 비단 외부에서 공산당이나 공산정권을 바라보고 있던 인사들뿐만 아니라 실제 공산당운동에 참여했던 인사들도 똑같이 체험한 문제였다. 한재덕韓載德은 과거 1930년대에 도쿄東京에서 공산운동에 참여했고 누차 일본경찰의 유치장 신세를 졌지만, 해방 후 소련군이 진주한 후의 공산당은 전혀 상상도 못한 이질적인 것이었다고 회고했다.[56] 해방 직후에 소위 인민위원회나 공산당의 요직을 차지했던 많은 국내파 공산주의자들, 즉 서생형의 이상주의자들이 북한에서 그 후 어떠한 말로를 걸었는지는 너무나 널리 알려진 사실이다.

한편 많은 남한인사들이 남북협상회의를 주창하거나 지지한 태도가 반드시 공산당에 대한 무지에서만 나온 것이라고 할 수는 없다. 앞서 지적한 바와 같이 김규식이나 원세훈 같은 인사들은 공산당을 체험하였고, 따라서 공산당에 대하여 상당히 많은 지식을 가지고 있었다. 그러나 그들 역시 이북에 군림한 한국인 공산당원들은 철저한 공산주의자들이 아닐 것이라고 아전인수 격의 해석을 내렸고, 따라서 민족진영의 중진인 자기들이 민족적인 정열로써 대한다면 그들이 응할 것이라는 기대를 가졌다. '백지로 환원한다'는 말은 사상을 제쳐 놓고 순수한 민족적 견지에서 만사를 다루어 보자는 소박한 감정의 표현이었다. 이러한 사고방식이 근본적으로 오산이었다는 것은 재론할 필요조차 없다.[57]

---

56 한재덕 씨 면담, 1967년 2월 28일.

57 이남에서 월북한 인사들과 이북 공산주의자들 간의 근본적인 차이는 다음 실화에서 엿볼 수 있다. 김두봉의 인척이자 당시 모 통신사의 기자로서 파북되었던 한근설韓根卨에 따르면 월

5. 남북협상의 실상과 그 결과

(1) 김구 · 김규식의 북행

위에서도 본 바와 같이 김구와 김규식이 보낸 2월 16일의 서한에 대한 3월 25일의 방송과 27일의 서한은 오만하기 짝이 없었고 남한의 인사들을 무시하는 태도에서 나온 것이었다. 당시 김규식의 비서였던 송남헌에 따르면 이러한 회답을 받은 김규식 주위의 인사들은 "이 서한이 대단히 불손하다. 또한 우리의 서한에 대한 회답형식도 아니고 일방적으로 자기들이 주최하는 회의에 참석할 수 없다 하여 반대가 많았지만 결국은 참석하는 방향으로 기울어졌다"고 한다.[58]

이 문제에 대해서는 김구와 김규식이 3월 31일에 그동안 내왕한 서한의 요지를 공개하면서 양 김 씨의 공동명의로 이에 대한 감상을 발표한 것에서 알 수 있는데, 그 내용은 다음과 같다.

1. 제1차 회합을 평양에서 하자는 것이나 라디오 방송 시에 남한에서 여하한 제의가 있었다는 것을 아니한 것을 보면 제1차 회담도 미리 다 준비한 잔치에 참례參禮만 하라는 것이 아닌가 기우가 없지 않나. 그러나 우리 두 사람은 남북회담 요구를 한 이상 좌우간 가는 것이 옳다고 본다.
2. 가는 데 있어서는 먼저 내왕 수속절차와 그 방면에 예정해 놓은 프로그램 여하와 남쪽대표의 신변보장 등 문제가 있다. 제1차 회합에 성공치 못한다면 2차 3차 내지 10여 차까지라도 기어이 남북통일을 쟁취할 의사 유무까지도 알아야 할 것이다.

북한 이극로는 극친한 친구인 김두봉을 만나서 자기는 사상문제나 협상보다는 김두봉을 만난다는 생각으로 기쁨에 넘쳐 평양에 왔노라고 했다고 한다. 이 말을 들은 김두봉은 이극로를 책망하며 반동적인 사고방식을 가졌다고 꾸짖었다고 한다(한근설 씨 면담, 1967년 1월 6일)

58 송남헌 씨 면담, 1966년 12월 17일.

3. 북조선에서 지명한 15인 이외에도 누락된 정당이나 개인이 많이 있으니 어떤 정당, 어떤 개인을 증가할 것을 접흡接洽할 것.
4. 이러므로 우리의 생각에는 먼저 그쪽에서 지명한 남쪽 인원끼리라든지 혹은 이에 찬동하는 정당, 단체, 개인만이라도 속히 집합하여 일체를 상의한 후 연락원 약간인을 택하여 일부 연락원은 38 이남 내왕에 관하여 당국과 연락을 할 것, 일부 연락원은 북조선에 가서 이상以上 일역一域을 접흡할 것. 아직은 이상만이 우리 두 사람의 의견이다.[59]

그리하여 김구 측에서는 안경근安敬根을, 김규식 측에서는 권태양權泰陽을 선발하여 특사로 평양에 보냈다. 이들은 4월 7일에 출발하여 4월 10일에 서울에 도착했는데[60] 송남헌에 따르면 이들은 "무조건 두 분 선생님이 이쪽으로 넘어오셔서 우리들과 상의하시면 모든 것이 해결됩니다"라고 했다고 한다.[61]

김구는 이 보고를 듣고 북행할 것을 결정했다고 한다. 그러나 김규식을 위시한 민련에서는 좀더 신중한 태도를 취했다. 처음에 남북협상을 제안한 것은 민련이었지만 북측의 태도를 고려하지 않을 수가 없고, 또 민련 내에서도 김규식이 직접 참가하는 것에 대해서는 여러 가지 이의가 있었던 것이다. 송남헌에 따르면 원세훈, 장건상張建相 같은 인사는 김규식이 남북협상에 직접 참가하는 것이 장차 정계에 미칠 영향을 고려하여 김규식의 북행을 만류했다고 한다. 이에 김규식은 재차 권태양, 배성룡裵成龍 두 사람을 특사로 보내면서 북측이 자신이 제시하는 다섯 가지 원칙을 수리할 것을 북행의 전제로 제출했다. 송남헌에 따르면 김규식이나 측근들은 북측에서 이러한 5원칙을 접수하지 않을 것이라고 생각하여, 그것을 이유로

59 『조선일보』, 1948년 4월 1일, 『자료 대한민국사』 제6권(1973), p.681.
60 『조선일보』, 1948년 4월 11일~13일 참조.
61 송남헌 씨 면담, 1966년 12월 17일.

참가하지 않으려고 했다고 한다. 김규식은 권태양을 평양으로 출발하기 전에 불러서 가급적 자신이 직접 참가하지 않으려는 심정을 밝히고 방향을 제시했다는 것이다. 물론 시간이 촉박하여 회의 전까지 특사가 돌아올 수 없으므로 평양방송을 통하여 북측의 수락 여부를 암호로써 통지하도록 했는데, 권태양과 배성룡은 북측에서 5원칙을 무조건 접수한다는 암호를 발송했다. 김규식이 제출한 5원칙은 다음과 같다.

우리는 안으로 민족의 통일을 성취시키고 밖으로 연합국의 협조를 통하여 우리의 자주독립을 쟁취하기 위하여 다음과 같은 원칙을 제시함.

1. 여하한 형태의 독재정치라도 이를 배격하고 진정한 민주주의국가를 건립할 것.
2. 독점자본주의 경제제도를 배격하고 사유재산제도를 승인하는 국가를 건립할 것.
3. 전국적 총선거를 통하여 통일중앙정부를 수립할 것.
4. 여하한 외국에도 군사기지를 제공치 말 것.
5. 미소 양군 조속철퇴에 관하여서는 먼저 양군 당국이 철퇴조건, 방법, 기일을 협정하여 공포할 것을 주장할 것.[62]

물론 김규식은 1항의 '독재정치 배격'이나 '진정한 민주주의 국가', 2항의 '사유재산 승인'이라는 조건은 공산당에서 원칙적으로 받아들일 수 없는 것이라고 생각했다. 그러나 통일전선전략을 쓰고 있던 공산당 측에서 본다면 이러한 조건들이 결코 받아들이기 곤란한 것은 아니었다. 김규식의 회의 참가 내지 평양행이 주는 이점을 생각한다면 이러한 조건에 구애될 공산당이 아니었다.

62 『새한민보』, 1948년 5월 중순호, p.8 ; 『三千里』 1948년 9월호.

김구는 대표자 연석회의가 시작된 날인 4월 19일 오후 서울을 출발하여 20일에 평양에 도착했으며, 홍명희도 19일에 출발했다. 조소앙 · 여운홍을 비롯한 민련 대표와 조완구趙琓九 · 엄항섭嚴恒燮 등 한독당 대표들도 20일 오전 중에 출발하여 21일에 도착했으며 김규식은 22일에야 평양에 도착했다.[63] 80여 명에 달하는 남로당과 남조선민전南朝鮮民戰 산하 대표들은 9일까지 평양을 향해 출발했다.[64]

(2) 예정대로 진행된 회의

이미 인용한 여러 성명서에 나타난 바와 같이 남한 인사들은 남북통일에 관한 진지한 토의가 '백지환원白紙還元' 한 입장에서 이루어지기를 희구하여 회의를 제의했고 또 북측의 일방적인 '초청' 에 응하기도 했다. 김구와 김규식은 북측의 방송 및 답신에 대해 "미리 다 준비한 잔치에 참례參禮만 하라는 것이 아닌가" 하고 염려했는데 실지로 이들의 염려는 적중했다.

김구, 김규식은 두 차례에 걸쳐 특사를 보내기는 했으나 회의가 4월 14일부터 4월 19일로 며칠 연기되었을 뿐이고 남측 인사들의 제의가 수리된 흔적은 어디에도 없었다. 또 남북조선 제정당 · 사회단체 대표자 연석회의라는 모임이기는 하나 회의는 미리 월북한 좌익세력을 제외하고는 남한의 중요인사들의 참여 없이 개회되었다.[65] 김구와 김규식은 3월 31일의 성명에서 제1차 회의 운운하여 여러 차례의 회합이 중첩될 것을 시사했으나[66]

---

63 『조선일보』, 1948년 4월 21일.

64 『조선일보』, 1948년 4월 14일.

65 북측에서는 김구가 19일에 출발했다는 정보를 듣고 그날 바로 연석회의 일정에 들어갔다(「레베데프 비망록」 18, 『부산일보』, 1995년 3월 14일). 4월 19일 개회식에는 총 545명이 참석했는데, 북측에서는 북로당 60명, 민주당 40명 등 15개 정당 · 단체 대표 300명이, 남측에서는 남로당 39명, 사회민주당 7명 등 31개 정당 · 단체 대표 245명이 참석했다(중앙일보 특별취재반, 앞의 책, pp.345~346).

66 당시 사회민주당의 당수로 참석한 여운홍 씨가 회고하기를 남측 대표들이 올라오면 스케줄

대표자 연석회의 당일 오전 11시에 본회의 격인 대표자 연석회의의 예비회의를 열었을 뿐이었다.

또한 몇 명의 저명인사들은 20, 21일에 평양에 도착했으나 대부분의 인사들은 38선 이남으로 송환되어 회의장 구경도 하지 못하고 말았다. 회의가 시작된 4월 19일에 레베데프는 회의 참석을 이유로 국경을 넘는 사람은 더 이상 통과시키지 말아야 하므로 국경을 차단할 것을 상부에 건의했고,[67] 21일 김규식의 월북 후 그날 정오부터 월경이 금지되었다. 38선이 차단되어 23~24일 남으로 돌아온 자는 17개 단체 52명으로, 이들은 대부분 우익이나 중간우파 계열이었다.[68] 이때 좌익인사들은 거의 월북을 끝낸 상태였고, 북측은 미군정 측이 '파괴분자'를 잠입시킬 경우를 대비해 미처 월북하지 못한 좌익인사들에게는 38선 월경 루트와 암호를 사전에 알려주는 식으로 월북을 도왔기 때문이다.[69]

이처럼 북측은 남측에서 회의에 참가하려는 여러 인사들이 평양에 도착하기도 전에 회의를 시작하고, 또 우익이나 중간우파 인사들을 남한으로 돌려보내는 한편, 김구와 김규식 등 한독당 및 민련 대표들이 회의에 참가할 수 있는 말미를 주기 위해 19일에는 개회식만 하고 20일에는 휴회하기

까지 의논하여 정하겠다고 북측에서 언약했으나 이러한 언약은 무시되고 말았다(여운홍 씨 면담, 1969년 12월 21일).

김인하金仁河에 따르면 4월 10일에 김규식과 원세훈, 최동오崔東旿 등 민족자주연맹 간부진은 회의를 열어 다음 4개 조항을 결정했다고 한다. ① 평양회담은 예비회담으로 한다. ② 본회의는 서울에서 개최하기로 한다. ③ 유엔 한위韓委의 입북을 요청한다. ④ 북조선과 교섭한다(김인하, 「백범 김구의 남북협상」, 「黑幕」, 『實話』 임시 증간호, 1960년 6월 15일호. p.144). 김규식은 4월 13에 경교장京橋莊에서 열린 김구와의 회합에서 위의 4개 조항을 제시했으나, 김구가 유엔 한위와의 관계를 일절 취소할 것을 주장하자 남북협상에 불참할 것을 표명한 바 있다〔『동아일보』, 1948년 4월 16일, 『자료 대한민국사』 제6권(1973), p.779〕.

67 「레베데프 비망록」 18, 『부산일보』, 1995년 3월 14일.

68 도진순, 앞의 책, pp.259~261.

69 중앙일보 특별취재반, 앞의 책, p.344.

로 했다.[70] 소련군정과 북한지도부로서는 아무리 '미리 준비한 잔치'라고 하더라도 김구가 반드시 대표자 연석회의에 얼굴을 내밀어야만 이 회의가 조선인민 전체의 의사를 대표하는 것이라는 선전효과를 거둘 수 있었다. 그들이 대표자 연석회의로 선전효과를 보려 했다는 것은 슈티코프의 다음과 같은 지침에서도 여실히 드러난다. "북조선 인민들이 서울에 간 것이 아니고 남조선 인민들이 우리에게 왔다는 사실을 중시할 것."[71]

그런데 김구는 도착하자마자 김일성, 김두봉을 만나 김일성과의 단독회담을 요구하고 그 전날 대표자 연석회의에서 선출한 주석단에 들어가지 않겠다고 발언했다. 소련 측으로서는 당황스러웠을 것이다. 이 문제에 대해 「레베데프 비망록」에는 다음과 같이 적혀 있다. "김구와 그의 측근들이 회의를 파탄시키고 퇴장하면 어떻게 하나. '나가라'고 하며 그들을 미국간첩으로 몰자. 그리고 회의는 계속한다. 김구와 대화를 계속한다. …… 그들이 소란을 피우면 이 대회는 총선을 반대하자는 것인데 왜 퇴장하느냐고 몰아붙일 것."[72] 다시 말해서 김구를 설득하되 그가 계속 반대하면 총선(단선)을 찬성한다는 뜻이니 미국간첩으로 몰고, 김구가 대표자 연석회의에 참석을 하든 안 하든 회의를 계속 진행한다는 것이다.

(3) 대표자 연석회의의 분위기

어쨌든 몇 명의 남쪽 저명인사들이 평양에 도착하여 귀빈 대우를 받기는 했으나 그들이 대표자 연석회의의 진행이나 토론내용에 미친 영향은 전무했다. 김구, 조소앙, 조완구, 홍명희 등 4명은 회의 3일째인 4월 22일 12시 20분경에 회의장인 모란봉극장에 입장, 이미 28명으로 구성된 주석

70 중앙일보 특별취재반, 위의 책, p.346.

71 「레베데프 비망록」 19, 『부산일보』, 1995년 3월 17일.

72 「레베데프 비망록」 18, 『부산일보』, 1995년 3월 14일.

단에 보선補選되어 각기 축사를 했는데, 홍명희를 제외한 나머지 3명은 다시는 회의에 참석하지 않았다. 22일에 도착한 김규식은 병을 이유로 한 번도 회의석상에 나타나지 않았다.[73] 남한 인사들의 간단한 축사는 공적인 회의기록에는 남아 있지 않으나 그 내용은 신문에 발표되었다. 그중 김구의 축사는 다음과 같다.

> 위대한 회합에 참석하여 기쁘게 생각한다. 조국이 없으면 국가가 없으며 국가가 없으면 어느 정당이나 사상도 없을 것이다. 우리의 공동투쟁 목표는 단선을 반대하는 것이어야 한다. 남조선에서뿐만 아니라 어느 곳임을 막론하고 그것을 반대하지 않으면 안 된다. 이 회의는 반드시 성공해야 한다. 국제관계에 있어서도 미묘한 데가 있었으나 우리가 모범적으로 통일 단결하여 세계에 이것을 보여주어야 한다.[74]

물론 박헌영, 허헌, 김원봉을 비롯한 남한에서 간 좌익세력들은 처음부터 끝까지 그 회의에 참석했고, 홍명희, 이극로 등도 끝까지 참석했지만, 김구를 비롯한 한독당 인사들이 대표자 연석회의에서 한 발언은 간단한 인사말이 고작이었다.

회의내용이나 절차는 이미 공산당 측에서 준비한 각본에 의한 것이었으며, 자유세계에서 보는 바와 같은 회의참석자들의 자유 의사표시에 의한 절충은 허용되지 않았다. 여운홍에 따르면 남한에서 참석한 민족자주연맹의 정치위원인 유가풍儒家風의 김성규金成圭란 노인은 단조롭고 의식적인 회의절차에 대한 울분을 참지 못하였는지 회의 도중에 발언권을 요청했으나 무시당하자 자기 좌석에서 일어나 발언했고, 그러자 2, 3명의 청년들이

73 『조선일보』, 1948년 4월 29일. 여운홍도 평양에 도착하여 회의에 참석한 후 소위 주석단에 보선되었다고 한다.

74 『조선일보』, 1948년 4월 24일.

모여들어 그를 회의장 밖으로 들어내버렸다고 한다. 이러한 광경을 목격한 남측 대표들은 다시는 그처럼 '무질서한' 모험을 하지 않으려 했다고 한다.[75]

그리고 소위 조선 정치정세에 대한 결정서와 격문 등을 기초하는 기초위원회에 홍명희, 엄항섭, 여운홍 등이 보선되었는데, 이 소위원회에서도 남측 인사들의 발언은 수리되지 않았다. 김규식과 김구는 결정서 등이 공산당 측의 독선으로 기초될 것으로 예상하여 홍명희에게 수정에 대한 발언을 요청했고 그가 이것을 수락했다.

과연 소위원회에서 박헌영이 낭독한 결정서 초안은 과격했다. 미국이 제국주의자로 규정되었고 5·10선거를 주창 또는 지지하는 세력을 배족적背族的 망국노 또는 반동분자로 낙인찍고 "그들과 타협하는 분자들도 단호히 논죄하며 배격한다"고 하였다. 또 이 결정서는 미소 양군의 철퇴 등 "소련의 제안을 반드시 실현시키기 위해서 강력히 투쟁해야 할 것이라고 인정한다"고 결론지었다.[76]

그러나 박헌영의 낭독 후에도 홍명희는 이의를 제기하지 않았고, 이에 격분한 여운홍은 "이북에 사는 분들에게는 이 결정서가 좋을지 모르나 우리들 다시 돌아가야 할 사람들에게는 안 되겠다. 그러니 어구 수정이라도 하자"고 제의했다. 그러자 위원장인 박헌영은 즉시 "이것 가지고 왈가왈부하며 시간 보낼 것 없이 민주주의적으로 가부를 처결합시다"라고 하며 토의를 중지시키고 표결에 부쳤다. 물론 이 초안은 만장일치로 통과되었다. 이러한 분위기에서 여운홍은 다시 반대발언을 했다가는 서울에 돌아가지 못할 것 같다는 공포심을 느껴 발언도 중지하고 표결에서는 기권하

75 여운홍 씨 면담, 1970년 2월 19일.

76 박광 편, 앞의 책, pp.73~74 ; 북조선인민위원회선전국, 『全朝鮮 諸政黨·社會團體代表者連席會議文獻集』(이하 『연석회의문헌집』)(평양, 1948), pp.109~111.

였다.[77]

이 회의에 참석했던 송남헌은 평양에서의 사태를 다음과 같이 말했다.

> 평양 상수리에 특별호텔이 있는데, 하층에는 한독당 엄항섭 씨와 나와 둘이 있고 위층에는 김규식 박사, 홍명희 등 셋이 있었다. …… 그때 김 박사는 자기가 회의에 참석하지 않는다는 것을 심중에 생각하고 있었으므로 병을 앓는 것처럼 누워 있었다. 그 이튿날 김구 선생은 잠깐 연석회의에 가서 인사를 하고 조소앙 씨도 잠깐 인사하고 나오고 김 박사는 최후까지 연석회의에 참석하지 않았는데, 우리는 협상하러 왔지 연석회의에 참석하려고 온 것은 아니다. ……[78]

(4) 대표자 연석회의의 진행과정

그러면 이 대표자 연석회의는 어떻게 진행되었는가. 소위 대표자 연석회의의 과정은 지극히 단순했다. 본회의 격인 대표자 연석회의에 앞서 예비회의가 4월 19일 오전 11시에 김두봉의 개회사를 시작으로 개최되었다. 김두봉은 개회사에서 총선이 얼마 남지 않았는데 김구와 김규식이 도착하기만을 기다릴 수는 없다며 그들을 비판했고, 김일성은 주최 측을 대표하여 대표자 연석회의의 원칙으로 4가지를 제의하여 참석자들의 만장일치를 얻어냈다.[79]

대표자 연석회의는 4월 19일 하오 6시 김일성의 사회로 평양 모란봉극

---

77 여운홍 씨 면담, 1969년 12월 21일, 1970년 2월 19일.

78 송남헌 씨 면담, 1966년 12월 17일.

79 「레베데프 비망록」 18, 『부산일보』, 1995년 3월 14일. 4가지 원칙은 다음과 같다. ① 미제의 앞잡이로 미제의 조선침략을 방조하려는 유엔 조선위원단을 국외로 몰아내고 유엔총회의 결정 및 소총회의 결의를 무효로 돌릴 것. ② 국토를 양단하고 민족을 분열시키려는 단선단정을 반대할 것. ③ 소미 양군의 즉시 동시 철퇴를 실현시킬 것. ④ 양군 철수 후 조선인민의 자주성 위에서 일반적, 평등적, 직접적 비밀투표의 선거에 의하여 통일정부를 수립할 것(박광 편, 앞의 책, p.120).

장에서 소위 각 정당 · 각 사회단체 대표 545명이 참석하여 개막되었는데, 애국가 합창을 시작으로 주석단 28명을 투표로 선출하고 대표자 자격심사위원 9명, 서기 9명, 편찬위원 7명을 선정한 후 김일성의 간단한 개회사에 이어 김두봉, 허헌 등 수명의 단정반대 통일독립을 주장하는 뜻의 축사가 있었다. 이로써 제1일의 일정을 마쳤다.[80]

4월 20일에는 휴회했고 제2일째의 대표자 연석회의는 4월 21일 상오 11시에 개회되었다. 이날에는 대표자 연석회의를 축하하는 남녀 노동자들의 축하시위에 이어 주녕하朱寧河를 위원장으로 하는 자격심사위원회의 심사 결과보고, 김일성의 장황한 북조선 정세에 관한 보고가 있었다. 20분간 휴회한 후 오후 1시에 재개되어 백남운의 남조선 정치정세에 관한 보고가 있었고 다시 휴회, 3시 반부터 속개하여 박헌영의 남조선 정세에 관한 장황한 보고가 있었다. 그 후 7시 10분까지 소위 각 대표들의 토론이 있었는데, 토론은 약 10시간에 걸쳐 이미 내정된 대표들이 준비한 연설문을 낭독하는 데 불과했으며, 또한 지금까지 장황하게 보고한 보고서를 지지하는 데 그쳤다.[81]

제3일째인 4월 22일의 회의는 상오 10시 20분 백남운의 사회로 개회된 후 곧이어 '청년대표' 축하가 있었고, 다시 '토론'이 열린 후 12시 20분에 휴회했다. 12시 45분에 김구, 조소앙, 조완구 등 한독당 지도자들과 홍명희(민주독립당과 민족자주연맹)가 입장하여 이른바 주석단에 보결 선거되었고 이들의 인사말이 있은 다음 하오 2시까지 '토론' 후 휴회했다. 4시 50분에 회의를 재개하여 이극로의 인사와 '혁명유가족학원革命遺家族學院 학

80 중앙일보 특별취재반, 앞의 책, p.346 ; 『조선일보』, 1984년 4월 23일. 김일성의 개회사와 허헌의 축사의 요지는 『조선일보』, 1948년 4월 24일자에 보도되었다.

81 회의과정에 관하여는 박광 편, 앞의 책, p.43을 참조. 김일성, 백남운, 박헌영 등의 연설 전문은 『진통의 기록』, 『연석회의문헌집』, 『전조선정당 · 사회단체 연석회의보고문 及 결정서』(출판지명, 편저자 미상의 인쇄물) 등에 기재되어 있다.

생대표'의 축사 낭독 후 홍명희, 엄항섭을 결정서 기초위원으로 보선하고 하오 7시 10분까지 다시 '토론'이 있었다.

김원봉이 사회를 본 제4일째인 4월 23일에는 북조선 여성대표가 축사를 읽은 후 홍명희가 남조선 정세에 관한 결정서를 낭독, 만장일치로 가결하고 이극로가 3천만 동포에게 호소하는 격문을 낭독, 이의 없이 채택한 후 참석한 16개 정당과 44개 단체대표가 서명했다.

4월 24일에는 휴회하고, 4월 25일에는 김일성 광장에서 34만 명이 동원된 '축하시민대회'가 열렸고, 오후 4시부터 김일성이 베푼 초대연이 있었다. 회의는 4월 26일에 속개되어 미소 양군의 즉시 철병을 요청하는 메시지를 미소 양국에 전달할 것을 채택했다. 그리고 허헌의 남조선대책보고 연설 후 단선반대 단징빈대 전국투쟁위원회를 결성하자는 결의를 하고 폐막되었다.

이처럼 회의절차를 보면 소위 주석단 중의 몇몇이 중심을 이루고 있고 그 후 토론자가 한결같이 그 연설내용을 지지하는 연설을 하게 되어 있었다. 또 회의 전체가 결정하는 결의문은 회의가 선정한 몇 명의 위원들이 작성했는데, 이것도 여운홍의 증언대로 한 명 또는 수명이 작성한 것을 위원회에서 낭독하면 소위 '민주주의' 방법에 의하여 만장일치로 채택했다. 동의와 재청은 있을 수 있으나 개의改議 또는 재개의再改議 같은 '번잡하고 혼란한' 절차는 있을 수 없었다. 이미 이 결의문은 4월 12일에 소련공산당 정치국이 결정을 내린 것이있기 때문이다.[82]

(5) 4김 회담의 득실

이상에서 살펴본 것이 북조선 정당·사회단체 지도자들이 남한인사들

82 Andrei Lankov, "Soviet Politburo Decisions and the Emergence of the North Korean State, 1946~1948," *Korea Observer*, Vol.36, No.3(Autumn 2005), pp.385~406(at p.400).

을 초청한 대표자 연석회의의 전모이다. 당시 연합통신UP의 기자로서 남북협상회의 취재차 평양에 가 있던 설국환薛國煥에 따르면 김규식은 대표자 연석회의를 단순히 공산주의자들의 선전을 위한 공식회의로 간주하고 그 회의 자체에 대해서는 묵인하는 태도를 취했고[83] 성급히 요인 협상회의를 공산당 수뇌부에 요구하여 30일에 이른바 '4김 회담'(김구, 김규식, 김일성, 김두봉)이 열림으로써[84] 회담내용에 대해 만족을 표시했다고 한다.

4김 회담은 미소 양군의 철수, 남한에서의 단독선거의 불승인, 미소 양군의 철수 후에도 내전이 있을 수 없다는 것, 미소 양군의 철수 후 전 조선정치회의를 소집하여 조선 인민의 각계각층을 대표하는 민주주의 정부를 수립할 것, 그리고 동 회의가 일반적, 직접적, 평등적 비밀투표로써 통일적 입법기관을 선거할 것이라는 조항들에 대해 합의했다.

그러나 두 차례의 미소공위를 결렬시킨 기본문제들은 거론되지 않았다. 잘 알려져 있는 바와 같이 미소공위에서 문제가 된 것은 미소공위의 한국인 협의대상이었는데, 이를 풀이하면 누구에게 참정권을 줄 것인가 하는 문제였다. 소련 측의 주장은 모스크바 3상회의 결정에 반대하는 모든 정당·사회단체를 협의대상에서 제외하자는 것이었는데, 이 중추적인 문제가 토론된 흔적은 보이지 않는다.

그리고 평양으로 떠나기 전만 하더라도 김구와 김규식은 북한에 구축된 막강한 군사력, 그리고 중국공산군 휘하에서 거듭된 전투에 참가하면서 단련되어온 병력에 대해서 우려를 표명했다. 북한에서는 4김 회담이 열리기 두 달 전인 1948년 2월 8일에 '조선인민군'을 창설하고 병력 증강에 매

83 설국환 씨 면담, 1967년 1월 7일.

84 4김 회담이 열린 날짜에 대해서는 4월 26일과 30일 두 번이라는 설과 4월 30일 한 번이라는 설, 그리고 5월 2~3일경이라는 설 등이 있다. 이에 대해서는 조규하·이강문·강성재, 앞의 책, pp.398~399 참조. 4월 26일에 4김이 만난 것은 사실이지만 사전에 의제를 준비하여 개최한 '공식회담'은 아니었다.

진하고 있었으나, 양 김 씨는 앞으로 내전이 없을 것이라는 약속만 들을 수 있었다.

6. 맺음말

레베데프는 연석회의가 "성공적"이라고 보고했다. 과연 그가 4김 회담에 대해서 어떤 내용을 보고했는지는 알려져 있지 않지만 아마도 역시 크게 만족했을 것이다. 소련에게 중요했던 것은 남쪽의 우익 인사들, 특히 김구, 김규식이 평양에서 열린 모임에 참가하여 5 · 10선거를 반대한 것이었기 때문이다. 소련의 입장에서 볼 때 4김 회담은 그들이 개인자격으로 모인 것이고, 합의사항들은 조약이나 협약과 달리 아무런 법적 구속력이 없었다.

김구, 김규식도 4김 회담에 대해서 만족했을 것이다. 그들에게도 역시 합의의 내용은 중요하지 않았다. 중요한 것은 남북의 지도자들이 중대한 고비에 분단을 막기 위해 노력했음을 보이는 것이었다. 그것으로써 그들은 민족역사에 대한 사명을 완수했다는 자부심을 가질 수 있었다. 그들에게 중요했던 것은 현실, 비현실 내지는 가능 · 불가능이 아니라 당위, 부당위였기 때문이다. 그러나 이들의 평양회담 참가는 대한민국의 건국사建國史에 큰 상처를 남겼다. 그들이 5 · 10선거에 참가하지 않음으로써 대한민국이라는 정치체제에 하자가 있다는 인상을 주었거니와 우익세력이 조각나 버렸고 남한의 정치 분위기가 더욱 경직해 버렸기 때문이다. 1948년 봄에 있었던 소련군정의 정치게임이 한국현대사에 남긴 여운은 60년이 지난 오늘에도 가시지 않고 있다.

그 후 한국전쟁이란 비극과 소련의 붕괴를 경험한 현재, 우리는 1948년 4월에 김구, 김규식, 김일성, 김두봉이 합의했던 결론이 그대로 시행되었더라면 과연 한반도의 역사가 어떻게 진행되었을지를 상상해보게 된다. 미국과 소련의 군대가 철수한 상태에서 4김씨가 합의했던 '전조선 정치회의'가 열렸다면 어떠한 상황이 벌어졌을까? 1946년 5월에 김일성은 이승만, 김구, 조만식을 극단적으로 공격했고 그들이 숙청되어야만 한다고 말했다.[85] 같은 해 해방기념일에는 남한에서도 북한에서 시행된 '민주적 개혁'이 시행되어야 완전한 민족해방이 된다고 말했다.[86] 그리고 그는 1948년 2월에 조선인민군 사령관이 되어 무력을 행사할 수 있는 위치에 섰다. 숙청대상이 되었을 반탁세력이나 지주들은 과연 어떠한 행동을 취했을 것인가? 과연 전조선 정치회의는 열릴 수 있었을 것인가? 밝은 대답이 나올 것 같지는 않다.

85 1946년 5월 19일의 연설. 『金日成選集』(東京 : 三一書房, 1954), pp.104~115.

86 김일성, 『조국의 통일독립과 민주화를 위하여』 제1권(조선로동당출판사, 1949), pp.115~146.

11 이승만의 단독정부론 제기와 그 전개

미소관계가 날로 악화되는 상황에서 미소공동위원회가 결렬되었고 소련은 북한에서 공개적으로 단독정부 수립을 서두르고 있었다. 그리고 소련정책을 따르지 않는 모든 인사들을 숙청해 버렸다. 그 반면 남한을 점령한 미국은 중국대륙에서의 사태를 관망하면서 표류하고 있었다. 과연 조선민족은 미소 양국이 화해하고 통일독립을 이루어줄 것을 기다리고 있어야 했는가? 1905년에 잃어버린 주권을 되찾아서 독립하여야 스스로 통일의 길을 모색할 수 있지 않았을까?

1. 머리말

1948년 8월 15일의 대한민국 건국은 대한독립을 위해 일생을 바친 독립투사들은 물론 온 국민이 기뻐했어야 할 역사적 이벤트였다. 그럼에도 불구하고 많은 독립투사들은 경축행사에 참여하지 않았을 뿐만 아니라 대한민국 건립에 반대하는 입장을 취하고 있었다. 물론 38도선 이북에 거주하는 국민들은 선거에 참여할 수도 없었거니와 북한에 설립되어 있던 북조선인민위원회는 대한민국 건국을 위해 실시된 5·10선거를 민족을 분열하는 부당한 행사라고 규탄했고 남조선노동당은 무력까지 동원하여 반대투쟁을 벌였다. 어떠한 관점에서 보더라도 대한민국의 출범에는 아쉬운 점이 많았다.

이러한 건국기의 유산은 대한민국이 건국된 지 반세기가 지난 오늘까지 강하게 남아 있다. 대한민국 건립을 위해 온갖 노력을 기울였던 이승만李

承晩을 '건국대통령Founding Father'이라고 숭상하는 국민은 지금 그리 많지 않아 보인다. 오히려 일부에서는 그를 민족분열을 가져온 원흉이라고 규탄하기까지 한다.

이처럼 이승만에 대해 부정적인 평가가 팽배하게 된 이유는 여러 가지가 있겠지만 그중 가장 큰 이유를 든다면 팔순 노인 이승만 자신의 그릇된 처사였다. 그가 그처럼 오랫동안 집권에 집착하지 않았더라면 그에 대한 평가와 대한민국 건국의 역사가 그리 폄하되지 않았을 것이다. 청년시절에 조선왕조의 부패와 전횡에 반대하는 운동의 선봉에 섰다가 피눈물 나는 옥고를 치렀고 독립운동가로서도 훌륭한 공헌을 했던 이승만 자신을 위해서, 그리고 대한민국을 위해서 너무나 유감스러운 일이다.

물론 5·10선거나 대한민국에 대한 시각은 아직도 계속되고 있는 남북분열과 대결의 영향을 강하게 받고 있다. 분열과 전쟁과 대결 속에서 개인과 가족 또는 친지가 겪은 경험이 역사에 대한 인식 또는 역사를 보는 눈을 좌우하기 때문이다. 그런데 자료의 결핍은 이런 상황을 더욱 복잡하게 만들었다. 특히 최근까지도 소련의 문헌이 공개되지 않았고, 미국의 문헌에만 의존하게 되어 한국현대사가 곡해되는 경우가 많았다. 그리하여 해방전후 한반도에서 일어난 모든 일은 미국이 홀로 결정하고 만들어낸 것이라는 생각이 역사학자들의 사고의 바탕에 놓이게 되었다. 다행히 소련 붕괴 이후 일부나마 문서가 공개되어 소련군정기에 북한에서 일어난 사건들을 분석할 수 있게 되었고, 북한에서의 사건들이 남한의 정세에까지 미친 영향들을 포착할 수 있게 되었다.

비록 극히 적은 분량의 문헌밖에 공개되지 않았지만, 필자는 지난 수십년 동안 축적된 지식을 바탕으로 이승만의 단독정부론單獨政府論의 등장과 전개과정을 검토하려고 한다. 그동안 단독정부론은 당위론적 통일정부론에 의해 폄하되고 백안시되어 왔다. 단독정부론은 선과 악, 옳고 그름의 이

분법에 의해 그 주장이 제기된 맥락에서 이해되지 못했던 것이다. 그러나 소련군정기 북한에서 일어난 사건들을 분석해 보면 단독정부론이 과연 허물로 평가되어야 하는지 의문을 제기하게 된다. 물론 이승만의 장기집권은 유감스러운 일이다. 그렇지만 그에 대한 부정적 시각이 지나쳐 대한민국 건국의 정체성까지 폄하되어서는 안 된다는 것이 필자의 소견이다.

2. 단독정부론 제기의 배경

이승만이 1946년 6월 3일 "남한에서만이라도 독립정부를 세워야 한다"고 주장했을 때 이러한 구상을 공언한 인사는 아무도 없었다. 그래서 그의 발언은 세상을 놀라게 했나. 어찌하여 노정치가 이승만은 그처럼 당돌한 발언을 하게 되었는가? 이 질문에 대한 답은 한국현대사에서, 특히 대한민국 건국사에서 핵심적인 질문 중의 하나인데 아직까지도 학자들 간에 진지한 논의가 이루어지지 않았다. '정읍井邑 발언은 이승만의 정권욕에서 일어난 발상이었다'고 하는 단순한 해석이 반론 없이 진실로 받아들여져 왔다. 이 해석은 '대한민국은 이승만의 정권욕의 산물'이라고 하는 결과론적이고 왜곡된 결론을 이끌어낼 뿐이다. 이승만의 단독정부론은 보다 더 심층적인 고찰을 필요로 한다.

(1) 정읍 발언의 내용

우선 우리는 이승만이 전라북도 정읍에서 행한 발언의 내용을 검토해야 할 필요가 있다. 많은 학자들이 정읍 발언에 대해 언급은 하지만 그 내용은 잘 알려져 있지 않다. 그럴 수밖에 없었던 것이 그의 발언은 즉흥적인 것이었던 모양으로 그 원고나 기타 관련 문헌이 남아 있지 않다. 정읍 발언에 대한 유일한 자료는 『서울신문』의 6월 4일자 기사이다.

이제 우리는 무기 휴회된 (미소)공위共委가 재개될 기색도 보이지 않으며 통일정부를 고대하나 여의케 되지 않으니 우리는 남방南方만이라도 임시정부 혹은 위원회 같은 것을 조직하여 38 이북에서 소련이 철퇴하도록 세계 공론에 호소하여야 될 것이니 여러분도 결심하여야 될 것이다.[1]

4일에는 전주全州에서 기자단과 다음과 같은 문답이 있었다.

문 : 어제 정읍에서 연설한 가운데 남조선만의 정부 운운의 말이 있었는데 그것은 남조선 단독정부 수립을 의미하는 것인가?

답 : 내 생각으로 말한 것인데 남방에서만이라도 무슨 조직이 있기를 일반 민중이 희망하고 있다.[2]

이런 대화가 있은 후 기자들이 집요하게 그에게 질문을 던졌다. 다음 날 5일 오후 6시경 이리裡里(지금의 익산)에 도착한 이승만은 기자들에게 다음과 같이 말했다. "미소공동위원회가 계속 토의할 희망이 보이지 아니하며 일반 민중이 초조해서 지금은 남조선만이라도 정부가 수립되기를 고대하며 혹은 선동하는 중이다. 나의 관찰로는 조만간 무엇이든지 될 것이니 아직 인내하고 기다려서 경거망동이 없기를 바란다."[3]

(2) 정읍 발언의 시기

이승만의 성명은 미소공동위원회 제1차 회담이 결렬된 후 소련 측 대표 슈티코프T. F. Shtykov 대장 일행이 서울을 떠난 지(5월 9일) 약 한 달 후에

---

1 『서울신문』, 1946년 6월 4일, 국사편찬위원회 편, 『자료 대한민국사』 제2권(1969), pp.705~706.

2 『서울신문』, 1946년 6월 6일, 국사편찬위원회 편, 위의 책, p.708.

3 『서울신문』, 1946년 6월 8일, 국사편찬위원회 편, 위의 책, p.715.

발표되었다. 미국과 소련 대표들은 1945년 12월에 개최된 모스크바 3상회의에서 한반도 문제를 미소 양측의 점령군 사령관들이 임명하는 대표들로 구성된 미소공동위원회에 위임하기로 했으나, 1946년 3월 20일에 열린 제1차 미소공동위원회는 아무 성과도 다음 모임에 대한 기약도 없이 결렬되었다. 잘 알려진 대로, 교착된 문제점은 신탁통치를 반대하는 정당이나 인사들을 공동위원회의 협의대상으로 삼을 것이냐 아니냐 하는 것이었다. 이 문제는 너무나 중요했다. 공동위원회의 협의대상이 되느냐 마느냐는 장차 수립될 임시정부 참여 여부를 결정짓는 것이었기 때문이다. 즉, 신탁통치를 반대하는 단체나 개인의 참정권이 박탈되는 것을 의미했다.

우리는 여기서 폴란드에 소위 '연립정부'가 수립된 과정을 상기할 필요가 있다(제3장 「미소갈등과 남한에서의 좌우대립」 참조). 스탈린Joseph Stalin은 친서구적인 폴란드 망명정부 각료들의 참정권을 옹호해야 한다는 미국의 요구를 받아들여 1945년 2월에 열린 얄타회담에서 20명의 각료 중 4, 5명의 보수진영 인사를 받아들이기로 동의했다. 그러나 그 후 몰로토프Vyacheslav M. Molotov 소련 외상은 서구 측이 지명한 인사들에게 거부권을 행사했을 뿐만 아니라 서구 측의 추천 대상자인 16명을 체포해 버렸다. 1945년 6월에 폴란드에 연립정부가 구성되기는 하였으나 좌우연립은 명목뿐이었고 실질적으로는 공산정권이었으며 그 정권은 급격한 속도로 우익 숙청을 단행했다.

폴란드에서 이러한 사태를 겪은 미국으로서는 소련의 주장을 받아들일 수가 없었다. 당시 남한의 모든 우익세력은 신탁통치를 반대하고 있었으므로 우익세력은 모두 소련의 숙청대상이었다. 뒤에서도 살펴보겠지만 소련은 이미 북한에서 우익 숙청을 단행한 후에 미소공동위원회(이하 미소공위)에 임했는데, 실상 남한의 공산당도 처음 신탁문제가 거론되었을 때 신탁통치를 반대했으나 1946년 1월 3일에 입장을 돌이켰던 것이다.

3. 정읍 발언의 동기

왜 이승만은 미소공위가 교착되자마자 남한 단독정부의 필요성을 제기했는가? 왜 그는 다음 미소공위를 기다리지 않았는가? 과연 그는 정권욕에 눈이 어두워져서 조국의 분단을 재촉하는 발언을 했던 것인가?

위의 질문에 대한 이승만의 종합적인 대답은 찾을 수 없으나 그가 남긴 여러 가지 글과 당시의 상황에서 다음의 몇 가지 사항을 지적할 수 있다. ① 이승만은 남달리 국제정세에 해박했다, ② 미소 간의 냉전이 날로 악화되고 있었고 화해의 가능성이 전혀 없었다, ③ 소련은 38선 이북 지역에서 단독노선을 아무런 협의 없이 시행하고 있었다, ④ 미국의 한반도정책이 표류상태에 놓여 있었고 이에 따라 남한의 정치와 경제가 혼돈상태에 빠져 있었다, ⑤ 이승만은 미국정부를 믿지 못하고 있었다.

다음에서 필자는 이 항목들을 세부적으로 검토하도록 하겠다.

(1) 이승만의 국제정세 해득

이미 잘 알려져 있듯이, 이승만은 다른 독립운동가들과 비교해 볼 때 다른 점이 많은 사람이었다. 희대의 인물이었다는 표현이 맞을 것이다. 특히 이 논의에 연관성이 있는 특징을 꼽으라면, 그는 1910년에 미국 프린스턴대학에서 국제정치에 관한 논문을 제출하고 박사학위를 받은 후 오랫동안 미국의 수도 워싱턴에서 한국 독립을 위한 로비활동을 해왔다는 사실이다.[4] 따라서 그는 국제정치에 대해 누구보다 해박했고 풍부한 경험을 가지

4 김규식金奎植도 미국에서 대학을 졸업했고 국제정세에 해박했다. 그러나 그는 대학학부를 졸업한 후 영문학 공부에 전념했다. 그는 1919~1921년에 파리와 워싱턴에서 외교활동을 했고 1921년에는 모스크바에 가서 활약했으며 그 후 20여 년 간 중국 대학에서 영어와 영문학을 가르쳤다. 그의 박사학위는 학위논문을 제출하고 받은 것이 아니라 모교인 로노크 칼리지 Roanoke College에서 받은 명예박사학위이다.

고 있었다. 또 1942년 초에 대한민국 임시정부의 주미대표로 활약하기 시작하면서부터 워싱턴에 연락사무실을 열고 올리버Robert T. Oliver 교수와 1, 2명의 직원들을 고용하여 각종 운동을 전개했는데, 사무실은 이승만이 귀국한 후에도 계속 유지되었다. 따라서 그는 미국 내의 동향을 정확하게 파악할 수 있었으며 미소 양 대국 간의 관계 진전도 잘 알 수 있었다.

(2) 교착상태에 놓인 미소관계

미소 양국의 냉전의 기원에 대해서는 다시 논하겠지만, 이승만의 정읍 발언이 있기 오래전인 1945년 10월 8일에 트루먼Harry S. Truman 대통령은 냉전에 대비해야 한다는 성명을 발표하며 급격히 진행되고 있던 미국의 감군정책에 대한 재평가가 필요하다고 했다.[5] 또 10월 27일 '해군의 날' 연설에서는 동유럽 지역에 소련이 공산체제를 강요하는 것을 반대하며 미국이 군사적인 우월성을 유지해야 한다는 반소反蘇적인 발언을 했다.[6] 한편 스탈린은 미국이 히로시마廣島에 원자탄을 투하한 날(1945년 8월 6일)부터 원자탄 개발에 박차를 가했으며, 다음 해 2월 9일에는 '모든 사태에 대비하기 위하여' 과거와 같이 중공업 중심으로 전쟁준비를 해야 한다는 연설을 했다.[7] 전 영국수상 처칠Winston Churchill이 그 유명한 '철의 장막iron curtain' 연설을 한 때가 1946년 3월 5일이니, 그의 연설은 냉전의 진전을 확인하는 것에 불과했다. 그럼에도 불구하고 그 연설이 유명해진 것은 '철의 장막'이라는 수의를 끄는 표현과 아울러 내용이 아주 노골적이었기 때문이다. 소련의 세력 범위 안에 있는 주민들은 "어떤 식으로든 소련

---

5 Daniel Yergin, *Shattered Peace: The Origins of the Cold War and the National Security State*(Boston: Houghton Mifflin, 1977), p.140.

6 Yergin, 위의 책, p.141.

7 David Holloway, *Stalin and the Bomb*(New Haven: Yale University Press, 1994), pp.148~149.

의 영향 아래에 있을 뿐만 아니라 아주 강력하고도 더욱 커져가고 있는 모스크바의 통제장치에 묶일 수밖에 없다"[8]라는 표현은 동서냉전이 돌이킬 수 없는 단계에 도달했음을 의미하는 것이었다. 따라서 이승만에게 미소공위가 아무 성과도 보이지 않고 끝맺은 것은 애당초 너무나 당연한 일이었다.

(3) 소련의 대북한정책

해방 직후 소련이 북한에서 취한 정책을 관찰한 이승만은 당분간 남북의 재통합이 불가능하다는 것을 더욱 확신하게 되었다. 특히 1946년 연초에 있었던 북한에서의 우익 제거, 그해 2월에 있었던 '북조선임시인민위원회'의 설립, 그리고 3월에 실시된 토지개혁은 한반도의 분단 고정화를 전제로 하여 취해진 정책들이었기 때문이다.

1) 북한에서의 우익 제거

1946년 1월 5일에 발생한 소련군정의 조만식曺晩植 연금[9]은 한반도에서의 미소관계 정립과 남북한의 앞날을 결정짓는 중대한 사건이었다. 한반도에 신탁통치를 실시할 것이라는 모스크바 3상회의의 결정이 발표된 후 38선 이남에서는 신탁통치를 반대하는 시위 행렬이 끊이지 않았지만 소련이 점령하고 있던 지역에서는 시위가 허락되지 않았다. 그러나 조만식을 당수로 하는 조선민주당朝鮮民主黨과 기타 우익분자들이 신탁통치를 반대하고 나서자[10] 소련군정은 평안남도 인민정치위원회 위원장인 조만식을

8 http://myhome.naver.com/woomi9/speech/wc23.htm

9 당시 북한정권하에서 정부기관지 『민주조선』의 편집을 맡았던 한재덕은 1월 5일이라고 했고 소련문헌을 참고한 전현수田鉉秀 교수도 동의하고 있다. 조만식의 비서로 일한 오영진吳泳鎭씨는 2월 5일이라고 했는데 1월설이 정확할 것이다〔Robert A. Scalapino and Chong-Sik Lee, *Communism in Korea*, vol. 1(Berkeley: University of California Press, 1972), p.339〕.

10 소련군정의 자료를 검토한 전현수 교수는 조선민주당이 모스크바 3상회의의 결정에 '찬성

연금해 버리고 우익세력의 숙청에 나섰다.[11]

조만식은 기독교 장로로서 북한지역 기독교계의 지도자이며 일제 치하에서는 각종 민중운동의 선봉에 서서 활동했고 조선일보사의 사장으로 추대되기도 했다. 소련군정은 처음에 그를 평안남도 인민정치위원회의 위원장으로 중용하여 우익진영을 포섭하고 협조하겠다는 제스처를 보였다. 즉, 우익에 속하는 부르주아 계층도 소련군정하에서 박해를 받지 않고 살 수 있다는 인상을 주었던 것이다. 따라서 조만식의 연금은 조만식 개인에 대한 조치가 아니라 소련군정의 우익진영에 대한 결별의 신호로 받아들여질 수밖에 없었다. 그의 연금 직후부터 북한 전역의 조선민주당 계열 인사들이 대거 남하한 것을 보아도 알 수 있다.

조만식의 연금은 3월에 열린 미소공위의 앞날을 예고하는 것이기도 했다. 당시 많은 사람들은 미소공위에서 소련이 취한 태도, 즉 모스크바 3상회의의 결정을 반대한 모든 단체들과 인물들을 미소공위의 협의대상에서 제외해야 한다는 입장이 회의석상에서 처음 제기된 것으로 생각하고 이 문제를 에워싼 미소 간의 대립이 해결되기를 바랐다. 그러나 소련은 이미 조만식의 숙청을 통하여 입장을 선명하게 밝힌 셈이었다.

모든 우익세력이 신탁통치를 반대하는 상황에서 소련이 취한 태도는 충격적이었다. 소련은 우익진영과 협력할 의사가 없었을 뿐만 아니라 우익인사들을 숙청대상으로 삼고 있었다. 조만식의 연금은 일시적인 조치가

도 반대도 하지 않는,' '침묵으로 일관하는' 중립적 태도를 취했다고 한다. 그러나 북한의 일부 지역에서 탁치반대 전단이 나돌고 이로 인해 적지 않은 사람들이 소련군정 기관에 체포되었다고 한다〔田鉉秀, 「蘇聯의 美蘇共委 대책과 韓國臨時政府 수립 구상」, 金容燮교수 停年紀念 韓國史學 論叢 3, 『한국 근현대의 민족문제와 新國家建設』(지식산업사, 1997), pp.559~591(인용은 p.561에서)〕.

11 전현수 교수는 위의 글에서 소련군정과 군정 산하의 공산당 측의 우익에 대한 결정과 태도에 대하여 상세하게 기술하고 있다(pp.561~562). 소련군이 진주한 후 처음으로 일어난 '숙청'일 것이다.

아니었다. 그는 끝내 석방되지 않았고 그가 어떻게 일생을 마쳤는지도 알려져 있지 않다. 이 당시 소련군정이 남한에 있는 조선공산당에 어떠한 지령을 내렸는지는 모르지만 숙청대상에 불과한 우익 측과의 타협을 장려하지는 않았을 것이다.

2) 북조선임시인민위원회 설립의 의의

소련이 남북의 재통합에 관심이 없다는 점을 보여준 또 하나의 조치는 점령지역에 단독정권을 세우기 시작한 것이다. 소련군정은 1945년 10월 14일에 '조선공산당 북조선분국'을 조직했고, 그달 말에는 '북조선 5도행정국'을 설립했는데 이들 '북조선' 조직들은 임시 조직으로 볼 수도 있으나[12] 10월 8~10일에 개최된 '북조선 5도 인민위원회 연합회의'는 그렇지 않았다. 이 회의에서 치스티아코프Ivan M. Chistiacov 대장은 "북한을 독자적인 정치경제적 단위로 분리해서 북한의 행정과 경제를 관리할 최고기구를 만들고 그 산하에 10개의 중앙 행정부서를 만들어 소련점령군 사령부가 지휘하는 시스템으로 만들" 것을 선언했다.[13] 특히 이 회의가 경제문제를 다루는 과정에서 '북조선중앙은행'을 창설[14]한 사실은 소련군정이 이미 남북의 분단을 기정사실로 간주했음을 의미했다. 남북의 재통합을 전제로 하고 있었다면 전국적인 중앙은행을 운영하기 위해 미군 사령부와 교섭했을 터인데 소련군정은 그러지 않고 북조선중앙은행의 설립을 결정

12 5도행정국은 다음 해 2월에 북조선임시인민위원회로 변형되었는데 그 다음 해인 1947년 2월에는 '임시'라는 '표제'가 삭제되었다. 그리고 그 위원회는 1948년 9월에 설립된 조선민주주의인민공화국으로 이어졌다. 물론 미군 점령지역에서는 1946년 2월 14일에 25명으로 구성된 남조선대한국민대표민주의원이 설립되었으나 이 단체는 북조선인민위원회같이 행정을 담당하는 조직이 아니라 미군정의 자문단체로서 명목상 조직에 지나지 않았다. 이른바 자문의원들이 실제로 자문을 한 일도 없었다.

13 전현수 교수 면담. 「미-소 대결구도가 스탈린 '9.20 비밀지령' 배경」, 『동아일보』, 2004년 10월 18일.

14 김성보, 「소련의 한반도정책과 북한에서의 분단질서 형성, 1945-1946」, 역사문제연구소 편, 『분단 50년과 통일시대의 과제』(역사비평사, 1995), pp.78~79.

했기 때문이다.

회의가 끝난 다음 날인 11일에 소련군 사령부가 취한 행동은 소련군정이 분단을 기정사실로 받아들였음을 더욱 확실하게 보여 주었다. 소련군 사령부가 9월 25일에 서울에 보낸 연락장교단을 불과 2주일 만인 10월 11일에 철수하면서 미국 연락장교단도 북에서 철수해 달라고 하지John R. Hodge 중장에게 요구했기 때문이다. "고위 레벨에서 경제적 · 정치적 문제가 해결되기 전까지는 연락사무소가 필요 없다"는 것이 그 이유였다.[15] 그리고 소련군은 미군의 북한 출입을 극도로 통제하기 시작했다. 미군은 38선 이남에 위치한 옹진반도에 출입하기 위해서 육로로 북한을 통과해야 했는데 소련은 이 출입권을 1주일에 세 번에서 한 번으로 줄여버렸다.[16]

3) 북한에서 실시된 토지개혁의 국제정치적 의의

남쪽에서는 '북조선임시인민위원회'의 설립에 대해 별다른 반응을 보이지 않았던 것으로 보이나 위원회의 명의로 시행된 토지개혁은 많은 사람들을 놀라게 하였다. 대지주는 물론 중소지주의 토지까지도 무상몰수해서 토지를 갖고 있지 않은 농민들에게 나누어 준다는 것은 농촌에서의 경제 · 사회관계를 뒤흔드는 역사적인 대사건으로, 이것이 북한에서 실현된 것이다.[17] 첫 번째 미소공위를 3월 20일에 열기로 합의한 상대에서 소련군정은 북조선임시인민위원회를 조직했을 뿐만 아니라 미소공위가 개최되

15 HQ, USAFIK(U.S. Armed Forces in Korea), Periodic Report #36, 1945년 10월 16일.

16 HQ, USAFIK, Intelligence Summary of North Korea(ISNK), II, p.1. Cited by Hak-Soon Paik, *North Korean State Formation, 1945~1950*. Ph. D. Dissertation, University of Pennsylvania, 1993.

17 1945년 10월에 평양에서 개최된 '서북 5도(공산)당 책임자 및 열성자 대회'는 일본인과 친일 반동지주의 토지를 몰수하여 농민의 노력에 따라 분배하도록 규정했고 소작관계를 포함한 기존의 농촌사회 제도를 그대로 유지하기로 했었다. 그런데 소련군정 민정청장 로마넨코는 5정보 이상 소유한 중소 농가의 토지까지도 몰수하는 아주 급진적인 개혁안을 기안했으며 이것은 소련 국방성을 거쳐 전소연방 공산당 중앙위원회 정치국 회의에 제출되었다. 1946년 3월에 실시된 토지개혁은 로마넨코의 초안과 같은 내용이었으므로 정치국에서 승인했다고 봐

기도 전인 3월 5일에 토지개혁법을 공포하고 즉시 실행해 버렸다. 토지제도의 개혁은 해방된 민족이 꼭 실현해야 할 과제였지만, 북한에서의 토지개혁은 시기적으로 보아 한반도문제에 관해서 미국과 협상할 의도가 전혀 없다는 소련의 입장을 보여주는 조치였다. 그리고 토지개혁의 내용은 분단의 고정화를 전제로 한 것이었다. 북조선임시인민위원회 간부들은 '민족적 대동단결에 기초한 민주정권의 수립 및 농업경제와 공업경제의 균형적 발전을 전제로 한 민족경제의 합리적 재편성'의 방법, 즉 지주들에게 관대한 방법을 제안했으나 북한의 토지개혁안을 기초한 소련군정 민정청장 로마넨코Andrei A. Romanenko는 애당초 '민족의 대동단결'이나 재통일에 관심이 없었다.[18]

4) 미소의 대립과 스탈린의 한반도정책

왜 스탈린은 이처럼 독단적인 행동을 취했는가? 왜 그는 한반도문제에 대해서 미국과 협조할 생각을 하지 않았는가? 이 질문에 대한 대답은 남북분단의 고정화와 직접적으로 연관되어 있으므로 대단히 중요하다. 그런데 그전에 한반도의 분단과정부터 살펴볼 필요가 있다.

한반도가 분단된 가장 큰 이유는, 제2차 세계대전 동안 나치 독일과 제국주의 일본을 상대로 연합군을 형성하고 있던 미소 양국 관계의 악화이다. 미국은 폴란드나 기타 유럽 동부의 각국을 점령한 소련이 의회민주주의 원칙을 무시하고 독단적으로 공산화정책을 시행하고 있다고 보았고, 소련군이 한반도 전체를 점령할 경우 스탈린과 합의한 한반도 신탁통치

야 할 것이다〔전현수, 「해방 직후 북한의 토지개혁」, 『大丘史學』 제68집(2002년 8월), pp.85~134〕. 이 논문에는 소련의 외무성, 조선공산당, 그리고 나중에 북조선노동당에 흡수된 신민당新民黨의 토지개혁정책 등이 열거되어 있는데 1947년에 남한에서 있었던 토지개혁을 이해하는 데 큰 도움이 될 것이다.

18 전현수, 위의 글, pp.108~110. '민족의 대동단결에 기초한' 토지개혁방안은 북한의 신민당이 주장했던 것이다.

실시가 불가능할 것으로 보았다. 그리고 태평양 남쪽으로부터 북상하고 있던 미군병력은 아직 한반도에서 먼 곳에 위치해 있었고 한반도에 병력을 투입할 계획이 없었기 때문에 소련군의 한반도 점령을 막을 길이 없었다. 이런 상태에서 소련군이 1945년 8월 9일에 한반도 북단에 소규모 병력을 투입한 것이다.

그래서 트루먼 대통령은 8월 14일에 38선에서의 한반도 분단, 즉 미소 양측에 의한 일본군 무장해제를 제의했고, 스탈린은 다음 날 이를 수락했다. 이 당시 스탈린은 8월 6일과 9일에 미군이 일본에 원자탄을 투하하자 우월한 무기를 가진 미국이 전승戰勝 후 소련에 압력을 가할 것을 염려하고 있었다. 그러나 그는 38선 제안을 받은 14일에 미국이 우호적일 수 있다는 느낌을 갖고 있었다. 그날 중국정부는 스탈린이 얄타에서 루스벨트 Franklin D. Roosevelt 대통령에게 요구했던 만주滿洲(둥베이東北지역)에서의 이권을 모두 수락하여 중소협약을 체결했다.[19] 협약이 성공리에 끝나자 스탈린은 트루먼이 소련에 우호적일 수 있다는 생각을 하게 된 것이다. 이때만 하더라도 한반도의 분단은 일시적인 것이었다. 미국은 그 후에도 한반도 전체에 신탁통치를 실시할 것을 정책으로 삼고 있었고 당시의 소련관리들도 같은 전제하에 문서를 작성하고 있었다.

그러나 9월 12일부터 10월 2일까지 열린 런던회의를 기점으로 스탈린의 태도가 급격히 차가워졌고, 이것이 한민족이 분열하게 된 배경이 되었다. 소련과 미국, 영국 등 선승국의 외무장관들이 전쟁이 끝난 후 처음 만난 이 회의에서 미 국무장관 번스James Byrnes는 소련을 동맹국이라기보다는 잠재적 적국으로 여기고 소련 외상을 강압적으로 대했다. 사실 스탈린은 이러한 상황을 예견하고 있었다. 소련해군의 지중해 진출을 갈망하고

19 필자는 "Why did Stalin Accept the 38th Parallel," *Journal of Northeastern Studies* (Washington, D.C., Winter 1985), pp.67~74에서 이 문제를 논한 바 있다.

있던 스탈린은 패전국 이탈리아가 소유하고 있던 트리폴리타니아Tripolitania를 소련에게 넘겨줄 것을 요구했으나 미국과 영국은 이 요청에 귀를 기울이지 않았다. 흑해黑海지역을 제패하고 있는 소련해군이 지중해 남해안의 항구를 차지하게 될 경우 영국해군이 제해권制海權을 상실하여 유럽의 정치판도가 달라질 것이기 때문이었다.[20] 또 미국은 일본 점령에 꼭 참여하겠다는 소련의 요구를 일축해 버렸다. 소련이 군사력으로 장악하지 않은 지역을 양도해야 할 이유가 없었기 때문이다. 미국, 영국과 소련은 대독·대일전쟁에서는 연합전선을 형성했지만 이제는 상대방을 우방으로 생각하지 않았다. 소련의 국시國是가 미국·영국의 기본 사상인 자유주의, 그리고 자본주의와 상충했기 때문이다. 이처럼 소련을 우방으로 대접하지 않았을 뿐만 아니라 동유럽에서의 소련의 전횡을 공격하는 데 열중하는 미국과 영국의 태도를 본 스탈린은 미국과의 협력을 포기했다.[21]

그 결과가 스탈린의 1945년 9월 20일의 지령이다. 그는 소련군 점령지역에 부르주아정권을 수립하라고 지시했다. 이것을 풀이하면 한국문제에 대해서 미국과의 교섭 또는 타협의 결과를 기다리지 말고 소련 점령지역에 단독정부를 수립하라는 것이었다.[22] 이 지령은 소련군 총사령관 스탈린과 참모장 안토노프Aleksei K. Antonov의 공동명의로 연해주沿海州 군관구軍管區 및 제25군 군사평의회軍事評議會에 발송된 것으로, 제2항에서 "소련군 점령지역에 반일적인 민주주의 정당 조직의 광범한 연합(블록)을 기초로 한 '부르주아적 민주주의 정권'을 수립할 것"을 지시했다. 이 중요한 전보에는 남한을 점령한 미군과의 협의나 한반도의 통합 또는 통일문제에

20 트리폴리타니아는 현재의 리비아의 서북쪽 해안에 놓여 있는 역사적인 항구도시이다.

21 Holloway, 앞의 책, pp.124~125. 런던회의가 교착상태에 빠진 것은 회의 시작 4, 5일 만인 9월 15일, 16일부터였다.

22 필자는 이 문제를 이 책의 제5장「스탈린의 한반도정책, 1945」에서 상세하게 다루었다.

대해서는 언급이 없고 연해주 군관구 군사평의회가 북조선에서의 민간행정을 지휘하라는 내용이 담겨 있다(제7조).[23]

물론 당시의 한국인들은 스탈린이 그러한 지령을 내린 사실을 알 길이 없었다(그 지령은 1993년에 처음으로 공개되었다). 그러나 북한에서는 '부르주아적 민주주의 정권' 수립에 박차가 가해졌다. 여기에서 특히 기억해야 할 것은 9월 20일의 스탈린의 지령은 남북한에서의 한국인 정객들의 활동과는 아무 관련도 없었다는 점이다. 이승만은 1945년 5월에 샌프란시스코에서 열린 유엔창립총회(공식명칭은 United Nations Conference on International Organization)에서 소련을 비난하는 전단을 배포해서 몰로토프 외상을 격분시킨 일이 있으나[24] 스탈린의 정책은 이것과 전혀 연관이 없었다. 파쇼 독일을 패배시킨 대가로 동유럽, 지중해, 일본열도 등 여러 지역에서 소련의 영향권을 확장해 나가려던 욕망이 좌절되자 스탈린이 방향을 바꾼 것이었다. 스탈린은 만주문제에 대한 교섭에서 미국이 반대하지 않자 낙관적인 전망을 가졌겠지만, 만주의 경우는 지중해나 일본의 경우와는 상황이 달랐다. 당시 만주에서는 소련군 대병력이 일본군을 상대로 전투를 벌이고 있었는데 지중해나 일본에서는 그렇지 않았다.

---

23 미국의 경우도 그랬지만 한반도에 진주했던 소련군 사령관도 점령지역의 통치에 대해서 아무런 지령도 받지 못한 채 진주했다. 1945년 9월 20일의 지령이 스탈린의 첫 지령이었다. 이에 대해서는 전현수, 「소련군의 북한 진주와 대북한정책」, 한국독립운동사연구소, 『한국독립운동사연구』 제9집(1995), pp.343~377을 참조. 9월 20일자의 지령에 대한 전현수 교수의 분석은 p.355.

24 이승만의 문서철에는 그가 미국 대통령, 국회, 신문사 등에 발송한 편지들의 사본이 남아 있다. 이승만이 들었던 소식은 사실이 아니었다. 몰로토프의 분노에 대해서는 필자가 김성숙金星淑으로부터 들었다(1966년 9월 11일)〔李庭植 면담 · 金學俊 편집해설, 『혁명가들의 항일회상 : 김성숙 · 장건상 · 정화암 · 이강훈의 독립투쟁』(민음사, 1988), pp.124~125〕.

(4) 표류하는 미국의 한반도정책[25]

북한에서의 소련의 정책이 이처럼 적극적이었고, 북한에서는 모든 일이 질서정연하게 진행된 데 반해 남한에서는 정치·경제·사회 면에서 혼돈이 계속되었는데 이것은 미국의 한반도정책이 너무나 소극적이었기 때문이다. 1943년 한반도에 대한 신탁통치를 구상했을 때, 미국은 한반도에 대한 소련과 중국 간의 경쟁을 막는 한편 그중 어느 나라가 한반도를 독점하는 것을 방지하려고 했다. 38선 획정을 제기한 1945년에는 소련이 한반도를 독점하는 것을 막는 것이 주요 목적이었다. 어떤 학자들은 1946년 12월 남조선과도입법의원의 설립과 민정장관民政長官 안재홍安在鴻의 임명을 들어 미국이 단독정부를 수립하려고 한 것이라고 주장하지만, 이 당시 미국정부는 한반도의 전략적 가치에 대한 합의는 물론 심의조차 하지 않은 상태였다. 제2차 세계대전이 끝난 후의 세계정세도 그렇거니와 특히 중국대륙 정세가 너무나 유동적이었기 때문이다. 한국은 일본과 달리 광대한 대륙의 일부인 만큼 한반도의 전략적 가치는 중국의 상황에 따라 변하게 되는데 중국에서는 내전이 치열하게 계속되어 앞길이 불투명했다.

따라서 1945년 8월부터 1947년 초반까지의 미국의 한반도정책은 신탁통치를 실시하기 위한 소련과의 교섭을 계속하면서 중국에서의 사태를 관망하는 'Wait-and-See' 정책, 즉 안개가 걷히기를 기다리는 정책이었다. 물론 중국에 대해서는 최대의 관심과 노력을 기울였다. 1946년 1월, 제2차 세계대전 기간 중 육군 참모총장으로서 연합군을 총지휘한 마셜George C. Marshall 대장을 대통령특사로 파견하여 국공합작國共合作을 이끌어 내

25 여기에서의 기술은 이승만이 단정론을 제기하게 된 동기에 대한 이해를 돕고자 이 책의 제4장 「해방 직후 미국의 한반도정책」에서 다룬 내용 등을 요약한 것이다. 필자는 또 "The Road to the Korean War: The United States Policy in Korea, 1945-48," in G. Krebs and C. Oberlander (eds.), *1945 in Europe and Asia*(München, Germany: Iudicium, 1997), pp.195~212에서 이 문제를 세밀하게 다루었다. 의존한 자료들은 그 글들에서 밝혔다.

도록 했는데 성과가 있는 듯했다. 국공합작에 대한 합의가 이루어져서 북경에서 대축제가 열리기도 했다. 그러나 국민당의 장제스蔣介石 총통이 미국의 조언을 일축하고 공산군 괴멸을 위한 승산 없는 내전을 재개하자 마셜은 중국문제에서 손을 떼고 말았다.[26] 그리고 그는 1947년 1월에 국무부 장관으로 취임하여 미국의 전후 전략을 짜는 대역大役을 맡게 되었다.

12개월 동안의 국공합작을 위한 노력이 수포로 돌아간 후 마셜은 중국 포기를 결심했는데 그 여파는 아시아대륙에 달려 있는 한반도에 대한 정책에도 영향을 미쳤다. 4월 4일에 패터슨Robert P. Paterson 육군장관은 장차 미국이 감당할 수 없는 양의 막대한 투자를 해야 할 한반도에서 미군이 철수해야 한다고 주장하기에 이르렀다. 합참본부의 전략조사위원회Joint Strategic Survey Committee도 4월 29일에 한국은 전략적 가치가 없는 것으로 단정했다.[27] 그리고 그해 9월 29일 마셜 장관이 주재한 국무부 간부회의는 한국으로부터의 미군 철수를 결의했다.

계속된 미소관계의 급속한 냉각은 미군의 한국 철수를 재촉했다. 1947년 3월 12일에 트루먼 대통령은 소련의 팽창주의를 경고하고 전 세계적인 대공對共태세의 강화를 부르짖으며 공산당에게 위협받고 있던 그리스와 터키에 원조를 제공하겠다는 내용의 연설을 함으로써 대공 강경정책을 선포했다. 그런데 '트루먼 독트린Truman Doctrine'이라고 알려진 이 신반공노선은 아이러니하게도 남한에서 미군 철수를 재촉하게 되었다. 유럽에서 미국이 지출할 경비가 격증했기 때문이다. 독일을 비롯한 유럽 각국의 극도의 빈곤이 공산당의 기반을 만들어 준다는 판단을 내린 미국은 '마셜 플

---

26 Tang Tsou, *America's Failure in China, 1941-50*(Chicago: University of Chicago Press, 1963) 참조.

27 JCS 1769/1 Joint Strategic Survey Committee to the Joint Chief of Staff, "Countries from the Standpoint of National Security," in U.S. State Department, *Foreign Relations of the United States*(이하 *FRUS*), 1947, vol. 1, pp.738~750.

랜Marshall Plan'이라는 원조계획을 세우고 모든 재력을 유럽에 쏟기 시작했는데 이에 따라 일본을 제외한 동아시아 지역에서는 경비를 삭감해야만 했다.

따라서 1947년 가을부터 미국은 체면을 손상하지 않으면서 한국에서 철수할 수 있는 방안을 모색하기 시작했다. 제2차 미소공위가 결렬된 후 소련 측 대표 슈티코프 대장이 미소 양군의 동시철수를 제안하자 미국은 그 제안을 신속히 받아들이고 한국문제를 9월에 유엔에 상정했다. 한국문제의 유엔 상정은 미국이 한국문제에서 손을 떼겠다는 신호였다. 그러지 않으면 미국이 남한에서 단독정권을 수립해야 할 형편이었기 때문이다.

이처럼 미국과 소련은 한반도문제와는 관계없이 상충하는 방향으로 나아가고 있었다. 미군 점령하의 일본은 즉각 미소관계 악화의 혜택을 받았다. 왜냐하면 '원수 일본을 처벌'하는 것이 아니라 장차 이용가치가 있는 우방으로 전환시킬 복구정책이 시작되었기 때문이다. 그러나 미소 양국에 의해 분단된 한반도에서는 문제의 성격 자체가 달랐다. 오랫동안 일제 말기의 무리한 경제정책에 시달렸던 한국이 갑자기 분단된 상태에서 회복하려면 막대한 물자와 재정 지원이 필요했는데 점령국 미국은 이에 관심이 없었다. 식량의 결핍, 극심한 인플레, 그리고 실업문제 등으로 경제가 날로 악화되고 있었지만 대책이 없자 '해방군'에 대한 한국인의 감사는 원성으로 변하게 되었다. 남조선과도입법의원을 설치하고 민정장관을 임명했으나 그러한 겉치레로 민생문제가 해결될 리 만무했다. 이 문제에 대해 미국 정부 내에서 토의가 없었던 것은 아니다. 예산국, 육군성, 그리고 국무부의 고급관료들로 구성된 '한국문제특별공동위원회Special Interdepartmental Committee on Korea'는 1947년 2월에, 3년간 5억 4천만 달러를 투입하여 남한경제를 복구하자는 제안을 제출했고, 이 안은 예산국 · 육군성 · 국무부 차관보급의 동의를 얻었다. 그러나 패터슨 육군장관의 반론 제기로 미국은 한반도에서 손을 떼기로 결정하고 말았다.

(5) 이승만의 미국 불신

이러한 상태에서 한국사람들은 과연 어떻게 처신해야 하는가 하는 문제에 대한 답이 이승만의 정읍 발언이었다. 언제까지 우리가 미국을 믿고 기다려야 하는가? 언제까지 우리의 현재와 앞날을 미국과 소련의 화해에 걸고 기다릴 것인가? 우리는 남한에서만이라도 주권을 되찾아서 우리의 장래를 스스로 결정해야 한다는 것이 그의 입장이었다.

이승만의 정읍 발언의 배경에는 그의 마음속에 깊이 품어 왔던 미국에 대한 불신이 깔려 있다. 그는 한성감옥漢城監獄에 갇혀 있던 1898~1904년부터 미국에 대해서 신앙에 가까울 만큼 호의적이었고 그 후에도 미국의 문화와 종교, 그리고 정치, 경제제도를 선호했다.[28] 그러나 오랫동안의 경험을 통해 미국의 대외정책 결정과정의 복잡성을 인식하였으며 또 공표된 원칙적인 방침과 실제로 시행되는 정책 간에 거리가 있을 수 있다는 것을 알게 되었다. 그는 태프트William H. Taft 미국 육군장관과 가쓰라 다로桂太郞 일본 총리대신 간에 한반도에 대한 비밀 합의서가 조인된 것을 발견revelation(1924년)하고 엄청난 충격을 받았다. 그 합의서가 조인된 바로 그 무렵 (1905년 8월) 그는 시오도어 루스벨트Theodore Roosevelt 대통령을 만난 후 한국문제에 대한 청원서를 제출하려 했기 때문이다.[29] 따라서 그는

28 필자는 이승만의 옥중시절에 대해서 서술한 바 있다. 이정식, 『초대대통령 이승만의 청년시절』(동아일보사, 2002)과 이 책의 수정증보판 『이승만의 구한말 개혁운동』(배재대학교 출판부, 2005)을 참조.

29 필자는 이승만과 루스벨트와의 만남에 대해서 나름대로 분석한 바 있다(이정식, 위의 책, 2002, pp.233~243) 이승만과 윤병구를 만난 루스벨트는 청원서를 정식 채널을 통해서 제출하면 강화회의에 상정해 주겠노라고 했다. 기이하게도 이승만, 윤병구가 가지고 간 글은 강화회의에 제출하는 글이 아니고 루스벨트 대통령에게 보내는 글이었다.

미국정부에 대해 증오심에 가까운 배신감을 느끼고 미국의 한반도정책을 줄곧 경계해 왔다. 특히 그는 일본의 진주만 공격 후에도 미국정부가 대한민국 임시정부의 승인을 거부하는 데 대해 분개했다.[30] 그는 이것이 국무부 안에 자리 잡고 있는 친일파와 친공산주의자들 때문이라고 통탄했다.[31]

특히 이승만은 미국이 소련과 협조하고 한반도문제에 대해서 소련의 눈치를 보는 것을 못마땅하게 여겨 왔다. 진주만 공격이 일어난 다음 달, 즉 1942년 1월에 그는 미 국무부를 찾아가서 한국 독립의 정당성과 필요성을 주장하면서 소련이 한반도를 지배하도록 해서는 안 된다는 점을 강조한 바 있는데,[32] 그는 그 후에도 계속해서 같은 주장을 반복했다. 그가 1943년 5월 15일에 프랭클린 루스벨트Franklin D. Roosevelt 대통령에게 보낸 글에는 그가 주장했던 주요 테마들이 모두 포함되어 있으므로 여기에서 살펴보도록 하겠다.

그날의 편지는 중국 충칭重慶에 있던 임시정부가 신탁통치를 반대하는 뜻을 루스벨트에게 전달하는 형식을 취한 것으로서, 1943년 4월 7일 『시카고 선*Chicago Sun*』지에 미국과 영국이 한반도를 신탁통치하도록 합의했다는 기사가 보도된 데 대한 반응이었다.[33] 이승만은 임시정부의 반탁성명을 전달하면서 "이 메시지는 2,300만 한국인들의 민족적 감정을 표명하는

30 이승만의 미국 불신에 대해서는 이 책의 제8장 「해방 전후의 이승만과 미국」에서 상세하게 다루었다.

31 양동안의 『대한민국 건국사 : 해방 3년의 정치사』(현음사, 2001), p.139에는 William F. Buckley, Jr. and L. Brent의 *McCarthy and His Enemies*(Chicago: Henry Regnery Company, 1954)를 인용하여 국무부 내의 공산주의자 또는 공산주의 동조자들의 이름이 나와 있다. 그러나 이들은 매카시즘의 희생양일 뿐, 실제 공산주의자들은 아니었다. 단 히스Alger Hiss는 소련의 스파이라는 혐의를 받고 조사를 받다가 위증죄로 복역했다.

32 Robert T. Oliver, *Syngman Rhee: The Man Behind the Myth* (New York: Dodd, Mead and Company, 1955), p.178. 1942년 1월 2일 이승만은 혼벡Stanley Hornbeck과 히스를 만났다. 히스는 그 후에 소련과 내통하고 비밀을 유출했다는 혐의로 검거되었다. 그러나 소련은 미국의 연합국이었으므로 미국은 반소적인 태도를 취할 수가 없었다.

33 *FRUS*, 1943, vol. 3, p.1090.

것이므로 귀하의 특별한 고려를 바란다"고 했다.[34] 그리고 국무부가 임시정부를 승인하지 않은 부당성을 통박하고 "지금 소련이 한반도에 '조선 소비에트 공화국'을 수립하려고 한다는 보도가 있다"고 하면서 이 보도가 오보이기를 바라나 40년 전 미국이 그토록 두려워했던 러시아의 극동팽창 위험은 아직도 가시지 않고 있다고 했다.[35] 이 편지의 내용을 요약하면 한국의 독립과 임시정부를 인정하라는 것, 신탁통치는 받아들일 수 없다는 것, 소련의 한반도 점령을 경계하라는 것 등이다.

이승만의 미국 불신은 1945년 5월에 샌프란시스코에서 열린 유엔창립총회에서 더욱 심해졌다. 그곳에서 루스벨트 대통령이 얄타회담에서 한국을 '소련에 넘겨주었다'는 정보[36]를 접했기 때문이다. 그래서 그는 백악관, 미국 상·하원, 신문사 등에 항의 편지를 보내고 전단을 만들어 총회에 참가한 대표단들과 신문기자들에게 배포하는 등 광적인 노력을 기울였다. 그런데 얄타회담에서의 비밀은 끝내 해명되지 않았으므로 그의 미국과 소련에 대한 증오와 경계심은 가실 줄을 몰랐다. 정읍을 포함한 전라도 지역 순회를 끝낸 직후 그는 혹시나 미국이 한국을 '두 번째의 필리핀'으로 만들려고 하는 것이 아닌가 하는 회의, 즉 미국이 한국을 식민지화하려는 것이 아닌가 하는 의구심을 가지게 되었다.[37]

---

34 *FRUS*, 1943, vol. 3, p.1093.

35 "Since Pearl Harbor nearly a year and a half we have been urging the State Department to recognize the Korean nationalist government, the oldest government-in-exile. The replies we have received were merely inconsequential excuses. Now we have reports indicating Russia's aim to establish a Soviet Republic of Korea. It is to be earnestly hoped that these reports are groundless. At the same time it should be borne in mind that the danger of Russian expansion in the Far East, so feared and dreaded by the United States forty years ago, has not entirely disappeared."

36 이 정보는 이승만이 샌프란시스코에서 채용한 러시아인 구베로Emile Gouvereau가 '신빙성 있는 소련 외교관'으로부터 입수했다는 것이나, 이는 사실무근이었다. 얄타에서는 신탁통치에 대한 짤막한 대화만 있었고 38선에서의 분단에 대한 대화도 없었다.

37 1946년 8월 18일에 뉴욕에 사는 친구 모리스 윌리엄Maurice William에게 보낸 편지에서.

4. 독립정부 수립을 위한 노력

이러한 이유로 이승만은 즉각적인 독립정부 수립을 주장해 왔는데 그의 노력을 몇 가지로 구분해볼 수 있다. ① 워싱턴 연락사무실을 통한 미국 내의 여론 조성과 미국정부에 대한 로비활동, ② 대한독립촉성국민회를 통한 민중조직 운동, ③ 그리고 미국 방문을 통한 선전 및 로비활동 등이다.

(1) 워싱턴 연락사무실을 통한 운동

이승만이 귀국한 후의 워싱턴 연락사무실을 통한 운동에 관한 자료는 극히 제한되어 있는데, 대표적인 것으로 올리버가 1945년 10월 31일에 『뉴욕타임스*New York Times*』지에 발표한 글과 11월 7일에 임병직林炳稷이 국무부에 제출한 글이 있다. 오랫동안 이승만의 독립운동을 도왔던 올리버[38]는 이승만 못지않게 노기에 찬 장문의 글을 기고했다. 이 글에서 그는 국무부 극동국장 빈센트John. C. Vincent를 노골적으로 공격했다. 올리버는 자신이 인쇄매체를 통해 한국사람이 외국의 지배에 항거하는 이유를 해명했으며, 그럼에도 불구하고 왜 신탁통치를 실시하려고 하느냐고 빈센트에게 따졌다. '당신은 소경이 아니면 (소련을 두려워하는) 겁쟁이' 라고까지 표현했다. "정의라는 개념과 상식 그리고 미국의 이익을 고의적으로 손상시키려 했더라도 그 이상은 할 수 없었을 것이다. 당신은 한국을 패전국인 일본보다도 더 나쁘게 다루고 있다" 라면서 강하게 비난했다.

임병직은 국무부에 보낸 글에서 자신이 이승만과 연락을 취했으며, 독립이 즉시 이루어져야 하는 이유를 나열했다.[39] 4천 년의 역사를 가진 한국

---

38 올리버는 당시 시라큐스Syracuse대학에 재직 중이었으므로 간간이 이승만을 돕고 있었다.

39 이 글의 사본은 올리버의 서류철에 보존되어 있다. 빈센트는 11월 20일에 회신을 보냈다.

사람들이 자치능력이 없다는 말은 어불성설이며, 빨리 분단이 종식되고 정부가 세워져야 한다고 주장했다. 이미 일본군의 무장해제는 완수되었으므로 소련군은 미국과 합의하여 철수하고 그 후에 정부가 세워져야 하나, 미군은 남아 있어야 한다고 했다. 빈센트는 그달 20일에 한국에 '민주과정the democratic process'이 시행되어야 한다고 회신을 보냈다.

(2) 대한독립촉성국민회를 통한 활동

이승만은 1945년 11월에 독립촉성중앙협의회獨立促成中央協議會를 조직한 후 조선의 즉시 독립과 38선의 철폐 및 신탁통치 절대반대를 계속 주장했고 세력 확장에 주력했다. 1945년 12월을 전후하여 이승만은 2개월 반 동안 심한 신병에 걸려서 활동하지 못했으나[40] 모스크바 3상회의 결정이 발표된 12월 말부터 임정계의 비상국민회의 등을 흡수하여 신탁을 반대하는 우익진영을 통합한 대한독립촉성국민회大韓獨立促成國民會(이하 독촉)라는 방대한 조직체를 구성하고 있었다. 독촉은 1946년 2월 말부터 독촉의 목적을 선전하는 강연회를 서울과 지방 각처에서 개최하는 동시에 지부조직의 확장에 힘썼는데, 미군정 보고에 따르면 같은 해 4월 23일에 남한 내의 144개 군郡 중에서 114군에 지부를 조직했고 백만 명이 넘는 회원을 가입시켰다. 1946년 4월 15일의 도별 분포를 보면 경상남·북도와 충청남·북도에서 특히 많았고 경기도와 전라북도에서도 많았으나 전남과 강원도에서는 적었다.[41]

독촉은 또 반탁국민대회를 서울을 비롯한 각처에서 소집하여 기세를 올

---

40 이승만은 1946년 2월 23일에 올리버에게 보낸 편지에서 2개월 반 동안 중태에 빠져 있었다고 했다("I was gravely ill for two and a half months"). 이승만은 당시 70세였다.

41 Philip Rowe, War Dept. Civilian, Advisor Research Section, Bureau of Public Opinion, USMG, "The National Society for Rapid Realization of Independence," 1 July 1946.

리며 반탁-반공 세력의 규모와 잠재력을 과시하는 데 힘썼다. 예로 미소공위가 결렬된 직후인 1946년 5월 12일에는 독촉 주최 독립전취국민대회가 서울운동장에서 열려서 미소공위 휴회의 책임 규명, 자주정부의 자율적 수립 촉진, 38선 철폐 등을 부르짖으며 기염을 올렸다.[42] 그리고 이승만, 김구金九, 김규식金奎植 등은 전국 유세를 통해서 반탁세력을 규합했는데 특히 이승만의 유세 때는 도처에서 인산인해를 이루었다. 대체로 한국 정치인들에 대해 냉소적이던 미군정 측의 여론조사원들도 이승만이란 이름은 "신비로운 후광mythological halo에 싸여 있어서[43] 각 도의 독촉 조직책임자들이 쓸 수 있는 '주요 카드principal drawing card'였고 이승만의 유세는 개선장군의 귀환보고와 다름이 없었다"라고 했다.[44]

왜 이승만의 지방유세가 그처럼 열광적인 반응을 불러일으켰는가를 이해하는 것은 그 후의 이승만과 양 김 씨의 관계, 그리고 현대사 전반을 이해하는 데 있어 중요하다. 이승만은 당시 남한에 나타난 어느 정치인보다도 강한 카리스마를 갖고 있었다. 반면에 김규식은 어릴 때부터 병약하여 대중연설을 좋아하지 않았을뿐더러 대중을 선동하는 정치인들을 경멸했

---

42 최영희, 『격동의 해방 3년』(한림대학교 출판부, 1996), pp.209~210. 대회가 끝난 후 흥분한 군중들은 자유신문, 중앙신문, 인민보 등 좌익계 신문사와 경성서비스공장을 습격하여 기물을 부쉈다. 특히 이 대회 석상에서 김규식은 연설 도중에 '남한만이라도 단독정부를 세우자'는 뜻을 비쳤는데, 후일 이 연설 때문에 좌익계로부터 많은 비난을 받았다. 김규식은 자기의 연설내용이 오보되었다고 항의문을 발표하기도 했다.

43 "Dr. Rhee is the most influential, popular individual in South Korea. As an individual, he will retain this influence and popularity—if for no other reason than the ignorance of Korea's little people, people whose Oriental background has prepared them to accept the mythological halo that, partly by design and partly by the accidents of history, had come to surround the name and figure of Dr. Rhee Syngman." (Rowe, 앞의 글, 1 July 1946).

44 Rowe, 위의 글, 1 July 1946. 로는 'triumphant'라는 단어를 썼다. 사전에서는 'triumphant'를 '의기양양' 또는 '성공적'이라고 번역하고 있으나 그 단어는 승전한 개선장군의 모습을 장식하는 형용사이다. 그의 유세가 선풍을 일으킬 만큼 큰 호응을 얻었다고 보아야 할 것이다.

다. 그는 작은 모임에서 사람을 매혹시키는 학자형의 시인이었지 대중을 선동할 수 있는 정치인은 아니었다. 건장하기로 유명한 김구는 이승만처럼 오랫동안 독립운동에 전념했지만 어릴 때 서당교육을 받은 후 학업을 계속할 기회를 가져보지 못했을 뿐만 아니라 군중을 감동시키고 사로잡을 수 있는 웅변술에 능하지 못했다. 임시정부 주석의 사자후獅子吼를 기대했던 군중은 많이 실망했을 것이다.

이와 반대로 이승만은 사람을 끌어당기고 무의식중에 따르게 할 수 있는 힘을 가지고 있었다. 대중은 그의 만민공동회萬民共同會 시절의 불 같은 활동과 한성감옥에서의 고난의 경력을 신화처럼 받아들였고, 농민의 70~80퍼센트가 문맹이던 당시에 미국에서 박사학위를 받았다는 데 '경복敬服'했으며, 상하이 임시정부의 초대 대통령으로 활약했다는 데 감복했다. 그래서 '이승만 박사'의 유세가 있다는 소식이 전해지면 수많은 군중이 큰길 양쪽에 줄을 지어 기다렸고 연설장으로 이용된 운동장과 그 주변은 인파로 넘쳤다.[45]

이승만은 이미 35년 전인 1911년 가을에 3주일 동안 남북한 전역 9,200리를 순회한 경험이 있었다. 그는 프린스턴Princeton 대학에서 정치학박사 학위를 받고 돌아와 서울 YMCA 학생부 간사를 맡고 있었는데, 지금의 탤런트를 연상시킬 만큼 멋쟁이였고 인기도 많았다. 그는 33곳의 모임에서 7,533명의 청년들에게 서양문화를 소개하고 예수교를 전파했다.[46] 35년 후인 1946년에 그 당시의 청소년들이 몇이나 살아남아 있었는지는 알 수

45 여기에서의 묘사는 위에서 인용한 로의 글과 올리버의 글에 근거했다. 올리버는 1946년 6월부터 8월까지 보성전문학교에서 강의를 하면서 가끔 이승만을 따라 유세를 구경하러 가곤 했는데 그 광경을 집에 보내는 편지에 담았다.

46 Frank M. Brockman, "A Resume of Evangelistic Work in Seoul Y.M.C.A., for the Year Ending September 30, 1911," *The Korean Mission Field*, VIII (2), February 1912, pp.54~58. 저자 브로크먼은 이승만과 함께 순회했다.

없지만 "제가 청년시절에 이곳을 방문했던 것이 35년 전의 일이었는데 감개무량합니다. 여러분, 그동안 고생이 많으셨습니다"라는 말로 연설을 시작했을 때 청중은 감동하지 않을 수 없었을 것이다.

(3) 미국 방문을 통한 선전 및 로비활동

고국에 돌아와서 1년 남짓 새로운 형태의 독립운동에 몰두했던 이승만은 다시 미국에 돌아가 미국정부를 설득하기로 작정했다. 올리버 교수 등이 한국 독립을 위한 선전사업을 계속하고 있었지만 그것에 만족할 수 없었다. 그는 하지 중장의 협조를 얻어 1946년 12월 초에 미군 비행기로 미국으로 떠났다. 당시에는 미군사령부의 허가를 맡으면 미군 비행기에 탑승할 수는 있었으나 여비는 개인이 부담해야 했다.

이승만은 이 여행을 하는 동안 일기나 메모를 남겼지만 아직 그런 자료는 공개되지 않고 있다. 그러나 올리버가 간직한 몇 가지 자료를 통해서 그의 활동 윤곽을 알 수 있다. 다음은 이승만이 신문기자들을 만날 때 하려던 인사말이다.

> 나는 한국사람들의 요청으로 미국정부와 유엔이 어떠한 계획을 하고 있는지 알고 싶어서 미국에 왔다. 우리는 4천 년의 역사를 가지고 있어서 인내심이 강하기는 하지만 그 인내심에도 한계가 있다. 한국사람들은 자기들의 정부를 갖고자 한다. 바로 지금 갖고자 한다. 한국은 미국의 적국이 아니었는데 지금 적국 취급을 받고 있다. 미군정 장관은 여러 번 한국사람들이 자주적인 통치를 할 준비가 되어 있다고 했다. 왜 아직도 지연하고 있는가?[47]

위의 노트와 함께 12월 11일에 『뉴욕 헤럴드 트리뷴*New York Herald Tri-*

47 날짜가 적히지 않은 이승만의 메모. 이승만이 워싱턴에 도착한 때는 1946년 12월 8일이다.

bune』지에 보도된 장편의 기사를 통해 이승만이 무엇을 하려 했는가를 알 수 있다. 이 기사는 서두에서 남한의 극우세력이 미군과 소련군의 철수를 요구했으나 미 국무장관 대리 애치슨Dean Acheson이 그 요청을 거절하여, 한국이 통일되고 자유롭고 독립된 정부가 수립될 때까지 미군이 계속 주둔할 것이라고 전했다.[48] 이 기사가 흥미를 끄는 것은 애치슨의 발언이 이승만의 수족 역할을 하고 있던 임영신任永信이 유엔총회에 보내는 공개편지에서 미소 양군의 철수를 요청하자 나온 반론이었다는 것이다. 임영신이 이 편지에서 민주의원 대표Representative라는 직함을 썼다는 것도 흥미롭다. 이 기사에는 이승만의 직함은 민주의원 의장으로 나와 있다. 한 가지 의문스러운 점은 과연 임영신이 이승만의 지시로 미소 양군의 철수를 주장했는가이다. 임병식이 빈센트에게 보낸 편지에 따르면 그는 소련군의 철수를 요구하면서도 미군은 계속 주둔하기를 요청했다. 그렇다면 임영신의 공개편지는 이승만의 입장을 잘못 반영했을 가능성이 높다. 올리버는 필자와 면담할 때 임영신을 심하게 비난했는데, 이 공개편지와 관련이 있을지도 모른다.

이 기사를 쓴 기자는 애치슨의 담화가 발표된 지 몇 시간 후 이승만을 만났는데, 이승만은 트루먼 대통령을 만나 "간단하고 실행 가능성이 있는 해결책을 제안하려고 한다"고 했다.[49] 그는 국무부의 (소련) '유화정책宥和政策, appeasement policy'을 공격했고 "만일 미국이 한국을 노예로 팔아넘길 것이라면 한국사람들은 (미국을 제져두고) 자기들의 힘으로 문제를 해결할 것"이라고 했고, "강제로 공산주의를 삼키게 한다면 끝까지 항거할 것"이

48 "Korea Rightist Plea to Remove Army Rejected: Acheson Rebuffs Warnings, Says Troops Will Stay Until Country is Unified," by Frank Kelley, *New York Herald Tribune*, December 11, 1946.

49 위의 신문, "……he will propose to Mr. Truman a 'simple' and workable solution."

라고 했다.[50] 결론적으로 그는 남한에서 신속히 독립정부가 수립되기를 요구했고 그 정부는 직접 북쪽의 소비에트 정부문제도 해결("deal") 할 것이라고 했다.[51]

이 기사가 보도된 지 이틀 후인 12월 13일에 임병직이 국무장관에게 보낸 편지는 이승만이 미국에서 다룬 또 하나의 안건을 알려주고 있다. 이승만은 서울을 떠나기 전 과도입법의원 선거에 대만족했고 따라서 선거를 주도했던 하지 중장에게 호의적이었다. 그러나 하지가 임명한 45명의 관선의원의 명단을 본 후 화가 머리끝까지 나서 미국 국회의원들과 다른 관리들을 만날 때마다 하지 사령관을 공산주의자라고 매도했다. 입법의원 선거에서 이승만이 이끈 독촉이 대승했음에도 불구하고 하지 중장이 중간파 요인들을 '관선의원'으로 임명함으로써 좌우의 균형을 잡으려 했기 때문이다.

(4) 이승만의 노력에 대한 평가

이처럼 이승만은 독촉을 통해서, 워싱턴 연락사무실을 통해서, 그리고 자신의 도미행정渡美行程을 통해서 독립을 위해 힘을 기울였다. 그런 노력이 계속된 후에 미국은 남한에서의 정부 수립에 관한 안건을 유엔에 제출했고 그 결과로 남한에서 5 · 10선거가 이루어졌으며 대한민국정부가 수립되었다. 따라서 미국이 남한에서의 정부 수립을 위한 조치를 취한 것은 이승만의 공로였다고 볼 수도 있다.

그러나 이승만의 노력과 미국정부의 행동 간의 인과관계는 증명되지 않았다. 사실 이승만은 미국정부의 행동에 큰 영향을 끼치지 못했다. 미국정부의 공식적인 입장은 1947년 중반까지도 모스크바 3상회의의 결정사항

50 앞의 신문, "they would not have Communism 'shoved down their throats."

51 위의 신문.

준수에 대한 소련과의 협약을 지킨다는 것이었고, 소련이 이승만을 미국 정부를 대변하는 미국의 괴뢰라고 생각할까봐 극히 우려하고 있었다.[52] 물론 트루먼 대통령과 국무장관은 이승만을 만나주지 않았다. 이승만은 미국에 가는 도중에 도쿄東京에서 맥아더Douglus MacArthur 극동사령관을 만났으나 맥아더는 정부의 입장과 달리 행동할 수 있는 특이한 인물이었다. 당시 미국정부의 정책은 김규식, 여운형呂運亨을 통한 온건세력의 육성이었기 때문에 이승만을 지지하지 않았다. 미군사령관 하지 중장도 이 정책을 실현시키기 위해 온갖 노력을 했고, 입법의원의 관선官選문제로 이승만과의 관계가 급격히 악화되자 그의 귀국을 방해하기까지 했다.

미 국무부는 1947년 2월 25일 한국에 대한 경제적 원조를 제안하는 '한국문제특별공동위원회'의 보고서[53]를 검토했으나 단독정부 수립에 대해서는 부정적이었다. "주로 이승만의 주창에 의하여 미국과 남한에서는 남한의 독립정부를 미국이 인준해야 한다는 압력이 있기는 하지만"[54] 이러한 조치가 미국이나 한국사람들이 안고 있는 현안을 해결하지는 못할 것이라고 했고 오직 통일과 해외로부터의 부흥을 위한 원조가 해결책이라고 했다. 그리고 미국이 남한의 독립을 승인하는 것은 한국사람들에게 도움을 주는 것이 아니라 한반도 전체를 소련과 협조관계를 맺으려 하는 부류에게 넘겨주는 것이라고 했다.[55] 즉 남한이 독립하면 한반도 전체가 소련의

52 Langdon in Seoul to the Secretary of State, November 27, 1947. *FRUS*, 1946, vol. 8, p.772.

53 Draft Report of the Special Interdepartmental Committee on Korea, Feb. 25, 1947. *FRUS*, 1947, vol. 6, pp.610~612.

54 "Both in the U.S. and in Korea there is some pressure, inspired principally by the Syngman Rhee group, for the recognition by the U.S. of the independence of South Korea……"

55 *FRUS*, 1947, vol. 6, p.612.57 The Ambassador in the Soviet Union (Harriman) to the Sec of State, Nov. 12, 1945, *FRUS*, 1945, vol. 6, p.1122.

위성국이 될 것이라는 뜻이었다.

5. 왜 미국정부는 미군 철수를 반대했는가?

위에서 우리는 임영신의 미소 양군의 동시철수 요청과 애치슨 장관대리의 반대론을 보았는데 미국 관리들은 동시철수안을 단독정부 수립안과 같은 맥락에서 보았다. 즉, 동시철수는 한반도 공산화를 불러오는 조치라고 믿었다. 그리고 그들은 오래전부터 소련이 철수 요구를 해올 것을 기대하고 있었다. 그 예로 주소련 대사 해리먼Averil Harriman은 1945년 11월 12일에 국무장관에게 보낸 서한에서 "소련이 상대적으로 강하고 (소련 명령에) 순종하는 군대와 민병을 남겨두고 떠나게 될 경우 소련은 조선으로부터 소련군을 철수할 것을 요망할 것이고 우리 군대도 철수하도록 압력을 가할 것"이라고 했다.[56] 1945년은 미소 양군이 한국에 갓 상륙한 때이다. 그리고 한국을 시찰 중이던 미 육군차관Deputy Secretary of the Army 드레이퍼William H. Draper, Jr.가 1947년 9월 23일에 하지 중장과의 대담에서 "소련이 동시철군을 제안하지 않는 게 이상하지 않느냐?"고 묻자 하지는 거의 1년 전부터 소련이 제안해올 것을 기대하고 있었다고 대답했다.[57] 참으로 신기하게도 바로 그 다음 날 소련 측의 슈티코프 대장이 미소 양군의 동시철수 제안을 제출했다.

이처럼 소련의 제안을 기대하고 있던 하지 중장은 1947년 3월 3일에 국무부에 출두해 보고와 토론을 하는 자리에서 김구의 미소 양군 철수 요구에 대해서 다음과 같이 언급했다.

---

56 The Ambassador in the Soviet Union (Harriman) to the Sec of State, Nov. 12, 1945, *FRUS*, 1945, vol. 6, p.1122.

57 Orientation for Undersecretary of the Army Draper and Party, by Lt. General Hodge, at 0900, 23 September 1947.

조선 사람들이 '신탁통치'라는 말을 두려워하는 이유 중의 하나는 그들이 러시아 사람들을 몹시 두려워하기 때문이에요. 그런데 아주 역설적인 것은 그들은 결과를 생각해 보지도 않고 모든 점령군의 철퇴를 요구하고 있다는 것이에요. 그 결과는 러시아가 한반도를 장악하는 것이지요. 나는 틀림없다고 생각해요. 이것이 (러시아가) 원하는 것이에요. 러시아 사람들은 제정러시아 시대에 한반도를 장악하려던 원래의 목표에서 한 치도 물러나지 않고 있어요. 러일전쟁이 일어난 것은 그 때문이었지요.[58]

그 모임에서 어떤 사람이 "미소 양군의 철수 후에 소련은 조선공산당을 통한 공작 외에 어떤 다른 방법을 써서 조선을 장악하려고 하겠는가"라고 묻자 하지는 "지금 그들이 육성하고 있는 조선군을 통한 군사작전에 의한 군사적 지배"일 것이라고 했다.[59] 즉, 북한군의 남침에 의한 정복이라는 말이었다.

그런데 국무부는 1947년 9월 29일에 미군철수 문제, 그리고 남한의 독립문제에 대해서 입장을 180도 전환하고 소련의 제안을 받아들였다. 그리고 한국문제를 유엔에 상정했다. 이처럼 미국의 정책이 바뀐 이유는 간단했다. 중국에서의 내전이 국부군國府軍에게 불리해지고 있는 데다 소련과의 관계가 계속 악화되어 남한이 지정학적으로 고립된 섬같이 되어버렸기 때문이다. 소련과의 전쟁이 일어났다고 가상했을 때 고립된 한반도의 남반부를 방어하기 위해서는 너무나 막대한 재원이 필요했는데, 미 국무부는 "최종적으로 미국이 상당한 재력과 병력을 소비한다고 하더라도 미국

58 Transcript of Meeting. Date: March 3, 1947. Room 45, Main State Building. Speaker: Lt Gen. John R. Hodge, U.S.A. 한림대학교 아시아문화연구소 편집부, 『하지 문서집 3』(한림대학교 아시아문화연구소, 1995), pp.413~465.

59 위의 글. "It would be operation through this Korean army that they are building up; armed operation, armed control."

의 처지는 불리할 것이다"라고 결론을 내렸다.[60]

그래서 미 국무부의 수뇌부는 다음과 같이 결정했다. 만일 미국이 황급히 도망칠 경우에는 극동지역과 전 세계에서 위신과 위상을 잃게 될 것이다.[61] 따라서 미국은 가급적 조속한 시일 내에 손상을 최소화하면서 한국에서 철수해야 한다.[62] 그리고 소련의 (양군 동시철수) 제안은 우리가 적절히 이용할 경우 미국이 품위 있게 철수할 수 있는 계기가 될 수 있다.[63]

이처럼 미국이 한국문제를 유엔에 상정하여 남한에 단독정부를 수립하도록 한 것이 미국의 전략적 결론 때문이었다고 결론을 내릴 경우 한 가지 새로운 질문이 생긴다. 즉, 이승만이 그토록 노력하지 않았더라도 결국 대한민국정부는 수립되지 않았겠는가? 그 외에 미국에게 무슨 대안이 있었겠는가? 하는 것이다.

우리는 이승만이 없었더라도 미국은 대한민국을 수립시켰을 것이라는 결론에 도달하게 된다. 별다른 대안이 없었기 때문이다. 그렇다면 이승만은 헛수고를 한 것인가? 이에 대해서는 또 다른 답이 나올 수 있다. 왜냐하면 미국은 궁극적으로 이승만이 제시했던 노선을 따랐기 때문이다. 공산당 세력은 오랫동안 이승만을 미국의 괴뢰라고 규탄했는데, 사실은 이승만이 미국을 주도한 격이었다. 소련과 합작하여 한국에 신탁통치를 실시하려고 했던 미국의 정책은 너무나 비현실적이었다. 런던회의에서 미국이

---

60 "(a) ultimately the US position in Korea is untenable even with expenditure of considerable US money and effort." 1947년 9월 29일의 국무부 회의록. Memorandum by the Director of the Office of Far Eastern Affairs (Butterworth) to the Under Secretary of State (Lovett), October 1, 1947. *FRUS*, 1947, vol. 6, p.820.

61 (b) the US, however, cannot "scuttle" and run from Korea without considerable loss of prestige and political standing in the Far East and in the world at large;

62 (e) that it should be the effort of the Government through all proper means to effect a settlement of the Korean problem which would enable the US to withdraw from Korea as soon as possible with the minimum of bad effects;

63 위의 글.

리비아의 항구를 소련에게 주는 대신 국제신탁통치를 실시하겠다고 하자 소련 외상 몰로토프는 "유모가 아홉인 아기는 굶어 죽는다"라는 러시아의 격언을 인용하면서 국제신탁통치의 비합리성을 지적했다. 소련은 이미 한반도의 북반부를 장악하고 있었는데, 그 영토를 내놓고 한반도 신탁통치 이사회의 4석 중에 한 자리로 만족하라고 하는 제안은 터무니없었다. 그리고 대부분의 미국 고급관리들은 스탈린의 사고방식을 너무나 모르고 있었기 때문에 9월 20일의 지령은 상상조차 못했다. 물론 스탈린의 심중을 추측하면서도 9 · 20지령 같은 것이 없기를 바라는 마음에서 현실을 부정해 버렸는지도 모른다. 그 반면에 이승만은 소련의 전술을 해독하고 정면돌파를 주장하면서 미국의 전략을 줄곧 비판했다.

한편 이승만의 투생은 필자가 볼 때 참으로 효과적이었다. 남한에서의 보수세력을 규합해서 누구도 도전할 수 없는 정치세력을 조성했기 때문이다. 그러나 건국 대통령으로서의 이승만에 대한 최종적인 평가를 내리기 전에 이승만이 겪어야 했던 또 한 가지의 시련을 검토해야 한다. 이승만은 김구와 김규식 등이 세워 놓은 장벽을 넘어야 했기 때문이다.

6. 김구 · 김규식의 단정반대론과 이승만

한국독립안이 유엔에 상정된 후 유엔 소총회UN Little Assembly는 1947년 11월 14일에 남북한에서 시행될 총선거를 감시하기 위해 9개국으로 구성된 유엔 한국임시위원회(이하 유엔 한위)를 조직하여 서울로 파견하였는데 유엔 한위 위원들이 도착한 1948년 1월[64]에 이승만은 큰 시련에 봉착하게 되었다. 오랫동안 독립운동 선상에서 발걸음을 같이했던 백범白凡 김구

64 1월 8일과 11일에 유엔 한위 회원들이 도착했다.

가 단독선거 반대를 선언하였고 또 이승만, 김구와 함께 남한 정계에서 3영수의 한 사람인 우사尤史 김규식이 김구와 합세하였기 때문이다.

(1) 김구 · 김규식 노선의 영향

양 김 씨의 방향 전환은 여러 가지 이유로 총선거의 향배에 큰 영향을 미쳤다. 미국과 소련의 군대가 철수해야 하며, 한국문제는 한국사람들 자신이 결정해야 한다는 김구와 김규식의 주장은 많은 사람들의 심금을 울렸고 5월 10일에 시행하기로 한 총선거에 대해서 회의를 품게 했다. 이승만도 "우리의 장래를 우리 스스로가 결정해야 한다"고 하며 민족자결을 부르짖었지만 이승만과 양 김 씨 간에는 큰 차이가 있었다. 이승만은 남한에서만이라도 독립정부를 세워서 주권을 되찾아야 한다고 했고, 양 김 씨는 우리 민족끼리 모여서 대화를 함으로써 남북의 분단을 막고 통일정부를 세우자고 했다.

김구와 김규식이 보조를 같이하여 남한만의 단독정부 수립을 반대하고 나선 것은 이승만에게 막중한 부담을 안겨 주었다. 첫째로, 비록 양 김 씨는 개인 자격으로 귀국하기는 했으나 김구는 대한민국 임시정부의 주석이었고, 김규식은 부주석이었다. 따라서 양 김 씨의 단독정부수립 반대는 독립운동의 상징으로 간주되어 왔던 임시정부가 단독선거에 반대한다는 인상을 주었다. 둘째로, 양 김 씨는 우익진영의 인물들이었으므로 그들의 단선單選반대는 우익진영을 약화시키는 한편 단선반대를 부르짖고 있던 남로당을 포함한 좌익세력의 주장에 정당성을 부여하면서 엄청난 힘을 보태 줄 수 있었다. 셋째로, 양 김 씨의 방향 전환은 유엔 한위에 영향을 줌으로써 5 · 10선거 취소라는 위기를 초래할 가능성이 있었다. 1월에 서울에 도착한 유엔 한위가 세 영수의 분열을 중요시했기 때문이다.

양 김 씨의 방향 전환으로 인해 유엔 한위가 5 · 10선거의 연기 또는 취소를 고려하게 된 데에는 약간 복잡한 배경이 있다. 잘 알려져 있다시피, 유엔 소총회가 한반도에서 총선거를 통하여 독립정부를 수립할 것을 결의했을 때 소련이 반대했으므로 소련이 유엔 한위를 적대시하고 38선 이북에 받아들이지 않은 것은 놀라운 일이 아니었다. 따라서 전국적인 총선거는 시행할 수가 없게 되었고, 유엔 소총회는 '가능한 지역에서의 선거', 즉 남한에서의 선거를 5월 10일에 거행하기로 다시 결정했다.[65] 유엔 한위는 9개국 대표 1명씩으로 구성되었는데 그중 하나인 우크라이나[66]가 참가를 거부하여 8개국 대표가 한국에 파송되었다.

그런데 유엔 한위에 대표를 보낸 캐나다, 오스트레일리아, 프랑스, 인도, 시리아 등은 소련을 자극하지 않기 위해서, 아니면 본국 정부가 좌익정당과의 연합정권이기 때문에, 또는 미국의 위성국가가 아니라는 것을 '증명'하기 위해서 미국이 제안한 남한에서의 단독선거를 반대하는 입장을 취하고 있었다. 그러므로 우익의 주요 인물들이 5·10선거를 적극 반대하고 있다는 것을 알자마자 이들은 문제를 제기했다. 남한의 우익 지도자들마저 단독선거에 대해 합의를 이루지 못하고 있으니 선거를 연기하고 유엔 본부에 되돌아가서 새로운 지시를 받아야 한다고 주장했다.[67] 다시 말하면 지금까지 한국문제에 대해 유엔이 취한 모든 결정들을 백지화하고 원점으로 돌아가서 새로 시작하자는 것이었다. 이승만에게는 청천벽력의

65 소련은 한반도문제는 1945년 12월에 모스크바에서 소련, 미국, 영국의 외무장관들이 결정했던 대로 중국을 포함한 4개 이사국들이 결정해야 할 일이므로 유엔에 조선문제를 상정한 것은 위법이며 유엔에는 권한이 없다고 주장했다. 소련은 유엔총회에서는 비토권을 행사할 수 없었기 때문에 유엔 한위의 구성과 파견을 저지할 수는 없었지만 유엔 한위가 북한지역에 들어가는 것을 막을 권한은 가지고 있었다. 소련이 유엔 한위의 입경을 허락하지 않을 경우 유엔이라는 국제기구는 속수무책이었다.

66 우크라이나는 유엔 창립 당시 소련연방의 일부였으나 친소련 국가들이 너무나 적어서 특별히 유엔 회원으로 가입되었다. 즉 소련은 유엔총회에서 두 표를 행사하게 되었다.

67 이승만이 올리버에게 보낸 편지. 1948년 2월 9일자. 이승만과 올리버가 주고받은 편지들은 국사편찬위원회에 보관되어 있다. 올리버 교수의 승낙을 얻고 필자가 기증한 것이다.

위기였다. 기다리고 기다리던 독립이 무작정 연기될 것이고 미군의 통치가 계속될 뿐만 아니라 한반도의 장래가 오리무중 상태에 놓이게 될 것이었기 때문이다.

이승만은 유엔 한위의 대표들 가운데에 1943년경부터 워싱턴에서 알고 지낸 중국외교관 류위완劉馭萬에게 도움을 청했다. 류위완은 선거를 포기하고 뉴욕[68]으로 돌아가자고 주장하는 대표들을 설득하려고 사흘 동안 노력했지만 성과가 없자 이승만에게 충고를 주었다. 즉, 세 영수가 완전히 분열되어 있는 것이 아니고 대화를 할 수 있는 사이라는 점을 보여주라는 것이었다.[69] 그래서 이승만은 양 김 씨를 찾아 나섰고, 세 영수는 마침 설날이던 2월 11일에 소공동에 있는 중국영사관에서 점심식사를 하면서 대화를 했다. 그리고 그들은 그날 저녁에 다음 날 뉴욕으로 떠날 예정이던 유엔 한위 의장 메논K. P. S. Menon과 중국대표 후스쩌胡世澤를 국제호텔에서 만났다. 이때 오스트레일리아 대표 잭슨S. H. Jackson도 참석했지만 종종 자리를 비웠다.

(2) 이승만과 김구 · 김규식의 입장

이승만은 이 모임의 내용을 상세히 기록하여 워싱턴에 있는 올리버에게 보냈다. 이 자료와 당시의 신문들에 실린 세 영수의 발언을 통해 회의의 내용을 알 수 있다.

우선 이승만의 기록은 다음과 같다. 점심식사를 마친 후 그는 세 사람 간에 큰 차이점이 없다는 것을 강조했다. "우리들은 우리들의 일생을 통해서

68 여기에서는 편의상 뉴욕이라고 했는데 이 당시 유엔 본부는 뉴욕 동남부에 있는 롱아일랜드Long Island의 레이크 석세스Lake Success라는 마을에 임시로 자리 잡고 있었다. 유엔 본부가 뉴욕 시내로 옮긴 것은 1950년이다.

69 이승만이 올리버에게 보낸 편지. 1948년 2월 9일자.

조선독립을 위해 노력해 왔고, 지금 세부적인 문제에 대해서는 의견을 달리하지만 우리 모두는 같은 목표를 위해 노력하고 있다. 그런데 메논 의장과 후 박사가 우리들이 완전히 분열되어 합칠 수 없다고 생각하면서 뉴욕으로 떠난다면 이것은 참으로 불행한 일이다. 우리는 류 박사가 설날에 성찬을 차려서 대접해준 데 대해 감사하고 또 우리가 남들이 알고 있는 것처럼 분열되어 있지 않다는 것을 증명할 수 있게 해주어 감사하다."

이어서 김규식 역시 같은 취지의 말을 했다. 그 후에 김구는 우리 세 사람이 합심하여 노력하고 있다는 내용의 공동성명을 발표하면 좋겠다고 말했다.[70] 이승만은 "우리들은 총선거 자체에 대해서는 아무 이론도 없다. 다만 선거의 시기와 방법에 대해서 의견을 달리할 뿐"이라고 했다. 류위완은 이에 대해 만족을 표시하고 세 사람이 이처럼 합심하고 있다는 것을 유엔 한위에 보여 주었으면 좋겠다고 했다. 그래서 그날 저녁에 다시 모였다.

이 두 번째 모임의 서두에서 이승만은 총선거의 필요성을 강조했다. 김규식은 (영어를 하지 못하는) 김구와 상의한 후에 "소련이 유엔 한위의 북한 입경을 거절한 이상 우리는 남한에서 총선거를 하는 데 대해 반대하지 않는다. 그러나 선거가 있기 전 우리는 꼭 북한의 조선인 지도자들과 만나서 조선문제를 해결해야 한다"라고 말했다. 이에 대해 이승만은 양 김 씨가 북쪽 지도자들과 만나는 데에 대해서는 반대할 이유가 없지만, 그로 인해 남한에서의 선거가 지연되어서는 안 된다고 했다. 이렇게 되자 한자리에 모여 있던 인사들은 세 영수가 타협을 이루었다고 기뻐하고 모든 문제가 해결될 것으로 생각했다.[71]

다음 날인 2월 12일에 서울에서 발행되는 신문들은 '3자회담'의 성과를 대서특필했는데, 그 내용이 이승만의 기록과 약간 다르다. 다음은 『동아일

---

70 이승만이 올리버에게 보낸 편지. 1948년 2월 12일자.

71 위의 편지.

보』, 『서울신문』, 『조선일보』, 『경향신문』에 발표된 기사이다.[72]

이승만 담談

나와 김규식 간에는 한동안 연락이 없었으며 그동안 여러 가지 모략적 보도가 전하여지기에 과반過般 김규식을 찾아보았는데 하등 나의 정치노선과 별다른 차가 없고 다만 그 일부 방법에 다소 차가 있었을 뿐이다. 이와 동시에 나와 김구 간도 별 차이가 없는 것인데 그 밑에 있는 사람들이 모략적 허위선전을 하고 있다. 하여간 금명간 자세한 것을 발표하겠다.

김구 담

원래 우리 3인 간에 우리 조국 완전 자립 독립을 달성하려는 것은 차이가 없는 바인데 항간에서 잡음이 많아서 외인外人에게까지 의혹을 주게 되었던 것이다. 어제 우리 회합은 이 의혹을 풀기 위한 것인데 그 결과는 심히 원만하였다. 자세한 내용은 후일 발표하겠다.

김규식 담

류위완으로부터 신년 연회의 초청을 받아서 참가하였을 뿐이지 통일정부수립 등의 정치문제에 관하여서는 언급되지 않았다.[73]

또 이들 신문은 이승만, 김구, 김규식과의 문답을 다음과 같이 보도했다.

이 박사

문 : 3씨 간에 합의된 원칙의 내용은 무엇인가?

답 : 남북통일선거가 불능不能한 때에는 남한총선거를 해서 통일정부를 수립하자는 데는 자초自初로 이견이 없었다. 다만 그 방법과 방식과 기간에 대해

72 국사편찬위원회 편, 『자료 대한민국사』 제6권(1973), pp.277~279.

73 『동아일보』, 『서울신문』, 『조선일보』, 『경향신문』, 1948년 2월 12일, 국사편찬위원회 편, 위의 책, pp.277~279.

서 다소 차이가 있었으나 이에 대해서는 별로 토의가 없었다.

문 : 김구 김규식 양 씨가 유엔조선위원단에 제안한 남북지도자회의 전망에 대한 견해 여하?

답 : 이 문제에 대해서는 아직 침묵을 지키려 한다.

문 : 종래 주장하던 남조선총선거 실시에 대하여는 어떻게 생각하나?

답 : 절대 변동이 없다.

김구

문 : 금번 3씨회담에 있어 합의를 본 구체적 내용은 무엇인가?

답 : 완전한 조국의 자주독립을 달성하기에 노력하자는 것만 합의되었다. 그러나 구체적 내용에는 언급한 일이 없다.

문 : 3씨 간에 정치적 행동통일을 여하히 추진할 것인가?

답 : 나의 성의와 최선을 다하려 한다.

김 박사

문 : 남북통일선거가 불능不能시에는 남조선 선거를 해서 통일정부를 수립하자는 데 3씨 간에 자초로 이견이 없었다고 이 박사는 말하였는데 이를 시인하는가?

답 : 거기에는 언급되지 않았고 남북통일선거가 불능할 때에는 유엔에서 신대책 여하를 보아서 재검토하기로 한 줄로 나는 기억된다.

문 : 앞으로 3씨 간에 정치적 행동통일을 여하한 방법으로 추진할 것인가?

답 : 이에 대한 이야기는 언급되지 않았다.

문 : 남북회담이 가능하다고 보는가?

답 : 미리 성공만 될 것을 알고 하는 사람이 없을 것이요. 모사재인謀事在人 성사재천成事在天이라는 말과 같이 세상 모든 국제회담에서 작정된 것이 다 성공된 일이 있는가? 그러니까 노력해 보는 것이다.[74]

74 『조선일보』, 1948년 2월 12일.

이처럼 일간신문의 기사들을 볼 때 이승만은 남북통일선거가 불가능할 경우에는 남조선에서만이라도 선거를 해서 정부를 수립하기로 합의했다고 했고, 김구는 목표에 대한 합의는 있었지만 세부적인 얘기는 하지 않았다고 했으며, 김규식은 "남북통일선거가 불가능할 경우에는 유엔에서 또 다시 새로운 대책을 세우는 것을 보아 재검토하기로" 합의했다고 했다. 여기에서 주목해야 할 것은 이승만이 기록한 김규식의 태도와 기자들이 보도한 것 간에 차이가 있다는 점이다.

그렇지만 이승만에게 중요했던 것은 종합적인 인상이었다. 특히 세 사람의 공동목표를 거론하고 모두가 자주독립을 위해 노력하고 있다는 김구의 말은 메논이나 후스쩌, 그리고 간간이 회의에 참석한 잭슨에게 인상적이었을 것이다. 대체로 두 차례의 모임 분위기가 훈훈했고 논쟁이 없었기 때문에 세 영수의 분열이란 인상은 불식되었다고 볼 수 있었다. 그러나 2월 22일에 하지 중장의 초청으로 세 영수가 다시 함께 모인 자리에서 김규식은 전번 모임에서는 아무 합의도 이루어지지 않았다고 주장했고 김구와 김규식은 5 · 10선거의 연기를 요구했다.[75] 하지만 그들의 언사는 14일에 서울을 떠난 메논 의장과 후스쩌가 유엔 본부에 제출한 보고서에는 영향을 끼치지 않았다.[76] 유엔 소총회는 2월 26일에 남한에서의 총선거를 찬성 31표, 반대 2표, 기권 11표로 결의했다. 소련과 소련 위성국가들은 투표에 참가하지 않았지만 유엔 한위에 대표를 보냈던 캐나다와 오스트레일리아는 반대표를 던졌다.

---

75 이승만이 올리버에게 보낸 편지, 1948년 2월 22일자.

76 메논 의장의 보고 연설의 번역이 국내 각 신문에 발표되었음은 물론이다. 그 번역문은 『자료 대한민국사』 제6권, pp.339~356에 전재되어 있는데 깨알 같은 글씨로 17페이지나 되는 장장한 글이다. 그는 이승만을 "마술적 위력을 가진" 사람이라고 했고 인도의 네루가 국민지도자인 것같이 "조선의 국민적 지도자가 될 수 있을 것이라" 고 했다(p.348).

7. 맺음말 : 왜 이승만은 5 · 10선거를 서둘렀는가?

이승만은 남북 지도자들의 대화를 위해 5 · 10선거를 지연하는 것을 왜 거절했는지에 대해서 아무런 기록도 남기지 않은 것 같다. 아마도 그렇게 할 필요성을 느끼지 않았을 것이다. 강대국들이 한반도에 대한 모든 결정권을 쥐고 있는 상태였고, 이미 위에서 본 것과 같이 그들 간의 대립이 날로 악화되고 있는 상태에서 아무리 남과 북의 지도자들이 합의에 합의를 거듭한다고 하더라도 남북의 분단을 해소할 수 없을 것이 너무나 자명했기 때문이다. 반면에 5 · 10선거를 연기함으로써 한민족이 치러야 할 대가는 너무나 컸다. 언제 다시 총선거를 할 수 있을지 알 수가 없었다. 류위완은 그것이 한 달이 될 수도, 1년 후가 될 수도 있다고 했다. 어쨌든 독립정부가 서지 않는다면 남한은 계속 미국의 지배를 받을 수밖에 없었는데 소련군이 점령하고 있는 북한에서는 이미 단독정부 수립이 공개적으로 진행되고 있었다.

북한에서는 정식 정부가 수립되기 전인 1948년 2월 8일에 조선인민군朝鮮人民軍이 창군創軍되었다.[77] 그리고 북조선 임시헌법제정위원회臨時憲法制定委員會가 2월 10일에 '조선임시헌법 초안'을 발표했다.[78] 실제로 북한에서는 1947년 11월에 임시헌법제정위원회를 조직하고 헌법제정에 박차를 가하고 있었다.[79] 소련은 북한의 공산세력으로 하여금 남한의 단독선거

77 이에 대해서는 북조선인민위원회 선전부, 『朝鮮人民軍』(평양, 1948년 2월 20일 발행) 참조.

78 『서울신문』, 1948년 2월 12일, 국사편찬위원회 편, 『자료 대한민국사』 제6권(1973), pp. 280~281. 이러한 보도가 나오자 서울에서는 북한에서 3월에 인민공화국이 수립될 것이라는 풍문이 자자했다. 1948년 2월 16일의 기록에 따르면 김구는 "우리 강토의 일각에서 지역적 정부가 수립되는 것은 3천만의 민의가 아니며 남북통일 정부수립에 매진해야 한다"고 강조했고 김규식과 안재홍 등도 미확인 보도이지만 "민족통일을 분열시키는 일이 없기를 바란다"고 말했다(최영희, 앞의 책, p.447).

79 북조선인민회의상임위원회, 『북조선인민회의특별회의 회의록』(평양, 1948년 8월 27일 발행).

를 매도하도록 하는 한편, 소련 점령지역에서는 이미 오래전부터 단독정부의 수립을 공개적으로 서두르고 있었다.

왜 소련은 단독정부의 수립을 서둘렀는가? 왜 이승만은 총선거를 기다리지 않고 남한 단독정부 수립을 주장했는가? 과연 그는 정권욕에 어두워서 독립을 서둘렀는가?

이 질문에 대한 답은 그의 숙적인 스탈린이 가장 명료하게 제시해준 바 있다. 스탈린은 중국공산당 수뇌에게 정권 수립을 앞당기라고 충고하면서 '공식적인 정부가 정식으로 설립되어 있지 않은 동안에는 외국인들이 간섭할 수 있기 때문' 이라고 했다.

당시 중국에서 국민당을 밀어내고 승리를 거둔 중국공산당은 제2인자였던 류샤오치劉少奇를 모스크바에 파송했다. 류샤오치는 중국공산당이 정부 수립을 준비하고 있으며 마오쩌둥毛澤東이 다음 해, 즉 1950년 정월 초하루에 인민공화국人民共和國의 수립을 선포할 예정이라고 말했다. 이 말을 듣고 한참 생각하던 스탈린은 자기는 이에 동의할 수 없다고 했다. 정식 정부가 없는 상태를 오래 끌게 되면 외국인의 간섭을 받을 수 있으니 날짜를 앞당겨서 좀더 일찍 정부를 수립할 것을 충고했다.[80] 이에 따라 중화인민공화국은 예정된 1950년 1월 1일보다 두 달을 앞당겨 1949년 10월 1일에 정부 수립을 선포했다.

이러한 견지에서 볼 때 대한민국의 수립은 시급했다. 이승만과 임시정

80 "He did not concur, he said, because foreigners could use the absence of an official Communist government in China as a pretext for interference. No state could exist so long without an official government, and he recommended that Mao move the timetable up.

His recommendation was cabled to Beiping, where the Central Committee promptly decided to set the date up three months, to October 1, 1949." Sergei N. Goncharov, John W. Lewis and Litai Xue, *Uncertain Partners: Stalin, Mao, and the Korean War* (Stanford: Stanford University Press, 1993), p.74.

부는 주권이 없었기 때문에 40년간 세계 각국에서 그리고 각종 국제회의에서 독립의 당위성과 필요성을 선전하고 청원해야 했고, 자치능력이 없는 망국노亡國奴라는 경멸과 매도를 감수해야 했다. 그리고 일제로부터 해방된 지 이미 2년이 지났건만 한민족은 남쪽이나 북쪽에서 주권을 되찾지 못한 채로 외국의 통치를 받고 있었다. 김구와 김규식이 주장한 통일우선주의는 심금을 울리는 고귀한 소망임에 틀림없었지만 실현될 가능성이 없는 꿈이었다. 스탈린의 9 · 20지령이 민족통일의 길을 모두 막고 있었기 때문이다. 그럼에도 불구하고 그 꿈을 실현하기 위해서 주권의 회복을 지연시킬 경우 부지하세월不知何歲月로 외국의 통치를 연장시켜야 했다.

김규식은 하지 중장과 이승만, 김구와 만난 자리에서(2월 22일) 조국의 분단이 결정되는 이때에 우리가 최후의 노력을 기울이지 않는다면 역사는 우리를 역적으로 규탄할 것이라고 하자, 이승만은 자기가 역사에 대한 책임을 질 터이니 염려 말라고 했다.[81] 반세기가 지난 오늘의 시점에서 과연 우리는 이승만을 역적이라고 규탄해야 할 것인가? 아니면 선각자라고 불러야 할 것인가? 곰곰이 생각해봐야 할 문제이다.

81 이승만이 올리버에게 보낸 편지. 1948년 2월 22일자.

참고문헌

1. 국내 문헌

강만길, 「좌우합작운동의 경위와 그 성격」, 송건호 · 강만길 편, 『한국민족주의론 II』, 서울 : 창작과비평사, 1983.

국사편찬위원회 편, 『자료 대한민국사』 제2권, 과천 : 국사편찬위원회, 1969.

————————, 『자료 대한민국사』 제3권, 과천 : 국사편찬위원회, 1970.

————————, 『자료 대한민국사』 제4권, 과천 : 국사편찬위원회, 1971.

————————, 『자료 대한민국사』 제6권, 과천 : 국사편찬위원회, 1973.

김경일, 『이재유 연구』, 서울 : 창작과비평사, 1993.

김구, 『백범일지』, 서울 : 朝鮮印刷會社, 金信 발행, 1947.

김구, 도진순 주해, 『백범일지』, 서울 : 돌베개, 2002.

김남식, 「좌우합작」, 『해방 5년사의 재조명』, 서울 : 국토통일원, 1987.

김남식 · 심지연, 『박헌영노선 비판』, 서울 : 세계, 1986.

金相浹, 『毛澤東 思想』, 서울 : 知文閣, 1964.

김성보, 「소련의 대한정책과 북한에서의 분단질서 형성, 1945~1946」, 역사문제연구소 편, 『분단 50년과 통일시대의 과제』, 서울 : 역사비평사, 1995.

金午星, 『指導者論』, 서울 : 朝鮮人民報社, 1946.

金仁河, 「백범 김구의 남북협상」, 『黑幕』 實話臨時增刊號, 1960년 6월 15일.

『김일성 저작집 4』, 평양 : 조선로동당출판사, 1979.

김종국, 「조 · 청 상민수륙무역장정의 체결과 그 영향」, 국사편찬위원회 편, 『한국사』 제16권, 서울 : 탐구당, 1981.

金俊燁 · 金昌順 共編, 「呂運亨訊問調書」, 『韓國共產主義運動史』 자료 1, 고려대학교 아세아문제연구소, 1979.

金昌順, 『北韓十五年史』, 서울 : 知文閣, 1961.

金河龍, 『中國政治論』, 서울 : 박영사, 1984.

김학준, 「분단구조의 고착화」, 『해방의 정치사적 인식』, 서울 : 대왕사, 1990.

남조선과도입법의원, 『과도입법의원 속기록』.
도진순, 『한국민족주의와 남북관계』, 서울 : 서울대학교 출판부, 1997.
「東西古今人物座談會」, 『東光』 1931년 12월호.
「레베데프 비망록」 11, 『부산일보』, 1995년 2월 17일.
「레베데프 비망록」 14, 『부산일보』, 1995년 2월 28일.
「레베데프 비망록」 15, 『부산일보』, 1995년 3월 3일.
「레베데프 비망록」 16, 『부산일보』, 1995년 3월 7일.
「레베데프 비망록」 18, 『부산일보』, 1995년 3월 14일.
「레베데프 비망록」 19, 『부산일보』, 1995년 3월 17일.
몽양 여운형 선생 추모사업회 편, 『여운형 노트』, 서울 : 학민사, 1994.
朴洸 편, 『진통의 기록』, 서울 : 평화도서주식회사, 1948.
박영빈, 「전 노동당 조직부장 박영빈이 본 여운형」, 『WIN』 1997년 8월호.
卜惠淑, 「長安紳士淑女스타일漫評」, 『三千里』 1937년 1월호.
북조선인민회의상임위원회, 『북조선인민회의특별회의 회의록』, 평양, 1948년 8월 27일.
북조선인민위원회 선전국, 『全朝鮮 諸政黨 · 社會團體代表者 連席會議文獻集』, 평양, 1948년 4월 27일.
북조선인민위원회 선전국, 『朝鮮人民軍』, 평양, 1948년 2월 20일.
서동만, 『북조선사회주의체제성립사, 1945~1961』, 서울 : 선인, 2005.
徐廷柱, 『李承晚博士傳』, 서울 : 삼팔사, 1949.
서중석, 「김구노선의 좌절과 역사적 교훈」, 이수인 편, 『한국현대정치사 1』, 서울 : 실천문학사, 1989.
———, 『남 · 북협상 : 김규식의 길, 김구의 길』, 서울 : 한울, 2000.
———, 「좌우합작과 남북협상」, 『한국사 시민강좌』 제12집, 서울 : 일조각, 1993.
송남헌, 『韓國現代政治史』 제1권, 서울 : 성문각, 1980.
심지연, 『人民黨硏究』, 서울 : 경남대학교 극동문제연구소, 1991.
심지연 지음, 우사연구회 엮음, 『송남헌 회고록 : 김규식과 함께한 길』, 서울 : 한울, 2000.
「我觀新 '北方政權' 金九先生 會見記」, 『三千里』 1948년 9월호.
安在鴻, 「몽양 呂運亨씨의 추억」, 안재홍선집간행위원회, 『民世安在鴻選集』 제2권, 서울 : 지식산업사, 1983.
양동안, 『대한민국 건국사 : 해방 3년의 정치사』, 서울 : 현음사, 2001.
嚴恒燮 편, 『金九主席 最近言語集』, 서울 : 삼일출판사, 1948.
呂運弘, 『夢陽呂運亨』, 서울 : 청하각, 1967.
元世勳, 「새해를 맞으니 추억되는 故人과 今人」, 『批判』 1932년 1월호.
柳光烈, 「呂運亨論」, 『白光』 1937년 1월호.
유영익, 『이승만의 삶과 꿈』, 서울 : 중앙일보사, 1966.

兪鎭午, 「片片夜話」 제50호, 『동아일보』, 1974년 4월 29일.
이동현, 「남북협상(1948)의 추진 의도」, 박영석교수 화갑기념논총 간행위원회, 『한국사학논총 下』, 서울 : 탐구당, 1992.
李東華, 「夢陽 呂運亨의 政治活動 (하)」, 『창작과 비평』 1978년 가을호.
이만규, 『呂運亨鬪爭史』, 서울 : 叢文閣, 1946.
이보형, 「구미제국에 대한 통상수호조약체결」, 국사편찬위원회 편, 『한국사』 제16권, 서울 : 탐구당, 1981.
이승만, 「옥중전도」, 『신학월보』 1903년 5월호.
李庭植, 『金奎植의 生涯』, 서울 : 신구문화사, 1974.
———, 「남북의 분단과 그 현실」, 『한국사 시민강좌』 제5집, 서울 : 일조각, 1989.
———, 「呂運亨과 建國準備委員會」, 역사학회, 『歷史學報』 제134 · 135호, 1992.
———, 「이승만은 미 정보기관의 문관대령이었나」, 『新東亞』 1990년 2월호.
———, 「人民共和國과 解放政局」, 『한국사 시민강좌』 제12집, 서울 : 일조각, 1993.
———, 「일제말기의 여운형과 일본」, 『계간 사상』 2001년 가을호(통권 49호).
———, 『초대대통령 이승만의 청년시절』, 서울 : 동아일보사, 2002 ; 수정 증보판, 『이승만의 구한말 개혁운동』, 대전 : 배재대학교 출판부, 2005.
———, 「"8 · 15 미스테리" 蘇聯軍進駐說의 震源」, 『新東亞』 1991년 8월호.
李庭植 편역, 「청년 이승만 자서전」, 『新東亞』 1979년 9월호.
李庭植 면담 · 金學俊 편집해설, 『혁명가들의 항일회상 : 김성숙 · 장건상 · 정화암 · 이강훈의 독립투쟁』, 서울 : 민음사, 1988.
李炫熙, 『大韓民國臨時政府史』, 서울 : 일조각, 1982.
전상인, 「이승만과 5 · 10 총선거」, 유영익 편, 『이승만연구』, 서울 : 연세대학교 출판부, 2000, pp. 437~479.
田鉉秀, 「소련군의 북한 진주와 대북한정책」, 한국독립운동사연구소, 『한국독립운동사연구』 제9집, 1995.
———, 「蘇聯의 美蘇共委 대책과 韓國臨時政府 수립 구상」, 金容燮교수 停年紀念 韓國史學論叢 3, 『한국 근현대의 민족문제와 新國家建設』, 서울 : 지식산업사, 1997.
———, 「해방 직후 북한의 토지개혁」, 『大丘史學』 제68집, 2002년 8월.
정병준, 『우남 이승만연구』, 서울 : 역사비평사, 2005.
鄭時遇 편, 『獨立과 左右合作』, 서울 : 三義社, 1946.
정용욱, 『해방 전후 미국의 대한정책』, 서울 : 서울대학교 출판부, 2003.
鄭晋錫, 『인물한국언론사』, 서울 : 나남, 1995.
정해구, (레베데프 비망록에 대한)「전문가 해설」, 『부산일보』, 1995년 2월 17일, 2월 28일
조규하 · 이강문 · 강성재, 『남북의 대화』, 서울 : 고려원, 1987.
朝鮮總督府高等法院思想部, 『思想彙報』 제14호(1938. 3) ; 제22호(1940. 3).

조선예수교장로회총회, 『朝鮮예수敎長老會史記』, 1928.
중앙일보 특별취재반, 『秘錄 · 조선민주주의 인민공화국』 하권, 서울 : 중앙일보사, 1993.
중앙일보 현대사연구팀, 『발굴 자료로 쓴 한국현대사』, 서울 : 중앙일보사, 1996.
최영희, 『격동의 해방 3년』, 춘천 : 한림대학교 출판부, 1996.
鶩公, 「呂運亨씨 演說評—半島의 雄辯家들」, 『三千里』 1934년 8월호.
한림대학교 아시아문화연구소 편집부, 『하지 문서집 3』, 춘천 : 한림대학교 아시아문화연구소, 1995.

2. 외국 문헌

Ansbacher, Heinz and Rowena R. Ansbacher (eds.), *The Individual Psychology of Alfred Adler*, New York: Basic Books, 1956.
Bass, Bernard M., *Leadership, Psychology and Organizational Behavior*, New York: Harper & Row, 1960.
Brockman, Frank M. "A Resume of Evangelistic Work in Seoul Y.M.C.A., for the Year Ending September 30, 1911," *The Korean Mission Field*, Ⅷ(2)(February 1912).
Buhite, Russell D., *Soviet-American Relations in Asia, 1945-1954*, Norman: University of Oklahoma Press, 1981.
Chow Ts'e-Tsung(周策從), *The May Fourth Movement: Intellectual Revolution in Modern China*, Cambridge: Harvard University Press, 1960.
Cummings, Bruce G., *The Origins of the Korean War*, Princeton: Princeton University Press, 1981.
Dedijer, Vladimir, *Tito*, New York: Simon and Schuster, 1953.
Dingman, Roger, "1917~1922," in Burton F. Beers, Ernest R. May and James C. Thomson, Jr. (eds.), *American-East Asian Relations: A Survey*, Cambridge: Harvard University Press, 1972.
Edinger, Lewis J., "Political Science and Political Biography: Reflections on the Study of Leadership," *Journal of Politics*, vol. 26, no. 2~3(May and August 1964).
Erikson, Eric H., *Young Man Luther*, New York: Norton, 1958.
Esthus, Raymond A., *Theodore Roosevelt and Japan*, Seattle: University of Washington Press, 1966.
Etzold, Thomas H. and John L. Gaddis (eds.), *Containment: Documents on American Policy and Strategy, 1945~1950*, New York: Columbia University Press, 1978.
Eudin, Xenia J. and Robert C. North, *Soviet Russia and the East, 1920~1927: A Docu-*

mentary Survey, Stanford: Stanford University Press, 1957.

Feis, Herbert, *The Atomic Bomb and the End of World War II*, Princeton: Princeton University Press, 1966.

Fifield, Russell H., *Woodrow Wilson and the Far East: the Diplomacy of the Shantung Question*, Hamden: Archon Books, 1965.

Gaddis, John L., "Korea in American Politics, Strategy and Diplomacy, 1945~50," in Yonosuke Nagai and Akira Iriye (eds.), *The Origins of the Cold War in Asia*, New York: Columbia University Press, 1977.

——————, *Strategies of Containment*, New York: Oxford University Press, 1982.

Gayn, Mark, *Japan Diary*, New York: William Sloane, 1948.

George, Alexander L. and Juliette L. George, *Woodrow Wilson and Colonel House: A Personality Study*, New York: John Day, 1956.

Gillin, Donald G. and Ramon H. Myers (eds.), *Last Chance in Manchuria: The Diary of Chang Kian-gau*, Stanford: Stanford University Press, 1989.

Goncharov, Sergei N., John W. Lewis, and Litai Xue, *Uncertain Partners: Stalin, Mao, and the Korea War*, Stanford: Stanford University Press, 1993.

Griswold, Alfred W, *The Far Eastern Policy of the United States*, New York: Harcourt, Brace and Company, 1938.

Gromyko, Andrei, *Memoirs*, trans., Harold Shukman, New York: Doubleday, 1989.

Harriman, W. Averell and Elie Abel, *Special Envoy to Churchill and Stalin, 1941-1946*, New York: Random House, 1975.

Holloway, David, *Stalin and the Bomb*, New Haven: Yale University Press, 1994.

Hook, Sidney, *The Hero in History: A Study in Limitation and Possibility*, New York: The John Day Company, 1943

HQ, USAFIK(U.S. Armed Forces in Korea), G-2 Periodic Report #3(September 13, 1945); #36 (October 16, 1945).

HQ, USAFIK G-2 Weekly Summary, #7(October 30, 1945), enclosure 1.

Ito, Takayuki, "The Genesis of the Cold War: Confrontation over Poland, 1941~1944," in Yonosuke Nagai and Akira Iriye (eds.), *The Origins of the Cold War in Asia*, New York: Columbia University Press, 1977

Jansen, Marius B., *Japan and China: from War to Peace, 1894~1972*, Chicago: Rand McNally, 1975.

Jian, Chen, "China in 1945: From Anti-Japanese War to Revolution," in Krebs Gerhard and Christian Oberlander (eds.), *1945 in Europe and Asia*, München, Germany: Iudicium, 1997.

Kennan, George F., *Memoirs 1925-50*, New York: Bantam Books, 1969.

Kersten, Krystyna, *The Establishment of Communist Rule in Poland, 1943-1948*, trans. and annotated by John Micgiel and Michael H. Bernhard, Berkeley: University of California Press, 1991

Kim, Chull Baum and James I. Matray (eds.), *Korea and the Cold War: Division, Destruction, and Disarmament*, Claremont: Regina Books, 1993.

Kim, C. I. Eugene and Han-Kyo Kim, *Korea and the Politics of Imperialism, 1876～1910*, Berkeley: University of California Press, 1968.

Kim, Key-Hiuk, *The Last Phase of the East Asian World Order*, Berkeley: University of California Press, 1980.

Kimm, Kiusic, "Russia and the Korean Question," *The Roanoke Collegian*(May 1903).

―――――, "The Dawn in the East," *The Roanoke Collegian*(February 1902).

―――――, "The Fall of Modern Sevastopol," *The Roanoke Collegian*(May 1905), pp.97～99.

Lankov, Andrei, "Soviet Politburo Decisions and the Emergence of the North Korean State, 1946～1948," *Korea Observer*, Vol. 36. No. 3(Autumn 2005), pp.385～406.

Lasswell, Harold D., *Power and Personality*, New York: Norton, 1948.

―――――, *Psychology and Politics*, Chicago: University of Chicago Press, 1930

Lee, Chong-Sik, "Korean Partition and Unification," *Journal of International Affairs*, vol. XVIII, No. 2(New York, 1964)(「韓國의 分斷과 統一」, 『思想界』 1965년 4월호).

―――――, *Syngman Rhee: The Prison Years of a Young Radical*, Seoul: Yonsei University Press, 2001.

―――――, *The Politics of Korean Nationalism*, Berkeley: University of California Press, 1963 (『한국민족주의의 운동사』, 서울 : 한밭출판사, 1982).

―――――, "The Road to the Korean War: The United States Policy in Korea, 1945～48," in Gerhard Krebs and Christian Oberlander (eds.), *1945 in Europe and Asia*, München, Germany: Iudicium, 1997.

―――――, "Why did Stalin Accept the 38th Parallel," *Journal of Northeast Asian Studies*(Washington D.C., Winter 1985)

Lensen, George Alexander, *Balance of Intrigue: International Rivalry in Korea and Manchuria, 1884～1899*, vol. 1, Talahassee: University of Florida Press, 1982.

Levine, Steven I., *Anvil of Victory: The Communist Revolution in Manchuria, 1945-1948*, New York: Columbia University Press, 1987.

Lew, Young Ick., "The Shufeldt Treaty and Early Korean-American Interaction, 1882~1905," in Han, Sung-Joo (ed.), *After One Hundred Years: Continuity and Change in Korean-American Relations*, Seoul: Asiatic Research Center, 1982.

Matray, James Irving, *Reluctant Crusade: American Foreign Policy in Korea, 1941~1950*, Honolulu: University of Hawaii Press, 1985.

McKenzie, Frederic A., *Korea's Fight for Freedom*, New York: Fleming H. Revell Company, 1920.

Messer, Robert L., *The End of an Alliance: James F. Byrnes, Roosevelt, Truman, and the Origins of the Cold War*, Chapel Hill: University of North Carolina Press, 1982

Moody, John, *The Railroad Builders: A Chronicle of the Welding of the States*, in http//www.nubond.net/railroad.

Morley, James W., *The Japanese Thrust into Siberia*, New York: Columbia University Press, 1957.

Neu, Charles E., "From the Open Door Notes to the Washington Treaties: 7. 1906~1913," in Burton F. Beers, Ernest R. May and James C. Thomson, Jr. (eds.), *American-East Asian Relations: A Survey*, Cambridge: Harvard University Press, 1972.

Oliver, Robert T., *Syngman Rhee and American Involvement in Korea, 1942~1960*, Seoul: Panmun Book, 1978.

——————, *Syngman Rhee: The Man Behind the Myth*, New York: Dodd, Mead and Company, 1955.

Okonogi, Masao, "Shifting Strategic Value of Korea, 1942~1950," *Korean Studies*, vol. 3(Honolulu, 1979).

Pakenham, Thomas, *Scramble for Africa: The White Man's Conquest of the Dark Continent from 1876 to 1912*, New York: Random House, 1991.

Paik, Hak-Soon, *North Korean State Formation, 1945~1950*, Ph. D. Dissertation, University of Pennsylvania, 1993.

Park, Il-Keun, "China's Policy Toward Korea: 1880~1884," *Journal of Social Science and Humanities*(June 1981).

Pogue, Forrest C., *George C. Marshall: Statesman*, New York: Viking Press, 1987.

Ree, Eric van, *Socialism in One Zone*, Oxford: Berg, 1989.

Rhee, Syngman, "Autobiographical Notes, 1912." (Type-written manuscript).

——————, "Connection or Relation between Missions and Korean Independence Movement." (Type-written manuscript).

Rowe, Philip, "The National Society for Rapid Realization of Independence," War Dept. Civilian, Advisor Research Section, Bureau of Public Opinion, USMG(1 July 1946).

Sandusky, Michael C., *America's Parallel*, Alexandria: Old Dominion Press, 1983.

Scalapino, Robert A. and Chong Sik Lee, *Communism in Korea*, Berkeley: University of California Press, 1973(한홍구 옮김, 『한국공산주의운동사』 제1 · 2권, 서울 : 돌베개, 1986).

Schlesinger, Arthur M. Jr. (Gen. Ed.), *Almanac of American History*, New York: Putnam, 1983.

Schoenebaum, Eleanora W., *Political Profiles: The Truman Years*, New York, Facts on File, 1978.

Sherwood, Robert E., *Roosevelt and Hopkins: An Intimate History*, New York: Grosset and Dunlap, 1950 rev. ed.

Slusser, Robert M., "Soviet Far Eastern Policy, 1945～1950: Stalin's Goals in Korea" in Nagai, Yonosuke and Akira Iriye (eds.), *The Origins of the Cold War in Asia*, New York: Columbia University Press, 1977.

Taubman, William S., *Stalin's American Policy: From Entente to Detente to Cold War*, New York: Norton, 1982.

Thomson, David, *Europe since Napoleon*, New York: Penguin Books, 1957.

Tsou, Tang, *America's Failure in China, 1941～50*, Chicago: University of Chicago Press, 1963.

United States Department of State, *Foreign Relations of the United States*, Washington D.C.: U. S. Government Printing Office. 1942, vol. 1; 1943, vol. 3; 1945, vol. 2; 1946, vol. 8; 1947, vol. 1, 6, 7; 1949, vol. 7.

Vinacke, Harold M., *A History of the Far East in Modern Times*, New York: Appleton-Century-Crofts, 1956.

Volkogorov, Dmitri, *Stalin: Triumph and Tragedy*, ed. & trans., Harold Shukman, London: Weidenfeld and Nicholson, 1991.

Yergin, Daniel, *Shattered Peace: The Origins of the Cold War and the National Security State*, Boston: Houghton Mifflin, 1977.

Zubok, Vladislav and Constantine Pleshakov, *Inside and Kremlin's Cold War: From Stalin to Khrushchev*, Cambridge: Harvard University Press, 1996.

Soviet Union and the Korean Question(Documents), London: Soviet News, 1950.

姜東鎭, 『日本の朝鮮支配政策史研究 : 1920年代を中心として』, 東京 : 東京大學出版會,

1979.
姜德相,「上海時代の呂運亨」,『三千里』1984年 夏季號(通巻 38號), 東京.
———,「1919年 冬. 東京での呂運亨」,『三千里』1985年 春季號(通巻 41號), 東京.
———,「中國國民革命と呂運亨」,『三千里』1987年 春季號(通巻 49號), 東京.
綠旗日本文化研究所,『朝鮮思想概觀』, 京城 : 綠旗聯盟, 1939.
小林達夫,「海軍軍縮條約(1921～1936)」, 日本國際政治學會,『太平洋戰爭への道』第1卷, 東京 : 朝日新聞社, 1963.
小林幸男,「對蘇政策の推移と滿・蒙問題」, 日本國際政治學會,『太平洋戰爭への道』第1卷, 東京 : 朝日新聞社, 1963.
坂野潤治,『近代日本の外交と政治』, 東京 : 硏文出版, 1985.
細谷千博,『シベリア出兵の史的硏究』, 東京 : 有斐閣, 1995.
五百旗頭眞,『米國の日本占領政策』上, 東京 : 中央公論社, 1985.
吳忠根,「朝鮮分斷の國際的起源」『國際政治』92號(東京, 1989年 10月).
日本國際政治學會,『太平洋戰爭への道』第3卷, 東京 : 朝日新聞社, 1962.
日本外務省,『小村外交史』下卷, 東京 · 新聞月鑑社, 1953.
「天下大小人物論評會」,『三千里』1936年 1月號.
和田春樹,『金日成と滿洲抗日戰爭』, 東京 : 平凡社, 1992.

3. 신문 · 잡지

New York Times, 1945년 10월 21일, 31일 ; 1949년 3월 2일.
New York Herald Tribune, 1946년 12월 11일.
『경성일보』, 1945년 11월 3일, 8일.
『東光』 1931년 12월호.
『동아일보』, 1946년 7월 23일 ; 1947년 5월 22일, 10월 3일 ; 1948년 4월 13일, 6월 25일 ; 1974년 2월 5일, 7일 ; 2004년 10월 18일.
『매일신보』, 1945년 10월 18일, 22일, 25일, 11월 4일, 5일, 6일.
『三千里』 1948년 9월호.
『새한민보』, 1948년 4월 초순호, 중순호, 하순호, 5월 중순호, 하순호.
『서울신문』, 1946년 3월 21일.
『세계일보』, 1948년 4월 29일 .
『전국노동자신문』, 1945년 11월 25일.
『조선일보』, 1932년 3월 1일 ; 1947년 3월 14일, 8월 13일, 9월 5일, 10월 24일, 10월 29일 ; 1948년 2월 12일, 4월 1일, 11～14일, 24일, 29일.

『중앙일보』, 1995년 9월 5일, 12일.
『해방일보』, 1945년 10월 3일 .
『毎日新聞』(東京), 1993년 2월 26일.

4. 면담

강원룡, 1969년 12월 12일.
김성숙, 1966년 9월 11일 ; 1967년 1월.
김순애, 1970년 3월 15일.
설국환, 1967년 1월 7일.
송남헌, 1966년 12월 17일 ; 1969년 10월 17일.
여운홍, 1969년 12월 21일 ; 1970년 2월 19일.
유석현, 1969년 11월 10일.
한근설, 1967년 1월 6일.
한재덕, 1967년 2월 28일.
홍성철, 1992년 8월 15일.

찾아보기

ㄷ

ㄹ

ㅁ

ㅂ

ㅊ

ㅋ

ㅌ

ㅍ

ㅎ

인명 찾아보기

ㅂ

ㅅ

ㅇ

ㅋ

ㅌ

ㅍ

ㅎ

대한민국의 기원

1판 1쇄 펴낸날 2006년 6월 1일
1판 5쇄 펴낸날 2020년 6월 5일

지은이 | 이정식
펴낸이 | 김시연

펴낸곳 | (주)일조각
등록 | 1953년 9월 3일 제300-1953-1호(구 : 제1-298호)
주소 | 03176 서울시 종로구 경희궁길 39
전화 | 02-734-3545 / 02-733-8811(편집부)
02-733-5430 / 02-733-5431(영업부)
팩스 | 02-735-9994(편집부) / 02-738-5857(영업부)
이메일 | ilchokak@hanmail.net
홈페이지 | www.ilchokak.co.kr

ISBN 978-89-337-0496-7 93910
값 30,000원

* 지은이와 협의하여 인지를 생략합니다.

* 이 도서의 국립중앙도서관 출판예정도서목록(CIP)은 서지정보유통지원시스템 홈페이지(http://seoji.nl.go.kr)와 국가자료공동목록시스템(http://www.nl.go.kr/kolisnet)에서 이용하실 수 있습니다. (CIP제어번호 : CIP2006001083)